PORTRAITS CONTEMPORAINS

PAR

C.-A. SAINTE-BEUVE

DE L'ACADÉMIE FRANÇAISE

« Nous sommes mobiles, et nous jugeons
des êtres mobiles..... »
SÉNAC DE MEILHAN.

TOME TRÔISIÈME

NOUVELLE ÉDITION

REVUE, CORRIGÉE ET TRÈS-AUGMENTÉE

PARIS

MICHEL LÉVY FRÈRES, ÉDITEURS
RUE VIVIENNE, 2 BIS, ET BOULEVARD DES ITALIENS, 15
A LA LIBRAIRIE NOUVELLE
—
1870

Droits de reproduction et de traduction réservés

PORTRAITS
CONTEMPORAINS

III

CHEZ LES MÊMES ÉDITEURS

OUVRAGES

DE

C.-A. SAINTE-BEUVE

DE L'ACADÉMIE FRANÇAISE

Format grand in-18

Nouveaux Lundis, 2ᵉ édition.	13 vol.
Portraits contemporains; nouvelle édition revue, corrigée et très-augmentée.	5 —
Étude sur Virgile, nouvelle édition.	1 —
Chateaubriand et son Groupe littéraire sous l'Empire, nouvelle édition.	2 —
P.-J. Proudhon.	1 —
Le général Jomini, 2ᵉ édition.	1 —
M. de Talleyrand.	1 —

POÉSIES COMPLÈTES

Nouvelle édition revue et très-augmentée

DEUX BEAUX VOLUMES IN-8°

PARIS. — J. CLAYE, IMPRIMEUR, 7, RUE SAINT-BENOIT. — [2029]

PORTRAITS
CONTEMPORAINS

M. VINET.

1837.

Un ami qui habite le voisinage des montagnes, et à qui je demandais si la vue n'en était pas monotone à la longue, me répondait : « Non, elles ne le sont pas : elles ont, à leur manière, la diversité continuelle de l'Océan, et sans parler des couleurs changeantes, des reflets selon les heures et les saisons, et à n'y voir que les contours et les lignes, elles sont inépuisables à contempler. Souvent, aux lieux les plus connus, un certain profil soudainement caractérisé me révèle des masses différentes, des groupes nouvellement conçus, que je n'avais jamais envisagés de cette sorte, et qui sont vrais, et qui s'ajoutent à la connaissance vivante que j'ai du tout. » Ce que cet ami me disait de ses montagnes, je l'appliquais involontairement à notre littérature, à mesure que, l'envisageant de loin, sous un aspect extérieur, et pourtant d'un lieu qui est à elle encore par la culture, elle me paraissait offrir une perspective nouvelle dans des objets tant de fois étudiés et connus. Vue hors de France, et pourtant en pays français encore de langue et de littérature, cette littérature française est comme un ensemble de montagnes et de vallées, observées d'un dernier monticule isolé, circonscrit, lequel, en apparence coupé de la chaîne, y appartient toujours, et sert de parfait balcon pour la considérer avec nouveauté. Il en résulte aux regards quelque chose de plus accompli. Les lignes et les grands sommets y gagnent beaucoup et reparaissent bien nets. Quelques-uns qu'on oubliait se relèvent; quelques autres, qui font grand effort de près et quelque apparence, s'enfoncent et n'offusquent plus. Les proportions générales se sentent mieux, et les individus de génie détachent seuls leur tête.

On y gagne enfin de bien voir autour de soi cette partie, à la fois isolée et dépendante, sur laquelle on se trouve, et qu'on ne songeait guère à découvrir quand on était dans la vie du milieu et dans le tourbillon du centre. On y gagne de connaître une culture, d'un intérêt général aussi, qui reproduit en moins, mais assez au complet, les grands mouvements de l'ensemble, et les fait revoir d'un jour inattendu dans une sorte de réflexion secondaire. On a chance encore d'y rencontrer quelques hommes parmi lesquels il en est peut-être d'essentiels, et qui importent à l'ensemble de la littérature elle-même.

La Savoie, Genève et le pays de Vaud forment, littérairement parlant, une petite chaîne dépendante de la littérature française, qu'on ne connaît guère au centre, et qu'on ne nommerait au plus que par les noms de de Maistre, de Jean-Jacques et de Benjamin Constant, qui s'en détachent. Le pays de Vaud, pour m'y borner en ce moment, eut pourtant un développement ancien, suivi, tantôt plus particulier et plus propre, tantôt plus dépendant du nôtre, et réfléchissant, depuis deux siècles, la littérature française centrale, mais, dans tous les cas, resté beaucoup plus distinct que celui d'une province en France. Au moyen âge, la culture et la langue romanes, qui remontaient par le Rhône, furent celles de ce pays. A défaut de chants héroïques perdus, on a plusieurs vieilles chansons familières, piquantes ou touchantes, et demeurées populaires à travers les âges. Le ranz des vaches de cette contrée, le ranz des *Colombettes*, celui, entre les divers ranz, auquel l'air célèbre est attaché, a de plu une petite action dramatique, vive de couleur et de poésie (1). Au xvie siècle, époque où la langue française, dès auparavant régnante, achève de prendre le dessus et de reléguer le roman à la condition de patois, le pays de Vaud paya son plein tribut à notre prose par les écrits du réformateur Viret, réputé le plus doux et le plus onctueux des théologiens de ce bord. Dans sa patrie, voisine de celle de Calvin, il tenta un rôle pareil avec plus de modération, et en aidant éga-

---

(1) Voir *le Canton de Vaud, sa Vie et son Histoire*, par M. Olivier, t. I, liv. II.

lement sa doctrine d'une phrase saine, abondante et claire. Persécuté à Lausanne, où il portait ombrage aux Bernois, il dut à la mère de Henri IV un asile en Béarn, où il mourut. On a de lui une préface (1), où il se prononce en défenseur de la langue vulgaire sans mélange de mots étrangers : on y sent, à quelques traits contre ceux qui forgent un langage tout nouveau, le contemporain sévère de Rabelais et de Ronsard. Par Du Perron, né en son sein, mais qu'il renvoya à la France, le pays de Vaud fut pour quelque chose dans l'établissement littéraire qui suivit, et ne demeura pas inutile à l'introduction de Malherbe, qui eut, comme on sait, le célèbre cardinal pour patron (2). Le xviie siècle fit sur ce pays la même impression que par toute l'Europe : il y eut soumission, adhésion absolue et hommage. Jusqu'au milieu du xviiie siècle, la connaissance, le goût, l'imitation des chefs-d'œuvre et du style des grands écrivains classiques furent d'extrême mode dans la haute société de Lausanne. On en a des témoi-

---

(1) Avertissement en tête des *Disputations chrétiennes*, 1552.

(2) On a droit de noter encore à l'avantage du pays de Vaud, qu'on lui devrait l'introduction dans la littérature française d'un autre personnage bien mémorable, du dernier arbitre classique du goût, s'il était vrai, comme cela paraît en effet, que La Harpe descendait, soit légitimement, soit naturellement, de la famille vaudoise de ce nom. Interpellé et poussé à bout par ses ennemis sur le mystère de sa naissance, La Harpe lui-même réclame cette descendance honorable, dans sa lettre au *Mercure* (février 1790). Voir, en tête de l'édition du *Cours de Littérature* de La Harpe (1826), l'excellent, le complet Discours préliminaire, non signé, mais qui trahit, à chaque ligne et sur chaque point, l'exacte critique de M. Daunou.

gnages écrits et spirituels. Dans le volume de *Lettres recueillies en Suisse,* par le comte Golowkin (1), parmi des particularités piquantes qui ajoutent à l'histoire littéraire de Voltaire et de quelques autres noms célèbres, il se trouve, de femmes du pays, plusieurs lettres qui rappellent heureusement la vivacité de madame de Sévigné, dont la personne qui écrit se souvient elle-même quelquefois. Enjouement, moquerie, savoir, mouvement animé et un peu affecté, je le crois sans peine, c'étaient, à ce qu'il semble, les traits de la belle compagnie d'alors. Rousseau a jugé, avec assez de sévérité, la société de ce temps, et ce ton que Claire d'Orbe ne représente pas mal, quoi qu'il en dise. Nulle part surtout, plus qu'au pays de Vaud, on n'avait la science de nos classiques : on y savait Boileau et le reste par cœur. Encore aujourd'hui, c'est là, en quelqu'un de ces villages baignés du lac, à Rolle peut-être, qu'il faudrait chercher les hommes qui savent le mieux le siècle de Louis XIV à toutes ses pages, et qui feraient les pastiches de ces styles les plus plausibles et les moins troublés d'autres réminiscences. Les séjours de Voltaire, de Rousseau, dans ces pays, en rajeunirent à temps la littérature, et la firent toute du XVIIIe siècle au lieu du XVIIe, où elle était restée. Le séjour de Mme Necker à Paris, les retours de Mme de Staël à Coppet, hâtèrent et entretinrent cette initiation. Benjamin Constant, grâce à l'atmosphère environnante qui favorisait la nature de son

---

(1) Genève, 1821.

esprit, était à douze ans un enfant de Voltaire (1). Par sa famille, il avait pris les traditions et le ton du xviiie siècle; avant d'être venu à Paris, il était Parisien. Les *Lettres écrites de Lausanne,* délicieux roman de Mme de Charrière, montrent combien le goût, le naturel choisi et l'imagination aimable étaient possibles, à la fin du dernier siècle, dans la bonne société de Lausanne, plus littéraire peut-être et moins scientifique que ne l'était alors celle de Genève. Les romans de Mme de Montolieu montrent seulement le côté romanesque et vaguement pathétique, qui s'exaltait de Rousseau, tout en se troublant de l'Allemagne. Bonstetten, qui vécut longtemps à Nyon avant d'être à Genève, était, à travers son accent allemand de Berne, un homme du xviiie siècle accompli. Un autre Bernois du siècle passé, qui tenait au français par le pays de Vaud, avait fait, dans un poëme intitulé *Vue d'Anet,* ces vers dignes de Chaulieu :

> Quittons les bois et les montagnes;
> Je vois couler la Broye (2) à travers les roseaux;
> Son onde, partagée en différents canaux,
> S'égare avec plaisir dans de vastes campagnes,
> Et forme dans la plaine un labyrinthe d'eaux.
> Rivière tranquille et chérie,
> Que j'aime à suivre tes détours!

---

(1) Voir, au tome Ier de la *Chrestomathie* de M. Vinet (2e édition), une charmante lettre écrite de Bruxelles par Benjamin Constant, âgé de douze ans, à sa grand'mère : l'homme y perce déjà tout entier.

(2) Rivière qui se jette dans le lac de Morat.

> Ton eau silencieuse en son paisible cours
> Présente à mon esprit l'image de la vie :
> Elle semble immobile et s'écoule toujours.

Cette continuation, ce progrès de littérature et de poésie n'a pas cessé de nos jours, comme bien l'on pense. L'émancipation du pays de Vaud et sa nationalité constituée ont assuré aux générations actuelles des études plus fortes et plus d'élan. Le mouvement romantique y a eu son action, et on s'en dégage maintenant après s'en être fortifié. Sans parler des poésies publiées et connues, comme le recueil des *Deux Voix* (1), il y a bien de jeunes espérances, et qui ne se gâtent pas jusqu'ici de fausses ambitions. Les étudiants de Lausanne aiment à marier de beaux airs allemands à des chants poétiques souvent composés par quelqu'un d'entre eux. Voici les premiers vers que j'ai retenus d'un de ces chants de tout à l'heure :

> Quel est ce roi sublime et tendre
> Qui vers nos déserts attiédis,
> Les yeux en pleurs, paraît descendre
> Les bleus coteaux du paradis ?
>
> C'est le pauvre fils de Marie,
> C'est l'époux de la terre en deuil,
> Qui pose la lampe de vie
> Dans le mystère du cercueil !...

Dans une pièce de vers qui obtint, il y a peu d'années, le prix à l'académie de Lausanne, je trouve ces beaux traits de nature ; il s'agit d'un voyageur :

---

(1) Lausanne, 1835.

Il voit de là les monts neigeux
Et les hauts vallons nuageux :
Puis il entend les cornemuses
Des chevriers libres et fiers,
Perdus dans la pâleur des airs
Par-dessus les plaines confuses;

et cette autre gracieuse peinture des ébats auxquels se plaisent les nains et les sylphes de la montagne :

Sur les bords de l'eau claire, à l'ombre des mélèzes,
Leurs doigts avaient cueilli le rosage et les fraises;
Et, cadençant leur vol aux divines chansons,
Dans leur danse indécise ils rasaient les gazons.
Sur la brise réglant leur suave harmonie,
Ils chantaient du bleu ciel la douceur infinie,
Et sous leurs pas légers le gazon incliné
Remplissait de senteurs le val abandonné (1).

(1) Tous ces vers étaient d'un très-jeune homme, M. Frédéric Monneron : il est mort depuis à la fleur de l'âge. J'ai appris à mieux apprécier encore les promesses de son talent pendant mon séjour en Suisse. Voici une pièce inédite adressée par lui à une personne amie : il était alors en Allemagne, où il mourut.

A VOUS.

Quand sur les champs du soir la brume étend ses voiles;
Lorsque, pour mieux rêver, la Nuit, au vol errant,
Sur le pâle horizon détache en soupirant
Une ceinture d'or de sa robe d'étoiles;

Lorsque le Crépuscule entr'ouvre aux bords lointains
Du musical Éther les portes nuageuses,
Alors, avec les vents, les âmes voyageuses
Vont chercher d'autres cieux dans leurs vols incertains.

La mienne s'en retourne auprès de vous, fidèle ;
Mais bientôt un remords la surprend en chemin;

Mais jusqu'ici j'ai dit plutôt en quoi la littérature du pays de Vaud suivait et reflétait la nôtre; je n'ai pas assez fait sentir ce qui lui est propre, original, ce qui la marque un peu plus elle-même en la laissant française. Benjamin Constant, le plus illustre nom d'écrivain qui s'y rattache, est un Français de Paris et sans réserve (1). Et cependant ce pays a produit des

> Et, jeune mendiante, implorant votre main,
> Elle vous tend la sienne... en se voilant d'une aile !
>
> Car c'est le repentir d'avoir aimé trop peu
> Qui, de l'exil, vers vous la rappelle angoissée,
> Comme une ombre sortant de sa tombe glacée,
> Surprise par la mort sans avoir fait d'adieu.
>
> Non, je n'ai pu comprendre et votre âme et la terre
> Que de loin, quand les ans sont venus tout finir;
> Et mon cœur n'a fleuri qu'autour d'un souvenir,
> Comme autour des tombeaux l'églantier solitaire !
>
> Ces jours où ma jeunesse a fait souffrir les cœurs,
> Je n'en pourrai gémir que seul avec moi-même...
> Que lorsqu'il n'est plus temps de dire à ceux qu'on aime :
> « A genoux ! me voici !... pardonnez-moi vos pleurs ! »
>
> Ainsi c'est le passé ! c'est la fuite des choses,
> Le souvenir des maux qu'on ne peut réparer,
> Qui m'évoquent chez vous quand la Nuit vient errer
> Sur le large horizon parmi l'or ou les roses !

Je confie cette admirable et profonde plainte aux cœurs poétiques : ils la rediront souvent. Elle devrait suffire à faire vivre le nom de Frédéric Monneron, à l'empêcher de tout à fait mourir. Un seul mot qui pourrait déplaire dans cette pièce sans tache est celui d'*angoissée*, mais je dois dire qu'il est d'usage habituel dans le canton de Vaud; la lecture de la Bible en langue vulgaire maintient en circulation beaucoup de ces mots un peu étranges ou vieillis:

(1) Sauf deux ou trois formes de locutions peut-être, et qu'en-

esprits qui, à un certain tour d'idées particulier, ont uni une certaine manière d'expression, et qui offrent un mélange, à eux, de fermeté, de finesse et de prudence, un mérite solide et fin, un peu en dedans, peu tourné à l'éclat, bien qu'avec du trait, et dont Mme Necker, dans les manuscrits qu'on a publiés d'elle, ne donnerait qu'un échantillon insuffisant. On ne saurait mieux étudier ces qualités de près et au complet que chez un écrivain de nos jours, âgé d'un peu plus de quarante ans, le plus distingué, sans contredit, et le plus original des prosateurs du pays de Vaud passés et présents, chez M. Vinet.

M. Vinet est à la fois un écrivain très-français et un écrivain tout à fait de la Suisse française. Lorsque, dans ses écrits littéraires, imprimés à Bâle, destinés en partie à la jeunesse allemande et dédiés à des membres du gouvernement de son pays, il dit du siècle de Louis XIV *notre* littérature, on est un peu surpris au premier abord, et l'on est bientôt plus surpris que la littérature française, en retour, ne l'ait pas déjà revendiqué et n'ait pas dit de lui *nôtre*. Ses livres ne sont pas connus chez nous; son nom modeste l'est à peine. On se rappelle au plus son Mémoire sur la liberté des cultes, couronné en 1826 par la Société de la morale chrétienne. A part les fidèles du *Semeur*, quels lecteurs de journaux savent le nom et les titres de M. Vinet, critique littéraire des plus éminents, moraliste des plus profonds?

core bien peu de Français aujourd'hui sont à même de relever dans son style.

Il est élève de l'académie de Lausanne. Sorti du village de Crassier ou Crassy (1), qui avait été déjà le lieu de naissance de Mme Necker, il fit tout le cours de ses études à cette académie, dont la discipline était alors fort désorganisée par suite des événements publics. Les étudiants étudiaient peu; M. Alexandre Vinet se distingua de bonne heure, et par son application, et par des qualités plus en dehors, plus hardies ou plus gaies qu'il semble n'appartenir à son caractère habituel; mais toute jeunesse a sa pointe qui dépasse à émousser. On cite de lui un poëme héroï-comique, où il y a, dit-on, de la gaieté de collége, *la Guétiade*, imitation du *Lutrin*, et qui célèbre sans doute quelque démêlé avec le guet; il rima encore quelques autres riens du même genre. A l'enterrement d'un professeur fort aimé, on vit s'avancer au bord de la tombe un jeune homme (c'était M. Vinet) qui fit l'oraison funèbre du défunt; cette action ne laissa pas d'étonner un peu les mœurs extrêmement timides du pays et, on peut le dire, celles de l'orateur lui-même. En 1815, époque bien critique pour le pays de Vaud, que Berne devait chercher à reprendre, mais que M. Frédéric-César La Harpe, ancien précepteur de l'empereur Alexandre et noble citoyen, protégea heureusement, M. Vinet, simple étudiant encore, ne fut pas sans quelque influence; et cette poésie légère d'université, il l'employa à quelques

---

(1) Alexandre-Rodolphe Vinet, de Crassier, naquit à Ouchi près de Lausanne, le 17 juin 1797. Son père avait été placé à Ouchi pendant quelques mois dans les péages. (Voir la *Revue suisse* d'octobre 1847.)

chansons, devenues aussitôt populaires, contre les Bernois, contre l'ours de Berne. — L'homme que nous verrons si modéré, si tolérant, si timide même, ne manque pas d'une certaine énergie ardente que ses autres qualités recouvrent. Et si, par la délicatesse exquise de sa modestie, il sort un peu de la manière plus couramment démocratique des mœurs de son pays, il y rentre tout à fait par cette énergie et cette faculté de résistance, qui ne s'affiche pas, mais se retrouve toujours. Chez M. Vinet, elle a de plus toute la consécration du devoir réfléchi et saint.

Il est probable qu'à cette période de jeunesse plus hardie, il accueillait les productions de M. de Chateaubriand et de Mme de Staël, et applaudissait à ce mouvement de la littérature extra-impériale, plus vivement qu'il n'a fait à celui de 1825 à 1830, qui le trouva déjà mûr, et auquel il a dès l'abord moins cru.

Mais les idées morales, religieuses, chrétiennes, eurent toujours le pas dans son esprit sur les opinions purement littéraires. Né dans la Réforme, à un moment où le besoin d'un réveil religieux s'y faisait sentir, il participa tout à fait à ce mouvement de réveil, sans le pousser jamais jusqu'à la séparation, à l'exclusion et à la secte. Sa prudence consciencieuse, sa doctrine, toujours éclairée de charité, lui attirèrent, jeune, la considération qui, avec les années, est devenue autour de lui une révérence universelle. Étant encore étudiant en théologie, il fut appelé à l'université de Bâle comme professeur de littérature française. Il accepta et revint ensuite à Lausanne passer ses examens de ministre et recevoir la consécration. A Bâle, il professe depuis près de vingt ans (1), et le fruit de son enseignement littéraire se retrouve en substance dans les trois portions de sa *Chrestomathie,* dont les deux premiers discours préliminaires sont d'importantes dissertations, et dont le troisième est un précis historique de toute la littérature française, morceau capital de l'auteur et chef-d'œuvre du genre.

Comme pasteur et prédicateur évangélique, sa doctrine et sa manière se peuvent approfondir dans ses *Discours sur quelques sujets religieux,* dont la troisième édition, publiée en 1836, contient de remarquables additions. Plusieurs discours, notamment les deux qui ont pour titre : *l'Étude sans terme,* sont des modèles de ce genre, mi-partie de dissertation et d'éloquence, de cette psychologie chrétienne qui forme comme une branche nouvelle dans la prédication réformée.

Dans le journal *le Semeur,* fondé depuis 1830, on a publié divers extraits de ces productions de M. Vinet, et il a de plus constamment enrichi cette feuille d'articles de psychologie religieuse, ou de littérature et de critique très-fine et très-solide, que son talent si particulier d'écrivain et sa sagacité caractérisée de pen-

---

(1) M. Vinet, nommé depuis professeur d'éloquence de la chaire dans l'académie de Lausanne, a quitté l'université de Bâle, et sa patrie l'a reconquis. — Ayant donné sa démission après les événements de février 1845, il a été renommé presque aussitôt par l'académie de Lausanne, mais cette fois comme professeur de littérature française.

seur dénoncent aussitôt au lecteur un peu exercé et signent distinctement à travers tous les voiles anonymes (1).

Mais avant ces divers travaux de littérature ou de religion qui tendent toujours sans bruit à être des actions utiles, M. Vinet a eu dans le pays de Vaud un rôle plus animé, plus manifestement dessiné, et qui se rapporte précisément au temps de son Mémoire en faveur de la liberté des cultes. Dans cette patrie de Viret, l'un des plus onctueux et des plus charitables d'entre les réformateurs, il convenait que le réveil de l'esprit religieux, qui poussait peut-être quelques croyants ardents à la secte et au puritanisme, ne devînt pas une occasion, un éveil aussi de persécution, de la part de l'Église établie, menacée dans sa tiédeur. M. Vinet, qui participait de tout son cœur à la revivification de la doctrine évangélique, mais qui ne donnait dans aucun excès, joua un bien beau rôle en cette querelle. Il fut, avec son ami M. Monnard, le principal défenseur de la liberté religieuse à Lausanne : il prit en main le droit de ceux qu'on persécutait, et dont il n'épousait pas d'ailleurs les conséquences absolues et restrictives. A l'occasion d'une brochure dont il était l'auteur, et dont M. Monnard s'était fait l'éditeur, ils soutinrent tous les deux un procès, et ils eurent un moment, sous forme de tracasseries qu'on leur suscita,

(1) Les articles sur M. de La Rochefoucauld, sur le *Paradis perdu* de M. de Chateaubriand, sur *Arthur,* etc., etc.; les principaux ont été recueillis depuis sous le titre d'*Essais de Philosophie morale* (Paris, 1837, in-8º).

quelque part à cette persécution si chère à subir pour ce qu'on sent la vérité.

On conçoit que le Mémoire de M. Vinet en faveur de la liberté de tous les cultes, un peu antérieur, mais animé par une action si prochaine, ait été pour lui autre chose qu'une thèse philosophique où sa raison se complaisait : c'était une sainte et vivante cause ; et, à travers la surcharge des preuves et la chaîne un peu longue de la démonstration, à travers le style encore un peu roide et non assoupli, cette chaleur de foi communique à bien des parties de cet écrit, et surtout à la prière de la fin, une pénétrante éloquence.

Il en faudrait dire autant, à plus forte raison, de plusieurs brochures de lui sur le même sujet, et dont une polémique de charité et de justice animait l'accent (1).

(1) Voici pour mes amis du canton de Vaud et pour les bibliographes français une liste, que je crois complète, des écrits de M. Vinet dans cette controverse : 1° une brochure intitulée *Du Respect des Opinions* (Bâle, 1824); 2° le *Mémoire* couronné et ici connu (1826); 3° *Lettre à un Ami, ou Examen des Principes soutenus dans le Mémoire* (Lausanne, 1827); 4° *Observations sur l'Article sur les Sectaires inséré dans la* Gazette *de Lausanne du 13 mars 1829*, et *Nouvelles Observations sur un nouvel Article du 27 mars* (Lausanne, 1829). Les premières *Observations* furent saisies; M. le professeur Monnard, considéré comme *éditeur*, fut suspendu de ses fonctions. Ce procès amena le dernier et éloquent écrit, 5° *Essai sur la Conscience et sur la Liberté religieuse* (Paris-Genève, 1829). — M. Vinet a été ramené dix ans après par les circonstances à discuter les mêmes questions; il s'y est cru plus obligé peut-être qu'il n'était besoin; on peut du reste trouver sa théorie complète, reprise et déduite, dans son *Essai sur la manifestation des convictions religieuses* (1842).

Mais ce n'est que dans ses écrits subséquents, ou d'un ordre moins local, dans les discours de sa *Chrestomathie* d'abord, que nous trouvons M. Vinet à notre usage, écrivain complet, critique profond. A partir de ce moment, chacune de ses paroles compte, et elles ont pourtant si peu retenti chez nous, qu'on nous pardonnera d'y insister selon leur mérite.

La *Chrestomathie française* n'est, comme son nom l'indique, qu'un recueil, un choix *utile* de morceaux de vers et de prose, tirés des meilleurs auteurs français, distribués et gradués en trois volumes pour les âges : 1º l'enfance, 2º l'adolescence, 3º la jeunesse et l'âge mûr. Ces morceaux sont accompagnés fréquemment d'analyses, toujours de notes, quelquefois de petites notices sur les auteurs, dans lesquelles, en peu de lignes d'une concision excellente, tout point essentiel est rendu frappant, tout point en réserve est touché. M. Vinet, dans sa modestie, n'a voulu et n'a cru faire que cela, et il semble craindre même de n'avoir pas atteint son but : il l'a, selon nous, dépassé de beaucoup, ou mieux, surpassé.

Son discours à M. Monnard, dans lequel il discute les avantages qu'il y aurait à étudier et à analyser la langue et la littérature maternelles comme on étudie les langues anciennes, est tout d'abord propre à faire ressortir les qualités de grammairien analytique et de rhéteur, de Quintilien et de Rollin accompli, que possède M. Vinet. Il ne faut pas oublier sa situation précise. Il est Français de littérature, de langue ; il ne l'est pas de nation, et il professe en pays allemand.

Mais quand il professerait, non pas à Bâle, mais à
Lausanne même, c'est-à-dire au sein de la Suisse française, il aurait encore affaire au français comme à une
langue qui, bien qu'elle soit la sienne, doit toujours
là un peu s'apprendre dans les grammaires, pour être
sue très-correctement. La thèse qu'il soutient, et qui
serait fort à défendre à Paris même (qu'il importe
d'étudier les classiques français pas à pas et dans un
esprit scientifique), est surtout d'application rigoureuse aux lieux où il écrit. Quand il combat ceux qu'il
appelle les *réalistes* à Bâle, et qui voudraient éliminer
le plus possible la littérature pure de l'enseignement,
il soutient, à propos des classiques français, la même
cause que chez nous M. Saint-Marc Girardin contre
M. de Tracy, M. de Lamartine contre M. Arago, à propos des classiques grecs et latins ; et, s'il déploie dans
la discussion moins de prestesse sémillante, ou de
riche et poétique abandon, que nos champions de
France, il y porte des raisons encore mieux enchaînées, une politesse ingénieuse non moindre. Chez
M. Vinet, la régularité du raisonnement, la propriété
un peu étudiée de l'expression, laissent place à tout un
atticisme véritable, qui, à la fois, étonne hors de
France, et qui pourtant ne paraît pas dépaysé. J'insiste
sur ce résultat composé, non pas contradictoire.
M. Vinet, à Lausanne, sinon à Bâle, est à sa place ; il
a une originalité qui reproduit et condense heureusement les qualités de la Suisse française, et, en même
temps, il a une langue en général excellente, attique
à sa manière, et qui sent nos meilleures fleurs.

Voici, j'imagine tout spécieusement d'après lui-même, de quelle façon il s'y est pris pour atteindre à cette difficile perfection : « Il s'agit, dit-il (1), d'ap-
« prendre notre langue à fond, d'en pénétrer le génie,
« d'en connaître les ressources, d'en apprécier les
« qualités et les défauts, de nous l'approprier dans
« tous les sens ; et ne me sera-t-il pas permis d'ajouter
« (puisque je parle du français et que j'en parle en
« vue de la culture vaudoise) que le français est pour
« nous, jusqu'à un certain point, une langue étran-
« gère ? Éloignés des lieux où cette langue est intime-
« ment sentie et parlée dans toute sa pureté, ne nous
« importe-t-il pas de l'étudier à sa source la plus sin-
« cère et avec une sérieuse application ? Or, on ne
« peut hésiter sur les moyens. Les grammaires et les
« dictionnaires, dont je ne prétends point contester la
« nécessité, sont à la langue vivante ce qu'un herbier
« est à la nature. La plante est là, entière, authen-
« tique et reconnaissable à un certain point ; mais où
« est sa couleur, son port, sa grâce, le souffle qui la
« balançait, le parfum qu'elle abandonnait au vent,
« l'eau qui répétait sa beauté, tout cet ensemble d'ob-
« jets pour qui la nature la faisait vivre, et qui vivaient
« pour elle ? La langue française est répandue dans
« les classiques, comme les plantes sont dispersées
« dans les vallées, au bord des lacs et sur les mon-
« tagnes. C'est dans les classiques qu'il faut aller la
« cueillir, la respirer, s'en pénétrer ; c'est là qu'on la

(1) Discours préliminaire, tome I.

« trouvera vivante ; mais il ne suffit pas, je le répète,
« d'une promenade inattentive à travers ces beautés. »
J'ai voulu, en citant cette belle page, donner idée encore moins de la méthode que du succès.

A côté de ce charmant passage qui unit l'exactitude de chaque détail à la fraîcheur et au souffle, et que Buffon, reparlant du style, aurait écrit, j'aurais, dans le même discours, et dans le style de M. Vinet en général, là encore où il est le plus parfait, quelques défauts essentiels à relever, et qui tiennent au procédé même par lequel les qualités se sont acquises ou accrues. Il y a des duretés de mots et d'images (1) ; il y a de ternes et pénibles endroits (2), des invasions du style doctrinaire et rationnel (3), qui font que tout d'un coup la transparence a cessé. Une image physique très-précise s'insère quelquefois, s'incruste, pour ainsi dire, dans une trame d'ailleurs toute abstraite ; et quoique ce puisse être très-juste de sens à la réflexion, cela a fait faire de prime abord un petit soubresaut (4). Préoccupé qu'il est, avant tout, de la stricte déduction, l'écrivain ne se fie pas assez à la liaison générale et au courant simple de l'idée. Là

---

(1) Par exemple, une lecture où règne une vérité *si concrète;*... un fait *ressortissant à* ce qu'il y a d'universel et de fondamental dans l'esprit humain ;... les grèves arides de *l'égoïsme,* etc.

(2) Nous n'avons pas l'*option* de nos adversaires, etc.

(3) Un langage qui *émousse l'individualité,* et toutes ces formes trop fréquentes, *répudier l'utilité immédiate, abdiquer la rigueur des principes,* etc., etc.

(4) Ne permettez pas à la langue de s'*ankiloser; —* (en parlant de Quinault) c'est bien lui qui a *désossé* la langue française, etc.

concaténation ininterrompue, comme il dirait peut-être, remplace souvent sans nécessité le libre jeu de l'esprit ; l'attention se reposerait utilement dans des endroits de diffusion heureuse. La propriété parfaite et si précieuse des termes, où il se complaît, accuse quelquefois trop la vigilance à chaque mot, une véracité de détail qui ne se contente pas toujours d'être claire et distincte, mais qui veut être *authentique,* pour me servir d'une expression qu'il aime. A force d'accentuer le mot dans sa propriété, il lui arrive de le rendre dur. Les habitudes intérieures du devoir, de la règle morale, ont passé sur son style, en ont déterminé l'allure, et sans doute la marquent trop par endroits (1).

J'ai dénoncé tous les défauts parce que M. Vinet est un des maîtres les plus éclairés de la diction, parce que, si j'osais exprimer toute ma pensée, je dirais qu'après M. Daunou pour l'ancienne école, après M. Villemain pour l'école plus récente, il est, à mon jugement, de tous les écrivains français celui qui a le plus analysé les modèles, décomposé et dénombré la langue, recherché ses limites et son centre, noté ses variables et véritables acceptions. Et combien il est ingénieux et vif à animer l'analyse la plus abstraite de la grammaire! Quand il nous signale en une langue

---

(1) En rencontrant ces bouts de landes arides qui reviennent de temps en temps à travers une si riche nature, un homme d'esprit disait : « Ce sont là de ces petites mortifications que M. Vinet impose, je crois, en pénitence à son style, pour le punir quand il a été simple et beau. »

les divers systèmes de mots qui disparaissent ou s'introduisent selon les changements plus ou moins graves survenus dans les mœurs, il montre l'un ou l'autre de ces cortéges mobiles qui se retire avec le temps, laissant à la vérité dans la langue, dit-il, des allusions et des métaphores qui ne peuvent s'en détacher, mais toutefois emportant, *ainsi qu'une épouse répudiée*, la plus grande partie de sa dot. En parlant des mots d'abord nobles, de quelques mots employés par Malherbe lui-même, mais qui finirent par être déshonorés dans un emploi familier, et qu'il fallut expulser alors de la langue de choix : « C'est le cheval de parade, dit-il, qui, sur ses vieux jours, est envoyé à la charrue (1). » Ailleurs (préface du troisième volume),

(1) Ces remarques de M. Vinet sur les mots et leurs divers accidents me donnent occasion d'en glisser une qui m'est propre sur le français du canton de Vaud : c'est qu'on trouve dans ce canton, comme dans les divers pays où l'on parle français hors de France, des restes nombreux d'expressions et de locutions anciennes qui ont dès longtemps disparu en France même et au cœur de notre culture; des mots du xvie siècle : *volée*, par exemple, tout à fait dans la même acception que chez Estienne Pasquier quand il parle des poëtes *de la volée de Ronsard;* le peuple dit : *Il s'est pensé,* pour *il a pensé; il s'y fait beau,* pour *il fait beau* (le *s'y* dans ce cas n'est peut-être que *cy* pour *ici*). L'ancienne et précédente culture française, ou plutôt la production et *végétation* française sans culture régulière, était, au déclin du moyen âge et au xvie siècle, comme un grand champ libre, soit en France, soit aux pays environnants (Savoie, Vaud, Liége, etc.), et donnait pêle-mêle toutes sortes d'herbes, de fleurs, même de longs foins et de folles avoines. La culture académique, régulière et polie, le siècle de Louis XIV et son *rouleau,* n'ont passé sur le gazon et n'ont fait *boulingrin* et *tapis vert* qu'au milieu; les bordures et les prairies hors du cercle ont gardé toutes sortes de flottants vestiges. — Au

quand, voulant marquer que la poésie d'une époque exprime encore moins ce qu'elle a que ce qui lui manque et ce qu'elle aime, il dit : « C'est une médaille vivante où les vides creusés dans le coin se traduisent en saillies sur le bronze ou sur l'or, » ceci n'est-il pas frappé, de l'idée à l'image, comme la médaille même? Un tel mot cité me paraît la juste médaille du style de M. Vinet quand il devient du meilleur aloi : car c'est alors un écrivain plutôt encore graveur que peintre.

J'ai parlé des excellentes petites biographies et des notices en quelques lignes, mises à la tête des extraits. Mais tous ces mérites se retrouvent condensés, assemblés et agrandis dans la *Revue des principaux Prosateurs et Poëtes français,* morceau très-plein et très-achevé, véritable chef-d'œuvre littéraire de M. Vinet. Toutes ses qualités de précision, de propriété, de suite, de sagacité fine et de relief en peu d'espace, y sont fondues entre elles, et en équilibre avec le sujet même, qui ne demandait ni un certain essor ni une certaine flamme dont l'auteur ne manquerait peut-être pas, mais qu'il s'interdit. C'est le sujet que M. Nisard a également traité dans un fort bon morceau, où pourtant il s'est attaché plutôt à quelques principales figures, et où il s'est donné plus de carrière. M. Vinet n'a fait que fournir celle que lui traçait régulièrement son

---

xvie siècle sans doute, et même auparavant, il y avait une langue de cour et du centre, qui se piquait d'être la bonne. Viret demande déjà excuse en son temps de parler un français un peu *étrange;* mais de loin ces différences s'effacent, et l'on n'est plus frappé que des ressemblances.

titre même. Il passe en revue toute la littérature française, depuis Villehardouin jusqu'à M. de Chateaubriand, et en insistant avec continuité sur les trois siècles littéraires. Il n'y a pas un point, pas une maille du tissu qui ne soit solide, exactement serrée ; c'est la lecture la plus nourrie, la plus utile, la plus agréable même, aussi bien que la plus intense. Le style de Marie-Joseph Chénier, dans son *Tableau de la Littérature,* égalé ici pour la netteté et l'élégance, est surpassé pour la nouveauté et la plénitude du sens. Je ne sais que la manière de M. Daunou, dans son *Éloge de Boileau,* qui me paraisse se pouvoir comparer avec convenance et avantage à celle de M. Vinet dans ce discours. Combien d'heureux traits d'une concision ingénieuse, où la pensée se double, en quelque sorte, dans l'expression, et fait deux coups d'un même jet ! Ce sont comme deux courants inverses sur le même axe : on reste tout surpris et charmé. Je n'en citerai qu'un seul petit échantillon : après un mot sur Amyot et ses grâces françaises, « Ronsard cependant, dit M. Vinet, égarait la poésie loin de la veine heureuse, que son siècle et *lui-même* avaient rencontrée. » Il est impossible de plus enfermer en un l'adoucissement dans la critique, de plus précisément greffer l'éloge dans le blâme. Pas un mot qui ne soit ainsi mesuré et proportionné. Quelle balance sensible et sûre ! et pourtant le glaive entrevu parfois ! — Soit qu'il nous peigne ce grand style de Pascal, si caractérisé entre tous par sa *vérité,* austère et nu pour l'ordinaire, paré de sa nudité même, et qu'il ajoute pour le fond ; « Bien des paragraphes de Pascal sont des strophes d'un Byron chrétien; » soit qu'il admire, avec les penseurs, dans La Rochefoucauld, ce talent de présenter chaque idée *sous l'angle le plus ouvert,* et cette force d'irradiation qui fait épanouir le point central en une vaste circonférence; soit qu'il trouve chez La Bruyère, et à l'inverse de ce qui a lieu chez La Rochefoucauld, des lointains un peu illusoires créés par le pinceau, moins d'étendue réelle de pensée que l'expression n'en fait d'abord pressentir, et qu'il se montre aussi presque sévère pour un style si finement élaboré, dont il a souvent un peu lui-même les qualités et l'effort; soit que, se souvenant sans doute d'une pensée de Mme Necker sur le style de Mme de Sévigné, il oppose d'un mot la forme de prose encore gracieusement flottante du xviie siècle à cette élégance plus déterminée du suivant, qu'il appelle *succincta vestis;* soit qu'en regard des lettres capricieuses et des mille dons de Mme de Sévigné, *toute grâce,* il dise des lettres de Mme de Maintenon en une phrase accomplie, assez pareille à la vie qu'elle exprime, et enveloppant tout ce qu'une critique infinie déduirait : « Le plus parfait naturel, une justesse admirable d'expression, une précision sévère, une grande connaissance du monde, donneront toujours beaucoup de valeur à cette correspondance, où l'on croit sentir la circonspection d'une position équivoque et la dignité d'une haute destinée; » soit qu'il touche l'aimable figure de Vauvenargues d'un trait affectueux et reconnaissant, et qu'il dégage de sa philosophie généreuse et inconséquente les attraits qui le poussaient au christianisme; soit qu'en style de Vauvenargues lui-même il recommande, dans les *Éléments de Philosophie* de d'Alembert, *un style qui n'est orné que de sa clarté, mais d'une clarté si vive qu'elle est brillante*; — sur tous ces points et sur cent autres, je ne me lasse pas de repasser les jugements de l'auteur, qui sont comme autant de pierres précieuses, enchâssées, l'une après l'autre, dans la prise exacte de son ongle net et fin. Je ne trouve pas un point à mordre, tant le tout est serré et se tient. J'ai cru un instant rencontrer une critique à faire à propos de Saint-Évremond, dont le nom venait un peu tard dans la série, après Rollin ; mais à peine avais-je achevé de lire la phrase, que l'adresse de l'auteur l'avait déjà fait rentrer dans le tissu et ma critique était déjouée.

Quand on songe que celui qui a écrit ce précis est un ministre protestant, et non pas un protestant socinien et vague, mais un biblique rigoureux, un croyant à la divinité du Christ, à la rédemption, à la grâce, on admire sa tolérance et sa compréhension si étendue, qui ne dégénère pourtant jamais en relâchement ni en abandon. Voltaire est merveilleusement apprécié ; je remarquerai seulement et signalerai à l'auteur, pour qu'il le revoie peut-être, un certain paragraphe de la page XLII (1), qui offre beaucoup d'embarras et de pesanteur dans la diction : je ne voudrais pas

---

(1) Commençant par ces mots : *Le caractère de Voltaire,* etc., etc. Il y a encore quelques points du portrait que je retoucherais « Avec ses cent bras qui atteignaient à tout, il fut le Briarée de la littérature. » Ce *Briarée* est un reste de superstition à la fable, comme en cet endroit du commentaire où M. Vinet oppose la fou-

qu'on pût dire que le malin a porté malheur, sur un point, à qui l'examine avec tant de conscience et avec une profondeur si sérieuse, éclairée du goût. Lorsque, venant au poëme qu'on évite de nommer, mais qu'il ose louer littérairement, M. Vinet en apprécie l'inspiration et l'influence, lorsque, pour le réprouver plus à coup sûr, il s'arme d'une citation empruntée à Voltaire lui-même, il devient éloquent de toute l'éloquence dont la critique est capable, et cela par le choix que lui seul a su faire d'une citation telle.

Les poëtes, nos grands poëtes surtout, sont fort bien appréciés de M. Vinet, moins sûrement pourtant que les prosateurs. En général, la fin et le commencement de ce morceau (vrai chef-d'œuvre, je le répète) sont ce qu'il y a de moins parfait. Le début, exact de position et d'aperçu, semble un peu court et insuffisant; la fin, un peu languissante, non terminée net, trahit dans les jugements et les classements quelque indécision, quelque concession indulgente. M. Vinet se montre avec tendresse et solennité funèbre dans quelques mots sur le dernier chant de Gilbert, que je n'appellerai pourtant pas un *grand* poëte (1). Je ne puis trouver exact qu'on représente André Chénier dans l'idylle

dre de Jupiter aux *flèches de son fils*, c'est-à-dire d'Apollon. Ces petits glaçons mythologiques sont demeurés là dans son style on ne sait comment.

(1) Pas plus que je ne décernerais l'éloge d'*admirables* à quelques spirituels apologues de feu M. Arnault : ce que fait notre critique dans une de ses préfaces. — (En étudiant plus tard et de près M. Arnault, j'en suis venu à reconnaître que M. Vinet avait raison. Voir le tome VIIe des *Causeries du Lundi*.)

comme *agrandissant le genre de Léonard et de Berquin !!*
Léonard n'est pas *le Racan du dix-huitième siècle;* la
belle pièce de *la Retraite* maintient à une haute distance la mémoire de Racan. Dorat peut être dit *l'héritier direct* de Benserade, mais il ne l'est pas de Voiture,
qui était d'une qualité et d'une saillie d'esprit bien
supérieure, et qui eut grande influence : Dorat ne
compta jamais. — En un mot, dans le tableau de ce
dernier tiers du xviiie siècle, les proportions véritables
ne sont pas assez gardées; la nomenclature l'emporte
un peu sur le vrai classement; trop de noms se pressent sous la plume de l'auteur, et paraissent admis à
une place que quelques-uns seuls tenaient réellement.

Je lui reprocherai aussi plutôt, dans sa longue note
sur les contemporains de l'Empire, sa complaisance
d'admission pour quelques noms sans valeur, que dans
ses dernières pages la méfiance, pleine de motifs, qu'il
témoigne pour les promesses orageuses de la littérature
présente.

Quoiqu'il ait écrit des vers dans sa jeunesse et qu'il
ait tout ce qu'il faut pour les sentir, M. Vinet est plus
prosateur que poëte, même dans ses jugements. Tout
ce qui se rapporte à la propriété, à la précision, à la
sagacité, est souverain chez lui ; la hardiesse, si elle
s'y rencontre, est toujours étroitement adaptée, la
métaphore est juste à l'usage ; mais ne lui demandez
pas la grande flamme : il la gardera. Il pénètre souvent,
mais ne dévore jamais : rien chez lui ne rappelle Rousseau. Sa science de langue, de synonymie et de cœur,
va souvent à l'éloquence d'onction ou de pensée, mais

ne s'envole pas volontiers aux grandes choses d'imagination. Dès qu'on en vient là, il hésite un peu, il parle des *maîtres de la lyre* et s'y replie scrupuleusement. S'il fallait chercher quelque représentant de la poésie du pays de Vaud, de cette poésie que Rousseau a vue dans les lieux, et qu'il a contestée aux habitants; que quelques-uns, que plusieurs nourrissent pourtant avec culte; il faudrait se tourner à côté, vers cette jeunesse de Lausanne qui s'essaye encore, feuilleter ce recueil des *Deux Voix* dans lequel je puis désigner la pièce du *Sapin*, entre autres, comme franche impression des hautes cimes; s'adresser à la conversation de quelques hommes, comme M. le pasteur Manuel, qui se sont plus dirigés à l'étude qu'à la production, et qui, pieux et modérés, savent et sentent, en face de leur lac et de leurs montagnes, toute vraie poésie depuis les chœurs de Sophocle jusqu'aux pages de Mme de Staël (1). M. Vinet, d'une manière moins éparse heureusement, représente et réalise, en écrivain de premier ordre, tout l'autre côté de prose ingénieuse, d'originale et savante culture. Comme critique il s'abandonne quelquefois à une bienveillance un peu prompte; il s'attache et prête foi aux livres un peu trop indépendamment de la connaissance personnelle des auteurs; il est plutôt porté d'abord à surfaire, à force de se croire moindre. Érudit bibliographe, il prétend par moments,

---

(1) M. Manuel a été ravi depuis, comme M. Monneron; le fruit comme la fleur. M. Vinet a dignement apprécié cet homme excellent et charmant dans une lettre à la *Revue suisse* (octobre 1838), reproduite dans le *Semeur* (6 février 1839).

comme Nodier, que c'eût été là sa vocation. Il y a donc, sous sa régularité excellente de style et de doctrine bien des accidents piquants, divers, qui font de lui un homme plein de détails fins à peindre, et qui doivent être charmants à goûter.

M. Vinet, dans la littérature française, émane surtout de Pascal, sa haute admiration, son grand modèle. Il se rapprocherait beaucoup de Duguet pour la manière et le tour modéré, suivi, fin et *rentré*, si Duguet avait été plus littérateur. Il a donc assez des habitudes littéraires des écrivains de Port-Royal (et jusqu'à leur goût de l'anonyme), comme il a beaucoup de leurs doctrines religieuses. Dans son Précis, il a écrit sur Quesnel une phrase de vif éloge, qui semble indiquer qu'il n'a pas été étranger à l'heureux choix des pensées de cet auteur, que le *Semeur* a publié. Mais c'est par la doctrine de charité, d'amour de Dieu, et non par l'esprit de secte, qu'il communique de ce côté. Non plus seulement comme littérateur, mais aussi comme figure évangélique et ami de Fénelon, on me permettra encore de le trouver comparable, par son mélange de dialectique et d'onction, par sa vivacité dans la douceur, par sa modestie et sa délicatesse promptes à se dérober, par sa fuite de l'éclat, de l'effet et peut-être aussi de l'occasion, par sa santé même, à un homme si aimé et si goûté de ceux qui l'ont approché, à un écrivain plus distingué que proclamé, à notre abbé Gerbet.

Les *Discours religieux*, réunis au nombre de vingt-cinq, offrent comme un cours complet des vérités évangéliques, déduites dans une méthode tout intérieure.

L'impression (et je ne parle d'abord que de l'impression humaine, philosophique et littéraire) qu'on en retire est celle de quelque chose d'aimable, de modéré, de sensé et d'accessible; tout y est simple, sans un ornement ni une digression de luxe, et allant droit au but. Le vif seul des observations morales, ou le touchant des prières qui terminent, ressortent par instants. Ce genre mixte, plus psychologique qu'oratoire, me représente assez ce que des hommes comme MM. Jouffroy ou Damiron diraient, s'ils étaient pasteurs évangéliques, et parlant à des chrétiens assemblés, non sous les voûtes d'une cathédrale, mais dans une chambre. Il n'y a rien là de Bossuet; il y a encore beaucoup de Pascal, mais d'un Pascal moins abrupt, plus apprivoisé au salut et plus doucement acceptable. Ce qu'en politique le livre de M. de Tocqueville est à ceux de Montesquieu et de Jean-Jacques, ce qu'en éducation le livre de Mme Guizot est à ceux de ce même Jean-Jacques ou de Fénelon, on pourrait avancer parallèlement que les discours de M. Vinet le sont à certains morceaux de Pascal, c'est-à-dire quelque chose qui, incomparablement moindre sans doute pour le mouvement, l'éclat, l'invention, se rencontre plus immédiatement approprié, et d'une nourriture plus aisée, plus conforme à la moyenne et majeure classe des esprits philosophiques et chrétiens de nos jours. L'impression, même simplement intellectuelle et sensible, qu'on en tire, au lieu de s'égarer volontiers à l'admiration, à la spéculation, est déjà voisine de la pratique.

Mais c'est à produire, à solliciter une impression

entière et efficace qu'ils sont destinés; et aussi n'en parlons-nous qu'avec rapidité et une sorte de crainte sous un point de vue autre. Ce qui nous y frappe surtout, c'est l'esprit de lumière et de charité chrétienne infinie, qui fait que, pour des catholiques même, bien des choses y restant absentes, aucune peut-être n'est expressément contraire ni à repousser. A part le discours sur *la Foi d'autorité,* où encore ce genre de foi est ménagé par des expressions si générales, et où la vérité se réserve comme pouvant habiter dessous, on va en tous sens dans cette lecture en n'apercevant jamais que le chrétien. Quant aux deux discours sur *l'Étude sans terme,* nous y pourrions louer longuement le moraliste, et même, dans le premier discours, admirer des traits d'imagination et de pensée colorée, plus forts, plus grands que le didactique du genre n'en permet d'ordinaire à M. Vinet; mais ce serait mal conclure de telles pages que d'y trop attacher l'éloge, même l'éloge du fond. Il y faut renvoyer en silence ceux qui *étudient.* Que si, dans tout ceci, nous avons trop souvent arraché à un talent, le plus humble de cœur, les voiles dont il aime à s'envelopper, qu'il veuille songer, pour notre excuse, que l'effet de ces paroles, que nous aurions voulu rendre plus dignes, sera peut-être de convier quelques lecteurs de plus aux fruits des travaux que l'idée de l'utilité et du bien lui inspira; et puisse-t-il ainsi nous pardonner!

15 septembre 1837.

(Depuis que ces pages ont été écrites, M. Vinet, revenu à Lausanne, a continué de développer dans tous les sens cette supériorité qui n'est plus contestée que de lui. Il a publié en 1841 un volume de *Nouveaux Discours religieux;* ses nombreux articles littéraires dans le *Semeur* ont appris à nos écrivains célèbres qu'ils avaient là-bas un juge de haute pensée, le plus attentif, le plus bienveillant, mais dont l'indulgence elle-même trouve, quand il le faut, ses limites. Le cours de littérature qu'il professe à Lausanne avec éclat lui a fait d'abord passer en revue toute l'époque moderne, l'Empire, la Restauration ; des portions considérables du cours ont été lithographiées, et sont mieux que des promesses ; il en sortira bientôt un livre qui achèvera de consacrer parmi nous l'autorité du maître.)

— M. Vinet est mort à Clarens, le 4 mai 1847, à l'âge de 50 ans.

LE COMTE

XAVIER DE MAISTRE [1].

1839.

Nous avons eu occasion déjà, dans cette série d'écrivains français, d'en introduire plus d'un qui n'était pas né en France, et d'étonner ainsi le lecteur par notre louange prolongée autour de quelque nom nouveau. Celui-ci, du moins, est bien connu de tous, et il n'y a pas besoin de précaution pour l'aborder. Le comte Xavier de Maistre n'était jamais venu à Paris avant cet hiver; il n'avait qu'à peine traversé autrefois un petit angle de la France, lorsque, vers 1825, il revenait de Russie dans sa patrie, en Savoie, et se rendait de Strasbourg à Genève, par Besançon. Ayant passé depuis lors de longues années à Naples, sur cette terre de

---

[1] Cette étude a précédé en date mes articles sur le comte Joseph (*Portraits littéraires*, tome II); je m'étais dès longtemps occupé de ce dernier, mais avant de l'aborder décidément, je reculais toujours. En face d'un tel athlète quelque crainte était bien permise sans trop de déshonneur. Ici je m'étais pris au nom de son aimable frère par manière de prélude et comme à de faciles et gracieuses prémices d'un sujet plus sévère.

soleil et d'oubli, il ne s'était pas douté qu'il devenait, durant ce temps-là, ici, un de nos auteurs les plus connus et les mieux aimés. A son arrivée dans sa vraie patrie littéraire, sa surprise fut grande, comme sa reconnaissance : il s'était cru étranger, et chacun lui parlait de la Sibérienne, du Lépreux, des mêmes vieux amis.

Sans doute (et c'est lui plaire que de le dire), la renommée de son illustre frère est pour beaucoup dans cette espèce de popularité charmante qui s'en détache avec tant de contraste. Les paradoxes éloquents, la verve étincelante et les magnifiques anathèmes de son glorieux aîné ont provoqué autour de cette haute figure une foule d'admirateurs ou de contradicteurs, une espèce d'émeute passionnée, émerveillée ou révoltée, une quantité de regards enfin, dont a profité tout à côté, sans le savoir, la douce étoile modeste qui les reposait des rayons caniculaires de l'astre parfois offensant. Quelle que fût l'inégalité des deux lumières, l'apparence en était si peu la même, que la plus forte n'a pas éteint l'autre, et n'a servi bien plutôt qu'à la faire ressortir. Heureuse et pieuse destinée ! la vocation littéraire du comte Xavier est tout entière soumise à l'ascendant du comte Joseph. Il écrit par hasard, il lui communique, il lui abandonne son manuscrit, il lui laisse le soin d'en faire ce qu'il jugera à propos; il se soumet d'avance, et les yeux fermés, à sa décision, à ses censures, et il se trouve un matin avoir acquis, à côté de son frère, une humble gloire tout à fait distincte, qui rejaillit à son tour sur celle même du grand aîné, et qui semble (ô récompense!) en atténuer par un coin l'éclatante rigueur, en lui communiquant quelque chose de son charme. Ç'a toujours été un rôle embarrassant que d'arriver le cadet d'un grand écrivain et de tout homme célèbre ou simplement à la mode, qui vous prime, qu'on soit un vicomte de Mirabeau, un Ségur *sans cérémonies* (1), ou Quintus Cicéron, ou le second des Corneille. Pour trancher la difficulté, l'esprit seul ne suffit pas toujours ; le plus simple est que le cœur s'en mêle. Frédéric Cuvier mourant, il y a près d'un an, a demandé qu'on inscrivît pour toute épitaphe, sur la pierre de son tombeau : *Frédéric Cuvier, frère de George.* Le comte Xavier dirait volontiers ainsi dans sa filiale piété fraternelle. Mais, pour lui, il ne s'est jamais posé le rôle, il ne s'est jamais dit que c'était embarrassant ; il a senti que c'était doux, près de soi, d'avoir un haut abri dans ses pensées ; et cependant il s'en est tiré mieux que tous les cadets de grands hommes en littérature : il a trouvé sa place par le naïf, le sensible et le charmant (2).

Quelque part, à bon droit, qu'on fasse à la vocation

(1) Le vicomte de Ségur, pour se distinguer de son frère lorsque celui-ci fut devenu maître des cérémonies sous Napoléon, et pour s'en railler un peu, écrivait volontiers chez ses amis : *Ségur sans cérémonies.*

(2) Le plus ancien de ces pieux cadets dont nous parlons est assurément Ménélas, le bon Ménélas, duquel Agamemnon disait : « Par moments il s'arrête et ne veut pas agir, non qu'il cède à la paresse ou à l'imprudence, *mais il me regarde et il attend :* »

Ἀλλ' ἐμέ τ' εἰσορόων καὶ ἐμὴν ποτιδέγμενος ὁρμήν.

(*Iliade,* X, 123).

singulière et déclarée des talents, ce n'est pas sans une
certaine préparation générale et une certaine prédisposition du terroir natal lui-même, qu'à titre d'écrivains français si éminents, on a pu voir sortir de
Genève Jean-Jacques, Benjamin Constant de Lausanne,
et les de Maistre de Savoie, ceux-ci surtout, qui n'en
sont sortis que pour aller vivre tout autre part qu'en
France. La Savoie, en effet, appartient étroitement et
par ses anciennes origines à la culture littéraire française; laissée de côté et comme oubliée sur la lisière,
elle est de même formation. Sans remonter jusqu'au
moyen âge, jusqu'à l'époque chevaleresque où fleurissait bien brillamment, sous une suite de vaillants
comtes, la tige de l'antique maison souveraine de ce
pays, mais où, sauf plus ample information, la trace
littéraire est moins évidente; sans se reporter tout à
fait jusqu'au temps du bon Froissart, qui se louait très-fort pourtant de leur munificence :

> Amé, le comte de Savoie (1),
> . . . .
> Une bonne cote hardie
> Me donna de vingt florins d'or;
> Il m'en souvient moult bien encor;

en s'en tenant aux âges plus rapprochés et après que
le français proprement dit se fut entièrement dégagé
du roman, dès l'aurore du xvie siècle, on trouve quelques points saillants : dans les premiers livres français
imprimés (mystères, romans de chevalerie ou autres),

(1) En 1368, Amé ou Amédée VI.

un bon nombre le fut à Chambéry ; on rencontre archevêque à Turin Claude de Seyssel, l'historien de Louis XII et l'infatigable traducteur : il était né à Aix en Savoie. Procédant d'Amyot en style bien plus que Seyssel, le délicieux écrivain François de Sales, né au château de son nom, résidait à Annecy ; avec son ami le président Antoine Favre, jurisconsulte célèbre et père de l'académicien Vaugelas, il fondait, trente ans juste avant l'Académie française, une académie dite *Florimontane*, où la théologie, les sciences et aussi les lettres étaient représentées : leur voisin Honoré d'Urfé en faisait partie (1). On avait pris pour riant emblème, et sans doute d'après le choix de l'aimable saint (car cela lui ressemble), un oranger portant fruits et fleurs, avec cette devise : *Flores fructusque perennes.* Mais le vent des Alpes souffla ; l'oranger fleurit peu et bientôt mourut. Pourtant cette seule pensée indique tout un fonds préexistant de culture. Vaugelas, le premier de nos grammairiens corrects et polis, était venu de Savoie en France ; Saint-Réal en était et y retourna, écrivain concis, et, pour quelques traits profonds, précurseur de Montesquieu. Il n'y eut jamais interruption bien longue dans cette suite littéraire notable ; et Ducis se vantait tout haut à Versailles de son sang allobroge, quand déjà, de par delà les monts, la voix de Joseph de Maistre allait éclater (2).

(1) *Essai sur l'universalité de la langue française,* par M. Allou.
(2) Parmi les auteurs français nés en Savoie, il faut compter aussi M. Michaud, l'auteur des *Croisades* et du *Printemps d'un Proscrit.*

En ce qui est du comte Xavier, le naturel décida tout; le travail du style fut pour lui peu de chose; il avait lu nos bons auteurs, mais il ne songea guère aux difficultés de la situation d'écrivain à l'étranger. Il se trouva un conteur gracieux, délicat et touchant, sans y avoir visé; il sut garder et cultiver discrètement sous tous les cieux sa bouture d'olivier ou d'oranger, sans croire que ce fût un arbuste si rare.

Heureux homme, et à envier, dont l'arbuste attique a fleuri, sans avoir besoin en aucun temps de l'engrais des boues de Lutèce! Loin de nous, en Savoie, en Russie, au ciel de Naples, il semblait s'être conservé exprès pour nous venir offrir, dans sa trop courte visite, à l'âge de près de soixante-seize ans, l'homme le plus moralement semblable à ses ouvrages qui se puisse voir, le seul de nos jours peut-être tout à fait semblable et fidèle par l'âme à son passé, naïf, étonné, doucement malin et souriant, bon surtout, reconnaissant et sensible jusqu'aux larmes comme dans la première fraîcheur, un auteur enfin qui ressemble d'autant plus à son livre qu'il n'a jamais songé à être un auteur.

Il est né à Chambéry, en octobre 1763, d'une très-noble famille et nombreuse; il avait plusieurs frères, outre celui que nous connaissons. Tandis que le comte Joseph, dans de fortes études qui semblaient tenir tout d'une pièce à l'époque d'Antoine Favre et du xvie siècle, suivait en magistrat gentilhomme la carrière parlementaire et sénatoriale, le comte Xavier entra au service militaire; sa jeunesse se passa un peu au hasard dans diverses garnisons du Piémont. Les goûts littéraires dominaient-ils en lui et remplissaient-ils tous ses loisirs? — « Je dois à la vérité d'avouer, répondait-il un jour en souriant à quelques-unes de mes questions d'*origines,* que dans cet espace de temps j'ai fait consciencieusement la vie de garnison sans songer à écrire et assez rarement à lire ; il est probable que vous n'auriez jamais entendu parler de moi sans la circonstance indiquée dans mon *Voyage autour de ma chambre,* et qui me fit garder les arrêts pendant quelque temps (1). » Avant ce voyage ingénieux, il en avait fait un autre plus hardi et moins enfermé, un voyage aéronautique; il partit d'une campagne près de Chambéry, en ballon, et alla s'abattre à deux ou trois lieues de là. Des arrêts pour un duel, un voyage à la Montgolfier, voilà de grandes vivacités de jeunesse. Il avait vingt-six ou vingt-sept ans, et était officier au régiment de marine en garnison à Alexandrie, lorsqu'il écrivit le *Voyage autour de ma chambre;* quelques allusions pourtant se rapportent à une date postérieure ; il le garda quelques années dans son tiroir et y ajoutait un chapitre de temps en temps. Dans une visite qu'il fit à son frère Joseph, à Lausanne, vers 93 ou 94, il lui porta le manuscrit : « Mon frère, dit-il, était mon parrain et mon protecteur ; il me loua de la nouvelle occupation que je m'étais donnée et garda le brouillon, qu'il mit en ordre après mon départ. J'en reçus bientôt un exemplaire imprimé (2), et j'eus la surprise qu'éprouverait un père

---

(1) Au chapitre III, où il donne la *logique* du duel.
(2) Édition de Turin, 1794. — Il y eut une édition à Paris en

en revoyant adulte un enfant laissé en nourrice. J'en fus très-satisfait, et je commençai aussitôt l'*Expédition nocturne;* mais mon frère, à qui je fis part de mon dessein, m'en détourna : il m'écrivit que je détruirais tout le prix que pouvait avoir cette bluette, en la continuant; il me parla d'un proverbe espagnol qui dit que toutes les secondes parties sont mauvaises, et me conseilla de chercher quelque autre sujet : je n'y pensai plus. »

En relisant cet agréable *Voyage,* on apprend à en connaître l'auteur mieux que s'il se confessait à nous directement : c'est une manière de confession d'ailleurs, sous air de demi-raillerie. Une douce *humeur* y domine, moins marquée que dans Sterne, que plusieurs chapitres rappellent toutefois (1); mais j'y verrais plutôt en général la grâce souriante et sensible de Charles Lamb. On surprend les lectures, les goûts du jeune officier, son âme candide, naturelle, mobile, ouverte à un rayon du matin, quelques rimes légères (nous en citerons plus tard), quelque pastel non moins léger, sa passion de *peindre* et même au besoin de disserter là-dessus : « C'est le *dada* de mon oncle Tobie, » se dit-il. Dante peignait déjà comme on le pouvait faire en son temps; André Chénier peignait aussi : quoi de plus

---

1796; on rend compte très-favorablement du livre dans le *Journal de Paris* du 23 mai 1796.

(1) Le chapitre xix, où tombe cette larme de repentir, pour avoir brusqué *Joannetti*, et le chapitre xxviii, où tombe une autre larme, pour avoir brusqué le pauvre Jacques, sont tout à fait dans la manière de Sterne.

naturel qu'on tienne les deux pinceaux? M. de Maistre
a beaucoup plus peut-être réfléchi et raisonné sur celui
des deux arts auquel il ne doit pas sa gloire : il manie
l'autre sans tant d'étude et d'analyse des couleurs.
Mais même pour la peinture, et malgré l'air de dissertation dont il se pique au chapitre xxiv du *Voyage,* ç'a
été surtout un moyen pour lui de fixer en tout temps
des traits chéris, un site heureux, une vallée alpestre,
quelque moulin égayant l'horizon, quelque chemin
tournant près de Naples, le banc de pierre où il s'est
assis, où il ne s'assoira plus, toute réminiscence
aimable enfin des lieux divers qui lui furent une patrie.
La douce malice du *Voyage* se répand et se suit dans
toutes les distractions de *l'autre,* comme il appelle *la
bête* par opposition à *l'âme;* l'observation du moraliste,
sous air d'étonnement et de découverte, s'y produit en
une foule de traits que la naïveté du tour ne fait qu'aiguiser. Qu'on se rappelle ce portrait de Mme Hautcastel
(chap. xv), qui, comme tous les portraits, et peut-être,
hélas! comme tous les modèles, sourit à la fois à chacun de ceux qui regardent et a l'air de ne sourire qu'à
un seul : pauvre amant qui se croit uniquement regardé! Et cette rose sèche (chap. xxxv), cherchée,
cueillie autrefois si fraîche dans la serre un jour de
carnaval, avec tant d'émotion, offerte à Mme Hautcastel
à l'heure du bal, et qu'elle ne regarde même pas! car
il est tard, la toilette s'achève; elle en est aux dernières
épingles; il faut qu'on lui tienne un second miroir :
« Je tins quelque temps un second miroir derrière elle,
pour lui faire mieux juger de sa parure; et, sa phy-

sionomie se répétant d'un miroir à l'autre, je vis alors une perspective de coquettes, dont aucune ne faisait attention à moi. Enfin, l'avouerai-je? nous faisions, ma rose et moi, une fort triste figure... Au moment où la parure commence, l'amant n'est plus qu'un mari, et le bal seul devient l'amant. »

Dans ce charmant chapitre, je relèverai une des taches si rares du gracieux opuscule : redoublant sa dernière pensée, l'auteur ajoute que, si l'on vous voit au bal ce soir-là avec plaisir, c'est parce que vous faites partie du bal même, et que vous êtes par conséquent une fraction de la nouvelle conquête : vous êtes une *décimale* d'amant. Cette *décimale,* on en conviendra, est maniérée; il y a très-peu de ces fautes de goût chez M. Xavier de Maistre; son frère, dans sa manière supérieure, s'en permet souvent, et laisse sentir la recherche. Lui, d'ordinaire, il est la simplicité même. Ce qui le distingue entre les étrangers écrivant en français et non venus à Paris, c'est précisément le goût simple. Par là il ressemble à Mme de Charrière : on n'en avait pas d'exemple jusqu'à eux. Hamilton, tout Irlandais qu'il était, avait du moins passé sa jeunesse à la cour de France, ou, ce qui revient presque au même, à celle de Charles II.

Et qu'on ne s'étonne pas si j'allie ainsi l'idée de la simplicité du goût avec celle du centre le plus raffiné. C'est un fait; M. Xavier de Maistre l'a lui-même remarqué à propos de sa jeune Sibérienne : « L'étude approfondie du monde, dit-il, ramène toujours ceux qui l'ont faite avec fruit à paraître simples et sans prétentions, en sorte que l'on travaille quelquefois longtemps pour arriver au point par où l'on devrait commencer. » Ainsi Hamilton est aisé et simple de goût, comme l'est Voltaire. Le comte Xavier s'en est plutôt tenu, lui, à cette simplicité par où l'on commence, tout en comprenant celle par où l'on finit (1).

Revenons au *Voyage* : les divorces, querelles et raccommodements de l'âme et de *l'autre* fournissent à l'aimable *humoriste* une quantité de réflexions philosophiques aussi fines et aussi profondes (2) que le fauteuil psychologique en a jamais pu inspirer dans tout son méthodique appareil aux analyseurs de profession. L'élévation et la sensibilité s'y joignent bientôt et y mêlent un sérieux attendri : qu'on relise le touchant chapitre xxi sur la mort d'un ami et sur la certitude de

---

(1) Les légères fautes d'incorrection sont presque aussi rares chez M. de Maistre que celles du goût. J'en note, pour acquit de conscience, quelques petites, sans être très-sûr moi-même de ne pas me tromper. Ainsi, par exemple, quand il nettoie machinalement le portrait, et que son âme, durant ce temps, s'envole au soleil, tout d'un coup elle en est rappelée par la vue de ces cheveux blonds : « Mon âme, *depuis* le soleil où elle s'était transportée, sentit un léger frémissement de plaisir;... » *en imposer* pour *imposer; sortir* de sa poche un paquet de papier... Mais c'est assez : je tombais l'autre jour sur une épigramme du spirituel poëte épicurien Lainez, compatriote du gai Froissart et contemporain de Chapelle, qu'il égalait au moins en saillies ; il se réveille un matin en se disant :

> Je sens que je deviens puriste ;
> Je plante au cordeau chaque mot ;
> Je suis les Dangeaux à la piste ;
> Je pourrais bien n'être qu'un sot.

(2) Voyez chapitre x.

l'immortalité. « Depuis longtemps, dit-il en continuant, le chapitre que je viens d'écrire se présentait sous ma plume, et je l'avais toujours rejeté. Je m'étais promis de ne laisser voir dans ce livre que la face riante de mon âme; mais ce projet m'a échappé comme tant d'autres. » Chez M. de Maistre, en effet, la mélancolie n'est pas en dehors, elle ne fait par moments que se trahir. Né au cœur d'un pays austère, il n'en eut visiblement aucun reflet nuageux; on ne pourrait dire de lui ce que M. de Lamartine a dit de M. de Vignet dans une des pièces du dernier recueil, dans celle peut-être où l'on reconnaît encore le plus sûrement l'oiseau du ciel à bien des notes, et où l'on aime à retrouver l'écho le moins altéré des anciens jours :

> Il était né dans des jours sombres,
> Dans une vallée au couchant,
> Où la montagne aux grandes ombres
> Verse la nuit en se penchant.
>
> Les pins sonores de Savoie
> Avaient secoué sur son front
> Leur murmure, sa triste joie,
> Et les ténèbres de leur tronc.
>
> . . . .
>
> Des lacs déserts de sa patrie
> Son pas distrait cherchait les bords,
> Et sa plaintive rêverie
> Trouvait sa voix dans leurs accords.

Chez le comte Xavier, cela se voit moins et seulement se devine. Sa bonhomie cache sa sensibilité et un fonds sérieux et mélancolique. En général, ses qualités sont voilées et à demi dérobées par cette bonhomie et modestie. On pourrait être longtemps avec lui dans un salon sans s'en douter ; il prend peu de part aux questions générales, et ne se met en avant sur rien ; il aime les conversations à deux : on croit sentir qu'il a longtemps joui d'un cher oracle, et qu'il a longtemps écouté. L'esprit français se retrouve sous son léger accent de Savoie et s'en pénètre agréablement : « L'accent du pays où l'on est né, a dit La Rochefoucauld, demeure dans l'esprit et dans le cœur, comme dans le langage. » La pensée semble parfois plus savoureuse sous cet accent, comme le pain des montagnes sous son goût de sel ou de noix.

Lorsque la Savoie fut réunie à la France, le comte Xavier, qui servait en Piémont, crut devoir renoncer à sa patrie, dont une moitié, dit-il, l'avait elle-même abandonné. Nos guerres en Italie l'en chassèrent. Il émigra en Russie, n'emportant qu'un très-léger bagage littéraire, les premiers chapitres de l'*Expédition nocturne* peut-être, mais non pas assurément la *Prisonnière de Pignerol*, ni même le *Poëme en vingt-quatre chants*, dont il est question au chapitre xi de l'*Expédition*, car il n'avait rien écrit de tel et n'en parlait que par plaisanterie. Arrivé dans le Nord, sa première idée fut qu'il n'avait pour ressource que son pinceau, et, comme tant d'honorables émigrés, il se préparait à en vivre ; mais la fortune changea : il put garder l'épée, et, au service de la Russie, il parvint graduellement au rang de général. Sa destinée avec son cœur acheva de

3.

s'y fixer, lorsqu'il eut épousé une personne douée selon l'âme et portant au front le grand type de beauté slave; il avait trouvé le bonheur.

Vingt ans s'étaient passés depuis qu'il avait écrit le *Voyage autour de ma chambre ;* un jour, en 1810, à Saint-Pétersbourg, dans une réunion où se trouvait aussi son frère, la conversation tomba sur la lèpre des Hébreux; quelqu'un dit que cette maladie n'existait plus; ce fut une occasion pour le comte Xavier de parler du lépreux de la Cité d'Aoste qu'il a avait connu. Il le fit avec assez de chaleur pour intéresser ses auditeurs et pour s'intéresser lui-même à cette histoire, dont il n'avait jusque-là rien dit à personne. La pensée lui vint de l'écrire; son frère l'y encouragea et approuva le premier essai qui lui en fut montré, conseillant seulement de le raccourcir. Ce fut son frère encore qui prit soin de le faire imprimer à Saint-Pétersbourg (1811), en y joignant le *Voyage ;* mais *Lépreux* et *Voyage* ne furent guère connus en France avant 1817, ou même plus tard.

L'histoire du *Lépreux* est donc véritable, comme l'est celle de *la Jeune Sibérienne,* que l'auteur avait apprise en partie d'elle-même, et comme le sont et l'auraient été en général tous les récits du comte Xavier, s'il les avait multipliés. Je lui ai entendu raconter ainsi la touchan histoire d'un officier français émigré, vivant à l'île de Wight, qu'il n'a pas écrite encore. S'il appartient à la France par le langage, on peut dire qu'il tient déjà à l'Italie par la manière de conter. Tout est *de vrai* chez lui; rien du roman ; il copie avec une exacte ressemblance la réalité dans l'anecdote. L'idéal est dans le choix, dans la délicatesse du trait et dans un certain ton humain et pieux qui s'y répand doucement. En France, nous avons très-peu de tels *conteurs* et auteurs de *nouvelles* proprement dites, sans romanesque et sans fantaisie. On ne s'attend guère à ce que je compare M. Xavier de Maistre à M. Mérimée : ce sont les deux plus parfaits pourtant que nous ayons, les deux plus habiles, l'un à copier le vrai, l'autre à le figurer. L'auteur du *Lépreux,* de *la Jeune Sibérienne* et des *Prisonniers du Caucase* a, sans doute, bien moins de couleur, de relief et de burin, bien moins d'art, en un mot, que l'auteur de *la Prise d'une redoute* ou de *Matteo Falcone,* mais il est également parfait en son genre, il a surtout du naïf et de l'humain.

Ce pauvre lépreux, avant d'être à la Cité d'Aoste, vivait à Oneille. Quand les Français, après avoir pris la Savoie et le comté de Nice, firent une incursion jusqu'à Oneille où était ce malheureux, il s'effraya, il se crut menacé ; il eut la prétention d'émigrer comme les autres. Un jour il arriva à pied devant Turin ; la sentinelle l'arrêta à la porte, et, sur la vue de son visage, on le fit conduire entre deux fusiliers chez le gouverneur, qui l'envoya à l'hôpital ; de là on prit le parti de le diriger sur la Cité d'Aoste, où il résida par ordre. M. de Maistre l'y voyait souvent. Le bonhomme lépreux avait, comme on peut croire, un cercle assez peu étendu d'idées ; en lui donnant toutes celles qui dérivaient de sa situation même, l'historien n'a pas voulu lui en prêter un trop grand nombre. Son habitation était parfaitement solitaire : un jeune officier (celui de Mme Hautcastel peut-être) donnait volontiers alors, à la dame qu'il aimait, des rendez-vous dans ce jardin qui cachait des roses; ils étaient sûrs de n'y pas être troublés. Deux amants se ménageant des rencontres de bonheur à l'ombre de cette redoutable charmille du lépreux, n'est-ce pas touchant? L'extrême félicité à peine séparée par une feuille tremblante de l'extrême désespoir, n'est-ce pas la vie?

On relit le *Lépreux*, on ne l'analyse pas; on verse une larme, on ne raisonne pas dessus. Tout le monde pourtant n'a pas pensé ainsi : on a essayé de refaire le *Lépreux*. Le comte Xavier était si peu connu en France, même après cette publication, qu'on l'attribua à son frère Joseph, et, comme celui-ci était venu à mourir, une dame d'esprit se crut libre carrière pour retoucher l'opuscule à sa guise. J'ai sous les yeux le *Lépreux de la Cité d'Aoste*, par M. Joseph de Maistre, *nouvelle édition, revue, corrigée et augmentée par madame O. C.* (1). « La lecture du *Lépreux* m'avait touchée, dit Mme Olympe
« Cottu dans sa préface; j'en parlai à un ami auquel
« une longue et douce habitude me porte à confier
« toutes mes émotions; je l'engageai à le lire. Il n'en
« fut pas aussi satisfait que moi : la douleur aride et
« quelquefois rebelle du Lépreux lui paraissait, me dit-
« il, *comme une autre lèpre qui desséchait son âme;* cet
« infortuné (ajoutait-il), révolté contre le sort, n'offrait
« guère à l'esprit que l'idée de la souffrance physique,

---

(1) Paris, Gosselin, 1824, in-8°.

« et ne pouvait exciter que l'espèce de pitié vulgaire
« qui s'attache aux infirmités humaines. Il aurait sou-
« haité voir cette pitié ennoblie par un sentiment plus
« doux et plus élevé, et la résignation chrétienne du
« Lépreux l'eût mille fois plus attendri que son déses-
« poir. » — Ce discours dans la bouche de l'ami prendra de la valeur et deviendra plus curieux à remarquer, si l'on y croit reconnaître un écrivain bien illustre lui-même et qu'on a été accoutumé longtemps à considérer comme l'émule et presque l'égal du comte Joseph, plutôt que comme le critique et le correcteur du comte Xavier (1). Quoi qu'il en soit, c'était faire preuve d'un esprit bien subtil ou bien inquiet que de voir dans la simple histoire de ce bon Lépreux, à côté de passages reconnus pour touchants, *beaucoup d'autres où respire une sorte d'aigreur farouche :* voilà des expressions tout d'un coup extrêmes. Quelque délicats, quelque élevés que puissent sembler certains traits ajoutés, l'idée seule de rien ajouter est malheureuse. Tout ce qu'on a introduit dans cette édition du *Lépreux* perfectionné se trouve compris, par manière d'indication, entre *crochets*, absolument comme dans les histoires de l'excellent Tillemont, qui craint tout au contraire de confondre rien de lui (le scrupuleux véridique) avec la pureté des textes originaux. Or, dans le délicieux récit qu'on gâte, imaginez comment l'intérêt ému circule aisément à travers ces perpétuels crochets. Si j'étais professeur de rhétorique, je voudrais, au chapitre des *narrations*,

---

(1) M. de La Mennais.

comparer, confronter page à page les deux versions du *Lépreux,* et démontrer presque à chaque fois l'infériorité de l'esprit cherché et du raisonnement en peine qui ne parvient qu'à surcharger le naïf et le simple. Les auteurs du *Lépreux* corrigé ont méconnu l'une des plus précieuses qualités du récit original, qui est dans l'absence de toute réflexion commune ou prétentieuse. Peut-être, lors de la rédaction première, s'était-il glissé quelque réflexion superflue dans ce que le comte Joseph a conseillé à son frère de raccourcir, et il a bien fait. A quoi bon ces raisonnements dans la bouche de l'humble souffrant? Pourquoi lui faire dire en termes exprès par manière d'enseignement au lecteur : « Tout le secret de ma patience est dans cette unique pensée: *Dieu le veut.* De ce point obscur et imperceptible où il m'a fixé, je concours à sa gloire, *puisque j'y suis dans l'ordre.* Cette réflexion est bien douce! elle agit sur moi avec tant d'empire, que je suis porté à croire que cet *amour de l'ordre* fait partie de notre essence... » Peu s'en fallait, si l'ami s'en était mêlé davantage, que *le Lépreux* ne fût devenu un *Vicaire savoyard* catholique et, non moins que l'autre, éloquent. Ah! laissez, laissez le lecteur conclure sur la simple histoire; il tirera la moralité lui-même plus sûrement, si on ne la lui affiche pas; laissez-le se dire tout seul à demi-voix que ce Lépreux, dans sa résignation si chèrement achetée, est plus réellement heureux peut-être que bien des heureux du monde : mais que tout ceci ressorte par une persuasion insensible; faites, avec le conteur fidèle, que cet humble infortuné nous émeuve et nous élève par son exemple, sans trop se rendre compte à lui-même ni par-devant nous.

A cet endroit du dialogue : « Quoi ? le sommeil même vous abandonne ! » le Lépreux, chez M. de Maistre, s'écrie bien naturellement : « Ah! monsieur, les insomnies ! les insomnies ! Vous ne pouvez vous figurer combien est longue et triste une nuit, etc... » Au lieu de ce cri de nature, la version corrigée lui fait dire : « Oui, je passe bien des nuits sans fermer l'œil et dans de violentes agitations. Je souffre beaucoup alors ; mais la bonté divine est partout... » Suit une longue page d'analyse qui finit par une vision.

M. de Feletz, aux *Débats*, s'est poliment moqué, dans le temps, de cette retouche (1) ; il y notait, entre autres additions, un certain clair de lune introduit au moment de la mort de la sœur, et dans lequel l'astre des nuits, éclairant une nature immobile, était comparé au *soleil éteint*. Je n'aurais pas tant insisté sur ce singulier petit essai, s'il n'y avait une leçon directe de goût à en tirer, si l'on n'y trouvait surtout les traces avouées d'un conseil supérieur et des traits partout ailleurs remarquables, comme celui-ci : « Quant à la vie, pour ainsi dire déserte, à laquelle je suis condamné, elle s'écoule bien plus rapidement qu'on ne l'imaginerait ; et cela c'est beaucoup, continua le Lépreux avec un léger soupir, car je suis de ceux qui ne voyagent que pour arriver. Ma vie est sans variété, mes jours sont sans nuances ; et cette monotonie fait paraître le temps court, de

---

(1) Voir tome VI de ses *Mélanges*.

même que la nudité d'un terrain le fait paraître moins étendu. »

Le simple et doux *Lépreux* fit son chemin dans le monde sans tant de façons et sans qu'on lui demandât rien davantage ; il prit place bientôt dans tous les cœurs, et procura à chacun de ceux qui le lurent une de ces pures émotions voisines de la prière, une de ces rares demi-heures qui bénissent une journée. Littérairement, on pourrait presque dire qu'il fit école : on citerait toute une série de petits romans (dont *le Mutilé*, je crois, est le dernier) où l'intérêt se tire d'une affliction physique contrastant avec les sentiments de l'âme : mais ce sont des romans, et *le Lépreux* n'en est pas un. Dans cette postérité, plus ou moins directe, je me permets à quelques égards de ranger, et je distingue la trop sensible *Ourika,* chez qui la lèpre n'est du moins que dans cette couleur fatale d'où naissent ses malheurs. Parmi les ancêtres du Lépreux, en remontant vers le moyen âge, je ne rappellerai que le touchant fabliau allemand du *Pauvre Henry :* c'est le nom d'un noble chevalier tout d'un coup atteint de lèpre. Le plus savant des docteurs de Salerne lui a dit qu'il ne pourrait être guéri que par le sang d'une jeune vierge librement offert, et l'amour le lui fait trouver (1).

(1) On lira avec plaisir cette histoire, traduite par M. Buchon, et insérée dans le *Magasin pittoresque* (septembre 1836). — Dans ses voyages du Nord (*Lettres sur l'Islande*), M. Marmier a rencontré une classe de lépreux particulière à ces contrées, et qu'au lieu de l'effroi, la compassion publique environne. Cette maladie

Un peu plus étendues que *le Lépreux* et aussi excellentes à leur manière, les deux autres anecdotes, *les Prisonniers du Caucase* et *la Jeune Sibérienne*, furent écrites vers 1820, à la demande de quelques amis, et en faveur d'une proche parente à qui l'auteur en avait promis la propriété; il les leur livra pour être publiés à Paris. La perfection des deux nouveaux opuscules prouve que, chez lui, le bonheur du récit n'était pas un accident, mais un don, et combien il l'aurait pu appliquer diversement, s'il avait voulu. *La Jeune Sibérienne* est surtout délicieuse par le pathétique vrai, suivi, profond de source, modéré de ton, entremêlé d'une observation fine et doucement malicieuse de la nature humaine, que le sobre auteur discerne encore même à travers une larme. Ici un nouveau point de comparaison, une nouvelle occasion de triomphe lui a été ménagée, et, je suis fâché de le dire, sur une dame encore. Mme Cottin, dans *Élisabeth ou les Exilés de Sibérie*, a fait un roman de ce que M. de Maistre a simplement raconté. Chez elle, on a une jeune fille rêveuse, sentimentale, *la Fille de l'exilé de la cabane du lac*; elle

---

provient là, en effet, bien moins d'un vice que de la pauvreté et des misères de la vie, de la nourriture corrompue, de l'humidité prolongée, des travaux de pêche auxquels on est assujetti durant l'hiver : elle afflige souvent ceux qui le méritent le moins; elle n'est pas contagieuse, elle n'est même pas décidément héréditaire. Aussi y est-on très-hospitalier aux lépreux; on les accueille, on sent qu'on peut être demain comme eux; l'idée de l'antique malédiction a disparu, et M. Marmier a remarqué avec sensibilité que si le Lépreux de M. de Maistre était venu dans le Nord, il y aurait retrouvé une sœur.

a un noble et bel amant, le jeune Smoloff; c'est lui qu'elle souhaiterait pour guide dans son pèlerinage, mais on juge plus convenable de lui donner un missionnaire; elle finit par épouser son amant. La simple, la réelle, la pieuse et vaillante jeune fille, Prascovie, périt tout à fait dans cette sentimentalité de Mme Cottin, plus encore que le Lépreux de tout à l'heure dans la spiritualité de Mme Cottu. C'est le cas de dire avec Prascovie elle-même, lorsqu'après son succès inespéré, étant un jour conduite au palais de *l'Ermitage*, et y voyant un grand tableau de Silène soutenu par des bacchantes, elle s'écrie avec son droit sens étonné : « Tout cela n'est donc pas vrai ? voilà des hommes avec des pieds de chèvre. *Quelle folie de peindre des choses qui n'ont jamais existé, comme s'il en manquait de véritables!* » — Mais pour saisir ces choses *véritables*, comme M. de Maistre l'a fait dans son récit, pour n'en pas suivre un seul côté seulement, celui de la foi fervente qui se confie et de l'héroïsme ingénu qui s'ignore, pour y joindre, chemin faisant et sans disparate, quelques traits plus égayés ou aussi la vue de la nature maligne et des petitesses du cœur, pour ne rien oublier, pour tout fondre, pour tout offrir dans une émotion bienfaisante, il faut un talent bien particulier, un art d'autant plus exquis qu'il est plus caché, et qu'on ne sait en définitive si, lui aussi, il ne s'ignore pas lui-même.

Les Prisonniers du Caucase, par la singularité des mœurs et des caractères si vivement exprimés, semblent déceler, dans ce talent d'ordinaire tout gracieux et doux, une faculté d'audace qui ne recule au besoin devant aucun trait de la réalité et de la nature, même la plus sauvage. M. Mérimée pourrait envier ce personnage d'Ivan, de ce brave domestique du major, à la fois si fidèle et si féroce, et qui donne si lestement son coup de hache à qui le gêne, en sifflant l'air : *Hai luli, hai luli !*

Ces opuscules avaient été envoyés de Russie par l'auteur (1); il ne tarda pas à les suivre et à revoir des cieux depuis trop longtemps quittés. M. de Lamartine, dans l'une de ses *Harmonies,* a célébré avec attendrissement ce retour de M. de Maistre, à qui, durant l'absence, une alliance de famille l'avait uni :

Salut au nom des cieux, des monts et des rivages
    Où s'écoulèrent tes beaux jours,
Voyageur fatigué qui reviens sur nos plages
Demander à tes champs leurs antiques ombrages,
    A ton cœur ses premiers amours!

Que de jours ont passé sur ces chères empreintes!
Que d'adieux éternels! que de rêves déçus!

(1) M. Valery, qui en fut le premier éditeur, me transmet quelques détails plus particuliers. Lorsque le manuscrit arriva à Paris, il fut communiqué par M. de Vignet à Mme de Duras. Cette femme d'un esprit si rare augurait mal, il faut le dire, de la publication : elle trouvait, par exemple, que Prascovie arrivée à Pétersbourg perdait du temps, qu'elle n'entendait rien aux affaires; elle avait horreur de cet homme (Ivan) qui tue une femme, etc., etc.; son opinion était partagée par plusieurs personnes de sa société. M. Valery, à qui le manuscrit avait été remis, se sentit d'un avis contraire, et on lui dut cette première édition à laquelle dans l'absence de l'auteur il apporta tous ses soins. (Voir à ce propos les articles de M. Patin, recueillis dans ses *Mélanges de Littérature.*)

Que de liens brisés! que d'amitiés éteintes!
Que d'échos assoupis qui ne répondent plus!
Moins de flots ont roulé sur les sables de Laisse (1),
Moins de rides d'azur ont sillonné son sein,
Et, des arbres vieillis qui couvraient ta jeunesse,
Moins de feuilles d'automne ont jonché le chemin!
. . . .
O sensible Exilé! tu les a retrouvées
Ces images, de loin toujours, toujours rêvées,
Et ces débris vivants de tes jours de bonheur :
Tes yeux ont contemplé tes montagnes si chères,
Et ton berceau champêtre, et le toit de tes pères;
Et des flots de tristesse ont monté dans ton cœur!...

M. de Maistre a lui-même composé beaucoup de vers; mais, malgré les insinuations complaisantes, il a toujours résisté à les produire au jour, se disant que la mode avait changé. Il a traduit ou imité en vers des fables du poëte russe Kriloff : on trouve une de ces imitations imprimée dans l'Anthologie russe qu'a publiée M. Dupré de Saint-Maur. J'ai entre les mains une ode manuscrite de lui, de 1817; c'est un regret de ne pouvoir atteindre au but sublime, et le sentiment exprimé de la lutte inégale avec le génie :

Et, glorieux encor d'un combat téméraire,
Je garde dans mes vers quelques traits de lumière
    Du dieu qui m'a vaincu (2).

(1) Nom d'un torrent de Savoie.
(2) Il écrivait en style moins lyrique à un ami, en se faisant tout petit, non sans malice : « Dans l'impossibilité où je suis de comprendre cette faculté (du poëte) et pour ne pas avouer cette supériorité dans les autres, je pense que les poëtes ont quelque

Il a fait des épigrammes spirituelles. Quelques personnes ont copie de son *épitaphe,* qui rappelle un peu celle de La Fontaine (1). Mais il suffira de donner ici sa jolie pièce du *Papillon,* qui, pour la grâce et l'émotion, ne dépare pas le souvenir de ses autres écrits. Un prisonnier lui avait raconté qu'un papillon était un jour entré dans sa prison en Sibérie :

LE PAPILLON.

> Colon de la plaine éthérée,
> Aimable et brillant Papillon,
> Comment de cet affreux donjon
> As-tu su découvrir l'entrée ?
> A peine entre ces noirs créneaux
> Un faible rayon de lumière
> Jusqu'à mon cachot solitaire
> Pénètre à travers les barreaux.

chose dans le poignet qui change la prose en vers à mesure qu'elle passe par là pour se rendre de la tête sur le papier ; en sorte qu'un poëte ne serait qu'une filière plus ou moins parfaite. J'étais si persuadé de ce système consolant pour les prosateurs, que j'essayai un jour d'écrire des vers avec la main gauche, dans l'espoir d'y trouver cet heureux mécanisme ; mais ma main gauche ne fut pas plus heureuse que la droite, et je fus convaincu à jamais que je ne suis pas une filière à vers. J'avoue même que ce mauvais succès me laissa quelques doutes sur la vérité de mon système. » — Si faux que soit le système, il ne s'appliquerait pas mal à plus d'un soi-disant poëte, et tel auteur de grande épopée, comme Parseval, nous en pourrait dire quelque chose.

(1) En voici les premiers vers :

> Ci-gît sous cette pierre grise
> XAVIER, qui de tout s'étonnait,
> Demandant d'où venait la bise
> Et pourquoi Jupiter tonnait...

As-tu reçu de la nature
Un cœur sensible à l'amitié ?
Viens-tu, conduit par la pitié,
Partager les maux que j'endure ?
Ah ! ton aspect de ma douleur
Suspend et calme la puissance ;
Tu me ramènes l'espérance
Prête à s'éteindre dans mon cœur.

Doux ornement de la nature,
Viens me retracer sa beauté ;
Parle-moi de la liberté,
Des eaux, des fleurs, de la verdure ;
Parle-moi du bruit des torrents,
Des lacs profonds, des frais ombrages
Et du murmure des feuillages
Qu'agite l'haleine des vents.

As-tu vu les roses éclore ?
As-tu rencontré des amants ?
Dis-moi l'histoire du printemps
Et des nouvelles de l'aurore ;
Dis-moi si dans le fond des bois
Le rossignol, à ton passage,
Quand tu traversais le bocage,
Faisait ouïr sa douce voix.

Le long de la muraille obscure
Tu cherches vainement des fleurs :
Chaque captif de ses malheurs
Y trace la vive peinture.
Loin du soleil et des zéphyrs,
Entre ces voûtes souterraines,
Tu voltigeras sur des chaînes
Et n'entendras que des soupirs.

Léger enfant de la prairie,
Sors de ma lugubre prison;
Tu n'existes qu'une saison,
Hâte-toi d'employer la vie.
Fuis! Tu n'auras hors de ces lieux,
Où l'existence est un supplice,
D'autres liens que ton caprice,
Ni d'autre prison que les cieux.

Peut-être un jour dans la campagne,
Conduit par tes goûts inconstants,
Tu rencontreras deux enfants
Qu'une mère triste accompagne :
Vole aussitôt la consoler;
Dis-lui que son amant respire,
Que pour elle seule il soupire;
Mais, hélas!... tu ne peux parler.

Étale ta riche parure
Aux yeux de mes jeunes enfants;
Témoin de leurs jeux innocents,
Plane autour d'eux sur la verdure.
Bientôt, vivement poursuivi,
Feins de vouloir te laisser prendre,
De fleur en fleur va les attendre
Pour les conduire jusqu'ici.

Leur mère les suivra sans doute,
Triste compagne de leurs jeux :
Vole alors gaîment devant eux
Pour les distraire de la route.
D'un infortuné prisonnier
Ils sont la dernière espérance :
Les douces larmes de l'enfance
Pourront attendrir mon geôlier.

A l'épouse la plus fidèle
On rendra le plus tendre époux ;
Les portes d'airain, les verroux,
S'ouvriront bientôt devant elle.
Mais, ah! ciel! le bruit de mes fers
Détruit l'erreur qui me console :
Hélas! le Papillon s'envole...
Le voilà perdu dans les airs (1)!

Maintenant en route vers la Russie, où des affaires l'ont rappelé et où l'accompagnent nos vœux, M. de Maistre a laissé ici, au passage, des souvenirs bien durables chez tous ceux qui ont eu l'honneur de l'approcher. On prendrait plaisir et profit à plus d'un de ses jugements naïfs et fins. Il a peu lu nos auteurs modernes ; en arrivant, il ne les connaissait guère que de nom, même le très-petit nombre de ceux qui mériteraient de lui agréer. En parcourant les ouvrages à la mode, il s'est effrayé d'abord, il s'est demandé si notre langue n'avait pas changé durant ce long espace de temps qu'il avait vécu à l'étranger : « Pourtant ce qui me tranquillise un peu, ajoutait-il, c'est que, si l'on écrit tout autrement, la plupart des personnes que je rencontre parlent encore la même langue que moi. » En assistant à quelques séances de nos Chambres, il s'est trouvé bien dérouté de tant de paroles; au sortir du silence des villas et du calme des monarchies ab-

(1) Cette jolie pièce a été traduite en russe, puis retraduite en vers français par un de nos secrétaires d'ambassade qui n'en savait pas la première origine. Pareille aventure est arrivée à *la Chute des feuilles* de Millevoye.

solues, il comprenait peu l'utilité de tout ce bruit, et l'on aurait eu peine, je l'avoue, à la lui démontrer pour le moment. Il était tombé aussi dans un quart d'heure trop désagréable pour la forme représentative ; que ne prenait-il un instant plus flatteur? La Chambre des députés, chaque fois qu'il passait devant, lui rappelait involontairement le Vésuve, disait-il. — Oui, pour la fumée au moins, sinon pour le péril de l'explosion ; mais, lui, il croyait même au péril. Il n'aimait guère mieux le *quai Voltaire* (antipathie de famille), et y passait le plus rapidement qu'il pouvait, baissant la tête, disait-il, et détournant ses regards vers la Seine. Il admire, comme on le peut penser, les ouvrages de son illustre frère, et, en toute tolérance, sans ombre de dogmatisme, il semble les adopter naturellement comme l'ordre d'idées le plus simple du monde ; il trouve que le plus beau livre du comte Joseph est celui de *l'Église gallicane.* Ce qu'il paraissait le plus désirer, le plus regretter chez nos grands littérateurs, c'est l'unité dans la vie. Il l'a dans la sienne : simplicité, pureté, modestie, honneur ; bel exemple des antiques mœurs jusqu'au bout conservées dans un esprit gracieux et une âme sensible ! — Il aimait à parler avec éloges d'un écrivain genevois spirituel qui est un peu de son école pour le genre d'émotion et pour *l'humour.* Quand on lui demandait s'il n'avait pas quelque dernier opuscule en portefeuille, il répondait en désignant *le Presbytère, l'Héritage, la Bibliothèque de mon oncle, la Traversée, le Col d'Anterne, le Lac de Gers,* un choix enfin des meilleurs écrits de M. Töpffer, et en désirant qu'on les fît connaître en France. On aurait l'agrément de l'auteur pour ôter çà et là deux ou trois taches, car il y en a quelques-unes de diction et de ton. Si cette petite contrefaçon à l'amiable a bientôt lieu, on la lui devra (1).

En même temps que le comte Xavier de Maistre s'est offert à nous comme un de ces hommes dont la rencontre console de bien des mécomptes en littérature et réconcilie doucement avec la nature humaine, il y a, dans la publicité insensible et croissante de ses ouvrages, un mouvement remarquable qui peut encore, ce semble, rassurer le goût. On l'a peu affiché, o nl'a peu vanté dans les journaux ; aucun des grands moyens en usage n'a été employé pour pousser à un succès; eh bien, du 14 décembre dernier au 19 avril, c'est-à-dire en quatre mois (et quels mois de disette, de détresse, on le sait, pour la librairie!), il s'est vendu mille neuf cent quarante-huit exemplaires de ses œuvres. Le chiffre est authentique, et je le donne comme consolant. Le culte du touchant et du simple conserve donc encore et sait rallier à petit bruit ses fidèles.

Mai 1839.

(La *Bibliothèque universelle de Genève* a publié, à la date du 22 octobre 1841, un petit mémoire de M. de Maistre, intitulé *Méthode pour observer les taches que l'on peut avoir dans le cris-*

---

(1) Elle s'est faite et elle a très-bien réussi : M. Töpffer est désormais naturalisé en France.

tallin. Mais, dans ce voyage autour de la chambre de l'œil, il n'y a absolument rien de littéraire; ce n'est qu'une observation physique minutieuse et ingénieuse. On y retrouve le même genre d'application délicate que l'auteur avait déjà donnée à la peinture, aux couleurs et au procédé par l'encre de Chine.)

— Le comte Xavier de Maistre est mort à Saint-Pétersbourg, le 12 juin 1852, à l'âge de près de 89 ans. Son ami, le comte de Marcellus, doit être mis en possession des manuscrits qui permettront de faire un travail définitif sur cet homme sensible et ce talent aimable.

JASMIN.

1837.

On a beaucoup parlé, dans ces derniers temps, de poésie populaire; on en a remis en honneur le règne et la floraison, trop oubliés jusqu'alors, et qui avaient orné un certain âge adolescent de la vie des nations; on est même allé jusqu'à se figurer un temps privilégié où la poésie circulait comme dans l'air, où chacun plus ou moins y participait, et où l'œuvre admirée se formait du génie de tous. Ce qu'il y a de vrai dans cette perspective de lointain ne saurait faire qu'en tout temps, même aux âges le plus naïvement poétiques, la poésie, telle qu'elle s'y réalisait, n'ait été en définitive produite par le talent singulier de quelques individus; la masse ne la possédait qu'alors seulement, et elle se l'appropriait par l'usage, par la jouissance. Puisqu'on a tant relevé de nos jours la poésie populaire en général, c'est bien le moins qu'on ne dédaigne pas l'individu poëte, resté du peuple, là où il se rencontre avec le feu, la naïveté première et l'incontestable don. Si on recherche avec curiosité les traditions locales, les vieux noëls en patois, les vestiges d'une culture ou d'une inspiration ancienne, il faut noter aussi ce qui est vivant, le poëte plein de vigueur qui, dans le moindre rang social où il se tient, enrichit tout d'un coup de compositions franches, originales, suivies, son patois harmonieux encore, débris d'une langue illustre, mais enfin un patois qu'on croyait déshérité désormais de toute littérature. L'Angleterre a eu et a ses bergers, ses forgerons poëtes, et nous les connaissons, nous nous plaignons de n'avoir rien de tel ; nous cherchons autour de nous. Nous demandons aux provinces qui ont le mieux conservé leur cachet antique, à notre Bretagne, par exemple, tout ce qu'elle recèle de poésie à elle, et nous regrettons de ne rien trouver de contemporain. Là où nous rencontrons un contemporain imprévu qui, pour être tout à fait du peuple, n'en est que plus poëte selon son cœur, et selon notre propre génie français, ne disons pas : *C'est différent;* sachons le reconnaître sans pruderie et l'honorer.

M. Jasmin (ou plutôt qu'il nous permette, pour toute familiarité, de l'appeler *Jasmin* tout court, comme nous disons *Béranger*), Jasmin donc n'est pas un laboureur ni un berger ; c'est un coiffeur d'Agen, déjà un peu connu ici par un article très-flatteur de Charles Nodier. Jasmin, en étant de ce métier cher à Gil Blas et à Figaro, n'y déroge point par la tournure même de son esprit, de son talent ; c'est un Français du Midi, qui est de la pure et bonne race des Villon, des Marot, et dans la boutique de qui Molière aurait aimé à s'asseoir de longues heures, comme il faisait chez le barbier de Pézenas. On a dernièrement beaucoup parlé, et avec

4.

raison, de M. Reboul de Nîmes, qui, simple boulanger, s'est élevé à des accents de poésie qu'a reconnus et salués la lyre de Lamartine. Mais l'inspiration de Reboul n'a rien de commun avec celle de Jasmin. Reboul est un poëte français, de l'école des *Méditations*; il écrit et chante en notre français classique avec pureté, harmonie; son originalité consiste bien plutôt dans le contraste de ses écrits avec sa profession, que dans le caractère même de sa poésie. Obligé à un état manuel, et bien qu'il n'en rougisse point, Reboul ne s'en glorifie pas non plus et ne s'y complaît pas; religieux de cœur, il accepte ce lot comme une part de la tâche imposée par le Maître. A une certaine heure du jour, où il est un peu plus libre, il laisse avec joie le vêtement du matin, et retiré dans sa petite chambre *monastique,* où nous l'a montré M. Alexandre Dumas, il entre presque, comme faisait Machiavel en exil, *dans la cour auguste des grands hommes de l'antiquité,* ou du moins il rêve et s'inspire entre la Bible et Corneille, devant un crucifix. Nulle plaisanterie dans ses vers, nul jeu de mots sur sa condition habituelle; le *four* ne revient pas là sous toutes sortes de formes, et le poëte, un moment soustrait aux soins vulgaires, s'efforce bien plutôt de les oublier, de les ennoblir en les idéalisant. Il parle de *chaumière,* et on le prendrait pour un pasteur quand il dit en beaux vers à son initiateur chéri :

> C'est toi qui fus pour moi cet ange de lumière
> Qui se laisse tomber du haut du firmament,
> Et qui, sur le palais comme sur la chaumière,
>   Se repose indifféremment.

En un mot, l'auteur de l'élégie *l'Ange et l'Enfant* a une qualité qui, dès qu'on songe à son point de départ, force d'accorder à l'homme, encore plus qu'au poëte, une estime respectueuse : il a l'élévation à côté de la sensibilité. Mais il n'y a rien de commun entre Jasmin et lui, que d'être du peuple et d'avoir du talent ; du reste, nul rapprochement à établir. Jasmin se rattache, je l'ai dit, à Marot, né tout près de là, à Villon, l'enfant de Paris, à Boileau du *Lutrin,* à Gresset, à Voltaire des *Poésies légères,* à Parny, à Béranger.

Les œuvres imprimées de Jasmin se composent d'un volume in-8°, publié à Agen, en 1835, sous le titre : *las Papillotos* (*les Papillotes*), et d'un charmant petit poëme, publié en 1836, et intitulé *l'Abuglo de Castèl-Cuillè* (*l'Aveugle de Castel-Cuillè*). Les *Papillotes* sont un recueil des diverses poésies de l'auteur depuis 1825 jusqu'en 1835 : toute sa vie s'y réfléchit. Mais un petit poëme en trois chants, qui s'y trouve, et qui a pour titre : *Mous Soubenis* (*Mes Souvenirs*), contient particulièrement la série des aventures et des sentiments de Jasmin. C'est une biographie poétique, composée, distribuée avec art en petits tableaux, mais d'une réalité approchante qui va nous suffire.

Jacques Jasmin (*Jaquou Jansemin*) est né en 97 ou 98 ; l'autre siècle, vieux et cassé, n'avait plus, dit-il, qu'une couple d'années à passer sur la terre, quand, au coin d'une vieille rue, dans une masure peuplée de plus d'un rat, le jeudi gras, à l'heure où l'on fait sauter les crêpes, d'un père bossu, d'une mère boiteuse, naquit un enfant, un petit drôle, et ce drôle, c'était lui. Si un prince vient au monde, le canon le salue, et ce salut annonce le bonheur ; mais lui, pauvre fils d'un pauvre tailleur, pas même un coup de buquoire (1) n'annonça sa venue. Il naquit pourtant au bruit d'un affreux charivari qu'on donnait à quelque voisin, et qui, dans son tintamarre de cornets et de poêlons, ne faisait que mieux résonner à ses oreilles vierges les trente couplets d'une chanson composée par son père. Le père de Jasmin, qui ne savait pas lire, faisait d'instinct la plupart des couplets burlesques chantés aux charivaris si fréquents dans le pays. Voilà une filiation poétique tout aussi établie que celle des deux Marot.

Nous avons le ton du badinage de Jasmin. Il grandit, il prospère, au fond de son pauvre petit berceau tout farci de plumes d'alouettes, maigre, menu, nourri pourtant de bon lait, et joyeux comme le fils d'un roi. Sept ans arrivent : il sent, il se souvient, il peut peindre son enfance. A cet âge, il le fallait voir, le cornet en main, coiffé de papier gris, suivre son père dans les charivaris du lieu. Mais sa grande joie était surtout d'aller au bois dans les petites îles de la Garonne, toutes remplies de saussaie : « Pieds nus, nu-tête, dit-il, j'allais à la ramée ; je n'étais pas seul ; nous étions vingt, nous étions trente. Oh ! que mon âme tressaillait quand nous partions tous, au coup de midi, en entonnant : *L'Agneau que tu m'as donné* (2). De ce plaisir, le souvenir encore m'exalte ! » *A l'île ! à l'île !* criait le plus vaillant, et

(1) Petit instrument de sureau avec lequel se canonnent les enfants.

(2) Noël célèbre du Midi.

tous se hâtaient d'y aborder et de faire chacun son petit fagot. Le fagot était fait une heure avant la nuit, et on en profitait pour des jeux. Et le tableau du retour, qu'il était joli et mouvant! Sur trente têtes trente fagots sautillaient, et trente voix formaient, comme en partant, même concert avec même refrain.

Un des traits les plus marquants de la poésie de Jasmin, et qu'il partage avec la famille de poëtes à laquelle il appartient, c'est cette gaieté native, cette gentillesse de pinceau, cette allégresse de tour qui s'accommode si bien d'un patois accentué et pittoresque. Dans une pièce de lui à M. Laffitte, qui est du pays, il y a ce vers sur l'Adour :

Oh! l'Adour! aquel riou ta grand, ta cla, que cour;
Oh! l'Adour! ce ruisseau si grand, si clair, qui court;

ce vers si preste et si transparent pourrait servir comme d'épigraphe à la poésie de Jasmin elle-même, qui, si elle n'est pas précisément *grande,* est du moins de la plus belle et de la plus courante limpidité.

Mais revenons à notre petit bûcheron. Au milieu de ses courses au bois, de ses batailles autour des feux de la Saint-Jean, de ses escapades dans les jardins ravagés, il avait ses tristesses; le mot d'*école,* prononcé devant lui, le rendait muet; il aurait voulu y aller et s'instruire; cette idée confuse lui faisait mal quand sa mère qui filait, le regardant d'un air de tristesse, parlait tout bas d'*école* à son grand-père. Il ne se rendait pas compte, mais il pleurait un moment. Il était triste encore quand, après la foire, où il avait rempli sa petite bourse en portant des paquets, il la donnait à sa mère, et qu'il voyait celle-ci la prendre avec soupir en disant : « Pauvre enfant, tu viens bien à propos. » La pauvreté s'annonçait ainsi par de rares pensées, que bientôt dissipait la légèreté de l'âge. Un jour pourtant le bandeau tomba, et il ne put plus la méconnaître. C'était un lundi; il avait dix ans; il jouait sur la place. Il voit passer un vieillard en fauteuil, qu'on porte; il le reconnaît : c'est son grand-père que la famille environne. Il ne voit que lui, et se jette à son cou pour l'embrasser : « Mais où vas-tu, grand-père? qu'as-tu à pleurer? et pourquoi quitter des petits qui t'adorent? » — « Mon fils, dit le vieillard, je vais à l'hôpital; c'est là que les Jasmins meurent. » Cinq jours après, il n'était plus; et, depuis ce lundi-là, l'enfant, pour la première fois, sut qu'ils étaient pauvres.

Le premier chant des *Souvenirs* finit sur cette idée, qui tempère à dessein les gaies peintures du début. Le second chant, nous allons le voir, se clora de même. Il y a là un art de poëte qui prend le soin d'interrompre, par une touche sensible, ce qui deviendrait un badinage trop prolongé. Il y a de plus, en ce point, de la dignité d'homme. Jasmin peut se permettre, avec sa qualité, avec sa profession, bien des libertés et des familiarités railleuses; il peut ne s'épargner aucun des bons mots qui naissent du sujet; il dira que le peigne et la plume vont très-bien ensemble, et que tous deux font un travail de tête; il dira à ses confrères poëtes qu'il les défie, et qu'il est bien sûr, après tout, de leur faire la barbe d'une façon ou d'une autre; il ajoutera qu'il n'est pas moins sûr de ne jamais perdre son papier, et que, si ses vers sont mauvais,... eh bien, il en fait des papillotes. Il dit tout cela, mais il sait aussi, avec sérieux, qu'il est du peuple et pauvre, qu'il l'a été tout à fait d'abord, et que d'autres le sont, pour qui il chante. Si cette corde digne et sensible ne retentit jamais trop longtemps chez lui, elle revient assez à propos toujours pour relever une verve plaisante, spirituelle, volontiers folâtre, et pour indiquer l'homme, l'honnête homme dans le poëte.

Le grand-père mort et la pauvreté bien connue nous introduisent au second chant des *Souvenirs.* Le poëte commence par le pitoyable inventaire de la maison, et tout cela pour neuf personnes : « Je savais désormais, dit-il, que cette besace pendue en travers sur deux cordes, et où souvent je mettais la main pour un morceau de pain, était celle que mon grand-père promenait dans les métairies à la ronde, demandant de quoi vivre à ses anciens amis :

Pauvre grand-père!... Et quand j'allais l'attendre,
Il me donnait toujours le morceau le plus tendre.

Enfin, grande joie un jour! la mère accourt comme une folle et crie : « A l'école! à l'école, mon fils! » — « Eh quoi? dit l'enfant, nous sommes donc devenus riches? » — « Eh! pauvret, répondit-elle, tu y vas pour rien. » L'enfant s'applique ; six mois après, il sait lire ; six mois après, il sert la messe ; six mois après, enfant de chœur, il entonne le *Tantum ergo.* Six mois après enfin, il entre *gratis* au séminaire ; mais là il ne reste que six mois; pourtant il commençait à s'y distinguer : il avait eu un prix, et ce prix, c'était une vieille soutane usée qu'on allait lui rajuster et qu'il était prêt d'endosser, bien qu'avec un peu de honte de la voir si vieille. Mais le diable, le lorgnant du coin de l'œil, dit : « Tu ne la porteras pas. » Ici je saute lestement la scabreuse aventure d'une échelle où est montée certaine Jeanneton, le détail d'une jambe très-peu fine et très-peu blanche et de trop près entrevue, et d'une prison au pain sec, un jour de mardi gras. Le mélange de sensualité, en partie voluptueuse, en partie gourmande, de décence pourtant (le genre admis) et de malice anticléricale, rappelle sans abus le meilleur sel des fabliaux. Si Jasmin avait vécu au temps des troubadours, s'il avait écrit en cette littérature perfectionnée dont il vient, après Goudouli, Dastros et Daubace, et, à ce qu'il paraît, plus qu'aucun d'eux, embellir encore aujourd'hui les débris, il aurait cultivé la romance sans doute, et quelques heureux essais de lui en font foi; mais il aurait, j'imagine, préféré le sirvente, et, en présence des tendres chevaliers, des nobles dames, des Raymond de Toulouse et des comtesses de Die, il aurait introduit quelque récit railleur d'un genre plus particulier aux trouvères du Nord, quelque *novelle* peu mystique et assez contraire au vieux poëme de la vie de sainte Fides d'Agen.

Chassé incontinent du séminaire, moins pour avoir regardé la jambe de Jeanneton que pour avoir touché, dans sa prison, aux confitures du chanoine, le pauvre Jasmin accourt au logis ce même jour de mardi gras.

La table est mise, un morceau de mouton, qui achève de cuire, va y être servi : qu'attend-on ? Mais, au récit de Jasmin, la consternation est générale : « Nous n'en aurons plus ! » dit la mère en soupirant. — « Nous n'aurons plus... de quoi ? » dit Jasmin avec anxiété. Plus de *miche* (de pain blanc), cette ration quotidienne que la mère allait chercher au séminaire. Pourtant une idée vient à la pauvre mère, et, sortant, elle leur dit d'attendre un moment et d'espérer. Elle rentre en effet bientôt, avec un morceau de pain sous le bras, et tous les enfants, joyeux, à table, oublient la détresse. Jasmin seul reste pensif et cherche à s'assurer de ce qu'il soupçonne à travers le triste sourire de sa mère. Au moment où elle prend un couteau pour trancher le mouton, il jette un coup d'œil sur sa main qu'elle voudrait dérober : ce n'est que trop vrai !... elle a vendu son anneau.

Ceci est la fin du second chant. Le troisième nous transporte au haut d'une maison dont la façade est peinte en couleur bleu de ciel ; dans sa petite chambre, sous la tuile, Jasmin, qui n'est qu'apprenti encore, à la lueur d'une lampe dont le reflet se joue aux feuilles du tilleul voisin (toujours de gaies images), Jasmin passe une partie de ses nuits à lire, à rêver, à versifier déjà. Il lit avec délices *Florian, Ducray-Duminil* ; la misère est oubliée ; l'hôpital, la besace, l'anneau, ont disparu de sa mémoire. Le chantre du Gardon surtout l'ensorcèle, et, nouveau Némorin, il essaye, pour Estelle, des vers en ce doux patois qu'elle parlait si bien. Son rasoir allait, à travers ses pensées, comme il pouvait, et un peu au hasard sur les mentons. Ce chant est rempli de la peinture légère de la double-vie poétique et amoureuse aussi qui le partage, et qui cependant ne l'empêche bientôt pas d'ouvrir son petit salon, pour son compte, sur la belle promenade du *Gravier,* et de prospérer, d'abord doucement, par la frisure. Tout ce détail, que j'omets, est plein de légèreté et d'agrément. La fortune se fait d'abord un peu prier; le salon n'est pas tout à fait plein, il n'est pas vide non plus, et, comme dit le proverbe, *s'il ne pleut pas, il bruine.* Bref, les papillotes, les chansons, attirent dans la boutique un petit ruisseau si argentin, qu'en son ardeur poétique Jasmin met en pièces le fauteuil redouté où tous ses pères se sont fait porter à l'hôpital; lui, au lieu de l'hôpital, il est allé chez un notaire, et finalement, le premier de sa famille, il a vu son nom briller sur la liste du collecteur. *Quel honneur! trop d'honneur!*

> Il faut en payer la rente,
> Et, chaque an, je suis confus
> De voir que mon chiffre augmente,
> Même en n'ayant rien de plus.

Sa femme, née dans la même condition que lui, mais d'esprit naturel, d'imagination, et d'un parler pittoresque, sa femme, qui d'abord était ennemie jurée des vers et lui cachait plumes et papier, maintenant qu'elle sait le prix de la rime, lui offre toujours, d'un air gracieux, la plume la plus fine et le papier le plus doux : « Courage! dit-elle; chaque vers, c'est une tuile que tu pétris pour achever de couvrir la maison. » Et toute la famille lui crie : « Fais des vers, fais des vers! »

Depuis qu'il fait des vers, en effet, Jasmin, pour parler en prose, grâce au bon débit de ses productions et à l'intérêt bien entendu qu'y ont mis les Agenais, a pu, sans quitter son état, devenir propriétaire de la maison qu'il habite et obtenir une petite aisance, qui paraît le comble de ses vœux.

Son premier poëme, publié en 1825, *le Charivari,* est un poëme burlesque, qui a pour héros le sensible *Oduber,* veuf et vieux, qui songe à se remarier : les souvenirs du *Lutrin* y sont entrés sans beaucoup de déguisement. Le poëme est précédé d'une belle ode à M. Dupront, avocat, homme du pays, de grand talent au barreau, et qui eût été poëte lui-même, m'assure-t-on, si une sorte de paresse naturelle ne l'eût retenu. L'ode que Jasmin lui adresse a de l'ampleur, de l'harmonie et une beauté sérieuse. Une strophe, dans laquelle il célébrait l'avénement de Charles X, lui a été depuis rappelée par M. Dupront dans *le Mémorial agenais,* et Jasmin s'est lavé du reproche d'inconséquence. Jasmin, en effet, était un libéral de la Restauration, et aujourd'hui il est ce qu'on appelle un homme du mouvement. Mais ses passions généreuses ne s'appuient pas sur des doctrines bien méditées. Le mot de Charles X : *Plus de hallebardes!* lui avait été au cœur, et il y avait cru. La partie politique de son recueil est celle qui a le moins d'originalité : la langue d'abord en devient aisément toute française, car le patois n'a point, dans son fonds, ce vocabulaire moderne. De plus, les souvenirs des chansons de Béranger y abondent, et la Liberté de juillet elle-même, d'après Jasmin, ne semble pas très-différente de celle qui se dresse, si reconnaissable, dans les vers de M. Auguste Barbier. Distinguons pourtant, en cet ordre de pièces, un très-beau chant intitulé *les Oiseaux voyageurs, ou les Polonais en France,* qui respire le pathétique, et qui atteint au sublime dans sa simplicité. Jasmin a adressé, en 1832, une pièce de vers français à Béranger, son patron naturel en notre littérature; ces vers faciles et corrects, mais communs, prouveraient, s'il en était besoin, que le français est pour Jasmin une langue acquise, et que la couleur, l'image, la pensée, lui viennent en patois.

Il ne faut pas d'ailleurs s'exagérer l'instinct et la naïveté ignorante de l'aimable poëte. Jasmin a du feu, de l'entraînement sans doute; il a besoin de la passion actuelle pour arriver au bien : mais il travaille, il travaille opiniâtrément, dit-on; il lime ses vers, il rejette, il choisit, il a un art de style enfin. Nous sommes trop incompétent au sujet de cette langue, que nous n'avons saisie qu'à l'aide d'amis obligeants, pour avoir un avis sur ce que peut être le bon style en patois; mais il paraît bien que Jasmin a ce bon style. Si Agen a été appelé l'œil de la Guyenne, Jasmin écrit dans le pur patois agenais; il y a là quelque chose d'attique, en un certain sens. Jasmin prend peut-être quelques licences de tours, ou du moins il profite en cela des habitudes introduites; il cède un peu trop, sans y songer, à ce flot de gallicismes qui vont chaque jour s'infiltrant; tout en observant parfaitement la grammaire locale, il ne recourt peut-être pas assez à certaines locutions par lesquelles l'idiome du Midi se distinguait du français du Nord, et qu'on pourrait sauver ; en un mot, ce n'est pas un poëte remontant du patois à la langue par l'érudition ; mais c'est un poëte pur, soigné en même temps que naturel dans l'expression, habile et curieux aux mots vifs de son vocabulaire ; rien de rocailleux, rien de louche chez lui, et, pour parler selon ses images, son clair Adour, à nos yeux, semble courir sans un flot troublé (1).

La Fidélité agenaise, jolie romance sentimentale de

(1) Depuis que ceci est écrit, nous lisons dans le *Journal grammatical* (avril et mai 1836) un article philologique sévère sur le patois de Jasmin, par M. Mary Lafon, qui s'est occupé en érudit de l'idiome provençal. Nous concevons, en effet, le peu d'estime que des antiquaires, épris de cette belle langue en ce qu'elle a de pur et de classique, expriment pour le patois extrêmement francisé qu'on parle dans une ville du Midi en 1836. Nous concevons que Goudouli, au commencement du xviie siècle, ait été plus nourri dans son style des purs idiotismes provençaux, et que la saveur de ses vers garde mieux le goût de la vraie langue. Le jugement de M. Lafon nous paraît porter sur la détérioration inévitable du patois plus que sur la manière même de Jasmin, qui fait ce qu'il peut, qui n'a pas lu les troubadours, et qui se sert avec grande correction de son patois d'Agen tel qu'il le trouve à la date de sa naissance. La lettre de Jasmin, que M. Lafon a l'extrême obligeance de nous communiquer, vient à l'appui pour nous montrer que le poëte populaire entend peu la question comme la voudraient poser les critiques érudits, et qu'il n'est pas, comme il s'en vante presque, *à la hauteur* du système. Il reste pourtant à regretter qu'avec de si heureuses qualités et un art véritable d'écrivain, Jasmin n'ait pu cacher, sous ce titre d'homme du peuple, un bon grain d'érudition et de vieille langue, comme Béranger et Paul-Louis de ce côté-ci de la Loire. Mais que voulez-vous? il est homme du peuple *tout de bon.*

Jasmin, jouit d'un succès populaire dans le pays, et prouve qu'avec une âme assez peu rêveuse et peu langoureuse, il a pourtant des éclairs de la sensibilité des troubadours. Quoi qu'il en dise, il n'a pas tout à fait quitté la guitare pour le flageolet; et Marot, qui parle aussi de son flageolet, n'avait-il pas, au milieu de sa verve badine, de tendres accents, que le contraste fait mieux sentir encore? Henri IV, au milieu de ses saillies et de ses gaietés gasconnes, n'a-t-il pas sa douce chanson de *Charmante Gabrielle?* Jasmin est bien le poëte tout proche de la patrie d'Henri IV.

Le dernier et le plus remarquable poëme de Jasmin, *l'Aveugle de Castel-Cuillé,* offre, plus qu'aucun des précédents, le caractère de sensibilité et de pathétique au milieu des grâces conservées d'une muse légère. Une tradition populaire du pays en a fourni le sujet au poëte; mais il a su y élever une composition soutenue, graduée, délicate et touchante, qui le classe, à bon droit, parmi les plus vrais talents en vers de notre temps. La poésie franche y embaume à l'ouverture du premier chant :

« Du pied de cette haute montagne, où se dresse Castel-Cuillé, dans la saison où le pommier, le prunier et l'amandier blanchissaient dans la campagne, voici le chant qu'on entendit, un mercredi matin, veille de Saint-Joseph :

> Les chemins devraient fleurir,
> Tant belle épousée va sortir;
> Devraient fleurir, devraient grener,
> Tant belle épousée va passer!

Et le vieux *Te Deum* des humbles mariages semblait descendre des nues, quand tout d'un coup une grande troupe de jeunes filles au teint frais, propres comme l'œil, chacune avec son fringant, viennent sur le bord du rocher entonner le même air, et là, semblables, tant elles sont voisines du ciel, à des anges riants qu'un Dieu aimable envoie pour faire leurs gambades et nous apporter l'allégresse, elles prennent leur élan, et bientôt, dévalant par la route étroite de la côte rapide, elles vont en zigzag vers Saint-Amant, et les volages, par les sentiers, comme des folles vont en criant :

> Les chemins devraient fleurir,
> Tant belle épousée va sortir, etc. .

« C'est Baptiste et sa fiancée qui allaient chercher la jonchée (1).... »

Jamais gaieté nuptiale de jeunes garçons et de jeunes filles n'a été exprimée dans un rhythme plus dansant, dans une langue plus vive, plus claire de sons et d'images, plus fringante elle-même et plus guillerette, pour ainsi dire. Mais continuons, en supprimant à regret bien des détails dont aucun n'est superflu :

« Quand on voit blanchir les haies que l'hiver avait noircies, une noce du peuple, ah ! que c'est joli !... Cependant d'où vient qu'au milieu de ces filles si

---

(1) Coutume du pays : on va chercher au bois des branches d'arbres, et surtout de laurier, qu'on jette ensuite sur le chemin de l'église et à la porte des conviés.

légères, si rieuses, Baptiste, muet, soupire ? L'épousée est pourtant jolie ! Est-ce que saint Joseph voudrait nous faire entendre, le bon saint, qu'à l'amour trop pressé il ne reste rien à prendre ? Oh ! non, fille qui est en faute ne porte pas le front si haut. Qu'as-tu donc, fiancé ? Ils ne se font aucune caresse : à les voir si indifférents, si froids, on les croirait de grandes gens. »

C'est qu'au bas de la colline, dans une chaumière, habite la pauvre Marguerite, orpheline, aveugle, seulement aveugle depuis le dernier été, que la petite-vérole ou la rougeole lui a donné sur les yeux. Baptiste devait l'épouser, il le lui a promis, et elle y croit encore ; elle l'attend. Mais, après une absence, il revient, et, cédant aux ordres d'un père avare, il épouse Angèle ; il l'épouse, pensant toujours à Marguerite.

La bonne vieille Jeanne, diseuse de bonne aventure, que la noce rencontre, jette un moment quelque nuage à ces fronts sereins, par des paroles obscures et funèbres ; mais « sur un petit ruisseau clair comme de l'argent, que peuvent deux gouttes d'eau trouble ? » La noce a vite secoué le présage, et les folâtres volages recommencent à bondir et à chanter :

Les chemins devraient fleurir, etc.

Ainsi se termine le premier chant. Le second petit tableau nous montre la pauvre Marguerite seulette dans sa maison, ignorant encore son malheur et se disant à elle-même ses espérances et ses craintes. Le discours simple et naïf où se déroule son tendre ennui, finit en ces mots : « On dit qu'on aime mieux quand on est dans la peine ; et quand on est aveugle, donc ! » Son petit frère entre là-dessus, il a vu la noce, il s'écrie, il raconte. — « Quoi ! dit Marguerite, Angèle se marie ! Paul, tu l'as vue ? Quel secret ! personne n'en a parlé. Oh ! dis, quel est son fiancé ? » — « Eh ! ma sœur, ton ami Baptiste ! »

« L'aveugle pousse un cri et ne répond plus. La blancheur du lait s'étend sur son visage ; un froid pesant comme le plomb, tombant, à la voix de l'enfant, sur son cœur bientôt sans battements, suspend assez longtemps sa vie, et la voilà pareille, près du petit qui pleure, à une vierge de cire habillée en bergère (1). »

Jeanne, la diseuse de bonne aventure, survient ; mais Marguerite, qui veut s'assurer de son malheur, dissimule ; elle a l'air d'attendre encore Baptiste. La vieille lui dit : « Ma fille, tu l'aimes trop, je te blâme. A croire au bonheur il ne faut pas tant s'accoutumer.

---

(1) Le procédé poétique de Jasmin, par cela même qu'il se rapproche de la nature et qu'il s'y retrempe directement, rappelle bien souvent celui des Grecs. Ainsi, en lisant cette énergique et gracieuse peinture de sa Marguerite, je ne puis m'empêcher de me reporter à la Simétha de Théocrite, lorsque, racontant le jour où le beau Delphis vint la visiter pour la première fois, elle s'écrie : « Dès que je le vis franchissant le seuil de la porte d'un pied léger ; je devins tout entière plus froide que la neige, et la sueur me découlait du front à l'égal des humides rosées ; je ne pouvais rien articuler, pas même de ces petits cris que les enfants poussent en songe vers leur mère ; mais tout mon beau corps resta figé, pareil à une *image de cire*. »

5.

Va, crois-moi, prie Dieu de ne pas tant l'aimer. » — « Jeanne, répond l'aveugle, plus je prie Dieu, plus je l'aime! mais ce n'est pas un péché; il est toujours bien pour moi?... » Jeanne n'a rien répondu, tout est dit, c'est assez.

La troisième scène commence avec l'*Angelus* du matin des noces :

> De la cloche, à la fin, neuf petits coups s'entendent,
> Et l'aube blanchissante, arrivant lentement,
> Trouve dans deux maisons deux filles qui l'attendent;
> Combien différemment!

Le poëte passe tour à tour d'Angèle, la jolie et la légère, qui ne voit que sa croix d'or et sa couronne, à la pauvre Marguerite, qui, à tâtons, va chercher au fond d'un tiroir quelque chose qu'elle cache en frémissant dans son sein. Angèle, au bruit des baisers et des chansons, oublie de faire sa prière; Marguerite, le front couvert d'une froide sueur, agenouillée, dit tout bas, pendant que son frère ôte le verrou : « O mon Dieu! pardonne-le-moi! » Et elle se met en marche vers l'église, appuyée sur l'enfant; pas de soleil encore, il bruine; l'odeur du laurier qui jonche le chemin lui arrive parfois et la fait frissonner. Ils avancent du côté du château, vers la petite église à la façade noircie et pointue, où chante l'orfraie. — « Paul, dit la jeune fille, finis avec ta crécelle! Où sommes-nous? il me semble que nous montons. » — « Eh! ne vois-tu pas que nous arrivons? dit l'enfant; n'entends-tu pas chanter l'orfraie sur le clocher? Oh! le vilain oiseau!

il porte malheur, n'est-ce pas ? T'en souviens-tu, ma sœur, quand notre pauvre père, la nuit que nous étions à le veiller, disait : « Tiens, petite, je suis plus malade; « garde bien Paul au moins, car je sens que je m'en « vais ? » Tu pleurais, lui aussi, moi aussi, tous nous pleurions. Eh bien ! sur le toit alors l'orfraie chanta, et, notre père mort, ici même, tiens ! on l'a porté. Aïe ! tu m'embrasses trop fort, tu m'étouffes, Marguerite. » — Je traduis mot à mot, en ne supprimant que l'harmonie du rhythme : qu'on juge du charme de ces simples et vraies paroles dans des vers purs, concis, auxquels pas un mot de trop, pas un ornement inutile n'est accordé !

Enfin on est à l'église ; le temps s'est levé, il fait soleil, et pourtant il pleut ; la noce arrive : Angèle, toujours étourdie et ne pensant qu'à sa croix d'or ; Baptiste, muet, triste comme la veille. La cérémonie commence, l'anneau est béni, et Baptiste le tient ; mais, avant de le mettre au doigt qui l'attend, il faut qu'il prononce une parole... Elle est dite ; aussitôt, du côté du garçon d'honneur, une voix s'élève ; Marguerite, qui peut-être au fond de son cœur doutait encore, a crié : « *C'est lui !* » Et elle tire un couteau pour s'en frapper. Mais sans doute son ange était là pour la secourir, car si forte fut sa douleur, qu'au moment et avant de se frapper, elle tomba morte. Et le soir, un cercueil avec des fleurs passait au même chemin ; le *De Profundis* avait remplacé les chansons, et, dans la double rangée de jeunes filles en blanc, chacune maintenant semblait dire :

> Les chemins devraient gémir,
> Tant belle morte va sortir;
> Devraient gémir, devraient pleurer,
> Tant belle morte va passer!

Ainsi va et sans cesse recommence, et se remontre soudainement, aussi fraîche qu'au premier matin, la poésie immortelle. Et les oracles, les vétos exclusifs sont déjoués. Vous nous accusez, nous autres d'ici, d'être enfants de Du Bartas, et voilà que du pays de Du Bartas, tout à côté, naît à l'improviste un poëte vrai, franc, naturel et populaire, qui nous ressemble peu, direz-vous, mais que nous saluons parce qu'il nous rend aussi et nous chante à sa manière cette même espérance que nous avons : « Non, la poésie n'est pas morte et ne peut mourir. »

La publication de *l'Aveugle* a mis, dans le pays, le comble à la gloire de Jasmin. Lors d'un voyage qu'il fit l'an dernier à Bordeaux, la lecture de ce poëme, au sein de l'Académie de cette ville, lui valut un triomphe qui rappelle de loin ceux de l'antique Provence ou de l'Italie. Il faut dire de plus que Jasmin lit à merveille; que sa figure d'artiste, son brun sourcil, son geste expressif, sa voix naturelle d'acteur passionné, prêtent singulièrement à l'effet. Quand il arrive au refrain : *Les chemins devraient fleurir*, etc., et que, cessant de déclamer, il chante, toutes les larmes coulent; ceux même qui n'entendent pas le patois partagent l'impression et pleurent.

Jasmin a déjà eu à subir l'espèce de tentation nouvelle qui s'attache inévitablement au succès; on lui a conseillé de venir à Paris, tout comme à M. Fonfrède ; mais Jasmin a eu le bon esprit de comprendre sa vraie situation et d'y rester fidèle. Dans une jolie pièce de vers, adressée à un riche agriculteur de Toulouse qui lui donnait ce conseil, il réfute agréablement les raisons flatteuses par un tableau de ses goûts et de ses simples espérances : « Dans ma ville, où chacun travaille, laissez-moi donc comme je suis ; chaque été, plus content qu'un roi, je glane ma petite provision d'hiver, et après je chante comme un pinson, à l'ombre d'un peuplier ou d'un frêne, trop heureux de devenir *cheveux blancs* dans le pays qui m'a vu naître. Sitôt qu'on entend, dans l'été, le joli *zigo, ziou, ziou* des cigales sautilleuses, le jeune moineau s'élance et déserte le nid où il a senti venir des plumes à ses ailes. L'homme sage n'est pas ainsi... » Nous n'avons rien à ajouter à ces agréables et bonnes pensées, et nous espérons que le poëte y restera fidèle. Il aime, dit-on, la louange ; tous les poëtes l'aiment, et ceux de son pays plus encore que d'autres. Qu'elle ne soit pour lui, du moins, qu'un encouragement bien intelligible à persévérer dans la voie où il l'a su conquérir ! qu'il travaille toujours ses vers ; qu'il les laisse venir naturels toujours. Le beau succès de *l'Aveugle* doit lui montrer ce qu'on gagne à des sujets que le pathétique et une certaine élévation épurent. C'est de ce côté que, l'âge venant, nous voudrions le voir de plus en plus se tourner. Il a, dans Béranger, son patron et son correspondant naturel, un bel exemple de modestie, de persévérance, et aussi de perfectionnement dans l'emploi du talent. Qu'il ne le perde point de vue; et puisse-t-il arriver à vieillir, suivant ses souhaits, dans sa ville natale, poëte toujours aimable, mais de plus en plus sérieux, touchant et honoré!

1ᵉʳ mai 1837.

(Depuis le moment où nous annoncions ainsi Jasmin en deçà de la Loire, sa renommée n'a fait que s'accroître, et ses œuvres récentes ont confirmé de tout point les premières louanges. Il est du petit nombre de ceux qui se perfectionnent; dans ses poëmes de *Françounetto* et de *Marthe la folle,* il a su donner à son talent toute son étendue et son ressort, sans le forcer. Jasmin, par la façon dont il travaille ses vers, par son soin de la composition et ses scrupules de style, est véritablement de l'école de Boileau et d'Horace, beaucoup plus que tel de nos grands poëtes contemporains qui écrivent en français. Jasmin est venu à Paris, mais il n'y est venu qu'en passant, comme un hôte et un ami; il y a produit sa poésie en personne, avec esprit, avec gentillesse; il l'a traduite, commentée, chantée de vive voix, et lui a conquis tous les suffrages. A propos de l'article qu'on vient de lire et auquel il voulait bien attribuer quelque part dans cette vulgarisation parisienne de son œuvre, il me disait en riant : « Vous m'avez *salonisé.* » Retourné à Agen, il y jouit plus que jamais de la renommée et de la muse, et l'estime publique est toujours présente à ces couronnes.—Voir, sur Jasmin, dans la *Revue des Deux Mondes* les articles de M. Léonce de Lavergne, 15 janvier 1842, et de M. Charles Labitte, 15 avril 1845; — et ceux de M. Ducuing dans la *Revue de Paris,* 13 et 16 juillet 1844.)

M. EUGÈNE SUE.

1840.

(Jean Cavalier) (1).

On commence à répéter souvent, parce qu'en effet cela devient chaque jour plus sensible, que la littérature de ces dix dernières années se sépare de celle de la Restauration par des traits fort tranchés et par une physionomie qui marque véritablement une nouvelle époque. Sous la Restauration, il y avait plus de régularité et de prudence, même dans l'audace ; ce qui faisait scandale était encore *relativement* décent. L'antago-

(1) Cette appréciation de M. Eugène Sue est antérieure à son grand succès; elle ne comprend que la première moitié de son œuvre. Jusqu'au roman d'*Arthur,* jusqu'à celui de *Mathilde,* M. Eugène Sue était ou voulait être surtout un romancier aristocratique, plus ou moins raffiné, ne s'adressant qu'aux personnes du monde, sans paraître viser à être populaire. Le succès des *Mystères de Paris* a tout changé; le voilà le romancier en vogue; il a détrôné Balzac, il est lu partout, dans le salon comme dans l'échoppe, et d'honnêtes prolétaires le proclament le philanthrope par excellence; en homme d'esprit qu'il est, il exploite sa veine. Qu'on veuille l'étudier ici un instant avec nous, avant son coup de fortune.

nisme régnait assez exactement entre les écoles littéraires comme entre les partis politiques ; c'étaient des batailles à peu près rangées, l'on y pouvait remarquer de la discipline et une sorte d'évolution dans l'ensemble. Les questions de forme ne se séparaient pas des questions de fond ; la joûte se passait dans un camp tracé. Il est arrivé au moment de la rupture ce qui arrive dans l'orage à un lac ou à un bassin que l'art ne défend plus. Toutes les écluses ont été lâchées, et les ruisseaux aussi. La haute mer a fait invasion, et les bas-fonds ont monté. Il a fallu quelques années pour que, dans les flux et reflux de cette étendue confuse, on retrouvât un niveau et de certaines limites. En attendant, une foule de pavillons plus ou moins aventureux ont fait leur entrée, ont imposé et illustré leurs couleurs. Aujourd'hui, quand on veut reconnaître cette rade immense (si rade il y a), l'aspect a tout à fait changé.

Dès les premiers jours de 1831, sous la rubrique assez énigmatique de *Plik et Plok,* un nouveau venu se glissait, un peu en pirate d'abord ; mais qu'importe ? Une fois entré, il le disait lui-même, il était bien sûr de s'y tenir, d'y jeter l'ancre ; et il l'a prouvé.

Depuis 1831, M. Eugène Sue n'a cessé de produire ; ses nombreux romans se pourraient distinguer en trois séries : romans maritimes, par lesquels il a débuté (*Atar-Gull, la Salamandre,* etc., etc.), romans et nouvelles de mœurs et de société (*Arthur, Cécile,* etc., etc.), romans historiques enfin (*Latréaumont, Jean Cavalier*). Le roman maritime l'ayant mené à étudier l'histoire de la marine française, cette histoire elle-même l'a conduit bientôt à se former, sur le règne et le personnage de Louis XIV, certaines vues particulières. Ce sont ces vues qu'il poursuit et met en action dans *Latréaumont* et dans *Jean Cavalier*. Nous avons à examiner aujourd'hui ce dernier ouvrage, remarquable, intéressant, et traité avec conscience. Ce nous est une occasion, trop retardée, de tâcher auparavant de saisir en général le caractère du talent de M. Sue.

M. Sue représente pour moi assez fidèlement ce que j'appellerai *la moyenne* du roman en France depuis ces dix années; il la représente avec distinction, mais sans un cachet trop individuel et sans trop d'excentricité, tellement que c'est l'époque même qui semble plutôt lui imprimer son cachet à elle. M. de Balzac certes, en de curieuses parties d'observation chatoyante et fine, offre un échantillon incomparablement exquis du genre (bon ou mauvais) du moment; mais ce n'a été que par endroits qu'il a paru saisissable, et il échappe vite par des écarts et des subtilités qui ne sont qu'à lui. Parmi les romanciers féconds, M. Frédéric Soulié encore a trouvé bien des veines (quelconques) du genre actuel, et les a poussées, les a labourées avec ressource et vigueur; mais chez lui, trop souvent, à travers le mouvement incontestable, où est la finesse? M. Sue, si l'on prend l'ensemble de ses œuvres et si l'on se représente bien la famille de romans dont il s'agit, se trouve en combiner en lui l'esprit, la mode, la *fashion*, l'habitude, avec distinction, je l'ai dit, avec sang-froid, avec fertilité, avec une certaine convenance. A tel ou tel de ses confrères célèbres, il a laissé le droit de déraison;

lui, s'il se jette dans l'excès de crudité, c'est qu'il l'a voulu. Sa plume se possède, et il possède sa plume. Sans prendre la peine d'entrer précisément dans la conception laborieuse de l'art, il s'est trouvé par position à l'abri du mercantilisme littéraire. S'il n'a pas d'ordinaire composé avec une concentration très-profonde, il a presque toujours fait avec soin. Il n'a obéi à d'autre nécessité qu'à son goût personnel d'observer et d'écrire; jusque dans ses productions les moins flatteuses on sent de l'aisance.

Sa première spécialité semblait être le roman maritime, mais il ne s'y est pas renfermé. Il s'agissait pour lui, à son début, de se faire jour dans le monde littéraire par quelque chose d'original et qui attirât l'attention. Il savait la mer, du moins il l'avait tenue à bord d'un vaisseau de l'État durant six mois (1); il avait rangé bien des côtes. Il exploita, en homme d'esprit et d'imagination, ses rapides voyages et les impressions dont sa tête était remplie. *Le Pilote* et *le Corsaire rouge* de Cooper avaient mis le public français en goût de cette vie de périls et d'aventures; on admirait à chaque salon Gudin. M. Sue se dit que, lui aussi, il pourrait arborer et faire respecter le pavillon. Le genre qu'il importait chez nous fut à l'instant suivi et pratiqué avec succès par plusieurs; les juges compétents paraissent reconnaître que, de nos romanciers de mer, le plus exact à la manœuvre est M. Corbière. Je crois que

---

(1) On peut voir quelques détails biographiques dans un article de M. Legouvé (*Revue de Paris*, tome XXVII, 1836).

M. Sue ne visait d'abord qu'à une exactitude suffisante ; il écrivait avant tout pour Paris ; son ambition était moins de remplir le Havre que de remonter la Seine. Ce n'est jamais pour les vrais bergers qu'on écrit les idylles. Depuis il a fortifié ses études de marine en les dirigeant sérieusement sur l'histoire de cette branche importante. Par malheur l'historien doit être comme la femme de César, ne pas même pouvoir être soupçonné d'infidélité. M. Sue avait été trop évidemment et trop habilement conteur pour ne pas mériter un premier soupçon. On ne lui a peut-être pas assez tenu compte jusqu'ici de son second effort. Nous-même, en ce moment, nous n'irons pas avec lui au delà du romancier. A celui-ci du moins l'honneur d'avoir le premier risqué le roman français en plein océan, d'avoir le premier comme découvert notre Méditerranée en littérature !

Mais, encore une fois, ce n'était là pour lui qu'un acheminement, qu'une forme d'introduction, et M. Sue visait surtout à exprimer certains résultats de précoce et fatale expérience, certaines vérités amères et plus qu'amères, que l'excès seul de la civilisation révèle ou engendre. Parmi ses amateurs de mer, ceux de sa prédilection comme Szaffie, Vaudrey, l'abbé de Cilly, Falmouth, sont des hommes déjà brûlés par toutes les irritations des cités. Ainsi, bien vite chez lui, et dès *la Salamandre,* le vaisseau ne devint autre chose qu'une diversion et un cadre au spleen, un yacht de misanthropie ou de plaisance, une manière de vis-à-vis du *Bois* ou du Jockey-Club.

La génération spirituelle, ambitieuse, incrédule et blasée, qui occupe le monde à la mode depuis dix ans, se peint à merveille, c'est-à-dire à faire peur, dans l'ensemble des romans de M. Sue. Lord Byron était un idéal; on l'a traduit en prose; on a fait du don Juan positif; on l'a mis en petite monnaie; on l'a pris jour par jour à petites doses. Beaucoup des personnages de M. Sue ne sont pas autres. Le désillusionnement systématique, le pessimisme absolu, le jargon de rouerie, de socialisme ou de religiosité, la prétention aristocratique naturelle aux jeunes démocraties et aux brusques fortunes, cette manie de régence et d'orgie à froid, la brutalité très-vite tout près des formes les plus exquises, il a exprimé tout cela avec vie souvent et avec verve dans ses personnages. L'espèce très-exacte, et avec ses variétés, si elle se perdait un jour, se retrouverait en ses écrits; et voilà comment je dis qu'il représente à mon gré *la moyenne* du roman en France.

Sans se faire reflet ni écho de personne en particulier, il s'est laissé couramment inspirer des divers essais et des vogues d'alentour, et en a rendu quelque chose à sa manière. En un mot, la gamme du roman moderne est très au complet chez lui, et en même temps aucun ton trop prédominant n'y étouffe les autres.

Est-ce une nature vraie, légitime, une société saine qu'a exprimée M. Sue? Non assurément, et il le sait bien. Mais j'ose affirmer que c'est une société réelle. De braves gens qui vivent en famille, des hommes sérieux régulièrement occupés, des personnes du monde tout agréables et qui ne veulent pas être choquées, peuvent dire : « Où trouve-t-on de tels personnages?

Ils n'existent que dans le drame moderne ou dans le roman. » Je ne nie pas qu'il n'y ait mainte fois de la charge et du cumul dans l'expression ; mais, pour prendre le meilleur selon moi, le plus habile et le plus raffiné des romans de mœurs de M. Sue, *Arthur,* par exemple, je dis que le personnage est vrai et qu'il y a de nos jours plus d'un Arthur.

Et, avant tout, qu'on me permette une remarque que j'ai eu très-souvent occasion de faire en ce temps où la littérature et la société sont dans un tel pêle-mêle, et où la vie d'artiste et celle d'homme du monde semblent perpétuellement s'échanger. S'il devient banal de redire que la littérature est l'expression de la société, il n'est pas moins vrai d'ajouter que la société aussi se fait l'expression volontiers et la traduction de la littérature. Tout auteur tant soit peu influent et à la mode crée un monde qui le copie, qui le continue, et qui souvent l'outrepasse. Il a touché, en l'observant, un point sensible, et ce point-là, excité qu'il est et comme piqué d'honneur, se développe à l'envi et se met à ressembler davantage. Lord Byron a eu depuis longtemps ce rôle d'influence sur les hommes : combien de nobles imaginations atteintes d'un de ses traits se sont modelées sur lui ! Depuis ç'a été le tour des femmes ; l'émulation les a prises de lutter au sérieux avec les types, à peine apparus, d'*Indiana* ou de *Lélia*. Je me rappelle avoir été témoin, certain soir et dans un hôtel de la meilleure compagnie, d'un drame domestique réel très-imprévu, et qui justifiait tous ceux de Dumas. Un magistrat m'a raconté qu'ayant dû faire

arrêter une femme mariée qui s'enfuyait avec un amant, il n'en avait pu rien tirer à l'interrogatoire que des pages de Balzac qu'elle lui récitait tout entières. Au temps de d'Urfé, une société allemande se mit à vivre à la manière des bergers du Lignon. C'est toujours le cas de dire, même quand ce sont si peu des Ménandre :
O vie! et toi Ménandre, lequel des deux a imité l'autre?

Beaucoup des personnages de M. Sue sont donc vrais en ce sens qu'ils ont, au moins passagèrement, des modèles ou des copies dans la société qui nous entoure. Mais, pour l'aborder plus à l'aise avec ma critique, je la concentrerai d'abord sur *Arthur*, qui est un roman tout à fait distingué et où il y a fort à louer, tant pour la connaissance morale que pour la façon. Arthur, doué de toutes les qualités de la naissance, de la fortune, de l'esprit et de la jeunesse, Arthur, doué d'une puissance rare d'attraction et du don inappréciable d'être aimé, a reçu de bonne heure, d'un père misanthrope, un ver rongeur, la *défiance*; la défiance de soi et des autres. Les mortelles leçons de ce père trop éclairé et inexorable d'expérience ne sont, selon moi encore, que trop vraies (je parle en général); c'est du La Rochefoucauld développé et senti, c'est du Machiavel domestique; bien des pages du chapitre intitulé *le Deuil* ont même de certains accents de morose éloquence. Mais cette science amère, ce résidu et comme cette cendre de la vie, que ce père imprudent de sa main mourante sème au cœur de son fils, va petit à petit l'empoisonner. Ce scepticisme corrosif, distillé goutte à goutte dans le vase récent, se retrouvera au fond de tout. Avant de quitter le château paternel, Arthur aimait sa cousine Hélène, pauvre, mais belle, digne et pure, et qui elle-même l'aimait. Il s'enchante insensiblement près d'elle ; tous deux s'entendent sans se le dire ; puis vient l'aveu : ils vont s'épouser. A ce moment une fatale pensée traverse l'âme d'Arthur ; les avis funèbres de son père se réveillent, le germe de méfiance remue en lui : n'est-il pas dupe d'une feinte intéressée? Est-ce bien lui, en effet, ou sa fortune, qu'aime sa cousine Hélène? Et Arthur tout d'un coup brise ce tendre cœur de jeune fille, sans pitié, avec un sang-froid odieux. Ce n'est là que le premier acte. Arthur vient à Paris ; il connaissait déjà la haute compagnie de Londres, et du premier jour il n'a rien d'emprunté ni de neuf dans notre monde élégant. Que de piquants et de gracieux portraits d'hommes et de femmes, M. de Cernay, Mme de Peñafiel ! Celle-ci, adorable figure, femme à la mode aussi calomniée que courtisée, captive bientôt Arthur. Dès la première scène de l'aveu qu'elle-même lui fait (comme déjà avait fait Hélène), sa méfiance, à lui si poli, éclate presque brutale ; cela pourtant se répare ; il est aimé, il croit, il est heureux : les jours de soleil se succèdent. Puis tout d'un coup, au comble du bonheur, cette méfiance incurable, cette *peur d'être dupe,* revient plus féroce, et il renverse comme d'un coup de pied l'idole. Cette espèce de crime se renouvelle encore deux autres fois, et dans l'une des deux à propos non plus d'un amour de femme, mais d'une amitié d'homme. Les analyses qui précèdent et expliquent ces réveils frénétiques d'égoïsme sont parfaitement déduites et dans une psychologie très-déliée, surtout pour les deux premiers cas : « C'était enfin une lutte perpétuelle entre mon cœur qui me disait : *Crois,* — *aime,* — *espère*..., et mon esprit qui me disait : *Doute,* — *méprise,* — *et crains !* » Je ne puis indiquer en courant tout ce qu'il y a de parfait de manière et de bien saisi dans les observations et les propos de monde jetés à travers (1). Arthur lui-même, à part ces cruels moments, est accompli de façons et presque charmant de cœur ; et cependant, le dirai-je? comme Vaudrey dans *la Vigie,* comme les moins bons des héros de l'auteur, il a de l'odieux : on ne peut le suivre jusqu'au bout sans une impression écrasante; après la récidive, et dès qu'on le voit incorrigible, il devient intolérable (2). C'est qu'il ne suffit pas que le personnage et le caractère soient réels pour avoir droit à être peints. M. Sue me pardonnera de lui proposer toute ma pensée. Non, il n'est jamais permis à l'art humain d'être vrai de cette sorte ; quand même on aurait le sujet vivant, l'espèce sociale en personne sous les yeux, c'est là encore, si l'on peut dire, de l'art contre nature. Les grands et éternels peintres, qui certes savaient le mal aussi, les Shakspeare, les Molière, l'ont-

---

(1) La conversation entre Arthur et M. de Cernay, tome II, page 1; la jolie causerie de *Prima sera,* II, 65; les jeunes chrétiens de salon, II, 133.

(2) En vain l'auteur semble le croire corrigé vers la fin, dans sa vie heureuse avec Marie; le temps seul lui a manqué pour rompre encore; un an ou deux de plus, et je réponds qu'Arthur aurait traité cette Marie comme il avait traité Catherine, Marguerite et Hélène.

ils jamais exprimé dans ces raffinements d'exception, dans cette corruption calculée? Le mal tient-il cette place, à la fois première et singulière, dans leurs vastes tableaux?. La saine nature n'est-elle pas là tout à côté qui rejaillit aussitôt, qui retrempe et qui console? Arthur n'est pas né méchant, mais il s'est rendu méchant. Or ce que Bossuet dit des héros de l'histoire, je le redirai à plus forte raison des héros du poëme ou du roman : « Loin de nous les héros sans humanité ! Ils
« pourront bien forcer les respects et ravir l'admira-
« tion, comme font tous les objets extraordinaires,
« mais ils n'auront pas les cœurs. Lorsque Dieu forma
« le cœur et les entrailles de l'homme, il mit première-
« ment la bonté, comme propre caractère de la nature
« divine, et pour être comme la marque de cette main
« bienfaisante dont nous sortons. La bonté devait donc
« faire comme le fond de notre cœur, et devait être en
« même temps le premier attrait que nous aurions en
« nous-mêmes pour gagner les autres hommes... Les
« cœurs sont à ce prix. » Ce qu'ici je traduirai de la sorte : La vraie gloire de l'art humain légitime est à ce prix.

Ce n'est pas à dire peut-être que le bien plus que le mal fasse le fond de l'humaine vie; tout n'est que confusion et mélange. Non-seulement il y a le mal à côté du bien, mais l'un sort même souvent de l'autre. Pourtant l'art a été donné et inventé précisément pour aider au départ de ce qui est mêlé, pour réparer et pratiquer la perspective, pour orner et recouvrir de fresques plus ou moins récréantes le mur de la prison.

On peut avoir par devers soi bien des observations concentrées et comme à l'état de poison ; délayez et étendez un peu, vous en faites des couleurs ; et ce sont ces couleurs qu'il faut offrir aux autres, en gardant le poison pour soi. La philosophie peut être aride et délétère, l'art ne doit l'être jamais. Même en restant fidèle, il revêt et anime tout ; c'est là sa magie ; il faut qu'on dise de lui : *C'est vrai,* et pourtant que ce ne le soit pas.

D'abord jeune, en écrivant, si l'on est déjà piqué d'amère ironie, on voudrait étreindre toute la vérité, dire tout le mal qu'on devine, le proférer à la face du ciel et de la société avec dédain et colère. Plus tard, en avançant dans la vie, on voit qu'on ne peut dire assez que le fond échappe toujours, que c'est inutile de trop presser. On se détend alors ; on consent, après avoir dit beaucoup, à s'envelopper, si on le peut, dans la grâce, dans une sorte d'illusion idéale encore. Voyez la *Colomba* de Mérimée ; toute l'ironie s'y est voilée et y est redevenue comme virginale.

M. Sue sait tout cela aussi bien et mieux que nous, lui qui, dans *Arthur* même, nous a si bien motivé en deux endroits sa préférence pour Walter Scott sur Byron (1) ; lui qui nous dit encore par la bouche de son héros que, « si le monde pénètre presque toujours « les sentiments faux et coupables, jamais il ne se « doute un instant des sentiments naturels, vrais et « généreux. » M. Sue ne nie pas les bons sentiments,

---

(1) Tome II, pages 36 et 88.

mais plutôt leur chance de succès ici-bas. Il nous a
permis au reste de suivre les diverses transformations
de sa pensée sur cette question même. Il a débuté
par une crudité systématique ; dans Brulard d'*Atar-
Gull,* il a exprimé le mécompte violent poussé jusqu'à
la rage contre l'humanité ; dans Szaffie de *la Salamandre,* il a rendu l'ironie calculée qui va à tout flétrir.
Avait-il bien dessein en cela, comme il le déclare dans
la préface de *la Vigie,* d'amener, d'induire, par les
critiques mêmes qu'on lui ferait, le parti libéral et
philosophique à reconnaître *qu'il n'est pas de bonheur
pour l'homme sur la terre si on lui arrache toute illusion?* C'était prendre une voie bien indirecte, on
l'avouera, pour reconstruire ces illusions ; c'était
frapper trop fort afin qu'on lui dît : *N'allez pas si loin.*
Méthode scabreuse de faire marcher l'ilote ivre devant
le Spartiate, pour dégoûter celui-ci de l'ivresse ! Il faut
être, avant tout, bien Spartiate pour être sûrement
guéri. Quoi qu'il en soit, dans la préface d'*Arthur,* et
auparavant dans celle de *Latréaumont,* l'auteur semble
près de s'amender ; il ne croit plus au mal absolu ni
à son triomphe inévitable sur le bien ; du point de vue
plus élevé d'où il juge, « les illusions du vice lui pa-
« raissent, dit-il, aussi exorbitantes à leur tour que
« lui paraissaient jadis celles de la vertu. » L'auteur
arrive évidemment à sa maturité d'éclectisme et de
scepticisme. Ce progrès, cette rectification qui se manifeste déjà avec sincérité dans *Arthur,* doit profiter
à M. Sue pour les futurs romans de mœurs qu'il pro-
duira. Tout en continuant de peindre les tristes réa-

lités qu'il sait, il évitera de les forcer, de les trancher outre mesure ; sa manière, dans le détail même, y devra gagner en fusion.

Nous n'avons pris M. Sue jusqu'à présent que sur le type fondamental qu'il a presque constamment affecté et reproduit dans ses plus longs ouvrages. Dans une foule d'opuscules et de nouvelles, il s'est montré plus libre et a obéi à des qualités franches. M. Sue a une veine de comique naturel ; il en use volontiers et même surabondamment. Dans *M. Crinet* de *la Coucaratcha*, dans *le Juge* de *Deleytar* (1), il a poussé un peu loin la pointe, il a grossoyé et charbonné à plaisir la raillerie ; mais l'entretien certes n'y manque pas. Il se plaît encore et réussit fort bien à un comique plus sérieux et contenu, à un comique d'*humour*, comme dans *Mon ami Wolf*. Ce Wolf est un original qui, s'étant laissé aller un soir d'ivresse à faire une confidence indiscrète à un ami qu'il n'avait jamais vu jusque-là, va le forcer le lendemain matin à se couper la gorge avec lui pour que le secret ne soit plus partagé. Dans un autre genre, et visant au petit livre, M. Sue a esquissé la nouvelle de *Cécile*, histoire analytique d'une mésalliance morale. Toute la partie de la femme y est délicatement traitée ; mais

---

(1) *Deleytar*, recueil de contes, du mot espagnol qui signifie amuser. *Coucaratcha, mouche causeuse*. Ces titres bizarres sont de rigueur, on le sait, dans le roman moderne. L'éditeur les réclame d'abord, et, une fois qu'il les tient, il ne les lâche plus. Le roman suit, comme il peut, le titre, et s'y conforme bon gré mal gré. M. Sue, depuis *Plik et Plok*, a porté plus galamment que personne cette cocarde-là.

Noirville, l'époux de Cécile, a paru de beaucoup trop chargé et d'un comique par trop bas. Madame de Charrière, dans les Lettres de mistriss Henley, a su exprimer cette même mésintelligence intime par des contrastes qui sont encore des nuances, et qui n'ont rien de désagréable au lecteur. Ce n'est pas à dire pourtant qu'il n'y ait dans *Cécile* bien des mots touchants et vrais : « Aussi, qu'elle est *heureuse!* dit le monde.... Le monde!... ce froid égoïste, qui vous fait heureux pour n'avoir pas l'ennui de vous plaindre, et qui ne s'arrête jamais qu'aux surfaces, parce que les plus malheureux ont toujours une fleur à y effeuiller pour cacher leur misère aux yeux de ce tyran si ingrat et si insatiable! »

J'en viens aux romans historiques de l'auteur. — Au moment même où, dans la préface de *Latréaumont,* M. Sue semblait en voie de rétracter ses précédentes assertions pessimistes trop absolues, il lui arrivait, peut-être à son insu, de ne pouvoir s'en débarrasser du premier coup et de s'en tirer par un détour. Dans le corps humain, on le sait trop, une humeur âcre, qui est restée longtemps vague et générale, menaçant et affectant toute l'organisation, ne se guérit guère qu'en se jetant et se fixant en définitive sur un point déterminé. De même au moral (que M. Sue me passe la comparaison), de même chez lui ce pessimisme déjà ancien, qui s'en prenait à l'humanité entière, ne pouvait disparaître et fondre un peu dans son ensemble qu'en se concentrant vite sur quelque objet. M. Sue abordait le dix-septième siècle et l'époque de Louis XIV ;

au moment donc où il avait l'air de se corriger, son péssimisme se déplaçait et se reportait sur la personne même de Louis XIV, sur cette auguste et égoïste figure qui était censée représenter à elle seule toute l'époque. De là cette grande querelle qu'il s'est faite, et que nous allons, bien que plus modérément, continuer. C'est déjà, ce nous semble, atténuer le tort de M. Sue que de l'expliquer ainsi, d'en bien saisir la transition, et de le montrer à son origine presque naturel et ingénieux.

Dans *Latréaumont*, M. Sue s'est attaqué à Louis XIV de 1669 à 1674, c'est-à-dire au cœur de sa gloire, comme s'il l'avait voulu humilier et rabaisser dans sa personne même jusque sur son char de triomphe. Dans *Jean Cavalier*, il s'est attaqué à la grande erreur politique de ce règne, à la révocation de l'édit de Nantes, et a retracé les révoltes et les désastres qui s'ensuivirent. Dans les deux romans il est naturellement du parti des opposants à Louis XIV, dans *Latréaumont* du parti de M. de Rohan et des libertins, dans *Jean Cavalier* du parti des puritains et des religionnaires.

Latréaumont, à titre de roman, a de l'intérêt et de l'action : le talent dramatique de M. Sue s'y déploie avec combinaison et développement. Si le personnage de Latréaumont y est chargé à la Stentor, celui du chevalier de Rohan n'y est pas trop idéalisé et a de la vraisemblance dans ses contraires. Si dans bien des scènes, dans celle par exemple de la marquise de Villars et du chevalier Des Préaux, on peut s'étonner de retrouver la phraséologie amoureuse moderne, il en est d'autres, telles que la conversation des filles d'honneur de la reine, où une couleur suffisamment appropriée se joue en parfaite bonne grâce. Mais une question, une querelle, je l'ai dit, domine tout le reste, et il est déjà fâcheux, eût-on raison, de se faire une querelle à travers un roman, c'est-à-dire dans un écrit fait pour distraire et pour séduire. Louis XIV était-il en effet un *bellâtre* assez niais et rengorgé (1) ? Les termes de *personnalité sordide* et de *grossière fatuité* (2), que j'ose à peine transcrire, expriment-ils (solennité et perruque à part) le fond exact de sa nature ? Est-ce trop peu encore de qualifier à ce taux son égoïsme en bonnes fortunes et en toutes choses ? faut-il aller avec lui jusqu'aux *lâches méchancetés* (3), et le *bellâtre* vise-t-il en de certains moments au *Néron* (4) ? M. Sue a évidemment compromis son paradoxe en le poussant aux extrêmes. Saint-Simon de son temps, Lemontey du nôtre, ont beaucoup dit sur le grand roi ; j'en pense volontiers tout le mal qu'ils articulent, à l'endroit de l'égoïsme qui chez lui était monstrueux, et que soixante années d'idolâtrie cultivèrent. Mais est-ce une raison de méconnaître ses qualités et sa grandeur, un sens naturel et droit, un haut sentiment d'honneur et de majesté souveraine, l'ordonnance de son règne si bien comprise, le discernement des hommes, de ceux qui ornent et de ceux qui ser-

(1) Tome I, page 246.
(2) Tome I, page 122.
(3) Tome I, page 249.
(4) Tome II, page 470, épigraphe.

vent, la part faite à chacun des principaux et assez librement laissée, l'art du maître, le caractère royal enfin, indélébile chez lui, et l'immuabilité dans l'infortune (1)? Que Louis XIV vieillissant se donnât des indigestions de petits pois; qu'au temps de sa jeunesse il se montrât un sultan jaloux et sans partage; qu'il fût dur avec ses maîtresses et avec les princesses de sa famille; qu'il fît courir en carrosse à sa suite avec toutes sortes de cahotements madame de Montespan ou la duchesse de Bourgogne enceintes, au risque de les blesser : ce sont là des inhumanités de roi ou des infirmités d'homme. Mais Napoléon, par exemple, n'était-il donc pas dur aussi et inexorable d'étiquette avec les femmes de sa cour? Après le désastre de Russie, ne fallait-il pas que toutes les dames du palais fussent sous les armes en habits de fête? Ne fallait-il pas que les quadrilles du Château se reformassent au complet malgré les pieds gelés des hommes et les larmes dans les yeux des femmes et des mères? Voilà qui est atroce assurément; mais qui ferait un portrait de Napoléon sur ce pied-là ne se montrerait-il pas à son tour souverainement injuste? Pareille méprise est arrivée à M. Sue. Il n'a vu, il n'a voulu voir qu'un côté, le petit et le vilain, d'un grand règne; il a parlé de Louis XIV en opprimé, presque en homme

---

(1) Pour avoir une juste idée de Louis XIV et ne plus être tenté d'en parler à la légère, il faut avoir lu au complet le beau Recueil des pièces diplomatiques publiées par M. Mignet. L'intérieur politique du règne est là; on y suit et on y admire cette constante application aux affaires, du sein des pompes et des plaisirs.

lésé; il s'est mis passionnément de la cabale des gens d'esprit et des libertins contre le grand roi, il a fait cause commune avec Vardes, Bussy, Lauzun, Rohan, les Vendôme, avec tous ceux qui regrettaient ou qui appelaient la précédente ou la future régence; durant une oraison funèbre de Bossuet, durant les chœurs d'*Athalie* ou d'*Esther*, il a continué de chanter *à la cantonade* quelque noël satirique. A la bonne heure! la vivacité de son injustice témoignerait au besoin de l'intimité de ses études sur le grand règne. On n'en veut jamais de cette sorte à un homme et à un roi sans avoir de très-proches raisons (1).

La contre-partie du paradoxe l'a conduit, dans sa spirituelle fantaisie de *Létorières*, à faire de Louis XV à diverses reprises le plus *adorable* maître et à ne l'appeler que *cet excellent prince*. C'est peut-être un des droits piquants du roman historique que de risquer ces revirements soudains de jugements. Ils y sont du moins plus de mise que dans l'histoire, qui en a tant abusé de nos jours. Tel n'a rabaissé Charlemagne que pour faire à Louis le Débonnaire un pavois.

Latréaumont, malgré l'habileté de l'agencement, manquait d'un genre de ressources : la tentative de livrer Quillebeuf aux Hollandais et de soulever la

---

(1) Entre Louis XIV et M. Sue, c'est en effet comme une affaire personnelle. — « Qu'a donc M. Eugène Sue contre Louis XIV? demandait-on. — Voulez-vous savoir le fin mot? répliqua quelqu'un; ils faisaient tous deux la cour à Mlle de Fontanges, et Louis XIV l'a emporté. »

Normandie en 1674, était par trop dénuée de raison ; une telle échauffourée n'allait même pas à se colorer selon les perspectives du roman. Il en est autrement dans *Jean Cavalier* : la révolte des Cévennes, qui ensanglanta les premières années du dix-huitième siècle, fut sérieuse; elle sortit du plus profond des misères et du fanatisme des populations ; elle coïncida avec les grands événements de la guerre de la Succession ; elle fit ulcère au cœur de la puissance déclinante de Louis XIV. Villars, vainqueur d'Hochstedt, y fut employé, et y parut tenu en échec un moment. Enfin cette révolte désespérée produisit son homme, son héros, héros assez équivoque sans doute, figure peu achevée et très-mêlée d'ombre, mais par cela même un commode personnage de roman, Jean Cavalier.

Il faut rendre d'abord à M. Sue cette justice qu'il a sérieusement étudié son sujet, et non-seulement dans les sources ouvertes et faciles, mais dans les plus particulières. On lui doit, à la fin de son quatrième volume, la publication de lettres manuscrites d'une sœur Demerez de l'Incarnation, véritable gazette où sont notés au fur et à mesure par une plume catholique les principaux contre-coups et les terreurs de cette guerre des Cévennes. L'introduction qui précède le roman, et qui m'a rappelé un peu *le vieux Cévenol* de Rabaut-Saint-Étienne, rassemble avec vivacité les diverses phases de la persécution. Ici les reproches de l'auteur contre Louis XIV deviennent fondés ou du moins plausibles ; il est piquant et il n'est peut-être pas faux de soutenir que les rigueurs contre les protestants augmentent graduellement en raison directe des scrupules et des remords du grand roi, et qu'il croit, à la lettre, faire pénitence à leurs dépens. Mais M. Sue oublie trop toujours l'atmosphère singulière de ce règne et le souffle universel qu'on y respirait, l'illusion profonde que se firent si naturellement alors les hommes les plus illustres et les plus sages dans les conseils du monarque. Bossuet, le chancelier Le Tellier et tous les autres, en effet, n'eurent qu'un avis, qu'un concert d'acclamations pour célébrer la sagesse et la piété du maître quand il révoqua l'Édit. Le grand Arnault, banni lui-même, se réjouit de cette révocation ; persécuté, il applaudit de loin aux persécutions et aux premières conversions en masse, avec une naïveté incomparable. En étudiant beaucoup les faits, les matériaux et les pièces du temps, M. Sue n'a pas voulu les remplacer, pour ainsi dire, dans la lumière qui seule les complète, ni entrer dans cet esprit général et régnant qui a été comme la longue ivresse et l'enchantement propre de l'époque de Louis XIV ; il y fallait entrer pourtant à quelque degré, sinon pour le partager, du moins pour le juger, et pour y voir personnes et choses dans leur vraie proportion. Cet inconvénient perce surtout dans l'introduction historique, et s'y trahit par de certains anachronismes d'expression, comme lorsque, par exemple, l'auteur nous dit qu'à cette époque le clergé français, sauf quelques exceptions, était *profondément déconsidéré*. Certes, ni le mot ni la chose n'existaient et n'avaient cours sous Louis XIV.

Comme c'est là le seul grave reproche que j'aie à

adresser en général à l'intéressant et instructif roman
de M. Sue, on m'excusera de m'en bien expliquer. J'ai
(et sans superstition, je crois), j'ai une si grande idée
de l'époque de Louis XIV, je la trouve si magnifiquement et si décidément historique, que je me figure que
rien n'est plus difficile et peut-être plus impossible que
d'y établir, d'y accomplir à souhait un roman. Et, pour
m'en tenir au langage, qui est chose si considérable
dans un livre, comment l'observer, le reproduire fidèlement, ce langage d'alors, dans son unité, son ampleur merveilleuse et son harmonie? Avec toute autre
époque on peut, je m'imagine, éluder jusqu'à un certain point ; on emprunte quelque appareil de ce temps-
là, quelques locutions qui sentent leur saveur locale :
on se déguise, on jette du drame à travers, et l'on paraît s'en tirer. Mais ici comment éluder? Ce langage du
beau siècle et qui en reste la manifestation vénérée,
nous l'avons appris d'hier, nous le contemplons par
l'étude, il subsiste vivant dans notre mémoire, il retentit à nos oreilles, mais nos lèvres ne savent plus le
proférer. Si je m'échappe à dire d'un roi qu'il est *expé-
rimenté* par l'infortune, si je dis d'un voyageur que l'aspect de certains lieux sauvages *l'impressionne* désagréablement, j'ai déjà blasphémé : me voilà rejeté à cent
lieues du siècle que je veux aborder, et qui me renvoie
les échos de ma voix qu'il ne connaît pas (1). Mais que

(1) Je me rappelle avoir lu dans le *Journal des Savants* (décembre 1835), à l'article *Nouvelles littéraires* qui termine, une
simple petite note indiquant la publication de l'*Histoire de la
Marine française*, par M. Sue. L'excellent rédacteur, M. Daunou,

sera-ce donc si j'ai à faire parler dans mon récit un de ces hommes dont le nom seul enferme tout un culte et un héritage évanoui de vertu, de gravité et d'éloquence, quelque Daguesseau, quelque Lamoignon ? M. Sue, en produisant M. de Bâville et en le mettant aux prises avec Villars, a fait preuve d'une remarquable habileté de dialogue ; mais l'habileté ici ne suffit pas. M. de Bâville a-t-il jamais pu parler à son fils comme il le fait dans le roman ? a-t-il pu l'entretenir de la France et de la religion politiquement, en homme qui a lu De Maistre, ou en disciple récent de nos historiens de la civilisation moderne ? « Quand l'expérience aura mûri votre raison, mon fils, vous verrez toute la vanité de ces distinctions subtiles. Qui dit catholique, dit monarchique ; qui dit protestant, dit républicain, et tout républicain est ennemi de la monarchie. *Or la France est essentiellement, je dirai même plus, est géographiquement monarchique.* Sa puissance, sa prospérité, sa vie, tiennent essentiellement à cette forme de gouvernement. *L'élément théocratique qui entre dans son organisation sociale* lui a donné quatorze siècles d'existence (1)... » A-t-il bien pu, lui, M. de Bâville, dans le courant de la phrase, dire *Bossuet* tout court, citer d'emblée et sur la même ligne *Pascal, Molière* et *Newton*, Molière un comédien d'hier, Newton que Voltaire

---

avait trouvé moyen dans cette simple note d'apparence bibliographique, et par une citation malicieusement choisie, de faire ressortir les locutions, selon lui vicieuses, et le néologisme, auquel il ne pardonnait pas.

(1) Tome II, page 237.

le premier en France vulgarisera? Ce qu'il n'a pas pu dire, je le sais bien ; comment il aurait pu parler, qui le saura, à moins d'avoir eu l'honneur d'être familier autrefois en cette maison même des Malesherbes? Voilà des difficultés insurmontables. Walter Scott, si véritablement historique par le souffle et l'esprit divinateur, Walter Scott, avec tout son génie d'évocation, n'avait du moins dans ses *Puritains d'Écosse* qu'à peindre des temps plus voisins, plus épars, sans idéal vénéré encore, et à reproduire un langage local dont il savait l'accent comme il savait le son de ses cornemuses et l'odeur des bruyères.

Après cela, M. Sue nous répondra qu'heureusement pour lui et pour son sujet, Jean Cavalier n'est qu'un partisan et un révolté dans le règne de Louis XIV, que la scène se passe hors du cercle et de la sphère harmonieuse, que c'en est un épisode irrégulier, une infraction sanglante et cruelle, qu'ainsi donc les difficultés s'éludent. Il a raison ; mais encore, comme le cadre de ce règne est partout à l'entour, il vient un moment où l'épisode sauvage y va heurter; si loin qu'on soit du centre, la révolte, avant d'expirer, passe à une certaine heure sous un brillant balcon, et sur ce balcon sont trois hommes du pur grand siècle, Bâville, Villars et Fléchier.

Les lettres de ce dernier nous ont laissé des renseignements prochains et des impressions fidèles sur les camisards et Jean Cavalier. Le prélat se trouve assez d'accord avec la sœur Demerez. M. Sue, dans le portrait de son héros, a bien tenu compte des principales données de l'histoire. Cavalier, simple boulanger d'abord, et fils d'un paysan des Cévennes, prit vite dans l'insurrection un rang que tant d'exemples analogues, dans toutes les Vendées qui ont suivi, nous font aujourd'hui aisément comprendre : c'était alors une énigme inexpliquée. Ce jeune homme avait évidemment quelque étincelle du génie militaire ; après quelques combats, Villars le jugea digne en effet d'une conférence réglée. Dans le jardin des Récollets de Nîmes où le jeune chef se rendit (mai 1704), le peuple admira, au passage, sa jeunesse, son air de douceur, sa belle mine ; et en sortant du jardin, est-il dit, on lui présenta plusieurs dames *qui s'estimaient bienheureuses de pouvoir toucher le bout de son justaucorps.* Dans la suite, Cavalier, retiré en Angleterre où il avait le grade d'officier général, écrivit, à ce qu'il paraît, ses Mémoires en anglais ; il y exposa l'ensemble de sa conduite, de ses desseins, les conditions qu'il stipula, assure-t-il, pour les siens, et qu'on n'observa point. Mais la sincérité du narrateur est loin d'être avérée, et certains détails controuvés autorisent le soupçon. Ainsi Cavalier, avant de sortir de France, alla à Paris et vit le ministre Chamillard à Versailles. « Chamillard, écrit un historien (1), écouta Cavalier. On assure que le roi le voulut voir : on le plaça pour cela sur le grand escalier où Sa Majesté devait passer. Ce monarque se contenta de jeter les yeux sur lui et haussa les épaules. Cavalier assure qu'il eut un long entretien avec lui : il en rapporte même les termes... ; ce qui ne

---

(1) *Histoire des troubles des Cévennes*, 3 vol. Villefranche, 1760.

contribue pas peu à décréditer ses Mémoires. » M. Sue a très-bien démêlé ou construit ce caractère, qui passe à un certain moment du sincère à l'ambitieux, que la vanité et la gloire exaltent, qui, à peine à la tête des siens, s'aperçoit qu'il n'est pas là à sa place, et qui fait tout pour la gagner. De l'aventurier au héros, il n'est qu'un pas, et Cavalier ne put le franchir. L'interprétation du caractère et en général des mobiles du personnage dans le roman demeure encore historiquement la plus probable.

La *belle Isabeau*, qui joue un si grand rôle à ses côtés, est un autre personnage historique ; mais, par une licence très-permise, l'auteur ici a rapproché des temps un peu différents. C'est dans les années 1688 et 1689 qu'éclata dans le Dauphiné et le Vivarais la première épidémie de fanatisme et de prophétie ; la belle Isabeau était une des prophétesses. C'est aussi à cette date de 1688 que se rapporte l'histoire du gentilhomme verrier Du Serre, qui tenait école de petits prophètes. Pour justifier M. Sue d'avoir transporté et concentré ces particularités en 1704 autour de Jean Cavalier, il suffit que l'épidémie des visionnaires se soit prolongée jusque-là. Chaque chef camisard avait, en effet, son petit prophète, son mignon, comme disaient les catholiques. M. Sue en a tiré un très-grand parti en donnant l'enfant Ichabod pour prophète au féroce Éphraïm, et en réservant ses deux petits anges de Gabriel et de Céleste à Cavalier. Je trouve pourtant que le gentilhomme Du Serre est par trop machiavélique dans ses procédés de fascination : du moins l'auteur a trop cherché à nous expliquer, par des moyens physiques et physiologiques, et même à l'aide de l'opium, ce qu'il eût été mieux de laisser à demi flottant sous le mystère.

L'ouverture du roman a vraiment de la beauté : la douceur du paysage qu'admirent les deux enfants, la ferme de Saint-Andéol, le repas de famille et l'autorité patriarcale du père de Cavalier, l'arrivée des dragons et des miquelets sous ce toit béni, les horreurs qui suivent, la mère traînée sur la claie, tout cela s'enchaîne naturellement et conduit le lecteur à l'excès d'émotion par des sentiments bien placés et par un pathétique légitime. Mais, à partir de ce moment, on entre dans la guerre civile, dans les représailles sanglantes et sans issue. L'intérêt se trouve, en avançant, un peu disséminé. La comédienne Toinon et son sigisbée Taboureau, jetés à travers l'action, servent à la renouer, et reposent d'ailleurs en faisant sourire. Cette dévouée Toinon, qui ne songe qu'à sauver son beau capitaine Florac, a par moments quelques faux airs de la Esmeralda suivant son Phœbus. Claude Taboureau est d'un bout à l'autre très-divertissant, et ajoute une figure heureuse au groupe des originaux et des grotesques dus à la verve de M. Sue. Éphraïm, avec son petit prophète Ichabod et son cheval Lépidoth, est rigoureusement conçu et soutenu sans fléchir : Walter Scott l'avouerait.

Bien que le paysage des montagnes semble par endroits assez largement tracé, je regrette qu'il ne soit pas constamment plus précis, plus sobre, plus conforme à cette sévère nature de notre Midi. La petite maison isolée où Cavalier trouve moyen à un moment de loger Toinon et Taboureau, ce jardin gracieux avec ses orangers, ses *magnolias,* ses *troënes du Japon* et ses *acacias de Constantinople,* ressemble déjà à l'habitation enchantée d'Arthur, l'homme à la mode de 1839. Sous Louis XIV, même en pleine révolte, on n'improvisait pas des jardins ainsi. Je me suis demandé pourquoi l'auteur n'avait pas tenté, dans quelque excursion de Cavalier sur Nîmes, de le faire camper sous le pont même du Gard, au pied de ces massifs romains, aux flancs de ces rochers à demi creusés tout exprès comme pour l'habitation des prédicants sauvages. Le réveil de ce camp agreste eût été beau au matin sous l'ardent soleil, au sein de cette végétation rare et forte, aux hautes odeurs. Cavalier monté au dernier étage des arches, avec sa lunette, aurait au loin sondé la vallée. L'exacte bordure du paysage est bien essentielle dans ce genre de romans. Cooper y a excellé dans ses *Puritains d'Amérique,* et en général dans ses meilleurs ouvrages, se dédommageant de ne pouvoir lutter avec Walter Scott pour les caractères.

Je pourrais continuer plus ou moins longtemps ces remarques, mais je me ferais mal comprendre, si je ne concluais nettement que *Jean Cavalier* ajoute, dans un genre nouveau, à l'idée qu'avaient déjà donnée de M. Sue plusieurs romans, et notamment *Arthur*. Toutes ces critiques, au reste, ces observations mêlées d'éloges et de réserves, l'auteur qui en est l'objet et à qui nous les soumettons nous les passera ; elles sont même, disons-le, un hommage indirect que nous adressons en

lui à une qualité fort rare aujourd'hui et presque
introuvable chez les hommes de lettres et les romanciers célèbres. Nous ne nous fussions pas hasardé à
critiquer de la sorte bien des confrères de M. Sue,
gens de talent toutefois; nous eussions mieux aimé
nous taire sur leur compte, que de nous jouer à leur
irritabilité. M. Sue au contraire a toujours, avec une
convenance parfaite, essuyé la critique sans la braver; il n'y a jamais en aucune préface riposté avec
aigreur; homme du monde et sachant ce que valent
les choses, il a obéi à son talent inventif d'écrivain
et de conteur sans faire le grand homme à tout propos. Ce bon goût que sans doute il a pu, comme nous
tous, choquer plus d'une fois dans bien des pages
écrites, il l'a eu (mérite plus rare) dans l'ensemble de
sa conduite littéraire.

15 septembre 1840.

(Tel était M. Eugène Sue comme romancier, à la veille encore
de ses *Mystères de Paris;* à dater de ce jour-là, sa position en face
du public et de la critique a visiblement changé : rien de surpre-
nant que nous changions aussi. Il est douteux qu'en commençant
son fameux ouvrage, cet homme d'esprit et d'invention ait prétendu autre chose que de persister plus que jamais dans sa voie
pessimiste, et, rassemblant tous ses secrets, en faire un roman
bien épicé, bien salé, à l'usage du beau monde. J'imagine qu'il
voulait voir par une sorte de gageure jusqu'où, cette fois, il pourrait conduire du premier pas ses belles lectrices, et si les grandes
dames ne reculeraient pas devant le *tapis franc.* — Il y a quelqu'un de très-connu qui a dit : « Quand je vois un tas de boue,
j'y *vas*, et je crois que tout le monde est comme moi. » C'est là
un bien vilain mot et une bien diabolique pensée; je ne serais

pourtant pas étonné du tout (et j'en pourrais donner au besoin plus d'une raison) que l'auteur, osant tout ce qu'il savait, se fût dit ce mot-là pour article premier de sa poétique, lorsqu'il transporta d'abord ses lecteurs dans la rue *aux Fèves.* Dans ce cas il aurait bien spéculé ; certains mystères de ce genre ont leurs attraits et parfois enflamment : « *Quædam feminæ sordibus calent,* » a dit énergiquement Pétrone en parlant des nobles dames romaines de son temps. M. Sue a droit de répéter le mot; il le pourrait mettre pour épigraphe à la première partie de ses *Mystères.* Mais bientôt, en avançant dans son sujet, l'auteur eut une crainte : certains feuilletons firent crier les moins scrupuleux; l'odeur secrète, ce que j'ai entendu appeler l'odeur du *fond de cale,* si masquée qu'elle fût de temps à autre dans des parfums, perçait trop par intervalles. Bien avant ces scènes priapiques de Cécily qui révoltèrent, il avait fallu songer à faire diversion : quelques chapitres de philanthropie, disposés par intervalles, couvrirent à propos la marche. La manière dont ils furent pris indiqua à l'auteur une voie nouvelle, et la facilité d'une partie du public ouvrit à son talent des jours dont il profita. C'est ce qui a fait dire à l'un des chroniqueurs littéraires du temps : « Parti du Rétif et même du De Sade, M. Sue est en voie d'aboutir au saint Vincent de Paul en passant par le Ducray-Duminil. » C'est ce qui faisait dire encore à une femme d'esprit : « Toutes les fois que M. Sue s'aperçoit qu'il est allé trop loin en un sens, vite il fait chanter les oiseaux de Rigolette. » — Je ne prétends pas que l'homme de talent, une fois lancé dans l'exploitation de cette veine *socialiste* et *humanitaire,* n'ait pas trouvé en effet des scènes dramatiques et pathétiques, n'ait pas touché avec l'habileté dont il est capable quelque fibre vive et saignante; cela seul peut expliquer l'étendue de son succès. Mais le fait est qu'il y a eu bien de la duperie d'une part et quelque mystification de l'autre. Le résultat de ce succès a été de faire d'un romancier aristocratique ou visant à l'être, et ironiquement sceptique, un auteur populaire et asservi désormais à son public : de là *le Juif Errant* et les passions qu'il flatte. Rien certes ne saurait être plus éloigné du genre de progrès et de perfectionnement graduel auquel nous nous permettions d'inviter l'auteur d'*Arthur;* la littérature proprement dite n'a plus que faire ici. Nous avons regret de clore avec un homme d'esprit, et si peu entêté de son succès, par un post-scriptum qui peut paraître sévère ; mais lui-même, s'il disait son secret et son jeu, et tout ce qu'il sait de la gobe-moucherie humanitaire (la plus gobe-mouches de toutes), que ne dirait-il pas? — Ce qu'on a écrit de plus juste à mon sens sur *les Mystères de Paris* se peut lire dans la *Revue suisse,* année 1843, pages 550, 618, 666; et année 1844, page 68.)

M. EUGÈNE SCRIBE.

1840.

(Le Verre d'eau.)

Qu'est-ce qu'un poëte? C'est celui qui fait, qui crée, et selon une certaine forme. Être poëte, créer, et avoir une forme dont votre création, grande ou petite, ne se sépare pas, tout cela se tient au fond, et les classifications reçues doivent, bon gré mal gré, s'y ranger. M. Scribe possède à la fois la fertilité dramatique et une forme qui n'est qu'à lui. Il a donc rang parmi nos poëtes (1) à aussi bon droit, je pense, que s'il avait composé dans sa vie une couple de pièces en alexandrins ; et nous n'avons pas même à demander pardon de la liberté grande aux innombrables auteurs d'élégies, à l'aristocratie désormais très-mélangée des rêveurs et des rimeurs à rimes plus ou moins riches. L'imitation, l'émulation et l'industrie étant partout au

(1) Ce portrait faisait d'abord partie de la série des POËTES *et romanciers modernes* dans la *Revue des Deux Mondes;* il s'agissait, en commençant, de justifier et d'expliquer cette classification.

comble, les genres et les manières qui pouvaient sembler les plus réservés jusqu'à présent, et qui eussent peut-être suffi autrefois pour marquer la qualité du talent, ne sont plus une garantie, s'ils l'ont jamais été; tout le monde s'en mêle, et assez bien. La littérature entière est déclassée. Il n'est donc rien de tel en chaque genre, pour se sauver et triompher décidément, que l'esprit, et beaucoup d'esprit, et très-inventif : c'est encore, après tout, la seule recette que n'a pas qui veut.

Non pas que je prétende, en faisant fi de la dignité des genres, que tous reviennent au même pour l'homme d'esprit, et que le cadre, le cercle qu'on se donne à remplir soient indifférents. Nous verrons, à propos de M. Scribe lui-même, qu'il nous induit à penser le contraire. Il y a des scènes et des publics qui nous excitent, qui nous élèvent dès l'abord, qui nous forcent à tirer de nous-mêmes et plus constamment tout ce que nous valons. L'homme d'esprit inventif a souvent une infinité de manières possibles de se produire et de faire; l'occasion décide; à moins d'une volonté très-haute, on se jette du premier côté qui prête; les envieux, les routiniers, les admirateurs même, vous y confinent; on va toujours, et on les dément. En fin de compte, quand le don d'invention est très-réel et très-vif, tout se retrouve, et l'on a peu à regretter. Plus ou moins tôt, toutes les qualités percent, et la dose de nouveauté qu'on avait en soi est versée dans le public. Mais les diverses manières de la mettre en dehors n'ont pas égale apparence, ne font pas également d'honneur.

Le plaisir si commode qu'on procure chaque jour aux autres semble nuire même (ingratitude!) au degré de mérite qu'ils vous supposent. Et puis, en effet, on s'est trop dispersé et circonscrit à la fois d'abord; on s'est habitué à voir les choses sous un certain angle, on garde de certains plis, même en s'agrandissant. Il y aurait bonheur à la critique, dans un sujet aussi brillant et aussi populaire que M. Scribe, à démêler et à indiquer avec soin toutes ces circonstances déliées de sa vocation, de son œuvre et de sa fortune dramatique. Trop peu compétent pour mon compte en matière si éparse et si mobile, je ne ferai que courir, relevant quelques points à peine et en hâte d'arriver à son dernier succès, mais heureux au moins si j'ai montré que le propre de la critique est de n'être point prude, qu'elle aime et va quérir partout les choses de l'esprit, qu'elle tient à honneur de s'en informer et d'en jouir. Et telle que je la conçois, la critique, dans sa diversion et son ambition de curiosité, dans sa naïveté d'impressions successives et légitimes, dans son intelligence ouverte aux contrastes, je consentirais qu'on lui pût dire, comme à cet abbé du dix-huitième siècle, mais sans injure :

Déjeunant de l'autel et soupant du théâtre.

Elle n'aurait qu'à répondre pour toute explication : « Je suis esprit, et rien de ce qui tient aux choses de l'esprit ne me paraît étranger. »

Villon était enfant de Paris, et né vers la place Maubert, je pense. Molière est né sous les piliers des halles;

Boileau dans la Cité, à l'ombre du Palais de Justice ; et Béranger a joué avec les écailles d'huîtres de la rue Montorgueil. M. Scribe aussi est un enfant de Paris, et, comme tous ceux-là, à sa manière il l'a, ce semble, bien montré. Il est né le 24 décembre 1791, en pleine rue Saint-Denis (1), dans le magasin de soieries à l'enseigne du *Chat Noir,* où son père fit une honorable fortune : depuis lors, la maison, en gardant l'enseigne de bon augure, s'est convertie, me dit-on, de magasin de soieries en boutique de confiseur. Mais je ne veux pas symboliser.

Il fit de bonnes et intelligentes études au collége Sainte-Barbe ; sa mère, qui l'aimait très-tendrement, le poussait à une émulation extrême qui, dans un caractère moins uni, eût pu engendrer la vanité. Il régnait alors dans les colléges, et à Sainte-Barbe en particulier, un esprit de famille et de camaraderie cordiale qui ne s'est pas perpétué partout. Les jeunes gens étaient plus naturellement gais, moins ambitieux qu'on ne les voit à présent, et les amitiés premières faisaient aisément religion dans la vie. Eugène Scribe suivait les cours du lycée Napoléon (Henri IV), et il s'y lia d'une étroite amitié avec les frères Delavigne. On se souvient encore à Sainte-Barbe d'une thèse soutenue publiquement par lui contre M. Bernard (de Rennes), son camarade de classe.

Mais le collége l'occupait moins déjà que le théâtre ;

---

(1) Au coin d'une autre rue moins bourgeoise, que notre parler délicat ne permet plus de nommer.

il y était attiré par une vocation précoce et sûre. Si, à quelque jour de congé, au spectacle, on lui avait nommé dans la salle quelque vaudevilliste illustre d'alors, il se sentait piqué au jeu comme au nom d'un Miltiade ; une ébauche de pièce ne tardait pas à suivre. Il fit ainsi bien des essais dès le collége ou dans l'étude d'avoué où il entra pour quelque temps ; car sa mère, en mourant, avait exprimé le désir qu'il fût avocat, et M. Bonnet, son tuteur, y tenait la main. M. Guillonné-Merville, l'avoué, qui, cependant, ne le voyait presque jamais, lui écrivait un jour : « Si M. Scribe passe dans le quartier, je le prie de monter à l'étude, où il y a de la besogne pressée. » Ses premières bluettes, faites la plupart de compagnie avec M. Germain Delavigne, obtenaient l'honneur d'être jouées sur le théâtre de la rue de Chartres, *les Dervis* dès 1811, *les Brigands sans le savoir* en 1812 ; entre les deux, ou aux environs, il y eut quelques échecs. Le nom de Scribe n'était pas d'abord sur l'affiche, par respect pour la robe future d'avocat ; on ne nommait que *M. Eugène*. Ce ne fut qu'à un certain moment que M. Bonnet, l'honorable tuteur, se crut autorisé par le succès à laisser courir les choses et le nom.

En 1813, M. Scribe donnait seul son premier opéra-comique, *la Chambre à coucher*; mais, de ce côté, la suite ne répondit pas aussitôt à cet heureux début. Le musicien collaborateur ne comprit pas tout le parti qu'il pouvait tirer d'une telle veine ; M. Scribe fut congédié, et ce n'est que plus tard, à l'appel de M. Auber, qu'il reprit possession de cette aimable scène si française, qui semble désormais ne pouvoir se passer d'aucun d'eux.

Dans le vaudeville, la vogue commença pour lui dès 1815. *Une Nuit de la Garde nationale,* puis *le Comte Ory, le Nouveau Pourceaugnac,* annoncèrent qu'un homme d'esprit de plus était trouvé pour payer son écot dans les gaietés de chaque soir. Le vaudeville fut sa première manière; car à travers sa production incessante et ses diversions croisées sur tous les théâtres, on distingue assez nettement en lui trois manières successives : 1° le vaudeville français pur, simplement chantant et amusant; 2° la jolie comédie semi-sentimentale du Gymnase, où il est proprement créateur de genre; 3° la comédie française en cinq actes enfin, à laquelle il s'est élevé dès qu'il l'a fallu, qu'il est en train de modifier selon son goût, et où il n'a pas dit son dernier mot.

En 1815, l'agréable et malin vaudeville courait encore à la légère et non dénaturé; la démarcation même des genres l'avait sauvé dans son humble liberté sans prétention. Il y avait les grands auteurs d'alors, les écrivains qui cultivaient les parties nobles de l'art dramatique : M. Étienne dans la haute comédie, M. Arnault dans le tragique, M. de Jouy dans le lyrique, et puis sous eux, bien au-dessous, sans qu'on pensât encore à forcer les barrières, il y avait la monnaie de Laujon, Désaugiers, Gentil, une foule d'autres : ils se contentaient d'amuser. M. Scribe fut de ceux-là en débutant. Dans sa *Nuit de la garde nationale,* on a retenu ces couplets si roulants, si bien frappés :

> Je pars,
> Déjà de toutes parts
> La nuit sur nos remparts, etc., etc.

Dans *le Combat des Montagnes* (1817), où se trouve ce personnage de *Calicot*, qui fit émeute, je distingue encore le mouvant panorama de Paris en rimes dignes de Panard :

> Paris est comme autrefois,
> Et chaque semaine
> Amène, etc., etc.

L'auteur s'est montré moins poétique depuis dans ses couplets de sentiment au Gymnase. Ce rôle de pur vaudevilliste à saillie franche et gaie va aboutir à la très-spirituelle bouffonnerie *l'Ours et le Pacha* (1820), dans l'idée de laquelle il faut compter pourtant M. Saintine, un homme qui, en bien des genres, a fait preuve d'un vrai talent. Mais déjà, à travers les folies de circonstance dans lesquelles il donnait encore la main aux auteurs du Caveau, et dont le café des Variétés était le centre, M. Scribe glissait de légères esquisses de mœurs d'un trait plus pur, plus soigné. N'oublions pas que *le Solliciteur*, que M. de Schlegel (dit-on) préférait tout net au *Misanthrope,* est de 1817. A la fin de 1820, le Gymnase fut fondé.

Le moment décisif dans la carrière dramatique de M. Scribe date de là. Agé de vingt-neuf ans, déjà brisé au métier, n'ayant pas encore de parti pris sur la manière d'encadrer et de découper à la scène son observation du monde, il pouvait prendre telle ou telle route. Mais, comme à Hercule, la vertu d'une part et le plaisir de l'autre ne vinrent pas en personne s'offrir à lui pour l'éprouver; entre la grande et haute comédie et un genre sans brodequins et moins *littéraire,* il n'eut pas à choisir : ce dernier seul se présenta. M. Poirson, son collaborateur en plusieurs circonstances, l'avait apprécié, et pressentait de quelle fortune ce serait pour un théâtre de l'avoir pour auteur principal et chef de pièces. Il passa le traité par lequel il s'acquit cette collaboration pour plusieurs années à l'exclusion des autres théâtres rivaux. Il lui assurait toutes sortes d'avantages. Ce qu'on appelle *la prime,* ce bénéfice prélevé par l'auteur sur chaque pièce et avant les chances de la représentation, fut inventé au profit de M. Scribe par le directeur du Gymnase : voilà l'origine industrielle; *inde mali labes :*

Et le premier citron à Rouen fut confit.

On a depuis fort abusé de la prime, chaque grand auteur l'a exigée; mais dans le principe, comme toutes choses, elle avait un sens.

Je conçois que la Comédie-Française, à cette époque, n'ait pas fait les mêmes frais pour s'acquérir M. Scribe, qu'elle n'avait jamais vu de près; mais du moins, et dans la mesure qui lui était convenable, s'est-elle, je ne dis pas offerte à lui, mais rendue avenante et accessible. Et ici je ne ferai qu'exprimer une idée, un regret qu'on me suggère, mais que je sais partagé par les personnes les mieux entendues de la Comédie-Française elle-même (1). Il faut remonter plus haut. Aux approches de la révolution de 89 et dans les années du Directoire, le Théâtre-Français se montrait beaucoup moins strict qu'on ne l'a vu depuis sur la dignité des genres. On se retranchait moins habituellement dans l'ancien répertoire; les pièces nouvelles, les noms d'auteurs nouveaux abondaient; le chant d'opéra-comique osait s'y faire entendre. L'esprit qui circulait, c'était un peu celui de Chérubin et de Figaro. L'Empereur vint, et, au théâtre comme ailleurs, la hiérarchie fut relevée. L'ancien répertoire, servi par d'admirables acteurs, sembla plus que suffire. Le public, dans sa reprise d'enthousiasme, en voulait, les acteurs tout naturellement y insistèrent; ce leur était chose plus facile. La coutume s'établit. Il en résulta que les auteurs nouveaux furent moins encouragés, moins agréés. Cela devint surtout visible dans la comédie; les plus spirituels et les plus inventifs allèrent ailleurs, aux succès faciles; mais ils s'y éparpillèrent. La Rochefoucauld l'a dit : « Les occasions nous font connaître aux autres, et encore plus à nous-mêmes. » Combien d'aperçus comiques ainsi dépensés, que l'étude et un lieu meilleur auraient pu agrandir! M. Scribe seul s'en tira, à force de talent.

Le traité qui liait celui-ci au Gymnase lui permettait toutefois de travailler pour les théâtres dont la rivalité n'était pas directe, et par conséquent pour le Théâtre-Français. Pressentant que l'air du lieu n'était

---

1) M. Regnier, M. Samson, par exemple.

pas favorable, que le rebut et le dédain pourraient bien accueillir sa tentative, il resta longtemps sans user de la permission : car il faut peu compter comme début *Valérie* (1822), qui fut surtout un succès d'actrice, et qu'on arrangea exprès pour Mlle Mars. Ce n'est qu'après sept ans de règne populaire et incontesté au Gymnase qu'il aborda cette redoutable scène avec le *Mariage d'argent* (décembre 1827), « qui est enfin la comédie complète, a dit M. Villemain dans cette piquante réponse de réception, la comédie en cinq actes, sans couplets, sans collaborateurs, se soutenant par le nœud dramatique, l'unité des caractères, la vérité du dialogue et la vivacité de la leçon. » Or, malgré tous ces mérites proclamés en pleine Académie, la pièce d'abord échoua. Esprit de vaudevilliste, disait-on dans la salle dès les premières scènes; il faut que chacun reste dans son cadre. *Pindarum quisquis studet æmulari*, murmurait tout haut le plus vieil habitué de l'orchestre. M. Scribe avait là contre lui ce qu'il y a contre tout homme de talent au moment où il change de lieu et de genre; on commence par lui dire non. Vers le même temps, il est vrai, la pièce, jouée en province, à Metz, à Bordeaux, devant un public moins en garde, réussissait entièrement. Mais ce ne fut que quelques années après qu'à Paris elle eut sa pleine revanche.

Repoussé de la haute scène, mais sans perte, M. Scribe redoubla de verve et de bonheur au Gymnase; dans *Malvina ou le Mariage d'inclination*, dans *Avant, Pendant et Après*, il parut même agrandir ses dimensions, et vouloir prouver qu'il donnait à son tour carrière à ses tableaux. Que lui importait, après tout, le lieu? Il y gagnait, dans son exception même, de paraître avec plus d'originalité, d'être un phénomène dramatique plus scintillant. La comédie contemporaine n'est plus chez vous, pouvait-il dire au Théâtre-Français, elle est toute où je suis, dans *l'Héritière,* dans *la Demoiselle à marier,* dans cette foule de pièces chaque soir écloses, que chacun nomme et que je ne compte plus. *Les Trois Quartiers,* votre plus vive nouveauté comique, ne rentrent-ils pas dans ce goût-là? Voilà ce qu'aurait pu dire ou penser M. Scribe; mais je doute qu'il soit assez glorieux pour l'avoir pris alors sur ce ton. Ouvrier actif, infatigable, il continua, tout en remplissant comme par parenthèse nos deux scènes lyriques, de parfaire et de compléter son monde du Gymnase, que je voudrais bien caractériser.

La nature humaine, prise du boulevard Bonne-Nouvelle, n'est peut-être pas très-large, très-profonde, très-généreuse en pathétique ou en ridicule; mais elle est très-fine, très-variée et très-jolie. Je la maintiens même fort ressemblante à titre de nature parisienne, dût M. Scribe nous soutenir, comme il l'a fait dans son discours d'Académie, que la comédie, pour réussir, n'a pas besoin de ressembler. Sans doute, dans le monde réel, il n'y a pas tant de millions ni tant de beaux colonels que cela; mais cette comédie est l'idéal pas trop invraisemblable, le roman à hauteur d'appui de toute notre vie de balcon, d'entresol, de comptoir; toute la classe moyenne et assez distinguée de la société

ne rêve rien de mieux. Nul aussi bien que M. Scribe
n'en a saisi et reproduit les traits distinctifs tout en
nuances, l'assortiment de positif, d'intrigue et de jouissance, l'industrialisme orné, élégant. Homme heureux,
il a compris de bonne heure que ce n'était plus le
temps de l'élévation ni de la grande gloire, et il s'est
mis à le dire sous toutes les formes les plus agréables,
les plus flattées. Il y a, dans les situations qu'il offre,
une gentillesse d'esprit, et, le dirai-je? de sensualité
sans libertinage. Ces petites pièces servent à merveille
d'accompagnement, de chatouillement et de conseil
même aux gens de nos jours dans leurs propres petites
passions. On raconte qu'au sortir du *Mariage d'inclination,* une jeune fille, se jetant tout d'un coup dans les
bras de sa mère, lui avoua qu'elle devait se faire enlever le lendemain par quelqu'un qu'elle aimait. Et le
lendemain la mère et la fille ensemble allaient remercier M. Scribe de sa leçon, de son triomphe. — « Nos
amours ont été très-courts et très-purs, madame ; vous
m'avez très-peu donné, vous m'aviez même assez peu
promis. Je n'ai donc pas à me plaindre, et vous pouvez
porter très-haute et très-fière votre tête toujours charmante. Mais une fois pourtant, une seule fois, vous
m'avez de vous-même saisi tout d'un coup et pressé
bien tendrement la main : et c'était en loge au Gymnase, à la fin d'*Une Faute.* » J'arrache cette page d'aveu
du calepin d'un ami. — Oui, c'est bien là, c'est à quelqu'une de ces jolies pièces qu'on va de préférence le
soir où l'on n'est ni trop égayé, ni trop guindé ; après
un dîner où l'on n'était pas seul, où l'on n'était pas

plusieurs, on va voir *la Quarantaine*. Et l'on en sort pas trop ému, pas trop dépaysé, comme il sied à nos passions d'aujourd'hui, à nos affaires.

Mais voilà que je parle de ces impressions comme du présent, et c'est déjà du passé : le monde pour qui peignait M. Scribe au Gymnase était celui des dix dernières années de la Restauration, monde depuis fort dérangé. Le moment d'entière fraîcheur pour le genre ne dura que tant que Madame donna au théâtre son nom.

On dira, et on l'a dit, qu'il n'y a rien de *littéraire* dans le genre, qu'il ne saurait y avoir rien de sérieusement vrai dans une comédie qui s'entremêle de roulades et se couronne par le couplet convenu, par le *flon-flon* militaire ou sentimental :

> Du haut des cieux, ta demeure dernière,
> Mon colonel, tu dois être content (1)...

Ou encore :

> Que j'suis heureux ! c'ruban teint de mon sang
> Va me servir pour acheter les vôtres (2).

On a relevé et souligné à la lecture quelques incorrections de dialogue qui échappent en causant. J'y relèverais plutôt bien des plaisanteries un peu banales, des bons mots tout faits et déjà entendus sur les députés, les grandes dames, les maris, les amoureux, les banquiers. Ce serait commun dans un salon; à la scène, cela va et réussit toujours. L'auteur ne dédaigne aucun

(1) *Michel et Christine*, scène xv.
(2) *Le Mariage de raison*, acte II, scène v.

de ces traits qui courent; il les ravive par l'emploi. Ce sont de petites pierres fausses dont, à part, on ne donnerait pas un denier, mais ici bien montées et qui font jeu. Et d'ailleurs il y en a d'autres à côté, de meilleur aloi, naturelles, appropriées; car, chez M. Scribe, la récidive est perpétuelle. Tout cela se suit, s'enchâsse, tout cela brille et remue à merveille, diamants ou verroteries, mais bien portés par une femme vive et mouvante : on y est pris. Chez Marivaux, à qui on l'a comparé, le mot courant est, je crois, beaucoup plus perlé et plus constamment neuf. La diction se soigne toujours : Marivaux a écrit *Marianne*.

La vraie nouveauté dramatique de M. Scribe me paraît consister dans la combinaison et l'agencement des scènes; là est sa forme originale, le ressort vraiment distingué de son succès; là il a mis de l'art, de l'étude, une habileté singulière, et son invention porte surtout là-dessus. Il a su nouer avec trois ou quatre personnages des comédies qui ne languissent pas un seul instant (1).

Dans sa longue et prodigieuse pratique, dans son association passagère et ses mariages d'esprit avec tant d'auteurs, il est arrivé à connaître à fond le tempérament dramatique et le faible d'un chacun. Il excelle à décomposer le ressort principal, la situation qui, plus ou moins déguisée, revient presque toujours dans chaque

(1) **On a essayé d'indiquer quelque chose de ce mécanisme intérieur à propos de *la Calomnie,* où il est surtout apparent. (*Revue des Deux Mondes* du 1er mars 1840. — Voir l'article reproduit dans l'appendice du présent volume.)**

talent. Chez tel auteur comique (notez-bien), c'est dans chaque pièce un personnage inconnu, mystérieux, qui revient et qui donne lieu à toute une variété d'incidents; chez tel autre, c'est une épreuve, un semblant auquel on soumet un personnage ; pour le guérir d'un défaut, par exemple, on feindra de l'avoir (1). M. Scribe, comme tous, a sa forme favorite sans doute, mais il la dissimule mieux que personne, et il déjoue par sa variété. Son théâtre, à le bien analyser, se réduirait probablement à quatre ou cinq situations fondamentales, auxquelles il a mis toutes sortes de paravents et de toilettes diverses. Mais ce serait à lui de nous donner sa clef et de nous dire son secret. Je ne m'y hasarderai pas. S'il fallait pourtant proposer absolument ma conjecture, je dirais qu'un de ses grands arts est de prendre en tout le contre-pied juste de ce qui semble et de ce qu'on attend (*le plus beau Jour de la Vie*). Ainsi, dans son discours à l'Académie, n'a-t-il pas eu l'air de prétendre que le théâtre est juste le contre-pied de la société? Là donc où d'autres ne verraient que matière à un bon mot assez piquant, lui il placera tout le pivot d'une pièce; il fait tout pirouetter, à force de combinaisons ingénieuses, autour d'un paradoxe extrême qu'on ne croyait pas de force à tant supporter.

La nature humaine, après cela, s'arrange comme elle peut de ces symétries de cadres, de ces entre-deux de portes, de ces revers miroitants. Vue en elle-même

---

(1) Vérifier ce cas, si l'on veut, sur les pièces de M. Étienne, et le cas précédent sur les pièces de M. Alexandre Duval.

et prise indépendamment de la scène, l'auteur paraît en avoir assez médiocre souci. Il la taille au besoin, il la rogne en bien des sens ; mais comme c'est à la mode du jour, comme c'est dans le goût de la dernière saison, comme Mlle Palmire, si elle faisait au moral, ne couperait pas mieux, tout passe, et on fait mieux que laisser passer, on applaudit. Ce Longchamp de la scène, sous sa main, s'est déjà renouvelé bien des fois. Dites, ô vous qui vous montrez les plus sévères, une telle comédie ne ressemble-t-elle pas assez bien aux femmes de Paris elles-mêmes, à ces femmes délicates, élégantes, de haut comptoir ou de boudoir, qui n'ont rien de l'entière beauté à les regarder en détail, grêles, pâles, de complexion peu franche? mais, avec un rien d'étoffe, comme elles paraissent! comme elles s'arrangent! elles sont charmantes.

Tel qu'il est, ce théâtre de M. Scribe au Gymnase, il a fait vite le tour du monde. On le jouera l'année prochaine à Tombouctou, disait M. Théophile Gautier. On le joue dès à présent à l'extrémité de la Russie, aux confins de la Chine. A Tromsoe, dernière petite ville du nord en Scandinavie, au milieu des montagnes de glace, chaque hiver on représente *la Marraine* et *le Mariage de raison*. Dès qu'il y a quelque part un essai de société qui veut être moderne, élégante, on joue du Scribe. Paris et Scribe, pour eux c'est tout un.

Quelle sera la valeur finale et durable de ce théâtre à côté de ceux de Dancourt, de Marivaux, de Sedaine et de Picard? A d'autres de prononcer. Je sais de graves admirations, des suffrages imposants. Si M. de Schlegel prisait si fort *le Solliciteur,* nous avons vu M. Jouffroy (qu'il nous pardonne de le trahir), au plus beau de ses platoniques leçons, et dans son esthétique de 1826, placer très-haut *l'Héritière.* Un célèbre critique, et dont l'inépuisable saillie, nourrie d'expérience, fait désormais autorité, M. J. Janin, a semblé depuis queltemps déclarer une guerre si vive à ce genre de comédie, que c'est pour elle encore un succès. Sans doute Picard, qu'on oppose souvent, est de ce qu'on peut appeler une meilleure *littérature* que M. Scribe, d'une façon plus franche, plus ronde, plus naturelle, qui découle plus directement du Le Sage, et qui n'a pas l'air de faire niche à Molière. Mais il faut tout dire, cette espèce de bon goût qui retranche certains raffinements, cette sorte de descendance plus légitime, plus reconnue, qui vous fait tenir avec honneur à la suite des chefs-d'œuvre du passé, n'est pas toujours une ressource en avançant : c'est même quelquefois une gêne. Son premier feu jeté, et une fois hors de son théâtre Louvois, Picard devint faible d'assez bonne heure; il se répéta, il s'usa vite. Les ruses dramatiques de M. Scribe, ses ingrédients, comme vous voudrez les appeler, le soutiennent bien mieux. Picard le savait; il professait, m'assure-t-on, pour son jeune et brillant héritier, une admiration, une adoration presque naïve. Pour tout dénoûment, pour tout expédient dramatique dont quelque auteur était en peine : « Allez le trouver, disait-il ; il n'y a que lui pour vous tirer de là. »

Pour résumer d'un mot ma pensée sur tous deux, le Molière de Picard était tout simplement Molière;

le Molière de M. Scribe, c'est plutôt Beaumarchais.

La fertilité est une des plus grandes marques de l'esprit. Faire des pièces, pour M. Scribe, a pu paraître chez lui, dans les années premières, un métier en même temps qu'un talent; mais depuis, à voir le nombre croissant et le bonheur soutenu, il faut reconnaître que c'est désormais son plaisir et sa fantaisie, que c'est devenu sa nécessité et sa nature. Dans tout ce qu'il voit, dans tout ce qu'il lit, dans l'esprit de chaque collaborateur, je me le figure guettant une pièce au passage, une situation; c'est sa chasse à lui. Parfois il a besoin qu'on le mette sur la piste d'une idée; il lit alors tel mauvais ouvrage manuscrit qui n'aurait nulle valeur en d'autres mains; mais cela lui tire l'étincelle, l'idée qu'il exécute, et que souvent le collaborateur adoptif ne reconnaîtrait pas.

Prendre partout ses sujets, ses idées, ses mots, dès qu'on voit qu'ils vont à la forme, au cadre voulu; *prendre* partout *son bien* à tout prix, pour le rendre ensuite sur le théâtre à tout le monde, c'est ce qu'ont fait, grands et petits, tous les vrais dramatiques, et très-légitimement. M. Scribe est encore bien dramatique en ce point.

Il a ainsi en réserve toujours une quantité de plans en portefeuille, une quantité de ressorts démontés dans son tiroir. Il en choisit tantôt l'un, tantôt l'autre, et dès lors il ne pense plus qu'à celui-là. Six semaines d'un voyage en calèche à travers la Belgique ou le long du Rhin, glaces ouvertes, lui suffisent d'ordinaire pour son plus long chef-d'œuvre, pour la pièce en cinq actes et sans collaborateurs.

Il envoie quelquefois au théâtre acte par acte, tant il est sûr de son économie et de son plan. On peut même lire en marge du manuscrit la tâche de chaque journée : *Je me suis arrêté là à telle heure ;* ce qui trahit l'ordre, même dans la verve.

Positif et sage (ce qui est un trait de mœurs littéraires à noter), laborieux et jouissant (ce qui est un trait commun aujourd'hui), il s'est dérobé toujours aux ovations de l'engouement et de ce qu'il aurait plus de droit que bien d'autres de nommer la gloire. Il paraît de tout temps s'être très-peu occupé de la presse, qu'on ne l'a vu braver ni solliciter. Il ne faut peut-être pas lui en faire trop d'honneur : il y a un certain degré de fécondité heureuse qui ne permet pas de s'inquiéter des critiques et des aiguillons du dehors. On est vite consolé, même d'un échec, quand on se sent en fonds de revanches ; le plaisir d'aller et de faire couvre tout. C'est quand la conscience intime nous dit qu'on va être à bout, qu'on devient regardant pour les autres et susceptible pour soi.

Il a une liste de toutes ses pièces. Nous ne savons que les succès ; mais il y en a une quantité qui sont tombées, *et quelques-unes à tort,* dit-il. Toute victoire s'achète avec des morts. Il pourrait y avoir bien des secrets dramatiques et aussi de la philosophie dans le commentaire d'un tel tableau.

Nous avons laissé M. Scribe à sa seconde manière, à celle du Gymnase ; on pouvait croire, après l'échec du

Mariage d'argent aux Français, qu'elle resterait chez lui définitive. Mais juillet 1830 arriva. Au milieu de tant de grandes secousses et de grandes ruines, le théâtre honoré du nom de Madame reçut un certain ébranlement. On se demanda si ce serait *après* comme *avant*, et si les mêmes nuances auraient du prix. Tout se rassit pourtant, le frais théâtre continua de fleurir; mais M. Scribe comprit, avec son tact rapide, qu'il y avait une nouvelle veine, et plus forte, à exploiter. Laissant donc cette scène gracieuse qu'il avait fondée aux soins de ses plus réels collaborateurs et de ses successeurs très-dignes, M. Bayard, M. Mélesville, il revint à la charge vers le Théâtre-Français, et s'attaqua hardiment au vice politique, ce nouveau ridicule tout récemment démasqué. Il ouvrit la brèche dans *Bertrand et Raton* (novembre 1833), et récidiva avec plus ou moins de bonheur dans les quatre ou cinq pièces suivantes, et en particulier dans *les Indépendants*, dans *la Calomnie*, et l'autre soir en tout éclat dans *le Verre d'eau*. Sous la Restauration, à le juger par ses œuvres, M. Scribe n'avait guère de passion politique, et son couplet libéral très-léger, ses *guerriers* et ses *lauriers*, n'étaient çà et là que l'indispensable pour panacher ses pièces. Mais ici, à l'insistance, à la vivacité de son attaque, on sent une sorte d'inspiration morale, une conviction qui n'est peut-être autre que le mépris très-cordial de ceux qu'il met en jeu.

La physionomie des principales pièces de lui, données aux Français, diffère notablement de l'air de ses pièces du Gymnase. La grâce recouvrait celles-ci ; la corruption mignonne de l'espèce y était corrigée par des teintes de sentiment, et y devenait tout avenante :

Les vices délicats se nommaient des plaisirs.

En portant décidément sur un plus grand théâtre sa manière ingénieuse et si longtemps rapetissante, M. Scribe en a changé moins le principe que l'application et les proportions : il était difficile qu'il en advînt autrement ; même en se renouvelant, on se continue toujours. Au lieu de rapetisser de moyennes et gracieuses parties, il en rapetisse hardiment de plus grandes. Philosophiquement a-t-il tort, il aurait encore raison dramatiquement. Dans les proportions où son paradoxe s'est produit sur ces sujets plus graves, il a touché mainte fois à l'odieux, et, à force d'art, il a su l'esquiver. En montrant de fort vilaines choses, il ne révolte pas, comme n'ont jamais manqué de faire nos amis les romantiques ; il donne le change en amusant. Mais plusieurs de nos remarques trouveront mieux place à propos du *Verre d'eau,* dont il est temps de dire quelque chose.

Et d'abord, pourquoi *le Verre d'eau?* M. Scribe a observé que les titres directs, les caractères affichés aux pièces, tels que *l'Ambitieux, les Indépendants,* sont une difficulté de plus aujourd'hui, une sorte de programme proposé d'avance au public impatient qui le conçoit à sa manière, et trouve volontiers que l'auteur ne le remplit pas à souhait. *La Calomnie* aurait peut-être été mieux jugée s'il l'avait intitulée *les Échos ;* il a

donc pris son titre *de biais,* comme il prend la comédie
elle-même.

Le sujet en est historique, mais c'est à peine si on
ose reprocher à l'auteur de n'avoir pas tenu compte de
l'histoire, tant il est évident qu'il n'y a cherché qu'un
prétexte, et n'y a taillé qu'à sa guise. L'usage et le cas
que M. Scribe a toujours faits de l'histoire à la scène,
lui donnent un trait d'exception de plus entre les autres
auteurs plus ou moins dramatiques du jour, dont la
prétention et la marotte sont d'observer la couleur dite
locale, et de rester fidèles à l'époque. Chose remarquable ! tout ce mouvement soi-disant historique et
romantique au théâtre et à côté du théâtre, tout ce
travail estimable, ingénieux, qui a rempli et animé les
dernières années de la Restauration, M. Scribe ne s'en
est pas plus inquiété que du torrent qui passe; il a continué son train d'homme du métier, se laissant dédaigner des grands novateurs, et sentant bien qu'il avait
en lui le ressort, le seul ressort qui joue au théâtre.
Tout le reste, on l'a trop vu en effet, n'était que critique, système, étude préparatoire éternelle.

Ainsi donc, que la reine Anne, qui monta sur le trône
à trente-huit ans, en ait eu quarante-quatre ou quarante-cinq à l'époque où Mlle Plessy nous la rend si
flattée et si jolie; que son mari le prince George de
Danemark (effectivement très-nul) soit réputé n'avoir
jamais existé; que la duchesse de Marlborough se trouve
incriminée à tort sur le chapitre de la chasteté qu'elle
eut toujours irréprochable, peu importe à M. Scribe,
qui ne s'est servi de tous que comme de marionnettes

à son dessein de la soirée. Mais une reine, mais une noble femme à gloire historique, n'est-ce pas une profanation que de les commettre ainsi après coup dans des intrigues improvisées? Pas d'hypocrisie; parlons franc. En tout genre, les personnages célèbres morts ne sont-ils pas des marionnettes aux mains des vivants? Cet orateur exalte Bonaparte dont il a besoin aujourd'hui dans sa péroraison, ce critique vante fort le poëte défunt dont il se prévaut pour son système. Le moraliste inexorable l'a dit : « Nos actions sont comme les bouts-rimés, que chacun fait rapporter à ce qu'il lui plaît. » Et ce ne sont pas nos actions seulement qui sont ainsi, ce sont nos noms, quand on a le malheur d'en laisser un.

La donnée de la pièce est toute *voltairienne,* comme le répétait derrière moi un voisin chez qui ce mot n'était pas sans injure. Le chapitre des grands effets provenant de petites causes reparaît chez Voltaire à chaque page et brodé de toutes les variations. Dans *Sémiramis* même, par la bouche d'Assur, il a dit :

> Ce que n'ont pu mes soins et nos communs forfaits,
> . . . .
> Un oracle d'Égypte, un songe l'exécute.
> Quel pouvoir inconnu gouverne les humains!
> Que de faibles ressorts font d'illustres destins!

Et dans le cas présent, au chapitre xxii du *Siècle de Louis XIV,* parlant des rivalités de la duchesse de Marlborough et de sa cousine milady Masham : « Quelques paires de gants d'une façon singulière, dit-il, qu'elle

refusa à la reine, une jatte d'eau qu'elle laissa tomber en sa présence, par une méprise affectée, sur la robe de Mme Masham, changèrent la face de l'Europe. » Le grave Pascal n'avait pas pensé autre chose quand il a parlé du *petit nez* de Cléopâtre. A la scène, Picard a déjà tiré parti d'une idée approchante dans *les Marionnettes* et dans *les Ricochets*.

Est-il sérieusement besoin de discuter cette idée et de la réduire à ce qu'elle a de vrai? Les petites causes seules n'enfantent pas sans doute les grands événements, elles n'en amassent pas la matière; mais elles servent souvent à y mettre le feu, comme la lumière au canon : faute de quoi le gros canon pourrait rester éternellement chargé, sans partir. Au théâtre, on exagère toujours; on met en saillie et on isole le point voulu. M. Scribe l'a fait ici et n'a montré qu'un côté; il a poussé au piquant, et il y a atteint. On se prête à l'exagération tant qu'elle amuse.

Nous venons trop tard pour une analyse; nous voulons surtout constater le *fait accompli,* très-amusant, ce qui est si rare parmi les *faits accomplis*. La pièce n'a pas cessé un instant de marcher, de courir, en tenant en haleine l'intérêt. Il y aurait toutes sortes de critiques à y adresser, et qui seraient justes, et on les a faites la plupart sans nous. Ce petit Masham aimé de trois femmes qui se l'arrachent, et qui n'a rien fait pour cela, est un peu bête; mais le moyen de ne l'être pas quand on est ainsi adonisé? Avec son *protecteur inconnu,* il m'a rappelé un moment le *Létorières* de M. Eugène Sue, dont il n'a la grâce ni la fantaisie. Décidément ce petit Masham si adoré est un personnage sacrifié : en niaiserie et en bonheur il reproduit l'Edmond de Varennes de *la Camaraderie*. On a relevé un mot hardi et très-bien placé : *Au prix coûtant,* comme emprunté d'ailleurs. Cet autre mot : *Je n'en suis encore qu'à l'admiration,* est un emprunt également. M. Scribe pique de ces mots-là tout faits dans son dialogue, comme on ferait une épingle à brillant. Mais, ainsi qu'on l'a dit plus haut, il suffit que l'épingle soit bien placée et bien portée.

Trois scènes principales, et qui font nœud, me paraissent excellentes et d'un comique très-net, très-vigoureux : ce sont celles de Bolingbroke avec la duchesse, au premier, au second et au quatrième acte, lorsque, maître de son secret, il se fait fort, par trois fois, de la contraindre à le servir. Entre le roué spirituel, impudent, et la favorite, dont Mlle Mante représente parfaitement l'ambition assez robuste et peu ébranlable, le feu de riposte est vif, serré, nourri ; ils se rivent chacun leur clou, comme on dit, avec une prestesse et une justesse qui fait oublier l'ignoble du fond. L'action chaque fois en ressort comme remontée. Une plume des plus en vogue a écrit à ce propos que la comédie de M. Scribe se composait de trois vaudevilles *nattés* à la suite l'un de l'autre. Si c'est, comme je le crois, de ces trois scènes qu'on a entendu parler, il faut ajouter que ces endroits *nattés* le sont d'une bien étroite manière. Ce triple nœud fait la meilleure, la plus solide partie de la pièce, et pour prendre une image sans épigramme et plus d'accord avec l'escrime en question,

L'acier, au lieu de sa soudure,
Est plus fort qu'ailleurs et plus ferme (1).

Il faut louer aussi, comme d'un comique très-savant et pourtant naturel, cette complication de trois femmes, toutes les trois férues au cœur pour un seul, tellement que, dès qu'on les touche où l'amour les pique, l'une faiblit et les deux autres regimbent. Et celle qui faiblit, c'est la femme forte, et celles qui regimbent, qui acquièrent tout d'un coup du caractère, ce sont celles qui n'en ont pas. Quoi de plus joli et de plus franc que ce mot soudain de la reine, qu'elle lance à la duchesse, sur le chiffre des millions qu'a coûtés la prise de Bouchain, sur le chiffre des morts qu'a coûtés la victoire de Malplaquet? Quand on lui avait raconté ce détail, elle n'avait pas écouté, ce semble, tant sa pensée était ailleurs; mais voilà que sa jalousie en éveil a intérêt à s'en ressouvenir, et il se trouve qu'elle a entendu comme après coup; elle se ressouvient.

Le cinquième acte est de beaucoup le moins bon, le plus factice, celui qui rappelle le plus les conclusions de vaudeville ou d'opéra-comique. Il ne s'agit plus que de pourvoir au bonheur des petits amants, et cela sans que la reine se doute qu'elle est trompée et qu'ils s'aiment. L'auteur a dépensé une grande dextérité de mise en scène, d'entrées et de sorties, de cabinets dérobés, autour de ce but qu'il obtient finalement et que le spectateur remarque assez peu. Mais le succès est décidé

(1) Ces vers sont du vieux poëte Mellin de Saint-Gelais, avant la règle des rimes féminines et masculines.

par les quatre premiers actes, et le cinquième roule de lui-même en vertu de l'impulsion donnée. En somme, dans cette pièce qui rejoint le brillant succès de *Bertrand et Raton,* et qui le mérite par l'action perpétuelle et par quelques scènes également fortes, M. Scribe achève de prouver qu'il suffit à toutes les conditions de la scène française où il a pied désormais plus que personne. Or, s'il y était entré dès 1820, si les dix années qu'il a passées ailleurs et qu'il n'a certes pas perdues, il les eût là employées en tentatives multipliées, en perfectionnements plus larges, que serait-il arrivé?

Profitons du moins de ce que nous avons, sans trop regretter ce qui aurait pu être, et sans chicaner notre rire, qui est si rare. La comédie devient chose bien difficile de nos jours; il y a toutes sortes de raisons à cela. La réalité surtout lui fait une rude concurrence tout à l'entour. Si cette réalité n'était qu'affreusement triste, on trouverait encore moyen de s'en tirer; mais elle réunit à une tristesse profonde tous les caractères de contradictions et de ridicules, et tellement en grand qu'on n'arrive au théâtre que bien blasé. Le fort du spectacle est ailleurs. Je préciserai ma pensée par un exemple. Il y a quelque temps, on jouait aux Français la pièce de *Latréaumont;* à un certain endroit, les auteurs avaient mis une scène de conspiration très-burlesque, où le héros seul et surpris s'empare d'une patrouille qui le devrait arrêter. Mais au même moment l'échauffourée de Boulogne (1) avait lieu, et on la jugeait

---

(1) Par le prince Louis Bonaparte.

au Luxembourg. La conspiration à la scène avait le dessous, et ne paraissait plus qu'un froid plagiat. Eh bien! à chaque instant c'est ainsi. M. Scribe, en mettant à la scène les grands effets en politique produits par les petites causes, avait à lutter tout à côté contre une concurrence presque pareille, contre les grandes causes produisant avec éclat de bien petits effets. Depuis que Voltaire a été détrôné sans retour par la philosophie de l'histoire, et qu'il est convenu que la Fronde ne saurait se reproduire sous d'autres formes, nous succombons sous les grandes causes qu'on met en avant, et selon lesquelles on fait manœuvrer après coup l'humanité : le présent seul fait défaut jour par jour à cette grandeur. Dans le drame politique qui se joue presque en regard du *Verre d'eau,* il y a de ces conditions réunies de tristesse et de contradictions en grand dont je parlais tout à l'heure, et qui seraient capables d'éclipser même la haute comédie. Sachons gré à M. Scribe, dans le genre qui lui appartient et qu'il augmente, de s'en être tiré avec tant d'honneur.

1ᵉʳ décembre 1840.

M. LEBRUN[1].

1841.

(Reprise de *Marie Stuart.*)

Quelque dégagé qu'on veuille paraître des considérations traditionnelles et des doctrines dites classiques, on ne peut nier que le plus clair et le plus solide de la richesse poétique de la France ne soit dans le genre dramatique et sous la forme de tragédie. Les grandes sources sentimentales et lyriques que notre époque a comme trouvées en elle et fait jaillir plus abondamment que tous les anciens jets d'eau de Chantilly ou de Versailles, ne sauraient dissimuler et masquer ce noble fond régulier, harmonieux, de l'édifice, ce portique d'un beau temple qu'on ne referait plus. On a beaucoup parlé, depuis tantôt deux années, de la réaction classique ; elle est assez réelle, très-légitime ; il n'y faudrait pourtant pas voir plus qu'il n'y a véritablement. Une jeune

[1] Cet article, écrit d'abord à l'occasion de la reprise de *Marie Stuart*, a depuis été en grande partie reproduit à la tête des OEuvres de M. Lebrun dont les deux premiers volumes ont paru ; un troisième volume contenant beaucoup de pièces de vers inédites doit compléter cette publication.

actrice, un soir où l'on n'attendait rien, s'est trouvée dire à merveille des vers que depuis longtemps on ne récitait plus à la scène d'une façon tolérable. Le plaisir était neuf, grande fut la surprise. — Quoi! cela est encore beau, se dit-on. — Et là-dessus on s'est mis à désirer de réentendre ces pièces immortelles, éclipsées un long moment, et dans lesquelles tant de personnes de la société recommençaient aussi à aimer les souvenirs de leur propre jeunesse. Le dégoût qu'inspiraient certains excès dramatiques récents fut pour beaucoup dans la joie et la vivacité de cette reprise. On s'étonna, on s'empara, comme de beautés nouvelles, de ces situations plus ou moins simples ou convenues, mais que revêtait habituellement la noblesse, l'élégance du langage. On se plut même et on applaudit aux singularités les plus passées de ce langage héroïque ou amoureux, comme à de belles modes du temps de M{M^{es}} de Longueville ou de La Vallière ; on aima jusqu'au *parfait amant* et jusqu'à l'*adorable furie,* tout comme on aime des meubles de Boule. Il y eut dans cette espèce de renaissance qui en est à son troisième hiver, des succès qui, par leur fraîcheur, leur ensemble et leur plénitude, semblèrent dater d'aujourd'hui. *Polyeucte,* par exemple, n'eut jamais autant de faveur à aucune époque, je le pense, ni jamais même à son début, que dans cette mémorable soirée où Pauline, néophyte, fut vue si simple et si sublime, où l'acteur aussi, près d'elle, parut si chrétiennement passionné, où le rôle de Félix lui-même fut compris.

Il était naturel qu'après ces veines heureuses, la Comédie-Française songeât, à l'aide du jeune talent qu'elle possède, à toucher comme d'un aimant les œuvres d'un répertoire plus moderne, déjà négligé, et qu'un succès solennel avait consacrées une fois. A ce titre la *Marie Stuart* de M. Lebrun venait en première ligne; c'était en effet de nos jours, sous la Restauration, en renom comme en date, la première transition de l'ancienne forme tragique à une forme, à un sujet et à un langage plus récents.

Qui dit transition dit quelque chose de relatif à ce qui précède et à ce qui suit. Il était à craindre sans doute que ce qui avait paru à une certaine dat etrès-neuf et à la limite la plus avancée de la hardiesse permise, ne fût jugé, vingt ans après, trop timide, et en arrière, ou des progrès, ou des licences dramatiques désormais autorisées. Il était à craindre que le public ou les critiques d'une génération renouvelée ne se montrassent volontiers ingrats, légers (c'est si facile), en raison même de l'écho fameux, contre l'œuvre déjà ancienne d'un auteur très-vivant, et arrivé par les voies les plus honorables aux dignités littéraires et sociales.

Et puis, ce qu'on appelait réaction classique, qui roulait, après tout, sur les rôles d'une seule actrice, et, à cette occasion, se reprenait à vénérer les styles de Corneille et de Racine, n'allait pas jusqu'au fond, j'ai regret de le dire, ni jusqu'à restaurer le moins du monde la forme de la *tragédie* à proprement parler, laquelle restait encore avec tous ses inconvénients inévitables de lenteur, de roideur et de convenu. L'honneur de M. Lebrun, dans *Marie Stuart*, était bien d'avoir, le premier, sous la Restauration, détendu les vieux ressorts tragiques, mais dans une mesure qui dut être surtout sensible alors. Sa pièce de 1820 n'était autre, après tout, qu'une tragédie.

Voilà ce qu'on se pouvait dire, ce que le poëte aurait pu opposer aux idées de reprise, s'il avait mieux aimé sa tranquille possession de renommée que l'art même, si longtemps glorieux, qu'il a, pour sa part, cultivé d'un noble effort, et qu'il parut, à un certain jour, avoir agrandi. — « J'irai voir ce soir vos *Templiers*, » disait quelqu'un à M. Raynouard vers 1836. — « Vous n'irez pas, » répondit-il. — « Et pourquoi ? » — « Je vais de ce pas moi-même défendre à la Comédie de les jouer. Je ne veux pas reparaître comme Sully sous Louis XIII. » Ainsi répliqua brusquement le vieux et excellent philosophe-philologue de son ton le plus grondeur.

Mais c'eût été ici par trop grondeur, et rien n'eût absous la bonne grâce du poëte d'aller riposter de la sorte à des désirs de reprise qui lui venaient au nom du jeune talent même que le public avait si vivement adopté. La reprise de *Marie Stuart* n'était pas seulement pour la Comédie-Française une démarche naturelle tout à fait indiquée ; elle était pour Mlle Rachel un rêve d'imagination ; disons mieux, une délicatesse de reconnaissance et comme un vœu. De nobles patronages, de hautes amitiés, qui ne sont pas étrangères à ce grand nom des Stuarts, agirent-elles en effet sur elle pour la fixer dans ce choix? Mais il y avait plus, et l'idée du choix date d'auparavant. Toute petite fille, et à ses jours de pire misère, la digne enfant avait joué au Théâtre-Molière ce rôle de Marie Stuart; un vieil amateur en sortant se récriait : « Quelle est donc cette petite fille qui vient de jouer si bien? Qu'elle a d'intelligence! Que je la voudrais connaître! » — « C'est moi, monsieur, répliqua-t-elle en se retournant brusquement dans le couloir, son petit cabas à la main, c'est moi-même; mais donnez-moi donc deux sous pour m'acheter de la galette, s'il vous plaît. » Et voilà pourquoi, entre autres motifs à l'appui, elle eut toute raison, l'autre soir, de reparaître dans le personnage de l'illustre infortunée à qui elle avait dû une joie d'enfance; voilà pourquoi elle eut raison de vouloir dire, aux applaudissements de tous, ce mot de fierté qu'elle relève si bien :

Si le Ciel était juste, indigne souveraine,
Vous seriez à mes pieds, et je suis votre reine.

Son succès devant cette salle d'élite a été réel; à quelques endroits on a pu regretter que le peu de force de son organe ne lui permît pas l'expansion. Elle a triomphé pleinement dans la dignité. Quant à l'œuvre dramatique, pour tous ceux qui veulent tenir compte de ce qu'était et de ce que devait être une tragédie avant que les moules fussent brisés, même une tragédie en voie de renouvellement, elle a fait tête à la reprise. Le mérite de l'innovation première n'y pouvait plus être manifeste; on s'est trouvé plutôt sensible à ce qui y reste nécessairement de l'appareil traditionnel. Eh bien, à ce point de vue, on doit le rappeler aux

plus sévères, l'intérêt, un intérêt élevé, n'y a pas fait
faute aux grands moments voulus et désignés par l'art
dans l'architecture graduée de cette forme classique.
Les applaudissements en tragédie, comme le tonnerre
sur les temples, doivent tomber là où il faut. Ici, dans
Marie Stuart, il y a eu la grande scène du troisième
acte, et le pathétique de tout le cinquième.

Mais pour rester bon juge de la valeur de cette œuvre
distinguée, pour ne rien méconnaître des mérites sérieux qu'on y salua si vivement à sa naissance, pour
garder tout respect enfin à une pure impression de
notre jeunesse, il y a à revenir aux circonstances
mêmes où la pièce s'est produite, voilà plus de vingt
ans, et au point de départ qui avait précédé. Et quelle
est l'œuvre tragique, de celles qu'on appelle simplement distinguées, qui, à l'occasion et à l'aide d'une
seule actrice, se pourrait reprendre au théâtre, après
vingt années, sans causer une hésitation d'un moment,
et sans réclamer du spectateur par endroits quelque
juste complaisance ? Je n'excepte qu'à peine ce petit
nombre de chefs-d'œuvre qui furent comme doués du
souffle immortel, revêtus de l'enchantement du style
et marqués au front des signes de l'impérissable
beauté :

. . . . Lumenque juventæ
Purpureum et lætos oculis afflarat honores.

Et encore ces œuvres-là, si la vénération ne s'en mêlait
et n'achevait souvent, ne réparait çà et là, sembleraient-
elles donc en tout et à jamais divines ?

La première représentation de *Marie Stuart* remonte au 6 mars 1820 ; les tout premiers débuts de M. Lebrun sont de près de quinze ans antérieurs. Né à Paris en 1785, arrivant à l'adolescence avec le Consulat, il mûrit sa jeunesse sous l'Empire. Ses plus profondes impressions, lui-même s'en fait gloire, datent d'alors et donnent le sens vrai de son talent. Tous ceux qui ont vu l'Empire en ont été fortement marqués dans leur imagination ; et j'appelle avoir vu l'Empire, non pas être né à telle date qui permît de le voir, mais, même très-jeune, avoir été placé dans une position et comme à une fenêtre d'où on le vît réellement se déployer. On sait la large empreinte qu'en reçut le poëte qui a dit : *Ce siècle avait deux ans....* Un autre qui naissait quand ce siècle avait quatre ans déjà, pour rendre ce même effet indélébile, a pu dire :

> Nous tous, enfants émus d'un âge de merveilles,
> Bercés sous l'étendard aux salves des canons,
> Des combats d'outre-Rhin balbutiant les noms,
> Nous avons souvenir de plus d'une journée
> Où l'Empire leva sa tête couronnée ;
> Quelque magnificence, une armée, un convoi,
> Un *Te Deum* ardent, la naissance d'un Roi ;
> Et l'Empereur lui-même, au moment des campagnes,
> Il passait dénombrant les aigles ses compagnes ;
> Du geste il saluait tout un peuple au départ,
> Et moi qui parle ici, mon front eut son regard !

M. Lebrun eut plus qu'un regard du maître d'alors. Par des essais poétiques très-précoces (1), il avait, vers

(1) Il se trouvait dans le premier recueil manuscrit du poëte de

la fin du Directoire, attiré l'attention de François de Neufchâteau, ministre de l'intérieur, lequel, ayant été lui-même un de ces talents précoces, se complaisait à les discerner. Le jeune enfant *n'était même pas encore écolier* (1); le ministre le nomma élève du Prytanée français (*Louis-le-Grand*), seul collége tout récemment rouvert; il voulut l'y mener lui-même, et le présenta aux professeurs et aux camarades. L'élève Pierre Lebrun s'y distingua; nous avons sous les yeux, dans les fastes annuels du Prytanée, des couplets qu'il faisait à l'âge de treize ans pour la plantation de l'arbre de la liberté à Vanvres, maison de campagne de l'établissement; une autre pièce assez remarquable, intitulée *les Souvenirs,* et qui date de 1802, fut composée au Prytanée de Saint-Cyr. A cette époque de renaissance pour la société et pour les lettres, l'ordre des études et des âges n'était pas très-bien observé; il y avait dans tous les genres une émancipation rapide, une confusion assez aimable et non sans profit pour les essors généreux. C'est ainsi que, lorsque le Prytanée français eut envoyé une petite colonie pour fonder le Prytanée de Saint-Cyr, l'élève Lebrun, qui en était, se trouva monter un jour dans la chaire de belles-lettres et y remplacer son professeur De Guerle, malade pour le moment. L'Empereur ou le Consul, qui soignait déjà

douze ans une tragédie de *Coriolan,* que l'auteur remania plus tard à quinze.

(1) Expression de M. Lebrun dans son discours de réception à l'Académie française, lorsqu'il y succéda en 1828 à François de Neufchâteau lui-même.

0.

sa pépinière de Saint-Cyr et y allait mesurer des hommes, entre à l'improviste dans la classe et n'est pas peu étonné d'y voir un élève en chaire : on lui explique comment ; il s'assied à côté de lui, et là, durant plus d'un quart d'heure, il interroge les élèves sur les tropes, non sans quelque croc-en-jambe, je le crois bien, aux définitions de Dumarsais. Joséphine, qui, par surcroît de bonne grâce, était présente, assise sur l'un des bancs de bois de la classe, au rang d'en bas, près des élèves, souriait par moments du brusque professorat de Napoléon. Un ou deux ans après, on était au lendemain d'Austerlitz, l'Empereur au château de Schœnbrunn, après le dîner, avec M. Daru et M. de Talleyrand, reçoit le *Moniteur,* et y voit une ode *A la Grande Armée,* signée Lebrun : « Lisez-la, » dit-il à Daru.

Suspends ici ton vol ; d'où viens-tu, Renommée ?
Qu'annoncent tes cent voix à l'Europe alarmée ?...

Et pendant la lecture il interrompt, il loue, il critique même, et conclut en ordonnant d'écrire à Lebrun que l'Empereur lui accorde une pension de 6,000 fr. : il n'avait pensé qu'à Lebrun-Pindare. Quand on vint à découvrir le malentendu et que l'ode était de l'élève de Saint-Cyr, les 6,000 fr. se convertirent pour le jeune homme en une pension de 1,200 fr. Lebrun-Pindare en eut beaucoup de mauvaise humeur : rien n'est démontant comme les homonymes dans les lettres. Lequel des deux ? ce mot là est une chiquenaude à la gloire.

Le vieux Mercier, si peu glorieux qu'il fût, ne pouvait point pardonner à Lemercier-Népomucène.

En France, parmi les journalistes même les mieux placés, la méprise avait eu lieu ; les critiques, dès le premier moment, n'avaient pas manqué de retrouver dans l'ode en question les qualités, les défauts surtout du grand lyrique d'alors : il fallut décompter. Bouflers s'en raille agréablement dans quelques lignes spirituelles (1). Ginguené, qui n'avait pas été dupe, et malgré son culte pour l'autre Lebrun, accorda au jeune auteur des encouragements sérieux (2).

Quand Lebrun-Pindare mourut en 1807, le nôtre ne se vengea de lui qu'en déplorant cette perte dans une ode élevée qui justifiait le *uno avulso non deficit alter...*, et qui rappelle celle de Le Franc de Pompignan sur la mort de Jean-Baptiste Rousseau, la plus belle pièce encore qu'on doive à celui-ci, a dit dans le temps un méchant. Une strophe de l'ode de M. Lebrun, où il rendait un hommage à Delille, lui valut une visite du vieux poëte, ce qui était alors une gloire.

(1) *Courrier des Spectacles.* Son article est intitulé : *Peine, critique, érudition perdues.*

(2) *Revue philosophique, littéraire et politique,* an xiv. — François de Neufchâteau fut de ceux qui se méprirent : enchanté de voir le Pindare républicain louer l'Empereur comme les autres, il lui écrivit : « C'est votre meilleur ouvrage. » L'erreur se prolongea jusqu'à la mort même de Lebrun, et Chénier, le louant sur sa tombe de l'ode qu'il n'avait pas faite, disait : « Tant d'exploits
« qui, depuis dix ans, commandent l'admiration des peuples, ont
« ranimé sa vieillesse ; près d'expirer, sa voix harmonieuse encore
« n'est pas restée inférieure à des prodiges, les plus grands et les
« derniers qu'il ait chantés. »

Les huit années, de 1805 à 1814, furent remplies pour lui de beaucoup d'études et de plusieurs essais. Une première tragédie, ou plutôt une *pastorale dramatique*, intitulée *Pallas, fils d'Évandre* (1806), et inspirée des derniers livres de *l'Énéide,* se fait déjà remarquer par du pathétique et plus de naturel que ne s'en permettaient volontiers les muses de l'Empire. Cette pièce, non représentée, n'eut pas même la publicité de l'impression à sa naissance (1). J'imagine que les plaintes du vieil Évandre s'arrachant des bras de son fils unique, qui vole aux combats et à la mort, n'auraient pas convenu, pour l'attendrissement, au maître sourcilleux :

> N'as-tu pas des enfants? Un jour, Ilionée,
> Si le Ciel en son cours ne rompt ta destinée,
> Tu connaîtras combien les moments sont cruels
> Qui ravissent un fils loin des bras paternels.
> Tu verras comme moi s'alarmer ta tendresse,
> Surtout si c'est l'enfant sorti de ta vieillesse,
> S'il a survécu seul à ses frères nombreux,
> S'il est l'unique bien que t'aient laissé les Dieux,
> S'il est l'appui dernier d'une maison qui tombe,
> Et si tous ses aïeux le suivent dans la tombe.

Le jeune poëte servait mieux la pensée impériale par deux odes sur les campagnes de 1806 et de 1807, par une autre *Au Vaisseau de l'Angleterre,* qui a de l'énergie dans la menace :

(1) Elle fut imprimée chez Didot en 1822, à très-peu d'exemplaires.

Il n'a pas lu dans les étoiles
Les malheurs qui vont advenir;
Il n'aperçoit pas que ses voiles
Ne savent plus quels airs tenir;
Que le ciel est devenu sombre...

Un jour, en 1808, à Fontainebleau, l'Empereur, qui se souvenait de la méprise de Schœnbrunn et de la visite de Saint-Cyr, et pour qui l'auteur était devenu très-distinct, dit à une dame du palais, qui s'intéressait à M. Lebrun : « Que fait-il? J'ai lu dans le temps son Ode à l'armée; ce jeune homme a de la verve, mais on dit qu'il s'endort. » Ce mot, cet aiguillon rapporté au poëte, tira de lui, en *réponse*, des stances émues, pleines de grâce. Napoléon régnant semble avoir tellement guindé et glacé ses chantres officiels, qu'une pièce quelque peu vive est une bonne fortune dans la poésie d'alors. Je veux citer celle-ci presque tout entière (1) :

« On dit qu'il s'endort. » — Caroline,
Est-il vrai qu'à Fontainebleau
Ce puissant maître de château,
Devant qui l'Europe s'incline,

---

(1) Il faut savoir, pour tout entendre, que la personne qui avait rapporté ce mot, Mme Caroline de B..., dame du palais de Madame-mère, avait été la première passion de Bonaparte jeune, quand il était en garnison à Valence. Elle s'appelait alors Mlle Du Colombier; il en parle dans le *Mémorial de Sainte-Hélène* : « On n'eût pas pu être plus innocents que nous, dit-il; nous nous ménagions de petits rendez-vous. Je me souviens encore d'un, au milieu de l'été, au point du jour. On le croira avec peine, tout notre bonheur se réduisit à manger des cerises ensemble. »

Que lui-même, que l'Empereur,
Parmi tous les soins de l'empire,
Sache même que je respire,
Et me flattez-vous d'une erreur?

Quoi, de ma jeune destinée
Le cours n'*en* est point inconnu!
Quoi! l'Empereur s'est souvenu
Des promesses du Prytanée!

J'occupe donc, si je vous crois,
Un coin de sa vaste pensée,
Où la terre entière est pressée,
Où se meut le destin des rois!

Qu'il se souvienne de nos gloires,
Des pays de tous ses combats,
Du nom de toutes ses victoires,
Et du sort de tous ses soldats;

. . . .

De tous les rois dont son pouvoir
A fait ou défait la couronne :
Certes, mon esprit s'en étonne,
Pourtant je le puis concevoir.

Mais de moi! mais qu'il se souvienne
Qu'autour du char qui l'a porté,
Parmi les voix qui l'ont chanté
Il n'a plus entendu la mienne!

« On dit qu'il s'endort! » — Votre esprit
N'a-t-il pas trompé votre oreille?
Napoléon, eh! qui t'a dit
Si je m'endors ou si je veille?

M. LEBRUN.

Grand homme, qui pourrait dormir
Au bruit dont tu remplis la terre?
Est-il séjour si solitaire
Qui ne l'entende au loin frémir?

Mais quoi! voilerai-je un mensonge
De mots si pleins de vérité?
Oui, je dormais, oui, d'un doux songe
Mon cœur se berçait enchanté.

D'une autre idole que ta gloire
Je faisais mon cher entretien :
Un nom qui n'était pas le tien
T'avait distrait de ma mémoire.

Les jours, les nuits à mes travaux
N'étaient plus que de longues trêves ;
Je ne voyais plus dans mes rêves
Flotter ton aigle et tes drapeaux.

N'as-tu jamais, à pareil âge,
Toi-même, si plein d'avenir,
Pour quelque brune ou blonde image
Perdu tout autre souvenir?

Que Caroline me réponde :
Dites, vous la première amour
De ce cœur qui devait un jour
Battre pour l'empire du monde,

Dites, n'a-t-il jamais dormi
Sous les cerisiers de Valence,
Aux temps d'ivresse et d'innocence
Où vous l'appeliez votre ami,

Quand le héros à son aurore,
Si loin du zénith radieux,
Brillait seulement à vos yeux
D'une épaulette neuve encore?

Mais il parle : adieu, songe vain!
Dites-lui que dans ma retraite
Sa voix parvenue a soudain
Réveillé son jeune poëte.

Me voici! . . . . .
. . . .

Suivez, suivez Napoléon,
Mes chants, de rivage en rivage,
Et que puisse ainsi d'âge en âge
Mon nom accompagner son nom!

Que puisse ma muse fidèle
A sa gloire à jamais s'unir!
Aigle, je m'attache à ton aile :
Emporte-moi dans l'avenir.

Ces vers n'ont jamais été imprimés. D'autres vers que M. Lebrun avait composés sur la mort d'un fils de la reine Hortense, de cet enfant si cher à Napoléon qui le pleura, sont également restés en portefeuille (1) avec une quantité de petites pièces. Sous l'Empire, il y avait cela de particulier : on pouvait faire des vers élégia-

(1) La même dame du palais à qui est adressée la pièce précédente communiqua ces vers à Napoléon; après les avoir lus, il fit dire à l'auteur qu'il souhaitait qu'ils ne fussent pas imprimés. Il voulait éviter les propos de la malignité calomnieuse sur cet enfant.

ques, plus ou moins intimes, mais on les gardait, et et en public, si on visait à la gloire, on ne donnait que des rimes grandioses sur des événements héroïques, sur des sujets qu'on s'appliquait à traiter. La poésie se piquait d'être encore plus cérémonielle que sous Louis XIV. Les inconvénients de ce trop de respect nous ont sauté d'abord aux yeux ; ils devraient être jugés moins sévèrement aujourd'hui que nous savons l'excès contraire et que nous sommes tombés dans le déshabillé.

Alors du moins on croyait à la grandeur ; des types élevés, bien qu'un peu stériles, dominaient sincèrement les âmes. Il y avait des buts marqués, des couronnes ; il y avait carrière. Toucher à la palme tragique une ou deux fois dans sa vie, c'était le rêve immortel. La voix sacrée, la route au Capitole sous le soleil, semblait ouverte, mais difficile, et l'honnête louange emflammait. Cela fait rire aujourd'hui qu'on jouit encore plus qu'on ne s'afflige de toute la variété de vices d'une littérature sans frein et prodiguement inventive. Le style en général était assez pauvre sous l'Empire et servait mal l'aspiration de la pensée. César montait droit à l'Olympe ; la pensée à sa suite y visait de son mieux, mais le style n'allait pas du tout. Il s'était amaigri et comme desséché en passant durant des années par tant d'usages peu littéraires ; il s'était altéré au souffle des révolutions, et, comme on ne s'en rendait pas compte, comme on se croyait toujours classique, on ne le retrempait pas. Quand je parle ainsi de l'Empire et de sa grande route régulière, il va sans dire que M. de Chateaubriand et Mme de Staël sont toujours en dehors. Pourtant, avec la prétention, le goût aussi de l'antique reprenait ; l'étude ramenait à des sources. M. Lebrun fut un de ceux qui, dès le début, accusent en eux avec le plus d'intelligence le culte et le sentiment des anciens : c'est le mérite de son *Ulysse.*

Lemercier avait rouvert le premier, avec bien de l'honneur, cette scène grecque-française, et renoué avec *Andromaque* par *Agamemnon.* Marie-Joseph Chénier, conseillé par Daunou, revenait, bien qu'un peu tard, aux anciens, et s'initiait aux douleurs d'Électre. Un sourire du maître, plus que le talent de Luce, faisait la fortune d'*Hector. Ulysse* est de cette famille ; mais, suivant la très-juste remarque de Charles Nodier, un moment continuateur de Geoffroy au feuilleton des *Débats* (1), Ulysse, personnage épique, ou tout au plus personnage dramatique du second ordre, ne pouvait être le héros d'une tragédie ; il a trop de finesse pour cela. Sophocle dans *Philoctète* l'a pu faire servir à nouer l'intrigue ; mais il ne l'a pas mis au premier plan. C'est un caractère d'âge mûr, beau à la réflexion, mais qui en a besoin pour se justifier, et qui n'offre rien de ces dehors émouvants où se prend la foule au premier abord. A Télémaque lui-même qui s'étonne de tant de prudence, Ulysse a besoin de dire :

> Peut-être tu sauras, par l'exemple d'un père,
> Que parfois au héros la feinte est nécessaire ;

(1) 30 avril 1814.

Qu'elle est vertu souvent, et qu'avec le danger
La forme du courage est sujette à changer (1).

La pièce, jouée pour la première fois le 28 avril 1814, cinq jours avant la rentrée de Louis XVIII dans sa capitale, n'eut qu'un petit nombre de représentations, ce qu'on appelait un succès d'estime. On y crut voir pourtant un intérêt de circonstance, le retour de l'exilé, du monarque légitime dans la patrie. On aurait pu y voir aussi la malédiction patriotique contre l'intrusion étrangère :

Mon héritage est las de se voir votre proie,

s'écriait Télémaque à la face des prétendants (2). Le fait est que les allusions ne venaient que de pur hasard et de coïncidence, la pièce se trouvant achevée depuis plus de trois ans et l'auteur n'y ayant rien changé. A la lecture, il y transpire quelque chose des douces et graves beautés d'Homère. Dans la première scène, Pénélope dit à Télémaque, qui voudrait encore espérer :

Le séjour qui d'Ulysse a retenu les pas,
O mon fils, est un lieu d'où l'on ne revient pas,
Dont nul homme jamais n'apporta de nouvelle;
Formidable séjour de la vie éternelle,
Et dont les habitants, pâles et désolés,
Sont de leur doux pays à jamais exilés.
S'il respirait encor, dis-moi, la renommée,
Cette immortelle voix par la terre semée,
Eût-elle été muette ? et quel pays lointain

(1) Acte III, scène II.
(2) Mlle Duchesnois faisait Télémaque.

Aurait pu si longtemps nous taire son destin?
Je sais trop bien entendre un semblable silence.

Au commencement du troisième acte, Ulysse inconnu, et qui se donne pour un simple compagnon du héros, y parle ainsi indirectement de lui-même à son fils :

Il se peignait souvent ces rivages chéris,
Où l'attendaient en vain Pénélope et son fils.
Quelques maux dont il vit sa tête menacée,
Ithaque était toujours sa première pensée;
Quelque bien que le Ciel lui permît de choisir,
Ithaque était encor son unique désir.
En vain le soin des Dieux et l'amour des Déesses
Environna son cœur des plus douces promesses;
A l'offre du Ciel même et des divins honneurs,
Il fixait sur la mer un œil mouillé de pleurs.
Si de loin sa pensée entrevoyait une île
Abondante en troupeaux, en oliviers fertile,
Il n'apercevait plus d'autre lieu, d'autre bien,
Et l'immortalité ne lui semblait plus rien.

Ce sont là des vers charmants, mélodieux, de l'école de Racine; je n'y regrette que cette fumée d'Ithaque que l'Ulysse d'Homère aurait voulu voir seulement de loin, et puis mourir (1).

La pudeur de Pénélope, lorsque, accordée par son

---

(1) . . . . se faschant qu'il ne voit
La fumée à flots gris voltiger sur son toict,

a dit un vieux poëte (Du Bartas, V^e chant de *la Semaine*). Et Joachim Du Bellay en un sonnet bien connu :

Quand reverrai-je, hélas! de mon petit village
Fumer la cheminée. . . . .?

père Icare à Ulysse, elle se voila et ne répondit au désir de l'époux que par l'aveu du silence, y est rappelée en des vers non moins touchants. La ruse du tissu y est ingénieusement exprimée, bien qu'avec une élégance singulièrement moderne, par la bouche du *divin porcher* Eumée.

Mais dès qu'Ulysse a vu l'arc, cet arc voulu par l'oracle et que seul il peut armer, le sentiment de vengeance éclate en lui avec toute l'antique beauté. L'horreur sacrée des foudres de Dodone a tous ses échos dans les vers suivants :

> Ce jour doit être sourd, aveugle, inexorable,
> Et ne sera content que du dernier coupable.
> . . . .
> . . . . Eumée, ah! quelle joie
> De tenir dans mes mains et leur vie et ma proie
> De les voir, reculant à l'aspect de leur roi,
> Fuir sans trouver d'asile où se sauver de moi,
> Et, pâles de leur crainte et de la mort future,
> Implorer vainement, même la sépulture!

Les souvenirs d'Homère se combinent, se croisent vers cette fin, avec ceux de Virgile, et sans s'y affaiblir : on sait le *pallida morte futura* de Didon. Comme étude d'imitation et de style, *Ulysse* garde son prix.

La chute de l'Empire remplit l'âme de M. Lebrun d'amertume et de patriotique douleur. Les mêmes malédictions durent lui échapper, que tout à l'heure il prêtait à Ulysse vengeur. Deux odes de 1814 en font foi; ce sont des messéniennes écrites sous le coup. L'une a pour titre *Jeanne d'Arc*; l'autre est une paraphrase très-sentie du psaume *Super flumina*. En même temps, le changement de régime avait pour effet de rendre sans réserve le poëte à la vie littéraire; il n'y appartenait plus tout entier depuis quelques années. Selon l'usage de l'Empire, où les lettres se coordonnaient volontiers aux affaires, il occupait dans l'administration bienveillante de Français de Nantes une place assez considérable au Havre, une de ces places, il est vrai, données tout exprès pour très-peu assujettir; il passait une bonne partie de sa vie à Rouen ou à Paris. Revenu pourtant à sa pleine liberté et obéissant à l'aiguillon d'une émulation généreuse, il put, durant les quinze années qui suivirent, attacher avec honneur son nom à des ouvrages étendus et médités : *Marie Stuart, le Cid d'Andalousie* et le poëme de *La Grèce*. Sa seconde manière, celle par laquelle il est surtout connu, va se produire.

Un prix d'académie commença de le mettre en lumière, car *Ulysse* s'était comme perdu dans le bruit des circonstances politiques. Son poëme *Sur le Bonheur de l'Étude* remporta une des couronnes décernées par l'Académie française en 1817. Dans ce même concours, où M. Saintine eut l'autre prix et où Charles Loyson obtint l'accessit, on distinguait le nom surgissant de Victor Hugo et celui de Casimir Delavigne; la jeune milice de la Restauration s'essayait. M. Lebrun était déjà d'une génération assez antérieure : son premier concours eût été naturellement de 1805; mais il recommençait en quelque sorte.

Le genre académique heureusement ne le retint pas.

Ce qui distingue les tentatives de M. Lebrun au théâtre ou dans le poëme, c'est un certain degré d'innovation. Si l'Empire avait subsisté, cette innovation se serait-elle produite dans son sein; en serait-elle graduellement sortie? je le crois. Déjà, sous la fin du Directoire, on avait vu la littérature d'alors, celle qui datait de l'an III, en train de se modifier par Lemercier, par Benjamin Constant, par Mme de Staël, qui y appartenait à cette époque. Le Consulat vint et brisa le développement, la transformation dès lors très-sensible. Rien d'analogue ne s'était encore produit au sein de la littérature impériale proprement dite; mais, quelques années encore, et immanquablement on aurait eu quelque chose qui s'y serait essayé, même à travers les entraves. Les grandes émotions de l'Empire devaient avoir leur contre-coup et leur après-coup en littérature. « Pour moi, je l'avoue, disait un jeune colonel au spirituel M. de Stendhal, il me semble, depuis la campagne de Russie, qu'*Iphigénie en Aulide* n'est plus une aussi belle tragédie. » — La seconde génération de l'Empire, un peu plus tôt, un peu plus tard, devait en venir là. La Restauration, en brisant, hâta et mit en demeure de faire. M. Lebrun, l'un des premiers, ressentit en poésie ce besoin de nouveau, surtout de naturel, et travailla de son point de vue à le servir. Pour bien définir son rôle, je dirai de lui qu'il est le plus jeune des poëtes de l'Empire, de même qu'on pourrait dire de M. Delavigne ou de M. de Lamartine qu'ils sont les aînés des poëtes de la Restauration. Eh bien, lui, ayant déjà assez avant l'empreinte de l'époque antérieure, il ne s'y est pas immobilisé;

mais, prenant la chose dramatique au point juste où elle était, il l'a poussée du premier jour à l'innovation dans une mesure habile, heureuse, applaudie. Sa *Marie Stuart*, qui parut d'abord un commencement, était à certains égards une fin ; c'était la fin et le romantisme modéré le plus avancé, le plus extrême de cette honorable reprise dramatique qui s'ouvre par *Agamemnon*, qui se continue par *les Templiers,* dans laquelle Ducis, venu un peu plus tard, eût trouvé sa place. *Marie Stuart,* dans les mêmes formes encore, prolonge et couronne. L'art dramatique postérieur, qui fait peut-être fi de tout cela maintenant, aura-t-il donc de loin des témoignages si imposants à offrir dans cet inventaire final qui réduit tant d'œuvres?

Qu'on me laisse dire encore : ces points de vue sont si éloignés déjà, si fugitifs ; ceux même qui les devraient le mieux savoir semblent si peu s'en ressouvenir en jugeant aujourd'hui, que j'ai besoin de tourner en tous sens pour les marquer. *Marie Stuart* était une transition, mais j'ose ajouter une transition à ce qui n'est pas venu, à ce que l'auteur n'a pas achevé de réaliser lui-même. La tentative du moins était bonne, et elle demeure en vue comme une tête de pont qui n'aurait pas été continué. *Le Cid d'Andalousie,* qui devait faire l'arche suivante, a manqué, est resté en suspens et comme non avenu. Lors de *Hernani,* plus tard, le pont a été hardiment repris, mais à un autre endroit et de l'autre côté de la rive. Il en résulte qu'entre l'ancien art dramatique et le nouveau il n'y a pas eu de pont et qu'on n'a point passé.

Représentons-nous bien l'état littéraire de la France aux abords de l'année 1820. La jeune école de Mme de Staël commençait à percer dans le monde; la jeune École normale, M. Cousin en tête, étonnait dans son premier feu. Le plus léger des houzards romantiques, M. de Stendhal, poussait des pointes en divers sens; des esprits studieux et libres, comme M. Fauriel, avaient de l'action dans de petits groupes distingués. Le séjour et les relations de Manzoni en France l'avaient fait d'abord connaître; Charles Loyson, dans une ode sur *l'Enthousiasme poétique,* qu'il adressait à l'illustre Lombard, lui disait :

> Toi, le talent est ton excuse;
> L'art te condamne, mais la muse
> S'absout à force de beautés (1).

Plusieurs des romans de Walter Scott venaient de passer le détroit. Byron était moins accessible; on rôdait, en quelque sorte, autour de son œuvre de mystère sans bien savoir; des articles de M. Lebrun lui-même, dans *la Renommée,* contribuèrent aux premières notions qu'on en eut, et provoquèrent, je crois, la première traduction qu'on en fit. En 1820, Schiller n'était pas traduit (2) : Mme de Staël, dans son *Allemagne,* l'avait

---

(1) *Lycée français,* tome IV, page 241. Dans ce même tome du *Lycée,* page 61, se trouvait une critique de *Carmagnola* par M. Chauvet, laquelle provoquait Manzoni à sa lettre en français *sur les Unités.* Mais ceci empiète et touche à la fin de 1820.

(2) Du moins tant soit peu complétement et convenablement. Le *Théâtre* traduit par La Martellière (1799) ne contenait que trois pièces, et *Marie Stuart,* qui se faisait seulement alors, n'y

magnifiquement analysé; mais, si je ne me trompe, la première connaissance plus détaillée qui en vint à M. Lebrun fut du côté de M. de Barante, qui, à son tour, devait cette initiation à l'heureux hasard de Coppet. Et puisqu'ici ces deux noms amis se rencontrent, notons en passant que, sous la Restauration, M. Lebrun a eu assez exactement en poésie un rôle qui ferait pendant à celui de M. de Barante dans le genre critique et historique, quelque chose d'assez analogue dans le degré d'innovation et de réussite.

Je n'aborde pas la Marie Stuart réelle, celle de l'histoire approfondie; des travaux récents ont beaucoup fait pour l'éclairer jusque dans les plus secrets replis et pour désenchanter du personnage. Le trop de science mène presque toujours là. Je me tiens à l'héroïne de la tradition et de l'illusion; je me borne au point de vue français et de 1820 encore; je me reporte à la première représentation, à l'une des cinquante premières. On raconte que lorsque le bourreau décoiffa, pour la faire tomber, cette tête charmante, on découvrit que ses beaux cheveux avaient légèrement blanchi. Je ne sais si, dramatiquement parlant, quelques mèches grises aussi ne se sont pas glissées, depuis vingt ans, sur cette tête si applaudie. Le fait est que, lorsqu'elle se produisit d'abord, il n'y eut qu'une voix sur l'accueil soudain,

---

était pas. Quérard indique une traduction de cette dernière pièce par M. Hess (Genève, 1816). Celle du baron de Riedern, publiée par M. de Latouche, ne parut que dans le courant de l'année 1820. M. de Barante publia les OEuvres dramatiques de Schiller l'année suivante.

sur l'intérêt excité et sur les larmes. J'ai sous les yeux la plupart des journaux du temps ; le *Journal des Débats,* le seul qui, dès ce temps-là, voulut être sévère, constate lui-même l'entier triomphe : « La joie est dans le camp des romantiques, s'écrie Étienne Becquet en commençant (1) ; le succès de M. Lebrun est un succès de parti, une victoire des lumières sur les préjugés. Un courrier extraordinaire, envoyé par M. Schlegel, est allé en porter la nouvelle à la Diète assemblée... » Ceci, pour commencer, n'était pas tout à fait juste ; le succès de M. Lebrun, malgré l'origine de l'imitation, ne pouvait être dit un succès allemand, mais bien français. En même temps que l'auteur, par sa manière plus naturelle et par la source où il puisait, réjouissait l'espérance des esprits libres, il satisfaisait pleinement les spectateurs simples. Sa nouveauté, sans avoir besoin de théorie, était aussitôt comprise, assortie par le sujet au génie français, au pathétique populaire. La Marie Stuart de Brantôme, celle qui mourut sur l'échafaud et qui fit ses adieux à la France, était restée dans toutes les imaginations, victime intéressante, victime embellie :

Coupable seulement des erreurs d'une femme,
Vos fautes dans le ciel ne suivront pas votre âme !

légende presque aussi présente que celle d'Héloïse, ou de La Vallière, ou encore de cette bonne impératrice Joséphine (2). Quand on relit aujourd'hui Schiller, et

(1) 13 mars 1820.
(2) On peut s'étonner qu'il n'y ait pas eu plus tôt en français

que l'on compare avec la tragédie de M. Lebrun, on peut trouver, très à son aise, qu'il a trop sobrement glané à travers cette végétation de poésie si féconde et si luxuriante. Alors, par une impression tout inverse, il eût été blâmé plutôt d'en avoir trop gardé. Becquet le loue d'avoir *séparé assez habilement l'or pur du plomb vil*, d'avoir su *éviter adroitement les fautes nombreuses qui déshonorent l'ouvrage de Schiller*. « Il en est une pourtant, dit-il, dont il ne s'est pas garanti, la contagion germanique l'a gagné... » Qu'est-ce? on attend l'énormité. C'est que M. Lebrun n'a pas observé l'unité de lieu. Mais, répondait-on, toute la pièce se passe dans l'intérieur du château de Fotheringay; on ne sort pas

de tragédie, du moins notable, sur Marie Stuart. C'était un sujet à tenter l'auteur d'*Adélaïde Du Guesclin* et de *Tancrède*. Boursault, sur la fin du xviie siècle, en avait fait une pièce ridicule. Celle d'un certain Regnault en 1639, et une autre d'un anonyme en 1734, furent en naissant oubliées. Une des moins mauvaises était encore *l'Écossaise* du vieux poëte Montchrétien, de l'école de Garnier. Marie Stuart, énumérant tous les malheurs qui l'ont assaillie dès le berceau, y dit ces deux vers touchants :

> Comme si dès ce temps la fortune inhumaine
> Eût voulu m'allaiter de tristesse et de peine.

Alfieri a fait une *Marie Stuart,* mais qui n'est pas de l'époque de l'échafaud. — Un anonyme, stimulé par le succès de M. Lebrun, fit imprimer en 1820 une *Marie Stuart* qui était reçue depuis trente ans au Théâtre-Français, et qui sommeillait dans les cartons. On lit dans la préface que l'auteur, au début, soumit le manuscrit de sa pièce à La Harpe, qu'on regardait alors comme l'oracle en telle matière; et La Harpe, après avoir examiné, répondit : « Votre pièce est assez bien écrite, mais le sujet n'est « nullement propre au théâtre; s'il l'était, Voltaire ou moi nous « nous en serions emparés. » Voilà bien de nos Aristarques.

de l'enceinte. Peu importe, ajoutait le critique ; *dès qu'on baisse la toile, ne fût-ce que pour passer de l'antichambre dans le salon, l'unité de lieu est totalement violée* (1). C'est devant des juges de cette force, alors nombreux, gens d'esprit avec cela, qu'il fallait innover.

Dès la première scène de Schiller, le chevalier Paulet, gardien de Marie, est dans la chambre de la captive avec une espèce de serrurier ; il fait forcer les armoires pour enlever bijoux, lettres ; le miroir même et le luth ont été saisis. Dans la pièce française on ne voit pas ces objets, et ils ne sont pas nommés ; la nourrice Anna redemande un peu vaguement à Paulet

Ces lettres, ces écrits, ces secrets caractères,
De ses longs déplaisirs tristes dépositaires.

On a récemment blâmé la périphrase ; on n'oublie qu'une chose : en 1820, à la scène, dans une tragédie, le mot propre pour les objets familiers était tout simplement une impossibilité ; il ne devint une difficulté que quelques années plus tard. Cinq ans après, dans *le Cid d'Andalousie,* le mot *chambre* excitait des murmures à la première représentation ; *le Globe* (2) était obligé de remémorer aux *ultra*-classiques le vers d'Athalie :

De princes égorgés la chambre était remplie.

Depuis, il faut en convenir, on a terriblement enfoncé

---

(1) Dans son second feuilleton du 20 mars.
(2) 5 mars 1825, article de M. Trognon.

la porte de cette chambre; on a été d'un bond jusqu'à
l'alcôve. Mais, avant 1830, chaque mot simple en tragédie voulait un combat, et coûtait à gagner presque
autant, je vous assure, qu'un député libéral à la Chambre
durant le temps de la majorité Villèle. M. de Chauvelin
nommé, ou un mot propre à travers toute une scène,
c'étaient d'insignes triomphes.

M. Lebrun, dans *Marie Stuart*, satisfaisait les novateurs judicieux par des qualités de langage qu'à cette
époque le style élégant de M. Delavigne, ni celui d'aucun autre tragique du moment, n'offraient dans la
même nuance. En redescendant du cothurne de l'Empire, on goûtait fort chez lui quelque chose de senti,
de naturel et de vrai dans la diction, d'assez voisin de
la prose, avec du feu poétique pourtant et des veines
de chaleur. La première scène du troisième acte, quand
Marie, échappée dans le jardin, se ressaisit du jour
et de la libre lumière, fut admirée de tous pour l'expression. Ces vers purs, charmants en effet, et d'une douceur presque racinienne, se retrouvent dans notre mémoire, à nous qui les entendîmes alors, et font partie
de nos classiques réminiscences :

. . . . Ah! laisse-moi jouir
D'un bonheur que je crains de voir s'évanouir.
Laisse mes libres pas errer à l'aventure :
Je voudrais m'emparer de toute la nature.
. . . .
. . . . . . Ah! laisse-moi du moins,
Soulevant un moment ma chaîne douloureuse,
Rêver que je suis libre et que je suis heureuse.

> Ne respiré-je pas sous la voûte des cieux?
> Un espace sans borne est ouvert à mes yeux.
> Vois-tu cet horizon qui se prolonge immense?
> C'est là qu'est mon pays; là l'Écosse commence.
> Ces nuages errants qui traversent le ciel
> Peut-être hier ont vu mon palais paternel.
> Ils descendent du Nord, ils volent vers la France.
> Oh! saluez le lieu de mon heureuse enfance,
> Saluez ces doux bords qui me furent si chers!
> Hélas! en liberté vous traversez les airs.

Béranger, qu'il sied si bien de nommer à côté d'un poëte qui fut son ami de jeunesse et de tous les temps, a dit, par un sentiment assez semblable, dans le refrain touchant d'un captif :

> Hirondelles de la patrie,
> De ses malheurs ne me parlez-vous pas?

Alceste mourante, dans Euripide, s'écriait : « O soleil, ô lumière du jour, ô nuages qui roulez sur nos têtes!... O terre, ô palais, ô lit nuptial d'Iolcos, ma patrie!... » Ce sont les deux mêmes sentiments que dans *Marie Stuart,* le regret de la patrie et le regard au ciel, si ce n'est que Schiller et M. Lebrun les ont réunis. De tout temps les exilés, les mourants, les amants, se sont ainsi adressés volontiers à tout ce qui vole et passe, comme à des messagers de leurs regrets, aux échos, aux nuages, aux fumées qui montent à l'horizon, aux hirondelles de la patrie, aux flots qui peut-être ont baisé l'autre rivage (1).

(1) C'est le cas de rappeler les belles stances de Byron *à l'Éri-*

Les anciens pourtant, remarquons-le, n'apostrophent que discrètement, hors de la forme mythologique, ces choses naturelles extérieures. Philoctète, Ulysse, regardent les flots et ne leur parlent pas. Aristophane le fait pour les nuées, avec bien de la poésie, mais en pur grotesque. Cette mélancolique communication de l'âme avec les objets extérieurs, et particulièrement avec les nuages, est un trait plutôt moderne et du Nord. De ce ciel-là, Ossian est l'Homère, l'Écosse en est l'Olympe. Le nuage par Schiller nous en arriva. Tel qu'il vogue léger et se colore dans le coin de ciel découpé par M. Lebrun, il n'eût pas été repoussé de Racine.

dan, quand il charge les flots, qu'en naviguant il contemple, d'aller vers Ravenne couler aux pieds de la dame de son amour : « Le « flot qui emporte mes larmes ne reviendra plus ; reviendra-t-elle « celle que ce flot va rejoindre ? » Et Camoëns, dans son admirable *cançao* écrite en mer, durant une longue croisière pénible, en vue de l'Afrique et de l'Arabie, a dit : « Je demande de vos nouvelles, « madame, aux vents amoureux qui soufflent de la contrée où vous « habitez ; je demande aux oiseaux qui volent au-dessus de moi « s'ils vous ont vue, ce que vous faisiez, ce que vous disiez ; où ? « comment ? avec qui ? quel jour ? à quelle heure ? » (M. Magnin, *Vie de Camoëns*.) On me cite encore la funèbre apostrophe que voici, tirée de la première scène de *Rubena* par le poëte portugais Gil Vicente, de la fin du xve siècle : c'est l'héroïne qui, dans les transes étouffées d'un enfantement mortel, s'écrie : « Sombres et tristes nuées qui passez si rapides, oh ! délivrez-moi de ces angoisses, et emportez-moi jusque vers les profonds abîmes de l'Océan où vous allez ; que mon malheur vous touche, et puissiez-vous me conduire en toute hâte à cette vallée de tristesse où les maudites du sort, où les infortunées sont ensevelies ! » — Par contraste, dans *le Mariage de Figaro*, Chérubin dit bien gaiement *je vous aime* aux arbres, au vent, aux nuages.

Le personnage de Leicester, même avec les adoucissements que l'auteur français y apportait, eut peine d'abord à se faire accepter. Talma s'en aperçut aux premières scènes : le parterre, à certains moments, hésitait et ne savait trop comment le prendre; le grand acteur n'hésita point; il arracha cela, selon l'expression vive d'un excellent spectateur, *comme on arrache une dent.* Nous n'avons plus apparemment cette dent-là, et de plus odieux que Leicester passent dorénavant, sans dire gare, au théâtre. Talma se montrait particulièrement admirable par son jeu muet dans la grande scène du troisième acte entre les deux reines. A la dernière scène de la pièce, au dernier vers, au moment du coup fatal, le *Ah!* classique (*Ah! je meurs*) devenait dans sa bouche un *Han!* qui sentait le bourreau. Ce terrible *Han!* interjection inouïe en tragédie, contrariait fort Becquet et les puristes. — Mlle Duchesnois, en énergie, en pathétique, prêtait la main à Talma et ne laissait rien à désirer.

Marie Stuart allait aux nues et soulevait des transports. M. Lebrun s'y arrache; il part pour la Grèce le surlendemain de la première représentation, comme pour ne pas s'énerver dans le triomphe; il ne veut point de Capoue. A ce printemps de 1820, la Grèce n'était pas insurgée encore; mais on parlait alors de Parga, de ce peuple chrétien, livré, vendu au pacha d'Épire par l'Angleterre, et qui avait fui en emportant ce qu'il avait pu des tombeaux paternels. Il y avait là un sujet vivant, le poëte y court. Ou je me trompe, ou je vois dans ce départ empressé quelque chose de généreux, un trait tout à fait digne d'un lendemain de haute tragédie. Pour son *Ulysse*, M. Lebrun s'était reporté jusqu'à Homère; il avait emprunté à l'Allemagne dans *Marie Stuart*; tout à l'heure il s'adressera à l'Espagne pour le *Cid d'Andalousie*, et maintenant le voilà en quête de poésie vers la Grèce. Par ces excursions, par ces alliances combinées en divers sens, il cherchait évidemment à remonter, à ravitailler le genre classique, à qui de lui-même l'invention manquait un peu. On ne saurait méconnaître dans cet ensemble d'efforts élévation et courage.

Il s'embarque à Marseille sur *le Thémistocle*, le plus beau des vaisseaux d'Hydra, commandé par Tombasis, qui, un an après, devenait le navarque glorieux des îles en délivrance; déjà on chantait à bord le chant de Rhigas. Il visita ces sites vénérés que la beauté décore, qu'a nommés la Muse, et parmi lesquels Ithaque, la *pierreuse* Ithaque, l'attirait plus tendrement par le souvenir d'Ulysse, et comme eût fait une patrie. Une ode de 1821 consacre cette impression bien sentie. C'est un des plus doux bonheurs du poëte de pouvoir reconnaître un jour par lui-même les lieux désirés dont les noms erraient sur ses lèvres avec harmonie dans les rêves de sa jeunesse (1).

De retour en France en 1821, il publia, vers sep-

---

(1) Voir au tome II des *OEuvres* de M. Lebrun *le Parnasse*, *la Vallée d'Olympie*, pièces faites sur les lieux mêmes; *le Vin d'Ithaque*, *le Ciel d'Athènes*, pièces inspirées par le vif souvenir : je recommande surtout sa belle et digne poésie du *Ciel d'Athènes*: la sérénité qu'elle veut peindre s'y réfléchit.

tembre, un *poëme lyrique* sur la mort de Napoléon, morceau étendu, plein d'harmonie, de souffle et d'émotion. Le poëte, rassemblant toutes ses ardeurs et ses enthousiasmes du premier âge, ne craignait pas de s'y montrer plus napoléonien qu'on ne se le permettait généralement alors dans cette fraction du parti libéral qui confinait aux opinions doctrinaires. C'était payer la dette du Prytanée. Il la paya complète : la pension de 1,200 francs qu'il devait à l'Empereur pour son ode *A la Grande Armée* lui fut ôtée par le ministère Villèle pour cet hommage de reconnaissance rendu au bienfaiteur mort.

Ce poëme lyrique sur Napoléon, qui clôt la série des odes de M. Lebrun, est certainement ce qu'on a écrit en vers de plus développé et à la fois de plus soutenu sur le grand homme avant que M. Victor Hugo en vînt à la célébrer. Le style lyrique de M. Hugo, par la magnificence de détail qu'il prodigue, fait tort nécessairement à celui de tous ses devanciers, et les deux Lebrun peuvent en souffrir. Béranger n'échappe aux confrontations qu'à force de traits aussi et par la perfection serrée de sa forme. Mais il semble que ce n'est plus assez maintenant, dans l'ode, que la roue aille vite, d'un noble et nombreux essor, et parcoure toute l'arène ; il faut que chaque clou y soit d'or :

    L'or reluisait partout aux axes de ses chars.

Et quelquefois même il arrive que le char va tout lentement et presque au pas, comme pour mieux montrer chaque diamant. — Gloire pourtant et merveille ! le

char s'emporte et vole, tout s'allume, tout n'est qu'é-
clair !

Le naturel et la grâce en poésie résistent mieux aux modes, aux révolutions du style, que le grandiose; ils sont comme le roseau qui *plie et ne rompt pas*. Le sacre de Charles X inspira ou imposa bien des poëmes : le seul qu'on puisse relire, ce sont *les Oiseaux* de Mme Tastu. M. Lebrun, alors retiré à la campagne dans les douces prémices de la saison et dans l'indépendance du poëte, a fait à la cérémonie officielle une contre-partie souriante et toute de fraîcheur, avec un certain accent de Chaulieu à Fontenay ou de Fontanes à Courbevoie, avec un accent d'Horace. Pendant que Charles X prend la couronne à Reims, lui, à Champrosay (pour dire le fait en prose), il pend la crémaillère. La pièce est inédite; on saura deux fois gré à l'auteur de nous avoir permis de la citer :

LA VALLÉE DE CHAMPROSAY

LE JOUR DU SACRE DE CHARLES X (29 MAI 1825).

O Champrosay, champêtre scène
De repos, de calme et d'oubli,
Entends-tu venir, sur la Seine,
Du canon qui tonne à Vincenne
Le son, par l'espace affaibli ?

Reims couronne Charle à cette heure ;
Il marche au sacre en cet instant,
Où moi, par fortune meilleure,
J'inaugure ici ma demeure,
Plus roi que Charle et plus content.

Je crois ouïr l'église immense
Élever son bruit jusqu'aux cieux :
De loin vers ces bois il s'élance,
Et vient accroître le silence
De leurs dômes religieux.

Des transports, selon l'habitude,
Là, chargent l'air de mille vœux !
Ici, loin de la multitude,
De la fidèle solitude
Le silence parle bien mieux.

Peut-être, à l'usage fidèles,
Maintenant mille passereaux,
Lâchés sous les nefs solennelles,
Aux cierges saints brûlent leurs ailes,
Et du bec battent les vitraux.

Liberté !... c'est donc le symbole
De celle que nous font les rois ?
Plus semblables à mon idole,
Vous me montrez celle qui vole,
Oiseaux qui chantez dans les bois.

C'est ici que j'aurais dû naître !
Champrosay ! nom plein de douceur !
O ma maison, reçois ton maître !
Forêt, fleuve, coteau champêtre,
Recevez votre possesseur.

Heureux qui de son espérance
N'étend pas l'horizon trop loin,
Et, satisfait de peu d'aisance,
De ce beau royaume de France
Possède à l'ombre un petit coin !

Un cerisier, près de mon Louvre,
Le cache et l'indique au regard;
Devant, la scène se découvre,
Et, derrière, une porte s'ouvre
Sous les ombrages de Senart.

Le domaine ne s'étend guère,
Mais il est selon mon trésor.
Si liberté n'est pas chimère,
Pour vivre libre et lire Homère,
Bien portant, que faut-il encor?

Pour m'agrandir m'irai-je battre?
Trois arpents sont assez pour moi :
Dans trois arpents on peut s'ébattre.
Alcinoüs en avait quatre,
Mais Alcinoüs était roi.

Oh! bien fou qui jamais n'arrête
Ses vœux d'heure en heure plus grands,
De biens nouveaux toujours en quête!
On blâme l'esprit de conquête,
On imite les conquérants.

Si les hommes pouvaient s'entendre!
Mais non : tant qu'il trouve un voisin,
Tout homme a le cœur d'Alexandre,
Et, prince ou bourgeois, veut étendre
Ou son royaume ou son jardin.

Quant à moi, devenu plus sage
Et dans mes désirs satisfait,
Peu redoutable au voisinage,
Je ne demande à ce village
De lot que celui qu'il m'a fait;

Content si, m'assurant la vue
De la rivière et du coteau,
J'y puis seulement, sur la rue,
Joindre la place étroite et nue
Que borne, en fleurs, le vieux sureau.

C'est tout... Et puis encor peut-être
Ce petit bois plein de gazon
Qui se berce sous ma fenêtre,
Et semble m'attendre pour maître,
Caché derrière ma maison.

Rien de plus... Et si, murmurante,
Dans ce bois, devenu le mien,
Venait à luire une eau courante,
Alors,... si ce n'est quelque rente,...
Il ne me manquerait plus rien.

Le Cid d'Andalousie, représenté pour la première fois le 1ᵉʳ mars 1825, avait été retardé longtemps par les tracasseries de la censure ; c'est à M. de Chateaubriand, ministre, que la pièce avait dû de sortir de dessous la griffe, non pas sans trace de mutilation. M. Lebrun s'était adressé à l'illustre écrivain comme au patron naturel de tous les hommes de lettres honorables. M. de Chateaubriand lui donna audience aussitôt : — « On dit qu'un roi joue un vilain rôle dans votre pièce ; cependant, monsieur, il serait bien temps, ce me semble, de laisser les rois tranquilles. » M. Lebrun n'eut pas de peine à se faire entendre, lorsque, protestant contre toute allusion misérable, il se retrancha dans la vérité de l'histoire et des mœurs qu'il voulait peindre. La fortune de la pièce à la représentation fut contrariée ;

ce fut un de ces combats vaillants, mais indécis, desquels il ne ressort ni défaite ni victoire. L'impatience du parterre commença à se faire sentir à une scène de l'acte second, laquelle, au contraire, paraissait alors à de très-bons juges d'un charme sans exemple sur notre scène, et comparable seulement à l'entrevue de Juliette et de Roméo; la fameuse scène de doña Sol, depuis, rentra dans cette situation. Mais laissons parler là-dessus un témoin bien grave et hautement autorisé en toute matière, M. le duc de Broglie, qui, dans la *Revue française* de janvier 1830, venant constater, à propos de l'*Othello* de M. de Vigny, la révolution sensible qui s'opérait dans le goût du public, écrivait : « Chacun peut se rappeler les murmures qui interrompirent, lors de la première représentation du *Cid d'Andalousie,* cette scène charmante (1) où le héros de la pièce, tranquillement assis aux pieds de sa bien-aimée, sans desseins, sans inquiétude, uniquement possédé de l'idée de son prochain bonheur, dans un profond oubli et du monde, et des hommes, et de toutes choses, l'entretenait doucement des progrès de leur amour mutuel, et lui rappelait, en vers pleins de délicatesse et de grâce, les premiers traits furtifs de leur muette intelligence. Ni le talent de Talma, ni celui de Mlle Mars, ne purent obtenir grâce, en cette occasion, devant le rigorisme du parterre. Le parterre trouva qu'une telle scène était un hors-d'œuvre, qu'elle entravait la rapidité de l'action ; en un mot, qu'elle

---

(1) Acte II, scène III.

violait ouvertement la règle, *Semper ad eventum festina;* il fut inexorable. » Je viens moi-même de lire la *scène du banc,* ainsi on l'appelait par rapprochement avec la scène shakspearienne du *balcon :* comme douceur, naturel, harmonie de diction, je trouve qu'elle justifie tous les anciens éloges.

Les murmures qui l'avaient troublée à la première représentation se réveillèrent durant le cinquième acte : le nom de l'auteur put être proclamé, mais cette première soirée restait grandement douteuse. La seconde parut tout réparer. Je trouve dans d'excellents articles du *Globe,* dus à la plume de M. Auguste Trognon, le bulletin fidèle de ces vicissitudes (1). La pièce avec quelques coupures était remise à flot ; elle semblait lancée, lorsque après la quatrième représentation une indisposition subite de Desmousseaux vint, comme à point, interrompre. Quand Desmousseaux fut remis, Talma partait en congé. Au retour de Talma, Michelot, qui trouvait son rôle odieux, refusa de le reprendre. Puis Talma mourut. D'attente en attente, l'auteur garda sa pièce, qui ne fut pas imprimée, de sorte que *le Cid d'Andalousie,* dans la chronique littéraire et dra-

---

(1) Numéros des 3, 5 et 8 mars 1825 ; on y revint trois fois à la charge, comme dans un combat. Le bulletin du 8 mars prenait acte de la victoire en ces termes : « Comme il était aisé de le pré-
« voir, la seconde représentation du *Cid d'Andalousie* n'a point
« ressemblé à la première. L'affluence du public était la même,
« mais les dispositions étaient autres, et la pièce, convenablement
« écoutée, n'a pas manqué d'obtenir tout le succès auquel elle
« avait droit. On a vivement applaudi, on a pleuré ; c'est le même
« triomphe que celui de *Marie Stuart.* »

matique de notre temps, n'est plus qu'une vague rumeur et un nom (1).

L'année même du *Cid,* comme par un retour de pensée vers Marie Stuart, l'auteur allait en Écosse et y passait trois jours à Abbotsford, visitant avec Walter Scott tous les environs à l'avance connus. Par ce voyage il accomplissait en quelque sorte le cycle régulier de ses excursions romantiques.

Le poëme de *la Grèce* parut en 1828. Depuis le voyage de 1820, la Grèce était devenue à la mode, et le troupeau des rimeurs y avait passé. Tout l'Eurotas, chaque semaine, était bu ; on ne voyait qu'abatis de lauriers-roses. M. Lebrun, dans ses vers, rendit aux rivages célèbres quelque chose de leur naturelle et sauvage verdeur ; on sentit l'homme qui avait visité ce pays de renaissante mémoire, avant de le chanter. M. Thiers,

(1) Cet état douteux a cessé depuis la publication de la pièce dans les *OEuvres;* chacun peut lire, mais ce n'est qu'à une remise en scène qu'on en pourrait complétement juger. — Mlle Mars, qui représentait le principal personnage, avait bien tout le charme qui était nécessaire pour représenter doña Estrelle, mais il lui manquait la force et le pathétique. Quant à Talma, il était plein de grâce dans la *scène du banc,* et produisait un grand effet dans le quatrième acte. On lit au tome III des *Mémoires d'Ouvrard :* « Au « mois de septembre 1826, Talma se trouvant à dîner à la Concier- « gerie avec plusieurs personnes, à la fin du dîner la conversation « tomba sur le théâtre. — Que pensez-vous du romantique ? de- « manda l'un des convives à Talma. — J'aime le romantique, ré- « pondit-il vivement, mais surtout celui de Racine. Nos auteurs « vivants ne vont pas si loin que ce maître dans le genre. Racine ! « Racine !... L'auteur de *Marie Stuart* lui fournit le sujet d'une « foule d'idées que je n'ai entendu exprimer à personne. Il cita « beaucoup de vers du *Cid d'Andalousie;* il aimait ce rôle. »

journaliste, écrivait que cette composition, pour ainsi dire errante, était pleine de charme (1). M. Ampère, dans *le Globe* (2), y relevait ces vers simples, mélodieux, touchants, par lesquels le poëte, revoyant son vaisseau *le Thémistocle* à la tête de la flotte qui va combattre, se rappelle les impressions toutes pacifiques du premier départ :

> Et nos plaisirs rêveurs! les vagues et leur bruit,
> Les étoiles, le chant prolongé dans la nuit ;
>   Souvenir qui me trouble encore!
> Et nous lisions Homère ; et, dès la blonde aurore,
> Je sentais, vers la mer l'œil fixé tout le jour,
> Pour l'eau bleue et profonde un indicible amour,
>   Et j'écoutais le vent sonore.
>   Oh ! c'était un charme puissant
> D'entendre sa présence à la poupe fidèle,
> Et de voir le vaisseau, sur l'onde alors glissant,
> Fuir et pencher sa voile, ainsi qu'une hirondelle,
> Quand rasant l'eau, joyeuse, elle y trempe son aile.

Il fallait, remarque-t-on justement, avoir vécu sur mer, avoir aimé la mer, pour la chanter ainsi. En somme, à travers des portions quelque peu incultes et rudes comme le pays même, on sentait partout un fond de récitatif qui n'était pas écrit d'après les impressions d'autrui. La façon du vers, libre dans sa forme, et souvent hardi sans système, ne rompait pas absolument avec l'ancien genre, mais jurait encore moins

---

(1) *Constitutionnel*, 25 août 1828.
(2) 26 mars 1828.

avec le goût nouveau (1), avec le rhythme émancipé de 1828 ; et nous alors, poëtes de nouvelle volée, en le lisant, en notant ses coupes, en insistant sur ses mots familiers et simples, sur les gaietés de klefte lâchées à l'écho :

Du pistolet joyeux il fait siffler la balle,

nous disions, nous avions droit de dire : *Il est des nôtres.*

M. Lebrun allait être de l'Académie. Depuis son succès de 1820, sa place y semblait marquée avec certitude; seulement son poëme *sur la Mort de Napoléon* l'avait fort retardé. Sous le ministère Villèle, l'Académie française avait pris, comme toutes choses, une couleur politique ; de très-légitimes choix y purent se faire sans doute sous la faveur royaliste, mais il y avait exclusion d'autres choix non moins légitimes, plus populaires, et c'était fâcheux pour l'Académie, ajoutons aussi pour la constitution sociale des lettres. M. Royer-Collard, le premier, força la porte, et les *libéraux* purent entrer. M. Lebrun fut nommé tout aussitôt après M. Royer-Collard. On jouait ce jour-là *la Princesse Aurélie* à la Comédie-Française. La princesse, en entrant, aperçoit quelque homme de lettres de sa cour et lui dit :

Ah ! votre Académie a fait un fort bon choix,
Le public avec vous a nommé cette fois.

(1) Il y avait encore par-ci par-là quelques périphrases :
Le tube qu'on allonge ou resserre à son choix,
pour *lorgnette*. (Article de M. Patin, *Revue encyclopédique*, mars 1828.)

Et le parterre d'applaudir très-vivement. C'était alors l'âge d'or des publiques sympathies. Nous aimons à en rappeler ce détail aujourd'hui que M. Lebrun, à son tour, vient de contribuer autant que personne, par son vote actif et persistant, à faire cesser au sein de l'Académie l'absence trop marquée d'un illustre novateur (1).

La révolution de 1830, en ouvrant à M. Lebrun la carrière de la haute administration et des affaires, a tenu, en quelque sorte, pour lui les promesses et payé l'arriéré de l'Empire. Depuis ce temps, le poëte, l'homme de lettres en lui a dû se moins manifester, et on ne le retrouverait guère directement que dans les solennités de l'Académie, y portant la parole en toute convenance. Ce serait sortir de notre sujet, et presque de notre droit, que de toucher dans l'homme l'esprit disert, sociable, fidèle à ses amitiés, assorti aux choses, et faisant honneur à son passé en se montrant à l'aise en chaque emploi. Ce que nous avons voulu ici, ç'a été, à propos d'une reprise qui rappelait les titres acquis, de bien marquer la trace qu'a faite à son jour M. Lebrun dans l'art de son temps, et de rattacher à son nom l'idée qu'il y faut mettre : poëte presque formé déjà sous l'Empire, et qui sut être le semi-romantique le mieux autorisé sous la Restauration.

(1) M. Victor Hugo.

15 janvier 1841.

M. LE COMTE MOLÉ.

1841.

(Réception à l'Académie.)

De très-bonne heure, et presque au lendemain de son institution, il s'est fait des épigrammes contre l'Académie; elles venaient de ceux même qui en ont été et de ceux qui n'en pouvaient pas être. Il y a eu les épigrammes que j'appellerai innocentes et gaies, comme celles des poëtes épicuriens Chapelle et Lainez au xviie siècle, comme ensuite celles de Piron. Il y a eu les traits plus violents et même envenimés, comme ceux que Chamfort, tout académicien et lauréat d'académie qu'il était, aiguisa, tailla, assembla en faisceau, pour en faire un instrument de mort aux mains de Mirabeau, qui devait frapper le coup. Et pourtant l'Académie a subsisté, a revécu du moins, et sans trop se modifier encore; elle a peu dévié de l'esprit de sa fondation, elle y est revenue dès qu'elle a pu; elle a même gardé de son prestige, et le mot de d'Alembert, dans son ingénieuse préface des *Éloges,* qui répond d'avance à tout, reste parfaitement vrai : « L'Académie française, dit-il, est l'objet de l'ambition secrète ou avouée de presque tous les gens de lettres, de ceux même qui ont fait contre elle des épigrammes bonnes ou mauvaises, épigrammes dont elle serait privée pour son malheur, si elle était moins recherchée (1). »

Montesquieu, Boileau lui-même, Charles Nodier, avaient commis bien des irrévérences contre le corps ou contre les membres immortels, et ils en ont été; et, chose plaisante! quand on est une fois de l'Académie, on fait comme tout académicien ; avec plus ou moins de bonne grâce, on remercie de même, on est flatté de même, on est plus ou moins conquis. Nous verrons bien pour M. Hugo.

A ceux qui, jeunes, débutent par l'attaquer, par la dédaigner, l'Académie, qui n'est pas une personne jeune, mais d'âge moyen, et qui ne meurt pas, peut répondre : *J'attendrai.* Cette fièvre d'audace et de propre bonheur, cette ébullition, ce rien qu'on appelle la jeunesse se passe, et l'attaquant, s'il a quelque valeur et s'il cherche dans la société toute la place à laquelle il peut prétendre, commence un jour à lorgner de loin l'Académie. S'il est vrai, comme l'a dit d'Alembert encore, que l'écrivain isolé soit une espèce de *célibataire,* il vient un âge où les plus intrépides célibataires commencent à ne pas trouver absurde de se marier. Pour un mariage avec l'Académie, il n'est jamais trop tard. Et l'Académie vous voit venir, et elle sourit, et

(1) Voltaire a dit aussi là-dessus de fort jolies choses, et qui auraient encore leur à-propos. (Voir sa lettre à M. Lefebvre *sur les inconvénients attachés à la littérature,* 1732.)

elle triomphe ; et dans sa malice (car elle en a, jamais de colère), elle vous fait dire plus d'une fois : *Repassez.*

L'Académie, en un mot, répond parfaitement à un certain changement d'âge dans les esprits littéraires. A vingt ans, quand on est novateur et révolutionnaire, on donne en plein dans le Chamfort. A quarante, pour peu qu'on s'écoute sincèrement, on commence à pencher au d'Alembert.

Quel est, quel peut être le rôle de l'Académie dans notre temps ? Comment peut-elle se donner toute l'importance qui lui est permise et que plusieurs lui contestent ? Est-elle surtout un ornement littéraire, et doit-elle se borner, en général, à n'être que cela ? Graves questions toujours agitées, et assez inutilement par ceux qui sont hors de l'Académie. Dès qu'on y entre, on salue, on s'assoit et l'on n'en parle plus. Mais il est un point que j'oserai croire plus essentiel qu'aucun, et pour lequel il n'y a aucune innovation à demander ; j'en parlerai donc ; il ne s'agit pas du *Dictionnaire.* C'est que dans ce temps de mœurs littéraires si mauvaises et si gâtées, en ce temps de grossièreté où la littérature, ce qu'on ose appeler ainsi, trop souvent imite la rue et n'en a pas la police, il importe que l'Académie reste un lieu où la politesse, l'esprit de société, les rapports convenables et faciles, une transaction aimable ou du moins suffisante, la civilisation enfin en littérature, continuent et ne cessent jamais de régner. Il importe que l'Académie redevienne ou reste autant que possible une *Compagnie.*

Des coteries, de tout temps il y en a eu au sein de

l'Académie. C'est malgré une coterie qu'y entrait La Bruyère, lequel s'en est si fort souvenu dans la préface de son discours de réception. Mais ces petits groupes très-mobiles, et formés d'ordinaire à l'encontre d'une seule personne, n'avaient rien de persistant ; ce n'étaient pas des partis. Au xviiie siècle, en avançant, les oppositions intestines devinrent plus marquées, plus régulières : les évêques et le parti encyclopédique se disputaient plus ou moins ouvertement les nominations. La pièce, tout à fait parricide, de Chamfort, en 90, en éclatant, nous révèle tout ce qu'il y avait de haines sourdes qui couvaient entre confrères (1). Pendant les dix ou quinze années de révolution qui suivirent, le parti philosophique était le maître à l'Institut, dans les diverses sections ; je ne sais s'il y fut aussi intolérant qu'on l'a dit quelquefois ; les autres, en petit nombre, s'y montraient certainement assez hargneux. Sous la Restauration, il y eut coup d'État dès l'abord et instal-

---

(1) Cette pièce est d'ailleurs des plus piquantes pour l'esprit. Chamfort s'égaye bien vivement de l'homme de lettres *célibataire* de d'Alembert ; il commente très-drôlement ce mot : « *L'homme de lettres qui tient à l'Académie donne des otages à la décence;* » mais, si malin que fût Chamfort, n'était-il pas un peu bonhomme et crédule quand il disait : « Nous arrivons à la troisième fonction académique, les compliments aux rois, reines, princes, princesses ; aux cardinaux, quand ils sont ministres, etc. Vous voyez, messieurs (l'ouvrage est sous forme de discours), par le seul énoncé, que cette partie des devoirs académiques est diminuée considérablement, vos décrets ne laissant plus en France que des citoyens. » — Le monde me fait parfois l'effet d'une très-bonne montre ; on fait tout pour la gâter et la déranger ; mais, pour peu qu'on la laisse quelque temps dormir tranquille, elle revient d'elle-même au bon point.

lation d'une majorité politique au sein de l'Académie plus que restaurée. Cette espèce de domination non littéraire, avec d'heureux intervalles pourtant, se prolongea jusqu'au renversement du ministère Villèle : c'est cette réduction, cette sujétion de l'Académie à un parti politique qui est, avant toutes choses, à éviter. La modération de la révolution de Juillet a tourné l'écueil, et, bien qu'elle ait rempli l'Académie de ses personnages, ç'a été à des titres bien patents et sans idée aucune d'asservissement ou d'exclusion. Ainsi il n'y a plus de parti politique faisant loi à l'Académie. L'élection de M. Hugo vient de rompre toute reprise de coalition littéraire exclusive, si toutefois cela méritait ce nom. L'important, c'est que l'Académie soit libre dans ses choix, qu'elle les fasse aussi balancés, aussi imprévus, aussi étendus que possible, et sans s'interdire même les gens de lettres proprement dits, spéciaux, isolés, *célibataires* obstinés jusque-là, et qui, à ce titre, ont marqué un peu vivement. Chacun a ses torts. Ceux qui ne se sont occupés toute leur vie que des lettres, ne peuvent avoir que des torts et des peccadilles littéraires, et ils en ont nécessairement, à moins d'être et d'avoir été toujours des sujets exemplaires, ce qui, on en conviendra, est la pire des choses en littérature.

Après cela, que l'Académie tempère, qu'elle entremêle, qu'elle *espace* et *distance* (sont-ce des mots académiques?) les gens de lettres par des choix d'une littérature moins spéciale, et par toutes les sortes de variétés que présentent, dans une société comme la nôtre, les applications publiques de la parole : à la bonne heure ! l'Académie est un salon ; pour qu'il reste le premier de tous, à de certains jours, il faut qu'il n'y manque aucune des formes et des distinctions possibles du langage. Et puis, qu'on ne l'oublie pas, plus de la moitié des académiciens de tout temps ont été des grands seigneurs, des évêques, des maréchaux de France de père en fils, de ces membres, comme disait le digne et ingénieux d'Alembert, que la Compagnie *avait plutôt reçus qu'adoptés.* Mais, va-t-on s'écrier, on a aboli tout cela ; non point, s'il vous plaît ; vous retombez dans l'illusion de Chamfort ; on n'a point aboli, on a *transformé* tout cela. Il n'y a plus de grands seigneurs à l'Académie, reçus à ce titre et sur un mot du roi. Le temps est loin en effet, où le duc de Villars s'y voyait nommé pour succéder à son père le maréchal, lequel en était pour la victoire de Denain. En 1738, le marquis de Sainte-Aulaire, le spirituel ancêtre du très-légitime académicien d'hier, avait, comme directeur de l'Académie, à recevoir le duc de La Trémoille qui n'y avait d'autre titre que ses hautes qualités et fonctions à la cour. Mais il se trouvait, par bonne fortune, que le père de ce duc de La Trémoille avait épousé la petite-fille de Mme de La Fayette, l'auteur de *la Princesse de Clèves*, et le nouvel académicien, arrière-petit-fils de Mme de La Fayette par sa mère, se pouvait dire de la sorte petit-neveu (à la mode académique) de *la Princesse de Clèves* et de *Zaïde*. M. de Sainte-Aulaire, en homme d'esprit et de ressource, ne manqua pas de le lui dire : « Pouvaient-elles mieux s'acquitter (*les Lettres*) de ce qu'elles devaient elles-mêmes à cette femme incomparable, dont le nom, qui s'est perdu dans votre maison, fut encore moins fameux par les grands hommes qui l'ont porté..., que par les deux chefs-d'œuvre immortels?... » Et il se jette, en finissant, sur Castor et Pollux, comme Simonide. On est bien loin de ce temps-là. Mais, encore une fois, il y a eu transformation plutôt que destruction à l'Académie, et les hautes fonctions, les services rendus à l'État dans la carrière publique, sont et seront toujours des indications pour les choix, pourvu qu'il s'y joigne à l'appui un accompagnement, un prétexte littéraire, ou un retentissement d'éloquence.

La société est faite ainsi, elle a ses raisons. Si littérateur qu'on soit ou qu'on se fassé, je ne saurais y voir un grand inconvénient. Le danger pour l'Académie, si danger il y avait, ne viendrait jamais de quelques hommes distingués et lettrés du monde politique ; il viendrait des gens de lettres médiocres s'attroupant en bloc, se coalisant ou se déchirant. Si, par grand hasard et malheur, un Trissotin se glissait dans l'Académie, oh ! pour Dieu ! qu'il n'y ait du moins jamais de Vadius, ou si Vadius s'y trouvait installé sans qu'on sût comment, pour Dieu! alors qu'on n'y reçoive jamais Trissotin. Échapper toujours aux ridicules littéraires, c'est beaucoup, c'est difficile pour un corps ; mais surtout ne jamais donner accès aux vices littéraires, voilà le possible et l'essentiel. Les vices littéraires sont ce qu'il y a au monde de plus bas et de plus vil ; la littérature actuelle en abonde. Je conçois que l'Académie mette du temps et grande réserve à trier.

Pour les gens de lettres eux-mêmes, s'ils en valent la peine, il n'est pas sans profit d'attendre la fin de l'épreuve et de n'arriver à l'Académie qu'un peu sur le tard. Le mieux est d'avoir fourni auparavant tout ce qu'on peut en plein air, avec ses coudées franches. Même dans les plus beaux jours du passé académique, de bien illustres, il est flatteur de se le dire, sont entrés tard et bien tard : Boileau, La Fontaine, Voltaire :

Et j'avais cinquante ans quand cela m'arriva.

Une compagnie d'honnêtes gens, aimant les lettres, y arrivant, y revenant de bien des côtés, se plaisant à en causer dans leur âge mûr, ou sur leurs vieux jours, s'y réconciliant, s'il le faut, et croisant sur un même point, sur un mot de vocabulaire, des pensées d'origine bien diverse, ainsi je me figure la réunion de famille et le *tous-les-jours* de l'Académie.

En face du public, c'est autre chose, c'est la distribution bien entendue de revenus assez considérables, la dispensation de certaines récompenses littéraires, la provocation à de certains travaux ou exercices plus ou moins bien choisis. Il y a enfin dans l'Académie le grand corps de l'État, — je passe et m'incline.

Un des hommes qui ont caché et enterré le plus d'esprit sous le plus d'érudition, Gabriel Naudé, assistant à la fondation des Académies d'Italie et de France, a dit qu'elles étaient des *bals,* que les bons esprits y allaient comme les belles femmes au bal, pour y passer leur temps agréablement et pour s'y montrer. Je ne sais si Richelieu, qui aimait tant les ballets, et qui savait qu'on les aime en France, a pensé à cela en fondant l'Académie française ; mais il se trouve que c'est assez vrai (1). Oui, on y peut voir parfois des bals de beaux esprits, bals parés, brillants, très-courus. Plus jeune on aimait mieux un autre bal, plus frivole certainement, plus sérieux aussi, demandez à Roméo. Les

(1) Il est juste de reconnaître que le discours de réception qui est, à proprement parler, le menuet du bal, n'a pas été inventé par Richelieu. Le premier académicien qui ait introduit la mode de ce discours est Patru. Il imagina, à son entrée (1640), d'adresser un si beau remerciment à la Compagnie, qu'on obligea tous ceux qui furent reçus depuis, d'en faire autant. Toutefois ces réceptions n'étaient point publiques, et l'on n'y dansait le menuet qu'entre soi. Ce fut Charles Perrault, bien plus tard, qui fit faire le second pas et qui décida la publicité : « Le jour de ma réception (1671), dit-il en ses agréables *Mémoires*, je fis une harangue dont la Compagnie témoigna être fort satisfaite, et j'eus lieu de croire que ses louanges étoient sincères. Je leur dis alors que mon discours leur ayant fait quelque plaisir, il auroit fait plaisir à toute la terre, si elle avoit pu m'entendre ; qu'il me sembloit qu'il ne seroit pas mal à propos que l'Académie ouvrît ses portes aux jours de réception, et qu'elle se fît voir dans ces sortes de cérémonies, lorsqu'elle est parée... Ce que je dis parut raisonnable, *et d'ailleurs la plupart s'imaginèrent que cette pensée m'avoit été inspirée par M. Colbert :* ainsi tout le monde s'y rangea. » Le premier académicien qu'on reçut après lui et qu'on reçut en public (1673), fut Fléchier, digne d'une telle inauguration. Perrault, qui mettait les modernes si fort au-dessus des anciens, comptait parmi les plus beaux avantages de son siècle cette cérémonie académique dont il était le premier auteur : « On peut assurer, dit-il, que l'Académie changea de face à ce moment : de peu connue qu'elle étoit, elle devint si célèbre qu'elle faisoit le sujet des conversations ordinaires. » Les Grecs avaient les jeux olympiques, les Espagnols ont les combats de taureaux, la société française a les réceptions académiques.

beaux esprits, les délicats, en avançant, se mettent à convoiter ce dernier bal commode, riant, honoré. On a tout vu, on a assez dit. On est un peu las de la vie, du festin, non pas assez pour quitter la table ; c'est le dessert. « Je ne sors point, si ce n'est pour aller un peu à l'Académie, afin que cela m'amuse, disait La Fontaine. En autre saison, ne lui en voulez pas, il eût mieux aimé aller au bois sous la coudrette, même seul, pour dormir *parmi le thym et la rosée.*

L'Académie française, entre toutes les autres, est la seule qui ait gardé le privilége de donner des bals, ou pour parler moins légèrement, de vraies fêtes. C'en est une toutes les fois qu'elle a à recevoir un nom connu, célèbre. C'en était une l'autre jour et très-brillante. Bien des points de vue s'y joignaient. Il y avait jouissance de société, il y avait caractère public et sérieux hommage : un prélat mort, un homme d'État considérable qui le remplaçait, et qu'on nous permette d'ajouter, un homme aimable.

Je ne dirai pas, je ne sous-entendrai pas un mot de politique dans tout ceci, je me hâte de le déclarer, même s'il m'arrivait par mégarde de me risquer à toucher au discours de M. Dupin. Pas un mot de politique, ceci seulement : quand on est bien persuadé (et c'est peut-être fort triste) que l'art de gouverner les hommes n'a pas dû changer malgré nos grands progrès, et que, moyennant ou nonobstant les divers appareils plus ou moins représentatifs et soi-disant vrais, au fond cet art, ce grand art, et le premier de tous, de mener la société à bien, de la conserver d'abord, de l'améliorer et de l'agrandir s'il se peut, ne se pratique jamais directement avec succès qu'en vertu de certains résultats secrets d'expérience, très-rigoureux, très-sévères dans leur équité, très-peu optimistes enfin, on en vient à être, non pas indifférent, mais assez indulgent pour les oppositions de systèmes plus apparentes que réelles, et à accorder beaucoup, au moins quand on n'est que simple amateur, à la façon : je rentre, on le voit, en pleine littérature.

Parmi les hommes d'État qui ont paru en première ligne dans nos affaires depuis dix ans, il en est plusieurs qui se sont fait bien des titres de gravité, de vertu, d'éloquence : il en est deux que j'ai toujours involontairement rapprochés par le contraste et aussi par de certaines ressemblances dans l'effet produit. M. Thiers est certainement un homme de la toute nouvelle société; M. Molé devient chaque jour un des plus rares représentants de l'ancienne. Ils appartiennent, au moins depuis quelques années, à des systèmes opposés et qui se sont combattus; l'origine de leurs idées semblait les destiner à se combattre bien plus nettement encore. Les habitudes, les applications de leur parole, ou sobre et proportionnée, ou abondante et féconde, en font des orateurs des plus distincts. Eh bien! l'un et l'autre pourtant, à l'aide ou des saillies ou des nuances de cette parole, l'un et l'autre de plus ou moins loin et tous les deux de près, arrivent à produire un effet analogue de persuasion facile, de séduction aisée. Ils agréent chacun dans sa forme; on a, si on l'osait dire, du goût pour eux. Un certain charme d'orateur ou de causeur est bien quelque chose à noter le jour où l'on parle d'académie.

Je disais tout à l'heure que le rôle le plus indiqué de l'Académie en ce moment était de maintenir, au milieu de la ruine des procédés et à travers les violations courantes du droit des gens dans les lettres, une certaine politesse, une conciliation dans son sein, une douceur enfin de civilisation à l'aide de ce qui en a été toujours considéré comme l'expression et la fleur. En portant son choix sur M. Molé, qu'a-t-elle fait, sinon de se donner l'élu que lui aurait offert en tout temps, et lorsque la chose comme le nom existait le plus, la société française elle-même?

M. Molé, au début de son discours, a parlé avec modestie, avec émotion, des jours de son enfance et des enseignements littéraires réguliers qui, a-t-il dit, lui ont manqué. « Vous, les maîtres de l'art d'écrire et de la parole, la chaîne des temps n'a pas été interrompue pour vous; avant d'exceller vous-mêmes, vous avez appris. Ceux qui vous ont précédés dans la carrière y ont dirigé vos premiers pas... Vous ne sentez peut-être pas assez vous-mêmes tout le prix de ces biens que vous avez reçus; croyez-en celui qui les regrettera jusque dans sa vieillesse, et dont l'enfance sans protection, sans guide, n'eut de leçons que celles du malheur. » — On s'étonnait un jour devant M. d'Andilly que son très-jeune frère, le docteur Arnauld, au sortir des écoles, eût pu produire en français un livre aussi bien écrit que celui de *la Fréquente Communion*. « Mais il me semble, répliqua M. d'Andilly un peu fièrement, qu'il n'avait pour cela qu'à parler la langue de sa maison. » A la modestie de M. Molé, on aurait pu répondre quelque chose de tel. S'il n'eut pas les écoles, il eut la famille. Et quant au fond, il ne sera pas sans intérêt ici de parler de ces leçons du malheur qu'il a touchées d'un mot.

Son père, président au parlement de Paris, n'avait point émigré; après un voyage à Bruxelles, où son fils, âgé alors de dix ans, l'accompagnait, il était rentré en France dans le délai accordé par la loi. Mais bientôt, mis en arrestation par mesure générale avec les principaux habitants du faubourg Saint-Germain, il faillit être enveloppé dans les massacres de septembre. C'est alors que commença cette rude et forte éducation des choses pour le jeune Mathieu Molé, âgé de onze ans. Il s'agissait de sauver son père, il fallait pénétrer aux sections, solliciter les meneurs, les intéresser, arracher un ordre de délivrance. Cette première fois le jeune enfant l'obtint; il vit son père tiré vivant du sein du massacre et ramené à l'hôtel Molé aux applaudissements du même peuple mobile qui, la veille, l'aurait insulté, et qui le lendemain le verra mourir. Le jeune homme ne se doutait pas qu'il avait déjà beaucoup appris. Il avait déjà trouvé, par piété filiale, dans ses journées passées aux sections, quelque chose de l'art d'aborder, de deviner, de manier les hommes.

Son père ne tarda pas à être ressaisi par la loi des suspects; compris ensuite dans la mise en jugement du parlement de Paris, il allait monter à l'échafaud. Cette fois, les sollicitations, les efforts désespérés du jeune homme ne purent rien ; il passait sa vie à épier à la sortie quelques membres du tribunal ou de la Convention, quelque ancienne connaissance, telle que Hérault de Séchelles, qu'il avait vu chez son père. Rien n'y fit. Son père mourut. Le lendemain de l'exécution, sa mère, sa famille et lui, fils unique, étaient mis hors de l'hôtel Molé, et dépouillés de tout, à la lettre, par confiscation nationale. Il avait treize ans à peu près, et il dut devenir l'unique soutien des siens pendant quelques années. La détresse des premiers mois fut inexprimable. Sa précocité acheva de s'y développer ; sa nature offrait alors, à ce qu'il paraît, un caractère méditatif qui s'est dérobé depuis sous le positif des affaires et la bonne grâce du monde.

Robespierre tomba : le jeune témoin assistait aux séances de la Convention qui amenèrent sa chute. C'était un cours de rhétorique parlementaire très-forte, ou même de philosophie de l'histoire, qui en valait bien un autre. La discussion de l'Adresse pourrait bien après ne paraître qu'un jeu. Il recueillit de tout cela des impressions profondes, ineffaçables, de ces impressions qui ne devraient jamais être séparées de l'histoire, et sans lesquelles elle n'est que froide et morte, toujours plus ou moins menteuse. Et on ne la comprend, l'histoire, que quand on la revivifie avec ces impressions devinées, ressaisies dans le passé, à l'aide de celles que nous éprouvons nous-mêmes dans le présent.

Au moment de pire souffrance, un volume de Bernardin de Saint-Pierre tomba sous la main du jeune homme ; il n'avait rien lu ; ce fut comme un rayon consolateur qui vint luire à ses yeux et lui révéler un monde nouveau. Un peu plus tard, ayant trouvé un petit emploi qui l'envoyait à une vingtaine de lieues de Paris, il y lut les ouvrages de Richardson ; mais son trouble intérieur, loin de s'en apaiser, s'en accroissait encore. Un brave capitaine, homme instruit, lui conseilla de sortir de ce vague douloureux par des études précises, et s'offrit de lui enseigner les mathématiques. Le jeune homme s'y appliqua aussitôt et y réussit singulièrement. Les jours et une partie des nuits suffisaient à peine à son zèle. De retour à Paris, il put suivre les cours de l'école, alors libre, qui menait aux ponts et chaussées, aux mines, aux armes savantes, et il y rencontrait, comme camarade, celui qui fut le général Bernard, et dont l'éloge l'a ramené à ce touchant souvenir. De tout le discours de M. Dupin, j'aime à me rappeler un mot qui aurait semblé parfait, s'il avait été moins accompagné : « Vous avez fait comme nous, monsieur, vous avez commencé. » — Cependant les temps étaient devenus meilleurs ; la société entière renaissait. La Harpe, au Lycée, rouvrait son cours ; les acteurs français, sortis de prison, rendaient la vie aux chefs-d'œuvre. On se retrouvait, on vivait. Ce fut un moment unique pour tous ; que n'était-ce pas pour ceux qui y arrivaient dans le flot montant et l'aurore de leur propre jeunesse !

On croit trop que la société, la civilisation, sont des choses inhérentes à l'homme, impérissables, et comme éternelles. Réfléchissez un peu : à chaque révolution, à chaque calamité sociale un peu longue, quelle interruption notable en tout se fait aussitôt sentir! et combien il faudrait peu de chose pour l'intercepter, pour l'éteindre, cette civilisation dont on est si sûr, aux lieux mêmes où elle paraît le plus brillante! La société, a-t-on dit, est une invention d'Orphée; mais il convient d'y veiller, de l'entourer d'un entretien perpétuel, sous peine d'avoir à la réinventer encore.

A ce moment de renaissance, aux environs de 1800, M. Molé, qui avait retrouvé toutes les relations naturelles de sa famille, y joignit des amitiés littéraires illustres et toutes particulières. Fontanes, rentré de son exil de fructidor, se liait étroitement avec lui; M. Joubert, dont on sait de belles pensées et dont les œuvres plus complétement recueillies ne tarderont pas à paraître (1), voyait dans le jeune homme sérieux le confident peut-être le plus ouvert à ses subtiles et fines délicatesses. M. de Bonald s'y mêlait; M. de Chateaubriand, enfin, venait couronner le cercle de cette intimité d'alors, autour de Mme de Beaumont. Les *Mémoires* consacreront un jour cette société de la rue Neuve-du-Luxembourg.

En entendant l'autre jour à l'Académie M. Molé, il me semblait reconnaître une teinte marquée de cette époque qui se réfléchissait dans son discours; c'était un certain accent de doctrines religieuses, sociales, conservatrices, réparatrices. L'abbé Émery y avait bien

(1) Ces œuvres ont paru (1842, 2 vol. in-8°); elles contiennent plusieurs lettres intéressantes adressées à M. Molé; si je ne me trompe, il en reste encore d'inédites, et non pas des moins curieuses.

la louange qu'on lui donnait en ce temps-là. L'académicien parlait entre M. de Chateaubriand et M. Royer-Collard. Et nul doute que c'était le souvenir de ces années de jeune union, qui avait ramené là M. de Chateaubriand, malgré son absence de dix ans à ces sortes de solennités.

Un ouvrage de M. Molé se rapporte à ce moment qui précéda son entrée dans la carrière publique. Il fit paraître en 1806, sans nom d'auteur, des *Essais de Morale et de Politique,* qu'appuyèrent fort ses amis, Fontanes notamment dans le *Journal de l'Empire.* Beaucoup de gens aujourd'hui vous parlent à l'oreille de cet ouvrage et l'incriminent sur ouï-dire ; la plupart seraient fort étonnés, s'ils le lisaient, d'y trouver un écrit tout de forme métaphysique et de déduction abstraite, d'un dogmatisme ingénieux, mais assez difficile et obscur. Le livre donne du respect pour la jeune intelligence qui l'a conçu. On sent que l'auteur a causé beaucoup avec M. de Bonald, et qu'aussi il a étudié les mathématiques. Mais, si mûr qu'il fût alors, il ne l'était pas encore assez pour paraître simple. Je conjecturerais que les résultats de l'expérience de l'homme politique sont devenus, depuis, d'autant plus positifs qu'il ne les formule jamais.

La seconde édition des *Essais de Morale et de Politique* (1809) contenait de plus une *Vie de Mathieu Molé,* où se mêlent avec convenance, à une manière nette et tout à fait saine, quelques traits d'imagination et de sentiment : « Pendant que Troie était en flammes, écrit l'auteur en commençant, peu de gens ont imité le pieux

Énée ; pour moi, moins heureux que lui, je n'ai pu sauver mon père, mais je ne me suis jamais séparé de mes dieux domestiques. » Les dernières pages offrent quelque chose de méditatif, une sorte de reflet détourné, mais sensible, du jeune contemporain de René : « Au terme de sa carrière, dit-il de son grand-aïeul, on ne vit point se réveiller en lui ces regrets si ordinaires aux vieillards. Il n'éprouva pas le besoin d'aller goûter dans la retraite le souvenir de ses sacrifices. Il ignora cette sorte de rêverie des derniers jours que produisent les illusions détruites, et qui console de tout ce qui échappe par le plaisir d'en être détrompé. Exempt d'infirmités et de mélancolie, comme un ouvrier robuste, vers la fin de sa tâche, il s'endormit. »

En cette renaissance de toutes choses, on reprenait quelques anciens livres oubliés ; Balzac redevint de mode un instant ; on en publia des pensées, on en causait beaucoup. Il semblait que la société voulût refaire par lui sa rhétorique. Un jour, à Champlâtreux, comme la conversation roulait sur cet auteur, M. Molé, qui l'avait sous la main, l'ouvrit, le commenta : plus d'un auditeur en a gardé le souvenir, comme d'une agréable leçon.

Balzac et sa rhétorique ne venaient, pour M. Molé, que tard, après l'étude de la société, des hommes, des mathématiques, après l'école des choses. Il ne lui en est resté, dans le style et dans la parole, que l'indispensable. Son expression comme orateur est surtout simple. Il s'est fait, dans les luttes parlementaires dernières où il a paru se surpasser, un genre à lui qui n'a rien d'ambitieux et qui persuade. Au milieu des grands éclats et des torrents d'éloquence de tant d'orateurs rivaux, il a trouvé sa veine à part. Ces joutes brillantes des princes de la parole ne sont-elles pas un pur jeu et en pure perte? demandait-on un jour devant lui; et il répondait que la plus grande originalité serait encore celle-ci : *un honnête homme venant dire simplement et clairement des choses sensées.* J'appuie cet amendement proposé à l'antique définition de l'orateur.

Ce tact, cette justesse délicate qu'il n'a cessé de garder sur des scènes plus passionnées, ne pouvait lui manquer au sein de l'Académie, où il est permis d'en faire preuve à loisir. Je ne relèverai que quelques traits du discours çà et là. On a fort applaudi et l'on goûte de nouveau à la lecture cette parole de moraliste sur l'indulgence : « Pour moi, je le confesse, le résultat d'une longue suite de jours qui ne sont pas sans souvenirs, n'aura pas été uniquement de rendre mes convictions d'autant plus inébranlables, mais aussi, mais surtout de m'apprendre que l'indulgence, dont on se vante, a encore des rigueurs que n'aurait pas une complète justice (1). »

De simples mots ont produit un effet au passage : « Voilà, me dit-il un jour (en parlant de l'abbé Émery),

---

(1) Ceci me rappelle une lettre de Pline le Jeune (liv. VIII, 22), dans laquelle l'aimable et ingénieux Romain recommande aussi l'indulgence comme tenant de près à la justice, et cite à l'appui un mot de Thraséas, de ce personnage à la fois le plus austère et le plus humain : *Qui vitia odit, homines odit;* voulant faire entendre que c'est une pente trop aisée de passer de la haine des vices à celle des hommes. Il faut voir le passage dans Pline.

voilà la première fois que je rencontre un homme doué d'un véritable pouvoir sur les hommes, et auquel je ne demande aucun compte de l'usage qu'il en fera. » Ce *me dit-il un jour* a fait mouvement; il s'agissait de Napoléon. Les hommes qui ont causé avec Napoléon deviennent rares. M. Molé est un de ceux avec qui il a le plus causé, et de tout; car ce que Napoléon avait peut-être encore de plus remarquable, c'était l'esprit, l'audace et la verve de l'esprit. Les *Souvenirs* entièrement écrits de M. Molé en rendront plus tard fidèle témoignage.

L'orateur, à un endroit, a très-bien caractérisé et loué le style uni et limpide de M. de Bausset, qui réfléchit quelque chose de ce xviie siècle dont il parcourt l'histoire. On a comparé aussi les nombreuses et agréables citations que fait M. de Bausset des écrivains du grand siècle, à des îles verdoyantes et fraîches qui ornent le courant du récit et s'y prolongent encore par leurs ombres. On est loin de là. C'est Byron, je crois, qui a dit du style d'Hazlitt qu'il ressemblait à une éruption de petite vérole. Presque tous les styles modernes sont dans ce cas, plus ou moins *gravés*. La parole lisse, unie, polie, quand on la retrouve, en tire du charme.

M. Molé a parlé avec élévation et sentiment de la conduite de M. de Quélen durant le choléra, et de son sermon à Saint-Roch pour les orphelins de ce fléau : « Serait-il vrai, messieurs, qu'il y eût pour tous les hommes dont la vie mérite qu'on la raconte, un moment, une journée, où ils arrivent au plus haut qu'il leur soit donné d'atteindre, où ils sentent, au plus intime comme au plus profond de leur âme, une sainte estime d'eux-mêmes qui ne saurait être surpassée? » S'il est en effet, au milieu des luttes et des travaux de a vie active, tel jour méritoire où l'homme se sent le plus lui-même, il est aussi, pour quelques-uns, dans l'honorable loisir qui suit le combat et dans l'arrière-saison éclairée, tel jour de retour où la vie retrouve toute sa grâce. Je me figure que c'était là l'autre fois un de ces jours doux et ornés qui comptent dans une vie.

15 janvier 1841.

M. RODOLPHE TÖPFFER.[1]

1841.

Il est de Genève, mais il écrit en français, en français de bonne souche et de très-légitime lignée, il peut être dit un romancier de la France. On le contrefait à Paris en ce moment (2) : petite contrefaçon à l'amiable, où n'ont que faire les grandes lois de propriété littéraire qu'on médite, et auxquelles j'avoue pour ma part ne trop rien comprendre. M. Xavier de Maistre, en passant à Paris il y a deux ans, a trahi, a dénoncé M. Töpffer, qui déjà n'était pas du tout un inconnu pour ceux qui avaient fait le voyage de Suisse et qui avaient feuilleté au passage les spirituels albums humoristiques nés de son crayon. Mais c'est comme écrivain, comme romancier, que nous l'a livré M. de Maistre; aux éditeurs friands qui lui demandaient encore un *Lépreux* ou

---

(1) Le nom s'écrit avec l'*ö tréma*; il suffira de le remarquer une fois sans avoir à s'y astreindre durant tout l'article.

(2) Il s'agissait du volume intitulé *Nouvelles genevoises* (chez Charpentier). M. Du Bochet a depuis donné de nouvelles éditions avec luxe. Je laisse subsister dans cet article les indications bibliographiques antérieures, comme pouvant être utiles aux gens du métier.

quelque *Prisonnier du Caucase,* il répondait : Prenez du Töpffer. En voici donc aujourd'hui, et par échantillons de choix. Nous espérons qu'il réussira, même auprès de nos lecteurs blasés des romans du jour, ne fût-ce que comme une échappée d'une quinzaine à Chamouny.

Pour nous, à mesure que nous lisions les pages les plus heureuses de l'auteur genevois, il nous semblait retrouver, au sortir d'une vie étouffée, quelque chose de l'air vif et frais des montagnes ; une douce et saine saveur nous revenait au goût, en jouissant des fruits d'un talent naturel que n'ont atteint ni l'industrie ni la vanité. Nous nous disions que c'était un exemple à opposer véritablement à nos œuvres d'ici, si raffinées et si infectées. Mais prenons garde! ne le disons pas trop. Publier et introduire en une littérature corrompue ces *Nouvelles genevoises,* de l'air dont Tacite a donné ses *Mores Germanorum,* ce serait les compromettre tout d'abord. Qu'on veuille donc n'y voir, si on l'aime mieux, qu'une variété au mélange, un assaisonnement de plus.

C'est une étrange situation, et à laquelle nous ne pensons guère, nous qui ne pensons volontiers qu'à nous-mêmes, que celle de ces écrivains qui, sans être Français, écrivent en français au même titre que nous, du droit de naissance, du droit de leur nourrice et de leurs aïeux. Toute la Suisse française est dans ce cas; ancien pays roman qui s'est dégagé comme il a pu de la langue intermédiaire du moyen âge, et qui, au xvie siècle, a élevé sa voix aussi haut que nous-mêmes dans les controverses plus ou moins éloquentes d'alors. Ce petit pays, qui n'est pas un démembrement du nôtre, a tenu dès lors un rôle très-important par la parole; il a eu son français un peu à part, original, soigneusement nourri, adapté à des habitudes et à des mœurs très-fortes; il ne l'a pas appris de nous, et nous venons lui dire désagréablement, si quelque écho parfois nous en arrive : *Votre français est mauvais*; et à chaque mot, à chaque accent qui diffère, nous haussons les épaules en grands seigneurs que nous nous croyons. Voilà de l'injustice; nous abusons du droit du plus fort; des deux voisins, le plus gros écrase l'autre; nous nous faisons le centre unique; il est vrai qu'en ceci nous le sommes devenus un peu.

Au xvie siècle, au temps de la féconde et puissante dispersion, les choses n'en étaient pas là encore. Les Calvin, les Henri Estienne, les de Bèze, les d'Aubigné, ces grands hommes éloquents que recueillait Genève et qu'elle savait si étroitement s'approprier, comptaient autant qu'aucun dans la balance. Mais le xviie siècle, en constituant le français de Louis XIV et de Versailles, qui était aussi pour le fond, disons-le à sa gloire, celui des halles et de la place Maubert, rejeta hors de sa sphère active et lumineuse le français de la Suisse réformée, lequel s'isola, se cantonna de plus en plus dans son bassin du Léman, et continua ou acheva de s'y fractionner. Ainsi l'idiome propre de Genève n'est pas le même que celui de Lausanne ou de Neufchâtel, et les littératures de ces petits États ne diffèrent pas moins par des traits essentiels et presque contrastés.

Mais dans tous, si l'on va au fond et à la souche, on retrouve, à travers la diction, de vives traces et comme des herbes folles de la végétation libre et vaste du XVIe siècle, sur lesquelles, je crois l'avoir dit ailleurs, le *rouleau* du *tapis vert* de Versailles n'a point passé. Ces restes de richesses, piquantes à retrouver sur les lieux, et qui sont comme des fleurs de plus qui les embaument, n'ont guère d'ailleurs d'application littéraire, et les écrivains du pays en profitent trop peu. Nous verrons que M. Töpffer y a beaucoup et même savamment butiné; ce qui fait (chose rare là-bas) que son style a de la fleur.

Qu'on se figure bien la difficulté pour un écrivain de la Suisse française, qui tiendrait à la fois à rester Suisse et à écrire en français, comme on l'entend et comme on l'exige ici. Il faudrait, s'il est de Genève, par exemple, qu'il fît comme s'il n'en était pas, comme s'il n'était que d'une simple province; il faudrait qu'il fût tout bonnement de la langue de Paris, en ne puisant autour de lui, et comme dans des souvenirs, que ce qu'il y trouverait de couleur locale. Mais Genève n'est pas une province, c'est bien sérieusement une patrie, une cité à mœurs particulières et vivaces; on ne s'en détache pas aisément, et peut-être on ne le doit pas. Les racines historiques y sont profondes; l'aspect des lieux est enchanteur; volontiers on s'y enferme, et le Léman garde pour lui ses échos.

Combien n'y a-t-il pas eu, autour de ce Léman de Genève ou de Vaud, de jeunes cœurs poétiques dont la voix n'est pas sortie du cadre heureux, étroit pourtant, et qui, en face des doux et sublimes spectacles, au sein même du bonheur et des vertus, et tout en bénissant, se sont sentis parfois comme étouffés! On chante, on chante pour soi, pour Dieu et pour ses frères voisins; mais la grande patrie est absente, la grande, la vaine et futile Athènes n'en entend rien. J'ai trouvé ce sentiment-là exprimé avec bien de l'onction résignée et de la tendresse dans les strophes nées un soir au plus beau site de ces rivages et sorties d'un de ces nobles cœurs dont j'ai parlé, strophes dès longtemps publiées, qui ont fait le tour des rochers sonores et qu'on n'a pas lues ici :

> Pourtant, ô ma Patrie, ô Terre des montagnes
> Et des lacs bleus dormant sur leur lit de gravier,
> Nulle fée autrefois errant dans tes campagnes,
> Nul esprit se cachant à l'angle du foyer,
> Nul de ceux dont le cœur a compris ton langage,
> Ou dont l'œil a percé ton voile de nuage,
> Ne t'aima plus que moi, Terre libre et sauvage
>   Mais où ne croit pas le laurier.
>
> J'ai vu quelques rameaux de l'arbre de la gloire,
> Poussant avec vigueur leurs jets aventureux,
> Se pencher, il est vrai, sur l'onde sans mémoire
> De ce Léman vaudois que domine Montreux.
> Mais un souffle inconnu rassemblait les tempêtes :
> D'Arvel et de Jaman l'éclair rasa les crêtes,
> Les lauriers tristement inclinèrent leurs têtes,
>   Et le beau lac pleura sur eux (1).

(1) Dans le recueil des *Deux voix*, par Juste et Caroline Olivier.

Et en effet, dans ce frais bassin du Léman si couronné de splendeur par la nature, il n'y a pas telle chose que la gloire, et la plante de poésie, même venue en pleine terre, a partout besoin de ce soleil un peu factice, sans lequel son fruit mûrit, mais ne se dore pas complétement.

Pour nous en tenir à Genève toutefois, le plus considérable des trois petits États, et sous le nom duquel, dans nos à-peu-près d'ici, nous nous obstinons à confondre tous les autres, la difficulté, ce semble, est moindre; véritable lieu de rendez-vous et de passage européen, il y a là naturellement théâtre à célébrité. Et puis, si Genève est un petit État, c'est une grande cité, et, comme l'a dit avec orgueil l'excellent Senebier dans l'*Histoire littéraire* qu'il en a écrite, c'est *une des écoles lumineuses de la terre.* Qu'on parcoure les trois volumes de cette histoire, qui ne va pas au delà de 1786 et qui néglige ainsi les dernières années si remplies du xviiie siècle, que de noms illustres et vénérés s'y rencontrent! Théologie, droit public, sciences, philosophie et philologie, morale, toutes ces branches sont admirablement représentées et portent des fruits comme disproportionnés à l'œil avec le peu d'apparence du tronc; c'est un poirier nain qui est, à lui seul, tout un verger. Certes la patrie de Cramer, de Calandrini, de Burlamaqui, de Trembley, de Bonnet et de Saussure, n'a rien à envier aux plus fières patries, surtout quand elle est la nourrice aussi et la mère adoptive de tant d'hommes dont le nom ne se sépare plus du sien, et quand elle a, selon les temps, Calvin pour les saints,

Abauzit pour les sages. A Genève, grâce à l'esprit de cité et de famille, apparaissent et se croisent de bonne heure des dynasties, des *tribus* de savants appliqués et honorés, les Godefroy, les Le Clerc, les Pictet, dans une sorte de renommée sans dissipation, qui ne va pas jusqu'à la gloire, et qui demeure revêtue et protégée de modestie et d'ombre. Genève est le pays qui a envoyé et comme prêté au monde le plus d'esprits distingués, sérieux et influents : De Lolme à l'Angleterre, Le Fort à la Russie, Necker à la France, Jean-Jacques à tout un siècle, et Tronchin, Étienne Dumont, et tant d'autres, en même temps qu'elle en a recueilli et fixé chez elle un grand nombre d'éminents de toutes les contrées aux divers temps. Mais, au milieu de toutes ces richesses, sur un seul point, si l'on consulte l'histoire littéraire de Genève, il y a presque disette, et dans les listes de Senebier, et dans les souvenirs qui les complètent, on ne rencontre pas, Jean-Jacques à part, un seul romancier célèbre, pas un seul poëte illustre.

Les beaux-arts, ou du moins les arts agréables et utiles, y furent cultivés plus heureusement. Petitot, le célèbre peintre sur émail, paya sa belle part dans les chefs-d'œuvre du xviie siècle. Mais, encore, en général, l'école des arts à Genève eut plutôt un caractère de patience, d'application et d'industrie; l'utilité pratique ne s'en sépara point, et l'artiste serra de près l'artisan.

Une certaine légèreté d'agrément qui est, à proprement parler, l'honneur poétique et littéraire, manqua donc à la culture genevoise ; Senebier le reconnaît lui-même et en recherche les raisons : « La plupart des écrivains genevois, profonds dans l'invention et la déduction de leurs idées, sont faibles pour le coloris et pesants dans le style; ces défauts ne naîtraient-ils pas de la gravité et de la réflexion que le sentiment de la liberté inspire, que le goût de prononcer sur les objets importants du gouvernement nourrit (1)... » Cela me paraît venir surtout de ce qu'en écrivant, les auteurs genevois, même ceux qui ont le sentiment du style, ne se sentent pas complétement chez eux dans leur langue; la vraie mesure, le vrai niveau si mobile de cette langue, n'est pas au bord du Léman, mais au bord de la Seine; ils le savent bien, ils s'efforcent, ils se contraignent de loin pour y atteindre, et l'on s'en aperçoit. Jean-Jacques lui-même, à côté de Voltaire, sent l'effort : il y a mainte fois de l'ouvrier dans son art. Mais c'est particulièrement chez des écrivains distingués et secondaires, tels que M. Necker, que le fait devient très-sensible; ils travaillent trop leur phrase, ils en pèsent trop tous les mots, c'est *trop bien*. Et puis écoutez-les causer : ils parlent comme des livres. Quintilien rapporte de Théophraste, cet homme d'ailleurs si disert, que, comme il affectait un certain mot, une vieille d'Athènes ne balança pas à dire qu'il était étranger. — Et à quoi reconnaissez-vous cela? demanda quelqu'un. — En ce qu'il parle trop bien, répondit-elle; *quod nimium attice loqueretur*.

M. Töpffer, nous le verrons, ne paraît pas s'être posé

(1) Petit exemple, en passant, de cette pesanteur de diction dont il s'agit.

la difficulté ainsi, et c'est pour cela peut-être qu'il en a mieux triomphé ; il n'a pas cherché à être français ni *attique,* il a été de son pays avec amour, avec naïveté, un peu rustiquement, cachant son art, et il s'est trouvé avoir du sel et de la saveur pour nous.

Et d'ailleurs, il faut le reconnaître, tout change ; Genève est en train de se modifier, de perdre ses vieilles mœurs et son *à parte,* plus même qu'il ne lui conviendrait. Nous aussi nous changeons, et le centre de notre attraction semble moins précis de beaucoup et moins rigoureux. Le XVIIe siècle est dissous, une sorte de XVIe siècle recommence. Chacun peut y retrouver son compte et s'y gagner un apanage. Les classifications ont peine à se tenir, et les exceptions font brèche sur tous les points. Si nous avons à signaler un romancier à Genève, quoi de si étonnant ? Pradier, le plus voluptueux de nos statuaires, n'en vient-il pas ? Léopold Robert, le plus italien de nos peintres, est sorti de Neufchâtel.

Toujours est-il que si, sur les lieux, on considère de près, avec quelque attention, la physionomie générale et les produits beaucoup plus multipliés qu'on ne peut croire de la littérature courante, on reconnaît combien Genève, en tout ce qui est poétique, romanesque et purement *littéraire,* reste au-dessous, depuis cinquante ans, de son voisin le canton de Vaud, qui, avec bien moins d'importance et d'illustration, et sous un air de rusticité, a beaucoup plus le goût de ces sortes de choses.

M. Töpffer nous paraît à ceci une contradiction heureuse, d'autant plus heureuse que ce n'est pas un romancier simplement issu de Genève et qui se soit exercé sur des sujets étrangers, mais un romancier du cru et qui a vraiment racine dans le sol. Étudions-le donc un peu à fond, comme nous avons fait une autre fois pour Mme de Charrière.

M. Rodolphe Töpffer est né à Genève, le 17 février 1799, en *nonante-neuf*, comme on y dit encore; il se trouve antérieur de quelques années, par la date de sa naissance, à cette génération romantique qui, vers 1828, se remua à Genève ou à Lausanne, à laquelle appartiennent les deux poëtes Olivier de là-bas, et d'où nous sont venus ici Imbert Galloix pour y mourir, et M. Charles Didier à travers son grand tour d'Italie. Les parents de M. Töpffer, comme le nom l'indique, sont d'origine allemande, et on pourra, si l'on veut, en retrouver quelque trace dans le talent naïf et affectueux de leur fils. Pourtant Genève a cela de particulier, ce me semble, de s'assimiler très-vite et cordialement l'étranger qui s'y naturalise; c'est un petit foyer très-fort et qui opère de près sa fusion. Quant à la langue, on conçoit que l'effet de ces mélanges y reste plus sensible, et que, de tous ces styles continuellement versés et déteignant l'un sur l'autre, il résulte une couche superficielle un peu neutre, précisément ce style *mixte* que nous accusons.

Mais le jeune Rodolphe Töpffer paraît avoir été d'abord comme un enfant de la pure cité de Genève et de la vieille souche. Né dans un quartier *du haut*, habitant derrière le temple Saint-Pierre, près de la prison de l'Évêché, en cette maison même, dite *de la Bourse française,* où se passe toute l'*Histoire de Jules,* il nous a décrit, dans ce touchant ouvrage, ses premières impressions, ses rêves à la fenêtre, tandis que, par-dessus le feuillage de l'acacia, il regardait les ogives du temple, la prison d'en face et la rue solitaire. Son père, encore vivant, est un peintre spirituel, estimé, et connu de ceux des artistes de Paris dont les débuts ne sont pas de trop fraîche date. Cet excellent père, éclairé par l'expérience, et qui avait conquis lui-même son instruction, la voulut ménager à son fils de bonne heure, et pour cela il eut à lutter contre les goûts presque exclusifs d'artiste que dénotait le jeune enfant. Celui-ci se sentait peintre en effet, et aurait voulu en commencer l'apprentissage incontinent : le père tint bon et exigea qu'avant de s'y livrer, son fils eût achevé le cours entier de ses études. Le jeune Rodolphe étudia donc, jusqu'à l'âge de dix-huit ans, mais à la façon de Jules, *en attendant,* et non sans bien des croquis entre deux bouquins, non sans de fréquentes distractions à la vitre. Les chapitres sur la flânerie qui ouvrent *la Bibliothèque de mon Oncle* sont, comme il le dit agréablement, l'histoire fidèle des plus grands travaux de son adolescence : « Oui, la flânerie est chose nécessaire au moins une fois dans la vie, mais surtout à dix-huit ans au sortir des écoles... Aussi, un été entier passé dans cet état ne me paraît pas trop dans une éducation soignée. Il est probable même qu'un seul été ne suffirait point à faire un grand homme : Socrate flâna des années; Rousseau jusqu'à quarante ans;

La Fontaine toute sa vie. » Jules, j'ose le dire après ample informé, c'est exactement le jeune Rodolphe quant aux impressions, aux sentiments, et sauf les aventures.

Ses premières lectures, celles qui agirent le plus avant sur son esprit encore tendre, je les retrouverais dans ses écrits encore en combinant avec son Jules le Charles du *Presbytère*. Ce fut Florian d'abord, comme pour nous tous, Florian y compris son *Don Quichotte* édulcoré, qui déjà pourtant éveillait et égayait chez lui la pointe d'*humour*. Le *Télémaque* et Virgile lui enseignaient au même moment l'amour des paysages et le charme simple des scènes douces. L'œuvre d'Hogarth, qui lui tombait sous la main, lui déroulait l'histoire *du bon et du mauvais apprenti,* et les expressions de crime et de vertu, que ce moraliste-peintre a si énergiquement burinées sur le front de ses personnages, lui causaient, dit-il, cet attrait mêlé de trouble qu'un enfant préfère à tout. Son vœu secret, dès lors, son ambition, eût été d'atteindre aussi à servir un jour le sentiment et la moralité populaire dans ce cadre parlant de la littérature en estampes. C'est Hogarth qui l'initia à se plaire à l'observation des hommes, et aussi à se passionner plus tard pour Shakspeare, à qui il l'a souvent comparé, à s'éprendre enfin de Richardson, de Fielding, des grands moralistes romanciers de l'école anglaise. *Atala* eut son jour ; mais il lui fut infidèle (à l'inverse de Mme de Staël et de beaucoup d'autres), dès qu'il eut connu *Paul et Virginie*. On voit déjà les instincts se dessiner : naturel, moralité, simplicité, finesse ou bonhomie humaine plutôt qu'idéal poétique et grandeur.

Pourtant l'influence de Jean-Jacques sur lui fut immense, et, à cet âge de seize à vingt ans, elle prit dans son âme tout le caractère d'une passion. Ce ne fut pas comme *livre* seulement, mais comme *homme* que Rousseau agit sur son jeune compatriote; le site, les mœurs, les peintures retracées et présentes contribuaient à l'illusion : « Durant deux ou trois ans, a pu écrire M. Töpffer, je n'ai guère vécu avec quelqu'un d'autre. » Entendons-nous bien, c'est avec le Rousseau de Julie, avec celui des courses de montagnes et des cerises cueillies, et de tant d'adorables pages du début des *Confessions,* avec le Rousseau des Charmettes.

Que si l'on ajoute à cette influence, d'autant plus heureusement littéraire qu'elle y visait moins, des lectures entrecoupées de Brantôme, de Bayle (1), de Montaigne, de Rabelais, tomes épars dans l'atelier de son père et que l'enfant avait lus et sucés au hasard sans trop comprendre, mais parfaitement captivé par les couleurs du style ou par cette naïveté que Fénelon osait bien regretter, on reconnaîtra combien est véritablement et sincèrement française la filiation de M. Töpffer, et à quel point nous avons droit de la revendiquer.

Les études classiques qu'avait voulues le père étaient terminées; l'âge de la profession tant désirée était

---

(1) Le dictionnaire dans lequel Jules (*Histoire de Jules*, première partie) trouve l'histoire d'Héloïse, n'est autre que celui de Bayle.

venu; la peinture allait ouvrir, développer enfin ses horizons promis devant le jeune homme, qui, de tout temps, avait croqué, dessiné, imité. Il se disposait à partir prochainement pour l'Italie, lorsqu'une affection des yeux, que l'on crut d'abord passagère et qui n'a jamais cessé depuis, vint suspendre et ajourner encore une fois le rêve. Deux années de vain espoir et de tentatives pénibles suivirent; elles furent cruelles pour celui qui s'en était promis tant de joie : décidément la peinture lui échappait. C'est vers ce temps que, sous prétexte de consulter les hommes de l'art, mais en réalité plutôt pour tromper ses anxiétés par l'étude, il se rendit à Paris, n'y consulta personne, renonça tout bas et avec larmes à la vocation d'artiste, et, renouant avec les lettres, s'appliqua à devenir un instituteur éclairé. Ce séjour à Paris date de 1819 à 1820 ; de jour, il suivait les cours publics; il allait écouter Talma le soir. Les anciens et la littérature moderne faisaient alors l'objet de ses études. Déjà *vendu* à Shakspeare, il épousait dans son cœur ces idées littéraires nouvelles qui commençaient à poindre ; au Louvre, il se rangeait secrètement pour *la Méduse* de Géricault contre le *Pygmalion* de Girodet. Cette crise un peu fiévreuse n'eut qu'un temps. De retour à Genève, sous-maître dans un pensionnat d'abord, puis à la tête d'un pensionnat de sa propre création, père de famille, finalement appelé à occuper la chaire de Belles-Lettres dans l'Académie, c'est du sein d'une vie heureuse et comblée, et comme unie en calme à son Léman, que se sont échappés successivement et sans prétention les écrits divers, tous anonymes, dont plus d'un nous a charmés.

A Genève, les pensionnats participent à la moralité de la famille. Obligé par métier de rester un grand nombre d'heures chaque jour dans une classe peuplée de nombreux garçons, M. Töpffer prit l'habitude de se dédommager par la plume de ce que lui refusait le pinceau. Il ne visait pas d'abord à être auteur ; maître chéri et familier de ses élèves, c'étaient d'abord de petites comédies qu'il écrivait pour leur divertissement. Chaque année, à la belle saison, se mettant à la tête de la jeune bande, il employait les vacances à les guider, le sac sur le dos, dans de longues et vigoureuses excursions pédestres à travers les divers cantons, par les hautes montagnes et jusque sur le revers italien des Alpes. Au retour et durant les soirées d'hiver, il en écrivait pour eux des relations détaillées et illustrées. Quelques-unes des nouvelles mêmes qu'il a publiées depuis *le Col d'Anterne, la Vallée de Trient*, me paraissent rendre assez bien l'effet de *Sandfort et Merton* adultes, d'une saine et noble jeunesse ayant l'assurance modeste et la délicatesse native, comme les Morton de Walter Scott.

Le peintre cependant ne pouvait tout à fait s'abdiquer ; le *trait* lui fournit jusqu'à un certain point ce qu'il avait espéré de la couleur. Aux heures de gaieté, M. Töpffer composa et dessina, sous les yeux de ses élèves, ces histoires folles mêlées d'un grain de sérieux (*M. Vieux-Bois, M. Jabot, le docteur Festus, M. Pencil, M. Crépin*). Les albums grotesques coururent de main en main, et il arriva qu'un ami de l'auteur, passant à Weimar, fit voir je ne sais lequel à Goëthe. Le grand prêtre de l'art, qui ne dédaignait rien d'humain, y prit goût et voulut voir les autres : tous les cahiers à la file se mirent en route pour Weimar, Goëthe en dit un mot dans un numéro du journal *Kunst und Alterthum*. Il sembla dès lors à M. Töpffer que, sur ce visa du maître, les gens pourraient bien s'en accommoder, et, à son loisir, il autographia plusieurs de ces fantaisies. Les cinq qu'il a publiées (1) ont eu grand succès auprès des amateurs et connaisseurs; je n'en pourrais donner idée à qui ne les a pas vues. Ce genre d'*humour* se traduit peu par des paroles; la seule manière de le louer, c'est de le goûter et d'en rire.

Je ne sais qui l'a dit le premier : règle générale, la plaisanterie d'une nation ressemble à son mets ou à sa boisson favorite. Ainsi la plaisanterie de Swift est du pudding, comme celle de Teofilo Folengo est du macaroni, comme celle de Voltaire est du champagne. Celle-ci encore a droit de sembler du moka. Les Allemands pourront nommer le plat de Jean-Paul. En lisant et relisant le *Mascurat* de Naudé, il me semble plonger jusqu'au coude à l'antique fricot gaulois mêlé de fin lard, ou encore me rebuter parfois sur de trop excellents harengs saurs. J'ai donc cherché le mets local analogue à l'*humour* que M. Töpffer répand en ses autographies, et que nous retrouverons littéralement, à dose plus ménagée, dans plus d'un chapitre de ses ouvrages; j'ai

---

(1) M. Aubert en a contrefait trois ici, à Paris; mais il n'en faudrait pas juger par là.

essayé de déguster en souvenir plus d'un fromage épais et fin des hautes vallées, pour me demander si ce n'était pas cela. Je cherche encore. Ce qui est bien certain, c'est que sa plaisanterie est à lui, bien à lui, *sui generis,* comme disent les doctes.

Une épigraphe commune sert de préface à ces petits drames en caricature : « Va, petit livre et choisis ton monde ; car aux choses folles, qui ne rit pas bâille ; qui ne se livre pas résiste ; qui raisonne se méprend, et qui veut rester grave en est maître. » Mais, sans vouloir raisonner, et en croyant seulement consulter notre goût d'ici, j'avouerai que je leur préfère et je n'hésite pas à recommander surtout deux relations de voyages par M. Topffer, que j'ai sous les yeux (1), les deux plus récentes courses qu'il ait faites en tête de sa joyeuse caravane, l'une de 1839, jusqu'à Milan et au lac de Côme, l'autre de 1840, à la Gemmi et dans l'Oberland. C'est un texte spirituellement, vivement illustré à chaque page, avec un mélange de grotesque et de vérité ; voilà bien de sincères impressions de voyage. La caricature ici n'est plus perpétuelle comme dans les histoires fantastiques de tout à l'heure, elle entre et se joue avec proportion à travers les scènes de la nature et de la vie. Je ne connais rien qui rende mieux la Suisse, telle que ses enfants la visitent et l'aiment :

---

(1) Autographiées chez Frutiger, à Genève. — Les divers voyages de M. Töpffer ont depuis été recueillis sous le titre de *Voyages en zigzag* (chez Du Bochet, 1844) en un magnifique volume illustré d'après les dessins de l'auteur lui-même, et orné de quinze grands dessins de Calame.

M. Töpffer, en ces deux albums, en est comme le Robinson, avec quelques traits de Wilkie.

Mais arrivons à ses livres proprement dits ; la peinture encore en fut l'occasion première et le sujet. Il n'avait rien publié, lorsqu'en 1826 il eut l'idée de dire son mot sur le *salon* de Genève, sur l'exposition de peinture. Il le fit dans une brochure écrite en style soi-disant gaulois ou très-vieilli. Les premières lectures de M. Töpffer l'avaient initié, en effet, à la langue du XVIe siècle, qui est, en quelque sorte, plus voisine à Genève qu'ici même, j'ai déjà tâché de le faire comprendre. Ce goût d'enfance pour la langue d'Amyot, que Rousseau, si travaillé pourtant, avait aussi, rendit plus tard M. Töpffer très-grand admirateur du style *retrouvé* de Paul-Louis Courier et partisan de quelques-unes de ses théories un peu fausses, mais si bien dites. Je trouve, en un chapitre de ses opuscules, Ronsard en titre, et très-bien apprécié, qui en fait les frais (1). Bref, M. Töpffer commença comme nous tous ; il rebroussa pour mieux sauter. Son français fut d'abord peut-être un peu appris, mais appris de haut et par delà, comme il sied.

Sa première brochure sur l'exposition de 1826 avait réussi ; il continua les années suivantes, en abandonnant peu à peu le trop docte jargon d'archaïsme. Peu à peu aussi il abandonna les questions de critique occasionnelle et particulière pour aborder des points d'art plus généraux. Ce fut l'origine d'une série d'opuscules

---

(1) Chap. XIX, IVe livre du *Traité du lavis à l'encre de Chine*.

intitulés *Réflexions et menus propos d'un peintre genevois,* qui trouvèrent place, au moins en partie, dans la *Bibliothèque universelle de Genève.* Dans cette série, il faut distinguer essentiellement les quatre premiers livres d'un *Traité du lavis à l'encre de Chine;* qu'on ne s'effraye pas du titre technique : le lavis à l'encre de Chine n'y est que l'occasion ou le prétexte de recherches libres sur des principes d'art et de poésie. M. Xavier de Maistre, qui aime et pratique lui-même la peinture, qui en poursuit jusqu'aux procédés et à la chimie, lut, à Naples où il était alors, les premiers livres de ce traité, et il envoya en présent à l'auteur une belle plaque d'encre de Chine avec toutes sortes de précieux témoignages. Voilà donc un second parrain qui vint à M. Töpffer après Goëthe, et par la peinture également. Lorsque plus tard l'aimable auteur du *Lépreux* acheva de connaître celui dont la théorie l'avait attiré, lorsqu'il put lire ces touchantes petites productions, sœurs des siennes, *la Bibliothèque de mon Oncle,* le premier chapitre du *Presbytère,* il dut voir avec bonheur combien entre certaines natures les premières affinités trompent peu, et qu'il y a des parentés devinées à distance entre les âmes.

C'est que ces quatre premiers livres, à propos de lavis, sont en effet d'une lecture charmante, à la Sterne, avec plus de bonhomie, entrecoupés de digressions perpétuelles qui sont l'objet véritable et qui font encore moins théorie que tableau. Sur l'importance de bien choisir son bâton d'encre de Chine, ce compagnon, cet ami fidèle qui doit vivre autant et plus que nous, il y a, par exemple, des pages bien délicates et sensibles, dont je veux extraire ici quelque chose, d'autant plus qu'elles ne seront pas reproduites dans l'édition de Paris. Pour parler ensuite plus à l'aise de M. Töpffer, il est bon de le donner à connaître tout d'abord directement; c'est le plus sûr moyen de faire voir que je n'en dis pas de trop. Donc je transcris :

« . . . . . . En effet, avec le temps, avec peu d'années, votre bâton, d'abord simple connaissance, ensuite compagnon, instrument de vos travaux, plus tard associé à tous vos souvenirs, vous deviendra cher, et insensiblement le charme d'une douce habitude liera son existence à la vôtre. Quelle triste chose alors que de découvrir tardivement dans cet ami des défauts, des imperfections; d'être conduit peut-être à rompre ces relations commencées, pour en former de nouvelles qui ne sauraient plus avoir ni l'attrait ni la fraîcheur des premières!

« Franklin parle quelque part de cette affection d'habitude que l'on porte aux objets inanimés, affection qui n'est ni l'amitié ni l'amour, mais dont le siége est pourtant aussi dans le cœur. Quelques-uns disent que c'est là une branche de cette affection égoïste qui attache à un serviteur difficile à remplacer; moi je pense que c'est un trait honorable de notre nature, lequel ne saurait s'effacer entièrement sans qu'il y ait pour l'âme quelque chose à perdre.

« C'est quelque chose de bienveillant, c'est aussi une espèce d'estime. Non-seulement nous aimons l'instrument que nous manions avec plaisir, avec facilité; mais bientôt, le comparant à d'autres, nous lui vouons quelque chose de plus, si surtout, à sa supériorité, il joint de longs services. Un simple outil a, pour l'ouvrier qui s'en sert, sa jeunesse, son âge mûr, ses vieux jours, et excite en lui, selon ses phases diverses, des sentiments divers aussi. Il se plaît à la force, à la vivacité brillante qui distingue ses jeunes ans; il jouit aux qualités qu'amène son âge mûr, aux défauts qu'il corrige ou tempère; il estime surtout les qualités que ne lui ôte pas la vieillesse, et souvent (qui n'en a pas été le témoin?) il le conserve par affection, même après qu'il est devenu inférieur à ses jeunes rivaux.

« Si vous avez jamais voyagé à pied, n'avez-vous point senti naître en vous et croître avec les journées et les services cette affection pour le sac qui préserve vos hardes, pour le bâton, si simple soit-il, qui a aidé vos marches et soutenu vos pas? Au milieu des étrangers, ce bâton n'est-il pas un peu votre ami; au sein des solitudes, votre compagnie? N'êtes-vous pas sensible aux preuves de force et d'utilité qu'il vous donne, aux dommages successifs qui vous font prévoir sa fin prochaine, et ne vous serait-il point arrivé, au moment de vous en séparer, de le jeter sous l'ombrage caché de quelque fouillis, plutôt que de l'abandonner aux outrages de la grande route? Si vous me disiez non, non jamais..., à grand regret, cher lecteur, je verrais se perdre un petit grain de cette sympathie qui m'attire vers vous (1).

(1) Je trouve chez une humble et douce muse de l'Angleterre, chez mistriss Caroline Southey, femme (?) du grand poëte de ce nom et fille elle-même de l'aimable poëte Browles, une toute petite pièce qui me paraît compléter la pensée de M. Töpffer, et que je voudrais en passant cueillir, comme une pervenche au bord du chemin.

SONNET.

Je n'ai jamais jeté la fleur
Que l'amitié m'avait donnée,
— Petite fleur, même fanée, —
Sans que ce fût à contre-cœur.

Je n'ai jamais contre un meilleur
Changé le meuble de l'année,
L'objet usé de la journée,
Sans en avoir presque douleur.

« Pour qui observe, il est facile de remarquer que ce trait va s'effaçant à mesure que l'on monte des classes pauvres, laborieuses, aisées, aux classes riches, et qu'il s'efface entièrement au milieu du luxe et de l'oisiveté des hommes inutiles. Ai-je donc si tort d'y reconnaître quelques liens mystérieux avec ce qui est bon? de dire que c'est un trait honorable de notre nature et précieux pour l'âme? Un sentiment qui se trouve où il y a travail, exercice, économie, médiocre aisance; qui se perd où il y a luxe prodigue, paresse, inutile oisiveté, serait-il indifférent aux yeux de l'homme de sens? Non pas! Aussi Franklin, l'homme de sens par excellence, en faisait cas.

« Au reste, si cette disposition est plus fréquente chez les classes travailleuses que chez les classes oisives, parce qu'elle est inséparable de l'emploi du temps, de l'exercice et du travail, elle est aussi bien plus générale dans les sociétés jeunes encore que chez celles qui sont arrivées aux derniers raffinements de la civilisation. Homère décrit toujours avec soin un mors, un bouclier, un char, une coupe, une armure; il prête sans cesse à ces objets inanimés des qualités morales qui en font le prix aux yeux de leur possesseur, et qui leur valent l'estime ou les affections de l'armée. Les temps de la chevalerie présentent le même caractère. Aussi Walter Scott ne néglige pas un trait si vrai et si favorable au pittoresque. Cooper lui-même, dans son roman de *la Prairie*, voulant peindre un homme des villes qui s'est volontairement reporté à la vie des bois, est fidèle à la vérité lorsqu'il unit d'amitié le trappeur à sa carabine. Cette arme véritable prend une physionomie, un caractère; elle devient un per-

> Je n'ai jamais qu'à faible haleine
> Et d'un accent serré de peine
> Laissé tomber le mot *Adieu;*
>
> Malade du mal de la terre,
> Tout bas soupirant après l'ère
> Où ce mot doit mourir en Dieu.

sonnage qui a sa bonne part dans l'intérêt que nous portons au vieux chasseur des prairies... »

Puis revenant à son bâton d'encre de Chine : « Ceci, dit-il, tient à notre vie privée ; aussi éprouvé-je quelque répugnance à en entretenir le public. Mais je ne puis résister à l'envie de faire connaître les innocentes relations qui m'unissent à lui. D'ailleurs, je serai discret.

« Ces relations sont anciennes, elles datent de vingt ans ; elles me sont chères à plus d'un titre, car ce bâton, je le tiens de mon père, y compris la manière de s'en servir et la manière d'en parler. Il est rond, doré, apostillé de Chinois, et d'une perfection sans pareille, si pourtant l'amitié ne m'aveugle. Un beau matin je le trouvai cassé en deux morceaux: cela m'étonna, car il n'avait jamais fait de sottises qu'entre mes mains... Aussi n'était-ce pas une sottise, je venais de me marier.

« Mais outres ces circonstances qui me le rendent cher, que de moments délicieux nous avons coulés ensemble! que d'heures paisibles et doucement occupées! quelle somme de jours calmes et riants à retrancher du nombre des jours tristes, inquiets ou ingratement occupés! Si l'on aime les lieux où l'on a goûté le bonheur; si les arbres, le verger, les bois, si les plus humbles objets qui furent témoins de nos heureuses années ne se revoient pas sans une tendre émotion, pourquoi refuserais-je ma connaissance à ce bâton qui, non-seulement fut le témoin, mais aussi l'instrument de mes plaisirs?

« Et puis quels plaisirs ! Aussi anciens que mes premiers, que mes plus informes essais; car ce qui les distingue de tous les autres, c'est d'être aussi vifs au premier jour qu'au dernier, de s'étendre peu, mais de ne pas décroître. Aujourd'hui encore, quand, m'apprêtant à les goûter, je prends mon bâton et broie amoureusement mon encre tout en rêvant quelque pittoresque pensée, ce ne sont pas de plus aimables illusions, de plus séduisantes images, de plus flatteuses pensées qui m'enivrent, mais du moins ce sont encore les mêmes; la fraîcheur, la vivacité, la plénitude, s'y retrouvent, elles s'y retrouvent après vingt ans! Et combien est-il de plaisirs que vingt ans n'aient pas décolorés, détruits? L'amitié seule, peut-être, quand elle est vraie, et que, semblable à un vin généreux, les années la mûrissent en l'épurant.

« Durant ces vingt années d'usage régulier, ce bâton ne s'est pas raccourci de trois lignes : preuve de la finesse de sa substance, gage de la longue vie qui l'attend. Longtemps je l'ai regardé comme mon contemporain; mais depuis que j'ai compris combien plus le cours des ans ôte à ma vie qu'à la sienne, je l'envisage à la fois comme m'ayant précédé dans ce monde, et comme devant m'y survivre. De là une pensée un peu mélancolique, non que j'envie à mon pauvre bâton ce privilége de sa nature, mais parce qu'il n'est pas donné à l'homme de voir sans regret la jeunesse en arrière et en avant le déclin (1)... »

Le chapitre qui suit, sur le *pinceau*, a beaucoup de piquant; le caractère du pinceau, suivant M. Töpffer, c'est d'être capricieux; il est le contraire du bâton, de l'ami solide. Il a des moments sublimes, d'autres détestables; il emporte son maître et lui joue des tours. Méfiez-vous du pinceau.

Sur les limites du *procédé* et de l'*art*; qu'*il est bon que pour chaque homme l'art soit à recommencer;* sur la différence fondamentale de la peinture antique et moderne; sur le clair-obscur et Rembrandt; qu'en face de la nature *les plus serviles ont été les plus grands*, et que *c'est bien ici que ceux qui s'abaissent seront élevés;* que la peinture pourtant est un mode, *non pas d'imita-*

---

(1) IIe livre du *Traité du lavis à l'encre de Chine.*

tion, mais d'expression; il y a là-dessus une suite d'instructifs et délicieux chapitres, où la pensée et le technique se balancent et s'appuient heureusement, où le goût pour la réalité et pour les Flamands ne fait tort en rien au sentiment de l'idéal, où Karel Du Jardin tient tête sans crânerie à Raphaël. Tout au travers passe et repasse plus d'une fois, avec complaisance et nonchaloir, un certain âne qui sert à l'auteur de démonstration familière à ses théories, et cela le mène à venger finalement l'honnête animal, son ami, calomnié par cet autre ami La Fontaine. Ce chapitre de réhabilitation est victorieux et restera dans l'espèce (1); mais, pour commencer, on ne peut tout citer.

En lisant ces pages pittoresques et vives, où la lumière se joue, on ne peut s'empêcher de partager les espérances de l'auteur, lorsque, vers la fin, en vue de l'avenir de l'art dans ces contrées où il n'eut point de passé, on l'entend qui s'écrie : « Toutefois, Suisse, ma belle, ma chère patrie, les temps sont venus peut-être ! J'en sais, de vos amants, qui vous rendent plus que le culte de l'admiration, qui étudient vos beautés, qui se pénètrent de vos grandeurs, à l'âme de qui se découvrent vos charmes méconnus. » Le brouillard dans ces vallées se lève tard, voilà qu'il semble se lever aujourd'hui. Ce sont des amants qui aimaient trop et de trop près; à force de sentir, ils ne pouvaient dire. A leur tour, enfin, de parler.

Dans la Suisse allemande, cela s'est passé un peu

---

(1) Chap. VIII du IIIe livre du *Traité.*

autrement, je pense. Par la poésie au moins et par la littérature, la Suisse allemande, dès Haller et Gessner, s'est bien plus exprimée elle-même que la Suisse française ne l'a fait encore. Celle-ci a eu Rousseau, sans doute; comment l'oublier? Mais, tout en la peignant, il l'a désertée autant qu'il a pu. Le grand historien helvétique, un des plus grands historiens modernes, le vrai peintre et comme le poëte épique des vieux âges, Jean de Muller, est de cette autre Suisse qui n'a point, entre l'Allemagne et elle, les mêmes barrières de croyances et de purisme que la Suisse française se sent à l'égard de la France. Et ici je me permettrai de blâmer M. Töpffer sur un point.

Indépendamment des articles d'art et des piquants chapitres sur le lavis, il en a fourni plusieurs autres à la *Bibliothèque universelle* de Genève, excellent recueil en beaucoup de parties et digne d'une cité qui a produit au début Jean Le Clerc, le second et très-estimable journaliste à côté de Bayle. Mais trop souvent dans ces articles de M. Töpffer (1), comme dans la plupart de ceux que la *Bibliothèque universelle* publie sur la littérature, je regrette de trouver la France traitée comme une *nation* étrangère, nos écrivains à la mode pris à partie et entre-choqués, comme on le pourrait faire par delà le détroit. Cette espèce d'opposition, inutile d'abord est surtout disgracieuse; rien de moins propre à diminuer nos préjugés d'ici. Nous avons du purisme

---

(1) Quelques-uns ont été recueillis dans un volume de *Nouvelles et Mélanges* (Genève, Cherbuliez, 1840).

à l'endroit de Genève ; on y répond par du puritanisme, et notre purisme va en redoubler de dédain. Une telle polémique, morale par l'intention, mais où il entre pour le détail beaucoup d'inexactitudes, tend à prolonger un état de roideur et de secte, un système de défensive qui ne me paraît point du tout favorable à ce que je désire le plus avec M. Töpffer, l'expression libre et poétique de la Suisse par elle-même.

Assez de critique. M. Töpffer commença à poindre comme romancier dès 1832, par un charmant opuscule, *la Bibliothèque de mon Oncle,* qui fait aujourd'hui le milieu de l'*Histoire de Jules.* L'année suivante, il publia la première partie du *Presbytère* (1) ; après quoi il se délecta, non pas, dit-il, à faire des *suites* à ces deux parties, mais à compléter le tableau dont elles étaient pour lui un fragment. *Élisa et Widmer* ne fut même qu'une étude où il s'exerçait à trouver des tons pathétiques pour la fin du *Presbytère.* En 1834, il donna *l'Héritage,* où ces tons touchants, pour être contrariés par une veine bizarre, ne ressortent que mieux. J'indiquerai encore, dans l'intervalle de 1833 à 1840, comme ayant paru à part ou dans la *Bibliothèque universelle, la Traversée, la Peur,* et quelques petites relations de voyages, *la vallée de Trient, le Grand Saint-Bernard, le Lac de Gers, le col d'Anterne* (2). De ces derniers petits récits, j'aime la vérité simple, la grâce rustique et na-

(1) Aujourd'hui le premier des cinq livres dont se compose ce roman (*le Presbytère,* 2 vol. in-8°, 1839).

(2) Le tout recueilli dans le volume, déjà cité, de *Nouvelles et Mélanges* (Genève, 1840).

turelle, la belle humeur et la moquerie sans ironie. D'ordinaire, il y intervient un touriste ridicule, un Anglais gourmé, un Français entreprenant, une jeune fille charmante et qu'on protége, et qu'il faut trop tôt quitter. J'y vois une sorte de protestation modeste et de reprise en action contre les trop spirituelles impressions de voyage et les enjambées de nos grands auteurs, par quelqu'un du terroir, et qui, ayant beaucoup laissé dire, se décide à son tour à raconter. Chaque année en effet, en de certains mois, les voyageurs fondent sur la Suisse de tous les points de l'horizon, comme des volées d'étourneaux qui s'abattent. C'est une manière de transformation civilisée des anciennes invasions barbares : il y a aussi, selon le plus ou moins de talent, les simples pillards et les conquérants. Ils sont jugés les uns et les autres très-justement, très-finement, par les humbles habitants ou *naturels* du lieu (comme dit George Sand), qui souffrent dans leur cœur de ces légèretés de passage, qui s'en affligent pour les objets de leur culte, et qui, entre soi, après, se gaussent des railleurs. M. Töpffer répond à ce sentiment local dans ses gouaches franches sans hâblerie et sans pompe.

Chose bien singulière et petite moralité à tirer pour nous chemin faisant ! nous autres Français qui, en France et chez nous, distinguons si parfaitement les Gascons et croyons leur fixer leur part, une fois à l'étranger, nous faisons tous un peu l'effet de l'être.

La Peur est un récit minutieux et dramatique d'une impression d'enfance. Agé de sept ans environ, le jeune enfant se promenait en un certain lieu solitaire, et non loin du cimetière de la ville, avec son digne aïeul qui lui servait presque de camarade, comme c'est la coutume des excellents grands-pères, depuis le bonhomme Laërte jusqu'à grand-papa Guérin (1). Mais, au milieu des jeux folâtres et au sortir du bain qu'il prend en s'ébattant dans une petite anse, voilà tout d'un coup qu'à la vue d'un débris, ou, pour parler net, d'une carcasse de cheval étendue sur le sable, l'idée obscure de la mort se pose à lui pour la première fois : un vague frisson l'a saisi pour tout le reste du jour. L'année suivante, son aïeul meurt, et l'enfant, qui suit le convoi sans trop savoir, se retrouve tout ému aux mêmes lieux. Quelques années après encore, vers l'âge de douze ans, sorti de la ville au hasard, sous l'impression d'un chagrin violent et un peu burlesque, d'un précoce dépit amoureux, il se retrouve le soir, seul, dans le même endroit de mystère. Il oublie l'heure ; les portes de la ville se ferment, et il est obligé de passer la nuit entière en proie aux terreurs. C'est la description de cette crise, dans toutes ses péripéties, que l'auteur a retracée avec un naturel parfait et comme minute par minute : joli tableau malicieux qui semble pointillé par la plume de Charles Lamb, ou sorti du pinceau d'un maître flamand.

La Traversée rentre dans la donnée d'*Ourika* ou du

---

(1) Le vieil et célèbre avocat Loisel, retiré à Chevilly, près de Villejuif, tout à la fin de ses jours, et n'y ayant pour compagnie que son petit-fils, a fait ce distique charmant :

Quis Civiliaca lateat, si quæris, eremo ?
Laertesque senex, Telemachusque puer.

Lépreux, c'est-à-dire dans le roman par *infirmité*. Il s'agit d'un jeune bossu qui a des instincts chevaleresques, des velléités oratoires, qui a surtout des besoins de tendresse et qui souffre de ne pouvoir se faire aimer. Toute la première partie de l'histoire est aussi vraie que touchante et délicate ; je hasarderai une seule critique sur la fin. Le petit bossu, dans une traversée qu'il fait aux États-Unis d'Amérique, parvient à se faire remarquer par ses soins auprès d'un passager malade et de sa jeune femme qui va devenir veuve. Arrivé à terre, il continue de les assister. La femme reste sans protecteur ; il l'épouse, il devient père, il est heureux ; il écrit à son ami de Suisse, confident de ses anciennes douleurs : « Envoyez-moi donc vos bossus, nous leur trouverons femmes... » Ceci me choque. Ce jeune homme, même guéri de ses regrets, même heureux, ne devrait jamais, ce me semble, plaisanter de la sorte. Il a l'âme fière, chevaleresque. Or, les âmes fières, on l'a justement remarqué, aiment encore moins l'amour et son bonheur pour ce qu'elles y trouvent que pour ce qu'elles y portent ; et l'infirmité inévitable qu'il y porte, et qui l'a humilié si longtemps, devrait lui coûter à rappeler, à nommer, — à moins pourtant qu'il ne soit devenu tout à fait *américain*, ce qui est très-possible, mais ce qui n'en serait pas plus aimable.

On ne saurait croire, hors de Paris, combien nous sommes sensibles, au delà de tout, aux plus légers manques de *distinction* à l'extrême surface, et c'est aussi la seule raison (si raison il y a) qui m'empêchera d'oser considérer comme chef-d'œuvre *l'Héritage,* dont l'idée est très-heureuse, et l'exécution souvent fine et toujours franche. Un jeune homme de vingt ans, orphelin, destiné à une immense fortune que lui assure un oncle son parrain, s'ennuie et bâille tout le jour. Il se croit malade par manie, il se fait élégant faute de mieux; sa jeunesse se va perdre dans les futilités, et son âme s'y dessécher, lorsqu'une nuit, allant au bal du Casino, un incendie qu'il admire d'abord comme pittoresque, le prend au collet sérieusement; il est obligé de faire la chaîne avec ses gants blancs; il s'irrite d'abord, puis la nouveauté de l'émotion le saisit; le dévouement et la fraternité de ces braves gens du peuple lui gagnent le cœur : il a retrouvé la veine humaine, et son égoïsme factice s'évapore. Une jeune fille qu'il aperçoit saisie elle-même par la chaîne, et qu'il reconduit ensuite avec une modestie discrète, achève la guérison. Le voilà amoureux d'une inconnue distinguée et pauvre. Son oncle qui l'apprend, et qui a sur lui d'autres projets, l'en plaisante comme d'une fredaine; puis, le trouvant sérieux, il se fâche et finalement le déshérite. Lui, tout allégé, épouse la jeune fille et trouve le bonheur. On conçoit le charme et le profond de l'idée; mais dans toute la première partie, le jeune homme, qui est un élégant de là-bas, ne nous paraîtra pas tout à fait tel ici. C'est une affaire d'étiquette et de tailleur peut-être, affaire des plus importantes toutefois pour notre superbe délicatesse. Ce jeune homme parle beaucoup trop de ses *instruments de barbe* (est-ce qu'on se fait la barbe encore?), de son *savon perfectionné,* de son *cure-dent* surtout, et de la *côtelette* qu'il mange. Ce sont des

riens; ils font tache pour nous, sans qu'il y ait guère
de la faute de l'auteur, qui n'était pas tenu de deviner
nos entresols de *lions* à la mode, quand il ne peignait
qu'un *mirliflor* du quartier.

N'est-ce pas à propos de *l'Héritage* encore, et comme
venant aggraver ces élégances qui *retardent,* qu'il m'est
permis de noter grammaticalement plusieurs locutions
particulières qui se reproduisent assez souvent dans les
pages de M. Töpffer, et qui semblent appartenir à notre
vieille langue surannée? *Je leur bâille contre,* pour, *je
leur bâille au nez.* Et en parlant au valet qui annonce
à contre-temps l'oncle parrain : « Imbécile! j'étais sûr
que *tu me le pousserais dessus.* » Molière, dans la scène II
du *Mariage forcé,* fait dire à Sganarelle que Géronimo
salue, chapeau bas : « *Mettez donc dessus,* s'il vous
plaît; » ce qui signifie : *Couvrez-vous.* Dans l'idiome du
canton de Vaud, on dit encore vulgairement *je me suis
pensé,* pour *j'ai pensé;* ainsi dans *les Contes et les nouvelles Récréations* attribuées à Bonaventure Despériers,
à la nouvelle LXV du tome II, on lit : « Ce regent *se
pensa bien* que, pour aller vers une telle dame, il ne
falloit pas estre despourveu... » Toutes les locutions
singulières du patois genevois ou vaudois sont loin
sans doute de pouvoir ainsi s'autoriser par d'authentiques exemples. M. Töpffer le sait bien, et en général
il fait choix; en vrai disciple de Paul-Louis Courrier,
il ne va pas toujours aussi couramment qu'il en a l'air.
Tous ces mots du cru, ces locutions jusque-là éparses
chez lui un peu au hasard, se sont même élevés à l'art
véritablement, sous sa plume, dans quelques lettres

de *Champin*, l'un des personnages du *Presbytère :* « On y peut voir, dit-il excellemment, ce qu'est notre idiome local parlé dans toute sa nationale pureté, et juger de la difficulté qu'on doit éprouver à se dépouiller, pour écrire purement, de cette multitude d'idiotismes, dont les uns, inusités dans la langue française actuelle, n'en sont pas moins de souche très-française, dont les autres voilent sous une figure expressive le vice de leur origine, dont tous ont pour nos oreilles le caractère du naturel et le charme de l'accoutumance. » Quant à nous pour qui cette *accoutumance* n'existe pas, quelque chose pourtant du charme se retrouve. Est-ce donc le pur caprice d'un palais blasé ? Ce que je puis dire, c'est que ces idiotismes, ménagés et bien pétris dans un style simple, me font l'effet d'un pain bis qui sent la noix.

Les idiotismes s'en vont, on est trop heureux de les ressaisir ; on l'est surtout de les retrouver autour de soi sans trop d'efforts, et de n'avoir qu'à puiser. Ç'a été la situation de M. Töpffer. Et quel moment mieux choisi, si on l'avait choisi, pour oser toutes les expériences de couleur et de poésie dans le langage! Je conçois en d'autres temps du scrupule et la nécessité pour l'auteur de se tenir avant tout et de n'opérer qu'avec nuance dans le cercle régulier dessiné ; mais aujourd'hui qu'est-ce? le public d'élite et le cercle, où sont-ils? Je ne vois que des individus épars, une écume de toute parts bouillonnante, et quelquefois très-brillante en se brisant, qu'on appelle *langue,* et des pirates intitulés *littérateurs* qui font la course. Sauve qui peut dans ce désarroi, et butine qui ose! C'est le cas pour chacun d'aller son grand ou petit train intrépide; c'est le cas comme pour Montaigne, à la fin du xvi{{e}} siècle. Laissons faire les petits Montaigne.

L'*Histoire de Jules* (1) n'est pas plus à analyser que le *Voyage autour de ma Chambre;* elle se divise en trois parties dont le seul inconvénient est d'avoir l'air de recommencer trois fois, mais on y consent volontiers à cause de la simplicité extrême. Les moments d'ailleurs sont différents. Dans le premier livre, intitulé *les Deux Prisonniers,* Jules est un écolier enfant, un adolescent à peine; il aime déjà Lucy. Dans le second moment, qui s'intitule *la Bibliothèque de mon Oncle,* c'est de la jeune juive, si docte et si belle, qu'il est épris mystérieusement; elle meurt. Dans la troisième partie nommée du nom d'*Henriette,* et où Lucy mariée reparaît agréablement, le jeune homme a grandi, il est artiste et homme, l'affection sérieuse et moins fleurie aboutit à l'union durable.

Ce sont, on le voit, comme chez Nodier, des souvenirs *romancés* de jeunesse, mais moins *romancés* et avec moins d'habileté. Une certaine lenteur de ton qui se confond ici dans la grâce décente, l'honnêteté du cœur intacte avec la malice enjouée de l'esprit, la nature prise à point, respirent dans ces pages aimables : le sens moral qui en ressort tendrait à tuer surtout le grand ennemi en nous, c'est-à-dire la vanité. Dès le début, on voit l'écolier Jules se moquer en espiègle de son précepteur M. Ratin, lequel a sur le nez une cer-

(1) Un vol. in-8°, Genève, 1838.

taine verrue très-singulière ; cette verrue nous est racontée au long et décrite avec ses poils follets, ainsi que la lutte fréquente du bon pédant avec la mouche mauvaise qui s'obstine à s'y poser. De là le fou rire de l'écolier, de là les sorties de M. Ratin à tout propos contre le fou rire et contre les immoralités qu'il engendre. « Réfléchissant depuis à cette verrue, dit notre historien, je me suis imaginé que tous les gens susceptibles ont ainsi quelque infirmité physique ou morale, quelque verrue occulte ou visible, qui les prédispose à se croire moqués de leur prochain. » Chez quelques-uns, par une variété de la maladie, au lieu de se croire moquée, la verrue se flatte d'être admirée, elle se rengorge. C'est cette infirmité dans les deux sens que M. Töpffer appelle, pour abréger, *le bourgeon*, le faible de vanité d'un chacun ; il déduit très-bien cela. Il y voit avec raison le germe de bien de travers et de bien des maux : *être et paraître*, c'est à l'écraser et à l'extirper, ce besoin de faire effet, qu'il croit que consiste le plus fort de la morale : « Chose singulière ! au-delà de certaines limites, l'effort tourne contre vous ; en voulant extirper le bourgeon, c'est un bourgeon que vous reformez à côté ; vous dites : Je puis me flatter que je n'ai plus de vanité, et ceci même est une vanité. Aussi, ajoute-t-il, ne pouvant tout faire, j'ai pourvu au plus pressé. Je lui laisse pour amusette mes tableaux, mes livres, en lui interdisant toutefois es préfaces, bien qu'il m'en conseille à chaque fois ; mais il est de plus sérieuses choses que j'ai mises à l'abri de ses atteintes. Ce sont mes amitiés d'abord... »

Ensuite ce sont ses plaisirs, ses jouissances saines d'homme naturel, d'artiste, le dîner du dimanche sous la treille, le coudoiement du peuple, la source perpétuelle de l'observation vive. « Sous ces feuillages je retrouvais, dit-il, les jeux charmants de l'ombre et de la lumière, des groupes animés, pittoresques, et cette figure humaine où se peignent sous mille traits la joie, l'ivresse, la paix, les longs soucis, l'enfantine gaieté ou la pudique réserve. » Jean-Jacques sentait de même, pauvre grand homme tant dévoré du bourgeon! L'auteur de *Jules* pratique à la Jean-Jacques et à moins de frais la nature et la foule; il y recueille, chemin faisant, une quantité de petits tableaux, qu'il nous rend au vif et qui ont la transparence d'un Teniers ou d'un Ostade. En voulez-vous un échantillon : « A droite, c'est la fontaine où tiennent cour, autour de l'eau bleue, servantes, mitrons, valets, commères. On s'y dit douceurs au murmure de la seille qui s'emplit... » Rien que ces quelques mots ainsi jetés, familiers et envieillis, n'est-ce pas déjà harmonie et couleur?

Mais le véritable chef-d'œuvre de M. Töpffer, et que j'ai exprès réservé jusqu'ici, me paraît être le premier livre du *Presbytère*. Je dis le premier livre uniquement, parce qu'il a d'abord été publié à part, parce qu'il fait un tout complet, parce qu'il ne nous donne du sujet que la fleur, et que c'est précisément cette *fleur* qui était en question et que l'on contestait à la littérature de Genève. Les livres suivants ont grand mérite encore et intérêt, comme nous le devons dire; mais on s'y enfonce dans le terroir, et ce n'est pas notre affaire, à nous lecteurs toujours pressés et légers.

Genève et la Suisse sont la patrie moderne de l'idylle; au pied des grands monts, dans ces petits jardin un peu pomponnés, on l'y pratique journellement, et cela même était une raison peut-être pour qu'on n'en écrivît point de distinguées. Ce qu'on est en train de pratiquer et de *vivre*, on ne l'idéalise guère. Il faut être un peu à distance de son modèle pour le peindre. C'est toujours l'histoire de ces amants qui aiment trop pour pouvoir dire. Quoi qu'il en soit, voilà une idylle véritable, née du pays, fille du Salève, et digne de se placer modestement à la suite de toutes celles qui ont fleuri, depuis *Nausicaa*, la première de toutes et la plus divine, jusqu'à *Hermann et Dorothée*.

Charles est auprès d'une mare, à midi, couché, à contempler trois graves personnages paisibles, trois canards endormis et bienheureux. Un malin désir le prend, il lance une pierre dans la mare et réveille du coup les trois heureux troublés. Lui-même, dans sa vie, il va éprouver quelque chose de semblable. Charles rêve, il rêve beaucoup plus depuis quelque temps; il aime Louise, la fille du chantre, et s'il en croit de chers indices, une main donnée et oubliée dans la sienne à une certaine descente de montagne, Louise tout bas le lui rend. Mais le chantre est un homme dur, sévère, impitoyable. Un mot de lui, jeté en un moment de colère, a cruellement appris à Charles qu'il est un *en-*

fant trouvé. Le pauvre enfant ne s'en était pas douté jusque-là, tant M. Prévère, le digne pasteur, avait été pour lui un bon père. Enfant trouvé, peut-il donc prétendre à la main de Louise? C'est ce jour' même où Charles rêve près de la mare, et où il vient de troubler les canards avec sa pierre, c'est ce jour-là que l'orage va éclater. M. Prévère paraît à la fenêtre de la cure avec un air pensif; il a résolu d'éloigner Charles pour quelques années, de l'envoyer à la ville chez un ami près de qui le jeune homme pourra continuer ses études et se préparer, si Dieu le permet, aux fonctions du ministère. Avant qu'il ait appelé Charles pour lui signifier le départ, celui-ci, qui semble avoir le pressentiment de quelque explication, s'est dérobé de dessous les yeux de M. Prévère, à la suite de son autre ami le bon chien Dourak, arrivé là tout à propos. En s'approchant du mur qui soutient la terrasse de la cure, à quelques pas de la mare, sous un creux de buisson, il aperçoit le chantre en personne, faisant la sieste et tout au long étendu. Une lettre à demi ployée sort de sa poche; Charles l'a remarquée; une lettre!... De qui cette lettre? Lui-même il a, depuis six mois, ses poches remplies de lettres qu'il écrit sans cesse et qu'il relit solitaire, sans jamais oser les remettre. Si Louise avait écrit; si le chantre avait parlé à M. Prévère, si l'air pensif de M. Prévère se rattachait à cela?... la curiosité le saisit. Il s'approche du chantre endormi et dont le somme tire à sa fin; il rampe autour de lui, il lit déjà, c'est bien de Louise. Mais qu'est-ce? Il est saisi tout d'un coup par un mouvement imprévu, par un *tressaut* (1) du dormeur, il est pris sous lui et ne peut plus s'échapper. Dourak s'en mêle ; réveil complet et grande colère du chantre. Bref, il est décidé, après un entretien à la promenade avec M. Prévère, que Charles partira le soir même pour Genève, et qu'il quittera pour longtemps la cure, pour toujours Louise et ses espérances. Mais de nuit, déjà en route, il revient sur ses pas ; il veut revoir les lieux encore, épier les derniers bruits du logis, la lumière de Louise s'éteignant. Presque surpris une seconde fois par le chantre soupçonneux qui rôde, il n'a que le temps de se réfugier dans l'église ; il s'y laisse enfermer, y passe la nuit, et, accablé de fatigue et d'émotions, s'y endort profondément. Le lendemain, au réveil, c'était dimanche ; la foule va venir, il n'est plus l'heure de s'esquiver. Par bonheur, l'orgue (Charles s'en ressouvient à temps) est en réparation et ne doit pas jouer ce jour-là ; il s'y cache. La prière commence ; M. Prévère ouvre la Bible et y lit ces mots, comme texte du discours qu'il va prêcher : *Quiconque reçoit ce petit enfant en mon nom, il me reçoit.* En effet, le bruit s'était répandu, par la paroisse, du refus du chantre, du départ de Charles ; on plaignait l'un, mais on approuvait l'autre. Le cœur de M. Prévère s'en est brisé, et il échappe devant tous en de chrétiennes plaintes. Éloquent et miséricordieux sermon durant lequel Louise, avant la fin, est obligée de sortir, qui fait fondre en pleurs tout l'auditoire, et

---

(1) *Tressaut,* comme on dit *soubresaut, sursaut,* mot excellent et de vieille souche, que *tressaillement* ne supplée pas.

amollit le chantre lui-même et sa dure nature! Trois jours après, à Genève, Charles, qui s'y est rendu en sortant de sa niche, dès qu'il l'a pu, reçoit du chantre une lettre qu'il faut lire en son idiome natif, et, jointe à la lettre, la montre de famille, gage des fiançailles.

On entrevoit assez sur cette simple esquisse tout un cadre ouvert à une attrayante vérité. Est-il besoin, pour la confirmer, de dire que le fond de ce naturel tableau procède de souvenirs qui appartiennent à la première enfance de l'auteur? La cure, c'est le village de Satigny; l'original de M. Prévère, du pasteur comme se l'est peint la tendre imagination de l'enfant, a réellement existé; il existe encore; c'est, m'assure-t-on, M. Cellérier, aujourd'hui courbé sous les ans et les travaux, le père du recteur actuel de l'Académie, et dont les sermons, plusieurs fois réimprimés, sont bien connus des protestants. Toutefois l'admirable discours de M. Prévère paraît avoir été plutôt inspiré de la manière de Réguis, éloquence simple et mâle, et qui rappelle la belle école française (1). L'exécution générale du style, dans ce que j'appelle l'idylle, reste à la fois naturelle et neuve, pleine de particularités et d'accidents, riche d'accent et de couleur; c'est un style *dru*,

(1) Réguis, curé dans le diocèse d'Auxerre et ensuite dans celui de Gap, à une époque peu éloignée de la révolution française. Son nom manque dans toutes nos biographies; il n'est connu que des protestants. Pour l'énergie et l'onction, il a des parties du grand orateur chrétien. On a réimprimé ses discours en deux volumes (in-8º, Genève, 1829), sous le titre de *la Voix du Pasteur;* mais, pour les mieux accommoder à l'édification des fidèles réformés, on en a souvent modifié le texte.

il sent son paysage. Les quelques taches de diction qu'on y peut surprendre seraient aussi aisées à enlever que des grains de poussière sur le feuillage verdoyant qui entoure la mare.

Les livres suivants du *Presbytère,* qui, à cause de leur spécialité et de leur dimension, ne sauraient s'adresser au gros des lecteurs d'ici, ne gardent pas moins, pour nous autres critiques, un intérêt prolongé et un mérite d'art auquel M. Töpffer ne s'était jamais élevé jusque-là. Charles, une fois à Genève, placé dans la maison de M. le pasteur Dervey, où il poursuit ses études, correspond avec Louise, avec M. Prévère, avec le chantre Reybaz. Ceux-ci lui répondent; les lettres de Louise surtout sont fort jolies et d'une piquante finesse. Un certain Champin, portier de la maison où demeure Charles, renoue avec Reybaz qu'il a connu autrefois, et devient bientôt le mauvais génie du roman. Ce Champin est une figure toute locale, comme qui dirait un ancien *jacobin* de Genève; moyennant les lettres qu'il lui prête, l'auteur a cherché à représenter le vieil idiome populaire de la cité et de la rue dans tout son caractère, tandis que, par les lettres de Reybaz, il a voulu exprimer la langue des anciens de village, dans les cantons retirés où se conserve un français plus vieilli que celui des villes et plus coloré quelquefois. « Ce serait, dit-il de cette dernière, ma langue naturelle, si on se choisissait sa langue. » Sous cette histoire développée des deux fiancés, il y a donc une étude approfondie de style, si je l'osais dire, tout comme dans *les Fiancés* de Manzoni, auxquels l'auteur a dû plus d'une fois penser; mais c'est le style genevois, tant municipal que rural, qui s'y trouve expressément reproduit dans toutes ses nuances, et cela circonscrit le succès. Il me semble pourtant, dût la proposition d'abord étonner un peu, que, maintenant que l'Académie française entreprend un Dictionnaire *historique* de la langue, ce dépôt de vieux parler cantonal, rassemblé dans *le Presbytère,* pourrait devenir un des fonds à consulter; on en tirerait à coup sûr des remarques utiles sur la fortune et les aventures de certains mots. — Parmi les observations plus ou moins sérieuses que Charles transmet à Louise à travers l'effusion de ses sentiments, il en est qui touchent à des personnages historiques, célèbres dans le pays; je noterai le dîner chez M. Étienne Dumont (lettre LIX). L'intégrité de vénération qui s'attache encore aux hommes méritants de ces contrées, et qui lie les générations les unes aux autres, s'y peint avec de bien profondes et pures couleurs. En lisant ces pages véridiques et me souvenant des objets, je comparais involontairement avec nous. Cela, me disais-je, ne peut se passer. se maintenir de la sorte que dans un ordre de société où cette rapidité dévorante ou futile, cette banalité qu'on appelle la mode ou la gloire, n'a pas flétri et usé les vertus. Ici, aussitôt parvenu à de certaines positions, on fait trop vite le tour de l'espèce; on la connaît trop par tous ses vilains côtés; on ne croit plus en elle, à moins d'avoir un fonds incurable d'illusion ou une intrépidité voulue d'optimisme. La plupart des hommes célèbres en France, s'ils n'y prennent garde, meurent au moral, dans un véritable état de dilapidation, j'allais dire pis. Là-bas, les choses ont gardé leur proportion encore ; les bons côtés ne sont pas trop entamés ; la discrétion, le respect de soi-même et des autres; une certaine lenteur à vivre, subsistent et conservent. On peut s'y croire à l'étroit par moments, et trouver que le théâtre ne suffit pas ; mais combien cette impression de gêne et à la fois de ressort est préférable à la lassitude des âmes qui sentent qu'elles ne suffisent pas elles-mêmes à leur théâtre et qu'elles s'y dissipent à tous les vents!

J'avais pensé à détacher et à citer encore, pour finir, deux lettres du *Presbytère,* à mon gré délicieuses (VIII et IX), l'une de Charles, l'autre de Louise. Ils se racontent leurs impressions, chacun de leur côté, durant un orage. Que fait Louise à la cure dans ce moment même et sous ces nuages de grêle qui s'amassent? se demandait Charles, une après-midi, accoudé à la fenêtre ; et il s'amuse à le supposer et à le décrire. Louise, en réponse, lui raconte ce qu'elle faisait réellement, et où l'orage les a surpris. Différence et concordance gracieuses ! Charles, en devinant, s'est trompé, mais de peu ; il s'est trompé sur les incidents, non pas sur les sentiments. Puis l'impression de sourire tourne bientôt au sérieux, lorsque, dans une prochaine lettre du chantre, on voit que cet orage, qui n'a servi qu'à nourrir la rêverie des amants, a haché les grains, foudroyé un clocher, tué peut-être un sonneur; on est ramené au côté prosaïque de la vie. Mais je ne fais qu'indiquer ces passages, tout charmants qu'ils sont, pour ne pas tomber moi-même dans l'inconvénient de prolonger. Je renvoie aussi au livre pour le dénoûment final de l'histoire, lequel est trop triste et, à partir d'un certain moment, trop prévu.

En achevant cette lecture d'un auteur chez qui la littérature est née tout entière des habitudes morales et du foyer de la vie, est-ce une conclusion purement critique que je suis tenté d'y rattacher? Irai-je représenter à M. Topffer qu'ayant une fois atteint à l'art, il lui faut tâcher désormais de s'y tenir; que l'inconvénient et la pente pour tout artiste, en avançant, est de se lâcher, surtout quand on manque d'une scène, d'un public sans cesse éveillé et jaloux; qu'il n'est déjà plus dans ce cas lui-même, et que, sans trop retrancher à ses plaisirs, il doit songer pourtant qu'il a contribué aux nôtres, et que l'œil est sur lui? Oh! non pas; je laisse au *bourgeon,* comme il l'appelle, le soin de lui dire toutes ces choses, de lui en suggérer beaucoup d'autres; et bien plutôt, pour mon propre compte, je revois en idée les lieux, les doux coins de terre tranquilles qui se peignent dans ses écrits; il reste, à qui une fois les a bien connus, un regret de n'y pas toujours vivre. On se demande ce qui y manquerait en effet, à portée de l'amitié discrète, au sein de l'étude suivie, en face de la nature variée et permanente. Il y manquerait bien sans doute de certains petits coins de faubourg, qu'on peut croire, sans flatterie, les plus polis et les mieux éclairés du monde. Mais quoi! dans cette vie, y aurait-il lieu vraiment à la moindre rouille pour l'esprit, pour le goût? Serait-ce jamais le cas au mot de Cicéron du fond de sa Cilicie : *Urbem, urbem, mi Rufe, cole, et in istâ luce vive?* Un peu d'accent peut-être à la longue, à la fin, marquerait la parole, — un peu d'accent tout au plus, et que nul n'apercevrait. Et qu'importe, si on avait le fond, si on était heureux et sage, si les dissipations de l'âme s'amortissaient? Et je me rappelais ces vers sentis qu'une muse du Léman adressait au noble poëte Mickiewicz, lorsque, hier, la France le disputait à l'humble canton qui n'avait pas désespéré de le garder :

> Dans nos vergers, tout devient rêverie,
> Vague bonheur que l'on garde à genoux,
> Frais souvenir, souci de bergerie,
> Clos d'une haie ainsi que la prairie;
> Plaisirs du cœur que le cœur seul varie;...
>   Consolez-vous!.

Il a été fort question d'idylle en tout ceci : nous ne pouvions mieux la clore.

15 mars 1841.

(Depuis que nous tracions ce rêve d'idylle, la réalité, comme il arrive trop souvent, a cessé d'y répondre; toute une partie des rivages de ce beau Léman a été troublée; notre cher canton de Vaud surtout s'est vu le théâtre d'une révolution sans but (février 1845) qui a fait prévaloir les instincts brutaux et grossiers. Ce sauvage Cyclope dont parle Jean-Paul, et qui habite toujours au fond du cœur de l'homme, est sorti brusquement de son antre, et il a tout ravagé... *fontibus aprum.* O vous qui êtes sage, ne mettez nulle part votre idéal de bonheur sur cette terre, ou, si vous le mettez, ne le dites pas!)

— M. Rodolphe Topffer est mort à Genève, le 8 juin 1846, à l'âge de 47 ans.

M. BRIZEUX.
1841.

(*Les Ternaires,* livre lyrique.)

Tout le monde est plus ou moins poëte à un certain âge de la vie; mais, indépendamment de cette poésie de jeunesse et de quinze ans, de cette poésie *du diable,* comme l'appelle M. Saint-Marc Girardin, il y a des individus poëtes, et qui ne sont que cela. J'en sais, dans ce temps-ci, un assez grand nombre, de distingués et même d'assez ordinaires, simples majors ou caporaux déjà vieillis dans le régiment dont ils ne seront jamais colonels. Que leur importe? ils aiment le drapeau, ils aiment la chose poétique en elle-même, et ils ont raison de l'aimer, car elle leur a souvent porté bonheur. Si ces hommes, je parle des plus ordinaires, se hasardent à la prose, au roman, à l'histoire, à l'éloge académique, que sais-je? ils ne feront pas mal peut-être, mais ce ne sera jamais bien complet, ni bien distingué, ce sera manqué par quelque endroit; tandis que, dans leurs vers de tous les jours, dans ces pièces sans prétention qu'ils jettent au gré de leur secrète fantaisie, il peut arriver qu'à tel moment ils atteignent à une note exquise, à quelque chose de pénétrant, à quelque chose de tout à fait bien, et qui mérite de vivre. Un excellent critique a déjà noté la singularité de ces heureux hasards, et en a touché la raison. Ayant à parler d'un recueil de poésies choisies, d'une Anthologie française, M. Vinet disait : « Tout le monde est-il comme moi? J'ai regret à tout ce que le passé garde dans ses abîmes ; je voudrais qu'il nous restât tout entier. J'ai regret, non-seulement aux monuments qui croulent, mais aux pensées qui s'évanouissent, aux voix qui meurent dans leur premier écho. J'ai regret surtout aux pensées poétiques ; les autres se retrouvent, se renouvellent ; l'une remplace l'autre : la pensée poétique, seule, ne se remplace point. On peut faire mieux, on peut faire autrement ; on ne remplace pas plus une pensée poétique qu'on ne remplace une âme : chaque création de ce genre, pour autant qu'elle est poétique, est unique et irréparable ; ce qui a été dit par un poëte, un autre ne le redira pas. »

De nos jours, où toutes les vocations sont remuées et où tous les numéros, même incomplets, ont chance de sortir, combien ne savons-nous pas de ces âmes poétiques qui essayent de s'exprimer partout où elles sont, en province, dans le fond d'un bureau, au creux d'une vallée, au bord de leur nid enfin, et cela sans trop de manie d'imitation, sans trop de rêve de gloire, mais pour se satisfaire humblement et se suffire ! On ferait une Anthologie charmante de tout ce qui échappe d'excellent à l'un ou à l'autre en tel jour de sa vie, et dont le public, non plus que l'auteur en son pêle-mêle, ne se doute pas.

Mais à mesure que, dans ce bataillon des poëtes qui ne sont, ne peuvent ou ne veulent être que cela, on s'élève et on arrive à l'élite, à la vraie distinction, à l'état-major, il est bien difficile qu'on rencontre toujours d'obstinés et purs poëtes. A un certain degré d'élévation, en effet, l'esprit s'applique à tout ; dans le champ de comparaison qu'il embrasse, il est sollicité en bien des sens. Et tout d'abord pourquoi le berger ne deviendrait-il pas ministre ?

Il avait du bon sens, le reste vient ensuite,

a dit La Fontaine ; et beaucoup de nos ambitieux se le sont répété un peu plus hardiment. Chateaubriand, Dante, les grands exemples anciens ou récents, républicains ou monarchiques, ne manquent pas. De nos jours, avec tous ces souffles en l'air, la tentation est inévitable. Et puis, à côté de la noble et légitime ambition, la nécessité s'en mêle : il faut vivre, il faut se soutenir, et la muse seule n'y suffit pas. Par toutes les pentes, on revient ainsi à la prose. Aussi je ne crains pas de dire qu'il faut une très-grande force de volonté aujourd'hui pour rester simple poëte, même quand on est poëte évidemment.

En voici un enfin qui a tenu bon, qui a résisté sans fléchir. Nature fine et forte, il s'est de bonne heure proposé son but, et n'en a pas dévié un seul jour.

Fidèle au corps d'élite de la poésie, M. Brizeux me fait l'effet de ces officiers supérieurs dans une arme spéciale, savante, qui, voués au noble génie de leur art, s'y tiennent, sans vouloir jamais d'avancement ailleurs.

Le vivre plus facile, la popularité courante, au prix de son art chéri, au prix d'une seule des perles de son loisir, il n'en a pas voulu. C'est là un trait de caractère. Nul doute qu'il n'eût pu, en se lâchant un peu, en s'assujettissant aussi, prétendre à ces succès plus ou moins faciles, mais où la distinction, après tout, ne nuit jamais. Il n'a pu s'y résoudre; le mieux, un certain idéal, posait devant ses regards et ne lui laissait pas de trêve. Voyez-le écrire en prose, dans les très-rares morceaux où il s'y est vu obligé, dans quelque préface concise et comme furtive : il n'écrit pas véritablement, il court, il fuit. Sa plume appuie le moins possible; il semble sur des charbons ardents; il y va comme un pied fin sur des pavés mouillés.

Il lui faut le vers, il lui faut la ceinture; sa pensée veut marcher enveloppée du rhythme et de la cadence. Talent bien énergique dans sa délicatesse, il a sauvé sa veine du grand mélange; il n'a pas noyé dans des flots d'encre sa poudre d'or. Plus d'une fois, quand les génies régnants, trop généreux, brassaient autour de nous leur poésie à pleine cuve, lui, avec dédain et en silence, sortait, emportant toute la sienne dans sa bague.

La bague secrète a fini par rendre, non pas le poison, mais les essences et les senteurs. Cette renommée particulière du poëte a comme insensiblement transpiré. Sans bruit, sans aucun renfort d'auxiliaires,

M. Brizeux s'est fait sa place à part dans le groupe des maîtres-chanteurs du temps. Nous l'y trouvons aujourd'hui tout porté, et n'avons qu'à l'y reconnaître.

Il remonte par ses premières origines au mouvement de 1828, quoiqu'il se soit détaché un peu plus tard. Parmi les poëtes les plus en vue d'alors, il est juste de noter ses affinités d'abord décelées pour l'élégante et chaste manière de la muse d'*Éloa*. L'idéal devint de bonne heure la préoccupation, le culte de M. Brizeux. Sa sensibilité vive, mais plutôt rapide et pressée qu'épanchée, ne souffrait pas de se révéler à nu, de se confesser sans voile et sans figure. Il n'est pas de ceux qui, blessés du trait sacré, jettent au ciel la poussière mêlée dans leur sang, et qui versent avec clameur, comme dit Ballanche, leurs entrailles sur la terre. Pur avant tout, discret, revêtu, la décence régla même ses premières plaintes.

Marie, qui parut en 1831, à travers la tourmente politique, annonça aux rares lecteurs attentifs ces qualités de cœur et d'art ménagées dans toute leur grâce. Deux éditions ont suivi, dans lesquelles l'auteur a fait plusieurs changements curieux ; car cette *Marie*, on peut le dire, a été pour le poëte comme une jeune fille que la mère retient longtemps entre ses genoux, en la peignant amoureusement. Deux ou trois joyaux ont été changés successivement de place, ont été essayés, puis supprimés. Enfin, telle que nous l'avons aujourd'hui (1), elle me semble la perfection même.

(1) Troisième édition, chez Masgana. On a pu lire ce que nous

Marie, je le dirai pour le petit nombre de ceux qui l'ignorent, est une jeune paysanne bretonne, que le poëte a aimée autrefois, dans son enfance, de cet amour de douze ans, le plus vrai, le seul vrai peut-être, puis qu'il a perdue de vue et qui s'est mariée dans le pays. Lui, de loin, il y repense, il remonte par elle le courant des fraîches années, il lui adresse ses pudiques retours et ses vœux. Cela composait un certain nombre d'élégies, entre lesquelles étaient jetées d'autres pièces sur d'autres sujets, mais qui ne détonaient pas.

Dans la première édition pourtant, l'arrangement était moins sévère; les déviations pouvaient sembler plus fréquentes; l'ensemble du livre portait moins uniquement le cachet distinctif de la Bretagne. Mais en même temps l'auteur, sur quelques détails de forme, affectait de se séparer : par exemple, il appelait *roman* ce volume qui n'était qu'un recueil de pièces détachées; il intitulait dix vers alexandrins *chanson*. C'était là peut-être, en cette œuvre modeste et charmante, la seule trace d'école, de cette école qu'il fuyait.

Dans la seconde édition, le caractère breton prit le dessus, mais d'une façon un peu affichée. Tous les noms de bourgs, de fleuves et de montagnes, qui d'abord s'étaient écrits à la française, revêtirent l'orthographe celtique, et purent paraître bizarres, d'harmonieux qu'ils étaient. C'est que dans l'intervalle l'auteur comprenant quel parti il y avait poétiquement à tirer

---

disions des deux premières (article sur Brizeux et Auguste Barbier tome II, page 224 des présents volumes).

15.

de cette contrée bretonne où un simple retour de cœur l'avait porté au début, s'y était enfoncé avec une sorte d'amour sauvage et d'ivresse impétueuse. Je crois le lui avoir dit souvent alors : lui, né pour Rome et pour Athènes, voyant les barbares déborder et les meilleurs se corrompre, il se réfugiait dans son Armorique et s'y cantonnait, s'y armait jusqu'aux dents, comme Sertorius en son Espagne. Mais ce n'était là qu'une phase.

Une part plus juste se fit bientôt avec le temps. Pour ses compatriotes mêmes de Léon et de Cornouailles, il écrivit des chansons dans le plus pur du dialecte local; il conçut et il est en train de composer pour nous tous son poëme des *Bretons*. Il vient de nous donner, en attendant, ses souvenirs de la Méditerranée et d'Italie. *Marie* enfin, dans sa troisième forme, n'a plus qu'à rester comme cela, sans une épingle de plus ni de moins, et à vivre.

Marie est le livre poétique le plus virginal de notre temps, c'est-même le seul véritablement tel que je connaisse. Aux jeunes filles, quel autre à donner, je vous prie? Si elles s'appellent Marie, il leur revient de droit avec un bouquet de fleurs blanches. J'en ai vu un exemplaire aux mains de deux charmantes sœurs à qui on l'avait envoyé parce qu'elles avaient un chagrin ce jour-là, et il y était écrit pour épigraphe ces deux vers :

Lire des vers touchants, les lire d'un cœur pur,
C'est prier, c'est pleurer, et le mal est moins dur.

Le Bonheur domestique, la Chaîne d'or, l'élégie du conscrit Daniel qui vient à Paris, et j'en pourrais citer bien d'autres, unissent à une forme parfaite et limpide une sensibilité douce, élevée, saine, qui émeut sans troubler, et qui fait mieux luire le ciel dans une larme.

Le joli volume, avec ses élégies à la pauvre villageoise qui reviennent à des intervalles et comme à des nœuds égaux, avec les autres pièces noblement calmes et unies qui y sont entremêlées, me paraît exactement comparable à cette houlette pastorale dont il est dit dans l'églogue,

Formosum paribus nodis atque ære, Menalca :
De nœuds égaux formé, garni d'un bout de fer.

Ce bout de fer, ce sont les accents aussi, parfois éclatants et résonnants, qui n'y manquent pas.

On respire comme un parfum antique dans cette poésie ingénieusement simple, qui se dit née aux landes sauvages. Les Bretons, selon quelques traditions de lieu, prétendent être venus de la Corne d'or, du *Pays de l'été,* où fut plus tard Byzance. Au moins, le Breton raffiné a-t-il des familiarités très-promptes avec la Grèce. Chateaubriand, le grand barde, est celui qui, en y mettant le pied, a le mieux compris l'Attique, et qui l'a décrite, comme au lendemain de Sophocle, en traits immortels. M. Brizeux a dérobé une abeille à Moschus.

Les trois pays devenus classiques de l'idylle sont la Suisse, la Sicile, l'Ile-de-France ; la Bretagne ne l'est que par accidents. Le poëte a dû trouver souvent son champ un peu raboteux et pierreux; il n'en conviendra pas; on s'aperçoit toutefois que le troupeau de brebis, là-bas, est noir et maigre; l'aspect se relève par un fond de verdeur et de puissance :

O terre de granit, recouverte de chênes!

Si ces eaux de l'Ellé et du Scorf n'ont pas plus de courant en été, descendez dans ce lit embaumé d'herbes hautes à forte senteur : il y a le genêt à fleurs d'or.

Sous un air de gentillesse parfois adolescente et de pure grâce, ce volume de *Marie* annonçait donc une qualité très-certaine de force et de nerf. On pouvait, à le parcourir à la légère ou sans l'esprit de critique, n'y voir que le joli groupe des chèvres et de la bergère; mais il y avait le chien de garde incorruptible. J'ai souvent pensé à ce qu'il faut ainsi de force réelle, de force contenue et bien apprise, pour atteindre à une grâce nette, souple, déliée, à un tour découpé et décisif. M. Brizeux me fournit lui-même l'image en me rappelant, d'après Walter Scott, cette espèce de joute entre Saladin et le roi Richard. Celui-ci, pour donner échantillon de sa vigueur, lève de sa large main son immense épée à double garde, dont la lame droite lui allait presque jusqu'à l'épaule, et il pourfend d'un seul coup une grosse barre de fer qui s'est trouvée là sous ses yeux. Mais Saladin, grêle et fin, et faisant déjà le vaincu, n'a pris qu'un coussin de soie rempli de duvet, et a demandé à Richard si avec sa grande épée il le pourrait pourfendre : — Non, certainement, répondit le roi ; nulle épée, fût-ce l'Excalibar du roi Arthur, ne pourrait fendre ce qui n'oppose aucune résistance. — Et lui, Saladin, d'un coup habile de son cimeterre qui ressemble à une faucille dorée, a déjà divisé le coussin sans presque faire semblant.

L'image est parfaite pour exprimer le genre de nerf, la vigueur ménagée et choisie, et un peu coquette de simplicité, dont souvent M. Brizeux fait preuve. Sa force, en quelque sorte, est brève. Elle tient encore, si je l'ose dire, de celle de la chèvre (1) qui, après avoir bondi d'un saut abrupt, tout d'un coup, au lieu de courir, tourne court au bord du précipice et s'y tient pendante avec hardiesse dans un arrêt net et élégant : de l'autre côté du ravin le promeneur indécis ne sait d'abord si c'est un jeu du rocher, et admire.

Cette espèce de force qui s'était marquée dès les gracieux débuts de M. Brizeux, et qui, chaque jour, s'accentue davantage, est d'un heureux augure pour son poëme des *Bretons*, dont la composition l'occupe depuis longtemps. Qu'il s'y livre désormais tout entier ; mais maintenant, assuré qu'il est de toutes ses épreuves et confiant à bon droit en sa trempe, il n'a plus peut-

---

(1) Il a dit lui-même, dans sa pièce *à la Mémoire de George Farcy* :

> Un soir, en nous parlant de Naples et de ses grèves,
> Beaux pays enchantés où se plaisaient tes rêves,
> Ta bouche eut un instant la douceur de Platon :
> Tes amis souriaient, lorsque, changeant de ton,
> Tu devins brusque et sombre, et te mordis la lèvre,
> Fantasque, impatient, rétif comme la chèvre!

être à tant combiner ses coups, à tant se jouer dans les raccourcis. En cette arène épique, de quelque façon qu'il se la trace, nous voudrions le voir prendre fréquemment et couramment tout son champ, le voir s'accorder tout entrain et pleine ouverture (1).

Les Ternaires, livre lyrique, sont un savant et ferme prélude, un de ces recueils qui, différents en cela de *Marie,* s'adressent aux artistes encore plus qu'au public, et qui font surtout le régal et l'étude de quelques-uns.

Pourquoi ce titre de *Ternaires?* C'est l'endroit le plus contestable. Évidemment l'auteur était en quête d'un titre; j'en aurais mieux aimé un plus simple, le premier trouvé. Mais une certaine réflexion idéale qui est propre à M. Brizeux, une sorte d'aspiration philosophique que le commerce récent de Dante n'a pu que fortifier (2), lui a fait considérer ces chants de sa maturité comme un troisième temps dans sa vie. Il s'est supposé plus vieux qu'il ne l'est, revenu à son point de départ après l'âge des excursions, mais revenu avec l'expérience acquise. Cette idée des *trois pas* essentiels dans la vie revient très-ingénieusement de distance en distance, trop ingénieusement même. Il ne s'est pas contenté de saisir cet aperçu à l'état moral, il l'a voulu suivre sous forme théologique : il a chanté le sacré

---

(1) Ce poëme a paru depuis, et il justifie la meilleure part de nos vœux et de nos espérances. (Voir l'appréciation qu'en a faite M. Magnin dans la *Revue des Deux Mondes* du 1er août 1845.)

(2) Traduction de *la Divine Comédie,* par Brizeux, bibliothèque Charpentier.

triangle, c'est trop. On remonterait ainsi tout droit aux Alexandrins. Dans le rhythme, il a introduit une forme de tercet, à lui particulière, afin qu'il y eût, jusqu'au courant du flot, une réverbération et un reflet du chiffre mystérieux. Ceci est plus piquant. La forme du tercet, tel qu'il l'a pratiqué dans le *Livre des Conseils,* s'adapte très-bien d'ailleurs à la poésie gnomique, et il a eu le soin encore d'y trouver une autorité locale dans quelque forme analogue des anciens bardes. Ce sont là de ces fantaisies de poëte et d'artiste qu'il ne faut pas trop chicaner. Le plus réel inconvénient du titre abstrait, et de ce qui s'ensuit, c'est de rendre le bord du vase moins accessible pour bien des lèvres délicates et féminines.

Les Ternaires appartiennent assez véritablement par leur caractère à une troisième époque de la vie intérieure du poëte. Voici comment en effet je conçois la marche du talent, et on la pourrait vérifier dans la plupart des écrivains de nos jours. On commence par une sorte d'abandon, de vivacité et d'ardeur plus ou moins mêlée d'inexpérience, mais rachetée par bien des qualités primitives. Puis, si le talent est réel, s'il a de l'avenir, il ne s'en tient pas au coup d'essai, il récidive. A ce second temps, à cette seconde saison, il a gardé encore de la fraîcheur et de la facilité des inspirations premières; mais elles ont acquis plus de développement, de fermeté, la pleine maturité déjà : c'est le lucide moment, la nuance épanouie. Enfin, en achevant de mûrir, le talent arrive à d'heureux résultats encore, plus approfondis peut-être, plus concentrés;

mais désormais un certain rayon qui se joue et la fraîcheur du premier duvet ont disparu. Les productions des poëtes ne tombent pas toujours sans doute dans l'une ou l'autre de ces exactes saisons ; pourtant une teinte générale domine. Dans *les Ternaires,* à travers bien des rayons et des élans, d'ordinaire une poésie virile se fortifie et se complique d'une pensée consommée.

Le trait vraiment original du recueil me paraît être (qu'on me passe le terme) au *point d'intersection,* dans l'âme du poëte, de ses souvenirs de Bretagne et d'Italie. M. Brizeux, dès les années qui suivirent la publication de *Marie,* visita beaucoup *ce pays de force et de grâce,* comme il l'appelle ; il le visita d'abord en compagnie de son ami M. Auguste Barbier, puis seul à diverses reprises, non plus passant, mais séjournant ; il y a fait toutes les saisons. Par moments sa Bretagne lointaine lui échappait, la courtoisie florentine l'avait conquis, il allait oublier son Ithaque ; mais tout d'un coup un costume, un son d'instrument, un écho, venait réveiller son vieux culte et croiser ses amours. Il a exprimé au naturel ces brusques revirements dans les deux couplets qu'il intitule *les Dissonances :*

> Un soleil si chaud brûla ma figure,
> J'ai dû tant changer à tant voyager,
> Que d'un franc Romain je me crois l'allure ;
> Mais un vigneron à brune encolure
> Me dit en passant : Bonjour, étranger !

> Pétrarque à la main (roi des élégances),

J'arrondis mon style et me crois Toscan :
Le ton primitif se fond en nuances ;
Mais soudain ma voix part en dissonances...
Oh ! je suis un fils du barde Guîclan (1) !

Dans les *Chants alternés*, dans *les Cornemuses*, dans la pièce *à saint Mauto ou Malo*, le même croisement de sentiments et d'images se produit avec bonheur. Dans *les Cornemuses* par exemple, c'est un pauvre enfant italien qui va jouant de la *piva* ; il va de maison en maison, et personne ne l'écoute. Mais le Breton aussitôt a reconnu le son de l'instrument pareil au *corn-boud* national, et il a tressailli : c'est son ranz des vaches. Il fait jouer plus d'un air à l'enfant, et toute son Armorique lui repasse à l'horizon, jeune fille, Océan, blanche fée ; et, complétant sa pensée dans l'avenir, il ajoute :

Un jour, si *le corn-boud* chante aux brouillards d'Arvor,
Je dirai : Levez-vous devant moi, pays d'or !
Et la rouge Sabine et l'Italie entière
Éblouiront mes yeux avides de lumière...

Voilà de ces redoublements de nature autant que d'art, et qui remplissent à la fois la fantaisie et le cœur.

Un autre jour, le poëte, errant dans Rome, vient à découvrir qu'une église y est dédiée au pauvre évêque breton, à Malo, sous le nom italien de saint Mauto, et dès ce moment, pendant bien des journées, il ne pense plus qu'à son patron chéri ; si Saint-Pierre est, un soir,

(1) Barde du ve siècle.

illuminé en l'honneur de quelque saint inconnu, il se
dit que c'est pour le sien ; et, tout fier d'avoir signalé
la basilique cachée, il s'écrie :

> Patron des voyageurs, les fils de ton rivage,
> Venus à ce milieu de l'univers chrétien,
> Connaîtront désormais ton nom italien,
> Et tu seras un but dans leur pèlerinage.
> Les plus tendres de cœur à Rome apporteront
> Quelques fleurs des landiers pour réjouir ton front ;
> Mais là-bas, près des mers, sous ta sombre chapelle,
> Fête-les au retour, bon Saint, et souris-leur
> Quand sur ton humble autel ils mettront une fleur
> De la Ville éternelle.

La *Lettre à un Chanteur de Tréguier,* écrite sur le
chemin de Rome, est une des excellentes pièces du
volume. Il paraît que les poésies en langue celtique que
M. Brizeux a composées, et qu'on chante dans le pays,
avaient été quelque peu falsifiées et remaniées : c'est
le sort de toute poésie populaire. Mais notre poëte, qui
est au fond très-civilisé et très-probablement de la
postérité de Callimaque et d'Horace, ayant appris le
méfait, s'en fâcha, et écrivit de belle encre cette charmante
lettre au chanteur du cru, pour le féliciter à
la fois et le tancer, pour le remettre au pas et lui
donner des conseils. Je ne puis que citer la pièce tout
entière, parfaite de style, de ton et de pensée :

LETTRE A UN CHANTEUR DE TRÉGUIER.

Comme je voyageais sur le chemin de Rome,
Iannic Còz, une lettre arrivait jusqu'à moi ;
    On y parle de vous, brave homme,
Des chanteurs de Tréguier vous le chef et le roi.

« Grâce à Jean, disait-on, sans tes vers point de fête.
Aux luttes, il les chante ; il les chante aux Pardons ;
    Et le tisserand les répète
En poussant sa navette entre tous ses cordons.

Mon Sonneur les sait mieux que matines et laudes ;
Pour Iannic le chanteur, ce malin Trégorrois,
    Il t'a dû bien des crêpes chaudes,
Bien du cidre nouveau pour rafraîchir sa voix. »

Voilà ce qu'on m'écrit, et j'ai tressailli d'aise :
A moi le bruit, à vous le cidre jusqu'au bord ;
    Sur un seul point, ne vous déplaise,
Beau chanteur, mon ami, nous serons peu d'accord.

Certain libraire intrus sous sa presse maudite
A repétri pour vous et travaillé mon grain ;
    Mon cœur de barde s'en irrite ;
Moi-même dans le four j'aime à mettre mon pain.

Mangez-le. De grand cœur, ami, je vous le donne ;
Mais gardez, en l'offrant, d'y jeter votre sel ;
    Assez pour la table bretonne
Mêlent au pur froment un levain criminel.

Si quelque nain méchant fendait votre bombarde,
Faussait l'anche, ou mettait du sable dans les trous,
    Vous cririez ! — Ainsi fait le barde.
Le juge peut m'entendre : Ami, le savez-vous ?

Pourtant je veux la paix. — Pour les jours qui vont suivre
Ce triste hiver, voici ma nouvelle chanson :
    Que vos sacs se gonflent de cuivre ;
Bien repu, chaque soir, rentrez à la maison.

Des forêts à la mer poursuivez votre quête ;
Qu'on redise après vous *les Conscrits de Plô-Meür:*
    Ne chantez pas à pleine tête,
Faites pleurer les yeux et soupirer le cœur.

L'espèce d'hymne intitulée *l'Aleatico,* dans laquelle le barde, comme enivré de ce vin exquis, s'écrie avec délire que, s'il était le grand-duc, il en boirait dans un grand vase étrusque, me paraît exprimer assez bien la qualité de ce recueil même, l'effet sobre et chaud de plus d'une pièce savante : deux doigts de bon vin cuit dans un grand vase ciselé. On a fini, et l'on en voudrait encore ; il est vrai que, s'il y en avait davantage, on en demanderait toujours plus.

L'inspiration bretonne, même là où elle est le plus présente, ne communique à la poésie de M. Brizeux aucun des caractères qu'on est accoutumé à attribuer aux muses du Nord. Partout chez lui le contour est arrêté, la ligne définie. Le poëte se considère comme un Breton venu du Midi et qui y retourne. Il a même le Nord en aversion ; il en écraserait la fleur sous ses pieds ; dans deux jolis couplets à M. Marmier, il exhale tout son dédain de la mélancolie. Qu'il y ait là une injustice envers de riches et frais trésors, envers tant de vives sources et d'ombrages, sacrés aussi, de la Souabe, nul doute ; mais le poëte eut toujours le privilége d'être exclusif, et ici le barde, petit-fils de Guïclan et de Brennus, s'est enivré de soleil (1).

Tout cependant n'est pas breton ou toscan dans ce volume. La pièce du *Vieux Collége* nous raconte un touchant retour en quelque ville de Flandre (Arras ou Douai), où le poëte fut élevé, et qu'il n'avait pas revue depuis longtemps. Comme Gray visitant son ancien collége d'Éton, il veut revisiter aussi les murs où se passa son enfance. Il entre : le portier est le même et lui fait fête; mais qu'est-ce? tout d'ailleurs a changé; le collége est devenu un hôpital. On devine le contraste. Ce cadre heureux fourni par la réalité, le poëte l'a simplement et largement rempli; il est ici dans sa première manière et s'abandonne avec moins d'art à une sensibilité plus facile et plus courante.

Jacques est une belle idée : un pauvre homme du peuple, un maçon qu'on a vu le matin quitter sa femme et son enfant, tombe, ou plutôt se précipite du haut d'un toit, victime d'un dévouement héroïque. M. Brizeux, sensible à ce trait qui passait inaperçu, l'a voulu consacrer. Sa poésie est ainsi toute pleine de bons sen-

---

(1) Dans le style, dans celui de M. Brizeux, et (je m'en aperçois) dans le mien en parlant de lui, la façon brève s'est marquée et se marque fréquemment par certains tours qui ne laissent pas d'avoir leur inconvénient, eu égard à la fluidité. Voltaire écrivant à l'abbé d'Olivet disait : « Je vous demande en grâce, à vous et aux vôtres, de ne vous jamais servir de cette phrase : *nul style, nul goût dans la plupart*, sans y daigner mettre un verbe. Cette licence n'est pardonnable que dans la rapidité de la passion..., mais dans un discours médité, cet étranglement me révolte. » Même en vers et dans le sentiment vif, il ne faut pas abuser de l'*étranglement*.

timents qu'il propose, d'idées et de visées qui ennoblissent, d'images qui observent l'austère beauté. S'il nomme souvent l'idéal dans ses vers, il ne fait pas comme plusieurs pour qui ce n'est qu'un grand mot : il n'y déroge jamais. A une nature ardente et passionnée il unit des tons purs. On sent parfois le coursier sous le frein ; quelque chose frémit, et c'est mieux. Quel plus délicat et plus profitable avis que celui-ci qu'i adresse sous ce titre :

A PLUS D'UN.

Dans ton intérêt ne te corromps pas.
Ta jeunesse aima les plus belles choses :
L'art, la liberté, fleurs au ciel écloses!
Épargne ces fleurs tombant sous tes pas.

Obscurci longtemps par une colline,
Ton astre rayonne et prend son essor ;
Hélas! dirons-nous devant l'astre d'or :
L'esprit monte au ciel et l'âme décline.

Dans ton intérêt ne te corromps pas.
Ta jeunesse aima les plus belles choses...

Pour nous à qui, des choses premières, la poésie est peut-être la seule qui n'ait pas fait faute, au moins comme affection, il nous eût coûté de laisser passer ce recueil de M. Brizeux sans en signaler le prix. Nous aurions encore çà et là plus d'une remarque à y faire; mais l'essentiel est dit, et les points sont touchés auxquels nous tenions. Plus d'une goutte généreuse demeure en réserve, comme il convient, au fond de l'amphore. Et cette poésie-là n'est pas moins à savourer en avançant, que celle des matinées adolescentes, qui se puisait au hasard du courant, dans le creux de la main.

1er septembre 1841.

LOYSON.—POLONIUS.—DE LOY.

La série entreprise, il y a quelques années, dans cette *Revue* (1), un peu au hasard d'abord et sans un si grand dessein, est arrivée à compter déjà bien des noms. Les principaux et les plus fins de la littérature moderne y ont passé; très-peu d'essentiels y manquent encore, et nous n'allons bientôt plus avoir qu'à nous tenir au courant des nouveaux-venus et des chefs-d'œuvre quotidiens qui pourront surgir; nous aurons épuisé tout ce passé d'hier auquel nous nous sommes montré si attentif et si fidèle. Il y a des personnes d'une susceptibilité extrême (*genus irritabile*) à qui il semble que la *Revue* a été ingrate pour les poëtes. *Ingrate!* mais y pense-t-on? une telle idée est-elle raisonnable vraiment? Et qui donc s'est plus appliqué que nous à les reconnaître, à les proclamer, à les découvrir, je ne veux pas dire à les inventer parfois? Il est vrai qu'en fait de poëtes chacun veut être admis, chacun veut être roi,

(1) La *Revue des Deux Mondes*. Je laisse subsister la forme première des articles jusque dans ces points de rappel qui sont comme la liaison de la causerie.

Tout petit prince a des ambassadeurs,
Tout marquis veut avoir des pages,

et qu'admettre tant de noms, c'est presque paraître ingrat envers chacun. Tant de justice rendue devient quasi une injure. Qu'y faire? Nous préparons des matériaux à l'histoire littéraire future, nous notons les émotions sincères et variées de chaque moment. Nous ne sommes d'aucune coterie, et, s'il nous arrive d'en traverser à la rencontre, nous n'y restons pas. Plusieurs romanciers pourtant auraient droit encore de réclamer contre nos lenteurs; leur tour viendra. Un coup-d'œil général en rassemblerait utilement plusieurs comme assez voisins de procédé et de couleurs, et comme caractéristiques surtout des goûts du jour. Le plus célèbre, l'unique par sa position et son influence, George Sand est encore à apprécier dignement dans son ensemble. Les poëtes, eux, ont bien moins à nous demander. Mais ce serait injustice de ne pas, un jour ou l'autre, s'occuper avec quelque détail d'une des femmes poëtes les plus en renom, madame de Girardin, malgré l'apparente difficulté d'aborder, même avec toutes sortes d'hommages, un écrivain dès longtemps si armé d'esprit : ce n'est là, à le bien prendre, qu'un attrait de plus. Les frères Deschamps, nos vieux amis, sont bien faits pour contraster de profil dans un même cadre. M. Brizeux pourrait se plaindre de n'avoir pas été classé encore comme auteur de *Marie*, s'il ne semblait en train de viser à une seconde manière sur laquelle il nous trouverait téméraire de vouloir anticiper. Revenant sur les succès sérieux au théâtre durant la Restauration, un même article trouverait moyen d'atteindre M. Lebrun pour *Marie Stuart*, M. Soumet pour *Clytemnestre*, Pichald pour *Léonidas*. Mais on voit qu'après tout nous tirons à la fin de la série, et que, sans la clore, nous n'aurons plus qu'à la tenir ouverte, l'arriéré étant tout à fait payé (1).

Il y a plus : on peut, en thèse générale, soupçonner qu'il ne se trouvera plus guère, dans les chemins battus par l'école moderne, de fruits immédiats à cueillir, et que, si l'on a encore à courir quelque temps ainsi, ce n'est qu'en sortant de ce qui fait déjà ornière que l'imprévu recommencera. Tout mouvement littéraire a son développement plus ou moins long ; après quoi il s'épuise, languit et tourne sur lui-même, jusqu'à ce qu'une autre impulsion reprenne et mène au delà. « Percez-nous-en d'un autre, » disait Mme Desloges à Voiture, à propos d'un calembour qui n'allait plus : de même en haute poésie. Deux signes sont à relever, qui montrent en général qu'une école est à bout, ou

---

(1) Plusieurs des articles marqués dans ce programme ont été faits depuis soit par nous, soit par d'autres. Il en est un, celui de George Sand, que nous regrettons de n'avoir pas écrit ; nous nous y mettrons peut-être un jour. — Quant à celui de Mme de Girardin, tout bien considéré, nous ne nous y mettrons jamais ; c'est un plaisir dont il faut nous priver, non point par crainte, mais, nous le disons tout nettement, par bon goût. Le vicomte de Launay a de telles façons délicates d'injurier, qu'on essayerait vainement de les égaler par la louange et qu'on ne peut les rendre à la belle muse qu'en se taisant. — (Je me suis dédit depuis de ce ferme propos, et j'ai parlé de Mme de Girardin dans les *Causeries du Lundi* avec bien du plaisir.)

du moins qu'elle n'a plus à gagner et que ce n'est plus qu'une suite : 1° quand les chefs ne se renouvellent plus ; 2° quand les disciples et les survenants en foule pratiquent presque aussi bien que les maîtres pour le détail, et que la main-d'œuvre du genre a haussé et gagné de façon à faire douter de l'art. Or, ceci s'est produit de tout temps, et particulièrement au XVIe siècle comme au nôtre, dans une ressemblance frappante. Étienne Pasquier écrivait à Ronsard en 1555, six ans seulement après que Du Bellay, dans *l'Illustration de la Langue,* avait sonné la charge et prêché la croisade : « En bonne foi, on ne vit jamais en la France telle foison de poëtes... Je crains qu'à la longue le peuple ne s'en lasse ; mais c'est un vice qui nous est propre, que, soudain que voyons quelque chose succéder heureusement à quelqu'un, chacun veut être de sa partie sous une même promesse et imagination qu'il conçoit en soi de même succès. » Pasquier veut bien croire que *tous ces nouveaux écrivasseurs donneront tant plus de lustre aux écrits* de Ronsard, « lesquels, pour vous dire en ami, continue-t-il, je trouve très-beaux lorsque avez seulement voulu contenter votre esprit ; mais quand, par une servitude à demi courtisane, êtes sorti de vous-même pour étudier au contentement, tantôt des grands, tantôt de la populace, je ne les trouve de tel aloi. » En sachant gré au poëte de l'avoir nommé en ami dans ses écrits, il ajoutait : « Mais, en vous remerciant, je souhaiterais que ne fissiez si bon marché de votre plume à haut louer quelques-uns que nous savons notoirement n'en être dignes ; car ce fesant vous faites tort aux gens d'honneur. Je sais bien que vous me direz qu'êtes contraint par leurs importunités de ce faire, ores que n'en ayez envie. » De Thou, dans son *Histoire* (année 1559, liv. XXII), s'élève en des termes approchants contre cette cohue de poëtes. C'était se révolter contre le propre triomphe de leur cause ; chaque école victorieuse meurt vite de l'abondance de son succès ; même sans avoir pris Rome, elle a sa Capoue. Selon moi, des traits pareils se reproduisent assez exactement aujourd'hui.

Et d'abord, *les chefs ne se renouvellent plus;* ils se dissipent ou ne font que récidiver. Je ne rappelle ici que les deux principaux. Il faut tout voir sur M. de Lamartine, et, en étant sévère là où il convient, ne pas chicaner en détail une si noble nature. Ce qui est moins à nier que jamais en lui, c'est la masse immense du talent : seulement cette masse entière s'est déplacée. Elle était à la poésie, elle roule désormais à la politique; il est orateur. Son Océan regagne en Amérique ce qu'il a perdu dans nos landes. A nous habitants des bords que ce retrait désole, il nous est naturel de nous plaindre, de crier à la dissipation et à la ruine, tout en sachant qu'ailleurs on applaudit. Et à lui-même il lui importe assez peu maintenant de perdre la bataille là où il n'est plus tout entier. Il a transféré son siége d'empire de Rome à Byzance.

Pour M. Hugo, il récidive, et avec éclat assurément, mais voilà tout. De trop ingénieuses, de trop brillantes et à la fois bienveillantes critiques (1) ont accueilli

(1) M. Magnin venait d'écrire sur *les Rayons et les Ombres* (voir

son récent volume pour que nous nous permettions d'y toucher en ce moment; mais il ne dément en rien notre idée : persistance puissante, veine élargie ou plutôt grossie, et sans renouvellement.

Cependant la foule des survenants conquiert, possède de plus en plus le matériel et les formes de l'art. Le voile rajeuni de la muse est désormais dans presque toutes les mains; on se l'arrache; mais la muse elle-même, l'âme de cette muse ne s'est-elle pas déjà envolée plus loin sur quelque colline où elle attend? Au reste, ce que les recueils qui se publient sans relâche (quatre ou cinq peut-être chaque mois) contiennent d'agréables vers, de jets brillants, de broderies heureuses, est incalculable : autant vaudrait rechercher ce qui se joue chaque soir de gracieux et de charmant sur tous les pianos de Paris. Ce qu'il y a de vrais talents et d'avenirs cachés dans ces premières fleurs se dégagera avec le temps. Mais, si l'on voulait être juste pour tous et en toucher un mot seulement, on passerait sa vie à déguster des primevères et des roses. Évidemment la critique n'a plus rien à faire dans une telle quantité de débuts, et c'est au talent énergique et vrai à se déclarer lui-même. Il n'en était pas ainsi il y a quinze ou vingt ans; des vers bien inférieurs, comme facture, à ceux qu'on prodigue désormais, décelaient plus sûrement les poëtes. Nous en rappelleront trois aujourd'hui, et tous les trois qui rentrent

---

au tome Ier de ses *Causeries*). Je ne recommande pas moins un excellent article de M. Vinet (dans *le Semeur*, 29 juillet 1840).

plus ou moins dans les premiers tons de Lamartine. L'un a été de peu son devancier; deux sont morts; le troisième est un étranger du Nord qui a chanté dans notre langue avec élégance. Nous parlerons de Charles Loyson, d'Aimé De Loy, de Jean Polonius.

Charles Loyson, né en 1791, à Château-Gontier, dans la Mayenne, fit ses études avec distinction au collége de Beaupréau. Il entra à l'cole normale dans les premiers temps de la fondation, y fut contemporain et condisciple des Cousin, des Viguier, des Patin ; il y devint maître comme eux. La littérature et la politique le disputèrent bientôt à l'Université. Rédacteur aux *Débats* dès 1814, et attaché à la direction de la librairie, il quitta Paris dans les Cent-Jours. Y revenant à la seconde Restauration, il fut placé au ministère de la justice, sans cesser de tenir à l'École normale. Une pièce de lui sur *le Bonheur de l'Étude* eut un accessit à l'Académie française ; il la publia avec d'autres poésies en 1817. Un autre recueil (*Epîtres et Elégies*) parut en 1819. Il concourut comme rédacteur aux *Archives philosophiques, politiques et littéraires* en 1817-1818 (1), et en 1819 au *Lycée français,* recueil distin-

(1) Parmi les morceaux de *littérature classique* qu'il donna aux *Archives,* il en est deux sur Pindare (tomes II et III) qui sont à mentionner : M. Cousin en fait grand cas, et, en effet, Loyson a le mérite d'avoir, sans appareil d'érudition ni, comme on dit, d'esthétique, démêlé la poétique de Pindare et compris l'espèce d'unité vivante qui animait ses odes. Il voudrait qu'en tête de chacune le traducteur mît un avant-propos ou argument qui préparât le lecteur : précisément ce qu'a si bien fait M. Cousin en tête de chaque dialogue de Platon.

gué et délicat de pure littérature (1). Cependant une raison précoce, une maturité vigilante le plaçaient au premier rang du très-petit nombre des publicistes sages en ces temps de passion et d'inexpérience. Son plus piquant et son plus solide écrit politique est intitulé : *Guerre à qui la cherche, ou Petites Lettres sur quelques-uns de nos écrivains;* il tire à droite et à gauche, sur M. de Bonald d'une part, sur Benjamin Constant de l'autre. Loyson suivait la ligne modérée de M. Royer-Collard, de M. de Serre, et, si jeune, il méritait leur confiance : on ose dire qu'il avait crédit sur eux. Non-seulement on l'écoutait, mais on lui demandait d'écouter. Il était consulté par ces hommes éminents sur les points difficiles. Son visage, quand on lui lisait quelque écrit, prenait alors quelque chose de grave et de singulièrement expressif, qui, presque avant de parler, donnait conseil. Les discours imprimés de M. de Serre ont passé par ses mains. M. Pasquier a gardé de lui un souvenir de sérieuse estime. Le 27 juin 1820, il mourut de la poitrine, à peine âgé de vingt-neuf ans (2).

Sa renommée littéraire a souffert, dans le temps, de ses qualités politiques; sa modération lui avait fait bien de vifs ennemis. Attaché à un pouvoir qui luttait

---

(1) J'emprunte la plupart de ces détails au *Lycée,* qui contient (tome V, page 63) un article nécrologique sur Loyson, dû à la plume amie de M. Patin.

(2) M. Cousin prononça sur sa tombe quelques paroles pleines de douleur, bien qu'un peu dramatiques, dans lesquelles il s'écriait : *Noble esprit, âme tendre, jeune sage!* (*Fragments littéraires,* page 62.)

pour la conservation contre des partis extrêmes, il avait vu, lui qui le servait avec zèle, ses patriotiques intentions méconnues de plusieurs. Cette fièvre même de la mort qu'il portait dans son sein, et qui lui faisait craindre (contradiction naturelle et si fréquente) de ne pas assurer à temps sa rapide existence, pouvait sembler aux indifférents de l'avidité. La mémoire fidèle de ses amis et la lecture de ses poésies touchantes ont suffi pour nous le faire apprécier et aimer. Comme poëte, Charles Loyson est juste un intermédiaire entre Millevoye et Lamartine, mais beaucoup plus rapproché de ce dernier par l'élévation et le spiritualisme habituel des sentiments. Les Épîtres à M. Royer-Collard, à M. Maine de Biran, sont déjà des méditations ébauchées et mieux qu'ébauchées :

> O Biran, que ne puis-je en ce doux ermitage,
> Respirant près de toi la liberté, la paix,
> Cacher ma vie oisive au fond de tes bosquets!
> Que ne puis-je à mon gré, te choisissant pour maître,
> Dans tes sages leçons apprendre à me connaître,
> Et, de ma propre étude inconcevable objet,
> De ma nature enfin pénétrer le secret!
> Lorsque mon âme, en soi tout entière enfoncée,
> A son être pensant attache sa pensée,
> Sur cette scène intime où je suis seul acteur,
> Théâtre en même temps, spectacle et spectateur,
> Comment puis-je, dis-moi, me contempler moi-même
> Ou voir en moi le monde et son Auteur suprême?
> Pensers mystérieux, espace, éternité,
> Ordre, beauté, vertu, justice, vérité,
> Héritage immortel dont j'ai perdu les titres,
> D'où m'êtes-vous venus? Quels témoins, quels arbitres

Vous feront reconnaître à mes yeux incertains
Pour de réels objets ou des fantômes vains?
L'humain entendement serait-il un mensonge,
L'existence un néant, la conscience un songe?
Fier sceptique, réponds : je me sens, je me voi ;
Qui peut feindre mon être et me rêver en moi?
Confesse donc enfin une source inconnue,
D'où jusqu'à ton esprit la vérité venue
S'y peint en traits brillants, comme dans un miroir,
Et pour te subjuguer n'a qu'à se faire voir.
Que peut sur sa lumière un pointilleux sophisme ?
Descarte en vain se cherche au bout d'un syllogisme ;
En vain vous trouvez Dieu dans un froid argument :
Toute raison n'est pas dans le raisonnement.
Il est une clarté plus prompte et non moins sûre
Qu'allume à notre insu l'infaillible nature,
Et qui, de notre esprit enfermant l'horizon,
Est pour nous la première et dernière raison.

Voilà, ce me semble, de la belle poésie philosophique, s'il en fut (1) ; mais chez Loyson cette élévation rigoureuse dure peu d'ordinaire ; la corde se détend, et l'esprit se remet à jouer. Il est poëte de sens, de senti-

---

(1) Aussi elle a laissé trace plus qu'on ne croirait en des esprits sérieux et qui ne sont pas tendres à toute poésie. Un jour, il y a quelques années, vers 1841, au plus fort des luttes politiques, dans une discussion d'adresse où il avait parlé plusieurs fois, M. Guizot, épuisé, l'œil en feu, descendait de la tribune, tout prêt, s'il le fallait, à y remonter encore. M. Villemain s'approcha de lui et lui représenta qu'il semblait bien fatigué ; M. Guizot pour toute réponse cita ces deux vers de Loyson :

> C'est pour périr bientôt que le flambeau s'allume,
> Mais il brûle un moment sur les autels des Dieux!

Ces vers sont dans la pièce sur *le Bonheur de l'Étude*.

ment et d'esprit plutôt que de haute imagination. A
M. Cousin, qui voyage en Allemagne, il dira spirituellement :

> . . . . . . Tu cours les grandes routes,
> Cherchant la vérité pour rapporter des doutes.

A M. Viguier, qui craignait de le voir quitter la poésie
pour la prose polémique, il répond qu'il faut bien
subir la loi de son temps, et, sans attendre la lenteur du vers, courir par moments à des armes plus
promptes :

> Diras-tu que jadis les affaires publiques
> Offrirent plus d'un trait aux muses satiriques?
> Juvénal, flétrissant d'indignes sénateurs,
> Exhalait en beaux vers ses chagrines humeurs;
> Je le sais ; mais tout change, et, de nos jours, pour cause,
> L'*ultrà Sauromatas* se serait dit en prose (1);

(1) Ces deux vers sont volontiers cités, sans qu'on sache de qui. Il en est parfois ainsi avec Loyson. On sait de ses vers; on en a la vague réminiscence dans l'oreille, comme des vers de Jean-Baptiste Rousseau ou de quelque autre *ancien*. Ainsi encore, par exemple :

> Celui qui dès sa naissance
> Fut soumis à la puissance
> Du Dieu du sacré vallon,
> Des combats fuyant la gloire,
> Aux fastes de la victoire
> N'ira point graver son nom.

> A la voix de la Fortune,
> Il n'ira point de Neptune
> Tenter les gouffres mouvants,
> Ni, sur la foi des étoiles,
> Livrer d'intrépides voiles
> A l'inconstance des vents...

> Sinon tu pourrais bien voir au Palais-Royal
> Un pamphlet rouge ou blanc éclipser Juvénal.
> Souffre donc quelquefois que, brisant la mesure,
> Je mette de côté la rime et la césure
> Et déroge un moment à mes goûts favoris,
> Puisqu'enfin les lecteurs chez nous sont à ce prix.

On pourrait multiplier les citations de tels traits ingénieux ; mais ses inspirations les plus familières en avançant, et pour nous les plus pénétrantes, sont celles où respire le pressentiment de sa fin. D'assez fréquents voyages dans son pays natal, en Vendée, ou plus loin aux eaux des Pyrénées, ou à la terre de M. de Biran au bord de la Dordogne, ne diminuaient que peu ses douleurs toujours renaissantes. Il traduisait en vers Tibulle dans ses intervalles de loisir (1), et, comme lui, il parlait à ses amis de sa mort prochaine :

> Vivite felices, memores et vivite nostri,
>   Sive erimus, seu nos Fata fuisse volent.

C'est ce qu'il exprime bien mélancoliquement dans son élégie, *le Lit de mort*; c'est ce qu'il reprend avec un attendrissement redoublé dans celle qu'il intitule *le*

C'est de lui toute cette ode, qui a pour titre : *les Goûts du Poète*, et qui est inspirée du *Quem tu Melpomene semel*, reste charmant de ton, de sobriété, de sens ferme et doux ; c'est de la bonne poésie du temps de Chaulieu, d'il y a vingt-cinq ans ou d'il y a un siècle.

(1) Cette traduction achevée fut par lui remise en mourant à M. Frayssinous, qui l'assistait, pour être détruite : humble offrande innocente, dont il pouvait dire avec un dernier sourire en s'en détachant :

Nunc agna exigui est hostia magna soli.

Retour à la Vie. De telles pièces où peut pâlir la couleur, mais où chaque mot fut dicté par le sentiment, ne devraient jamais vieillir :

> Quelle faveur inespérée
> M'a rouvert les portes du jour ?
> Quel secourable dieu du ténébreux séjour
> Ramène mon ombre égarée ?
> Oui, j'avais cru sentir dans des songes confus
> S'évanouir mon âme et défaillir ma vie ;
> La cruelle douleur, par degrés assoupie,
> Paraissait s'éloigner de mes sens suspendus,
> Et de ma pénible agonie
> Les tourments jusqu'à moi déjà n'arrivaient plus
> Que comme dans la nuit parvient à notre oreille
> Le murmure mourant de quelques sons lointains,
> Ou comme ces fantômes vains
> Qu'un mélange indécis de sommeil et de veille
> Figure vaguement à nos yeux incertains.
>
> Vous m'êtes échappés, secrets d'un autre monde,
> Merveilles de crainte et d'espoir,
> Qu'au bout d'un océan d'obscurité profonde,
> Sur des bords inconnus je croyais entrevoir
> Tandis que mon œil vous contemple,
> L'avenir tout à coup a refermé son temple,
> Et dans la vie enfin je rentre avec effort.
> Mais nul impunément ne voit de tels mystères,
> Le jour me rend en vain ses clartés salutaires,
> Je suis sous le sceau de la mort !
> Marqué de sa terrible empreinte,
> Les vivants me verront comme un objet de deuil,
> Vain reste du trépas, tel qu'une lampe éteinte
> Qui fume encor près d'un cercueil

Pourquoi me renvoyer vers ces rives fleuries
Dont j'aurais tant voulu ne m'éloigner jamais ?
Pourquoi me rapprocher de ces têtes chéries,
Objet de tant d'amour et de tant de regrets ?
    Hélas ! pour mon âme abattue,
    Tous lieux sont désormais pareils.
Je porte dans mon sein le poison qui me tue ;
Changerais-je de sort en changeant de soleils ?
- J'entends... ma fin prochaine en sera moins amère ;
Mes amis, il suffit : je suivrai vos conseils,
Et je mourrai du moins dans les bras de ma mère.

Charles Loyson vit paraître les vers d'André Chénier et ceux de Lamartine ; on a les jugements qu'il en porta. Il fit, dans le *Lycée,* quatre articles sur Chénier (1) ; le premier est un petit chef-d'œuvre de grâce, de critique émue et ornée. L'écrivain nous y raconte ce qu'il appelle son château en Espagne, son rêve à la façon d'Horace, de Jean-Jacques et de Bernardin de Saint-Pierre : une maisonnette couverte en tuiles, avec la façade blanche et les contrevents verts, la source auprès, et au-dessus le bois de quelques arpents, *et paulum silvæ.* « Ce dernier point est pour moi, dit-il, de première nécessité ; je n'y tiens pas moins que le favori de Mécène : encore veux-je qu'il soit enclos, non pas d'un fossé seulement ou d'une haie vive, mais d'un bon mur de hauteur avec des portes solides et bien fermées. L'autre manière est plus pastorale et rappelle mieux l'âge d'or, je le sais ; mais celle-ci me convient davantage, et d'ailleurs je suis d'avis qu'on

(1) Tome II, 1819.

ne peut plus trouver l'âge d'or que chez soi. » Quand sa muraille est élevée, il s'occupe du dedans; il dispose son jardin anglais, groupe ses arbres, fait tourner ses allées, creuse son lac, dirige ses eaux, n'oublie ni le pont, ni les kiosques, ni les ruines; c'est alors qu'il exécute un projet favori, et dont nul ne s'est avisé encore. Dans l'endroit le plus retiré des bocages, il consacre un petit bouquet de cyprès, de bouleaux et d'arbres verts, aux jeunes écrivains morts avant le temps. Le détail d'exécution est à ravir. Une urne cinéraire, placée sur un tertre de gazon, porte le nom de Tibulle, et sur l'écorce du bouleau voisin on lit ces deux vers de Domitius Marsus :

> Te quoque Virgilio comitem non æqua, Tibulle,
>   Mors juvenem campos misit ad Elysios.

A quelque distance, une pyramide de marbre noir entre les ifs rappelle le souvenir de Lucain, mort à vingt-six ans, qu'on aime à croire victime de la noble hardiesse de sa muse, et peut-être de la jalousie poétique du tyran ; on y lit ces vers de *la Pharsale* :

> . . . . . . Me solum invadite ferro,
> Me frustra leges et inania jura tuentem.

> . . . . . . Ah ! ne frappez que moi,
> Moi qui brave le crime et combats pour la loi.

Deux colombes sous un saule pleureur figurent les *Baisers* de Jean Second, mort avant sa vingt-cinquième année. On voit l'idée ; elle est suivie et variée jusqu'au bout. Malfilâtre et Gilbert n'y sont omis: on y salue leurs marbres. Une corbeille de fleurs renversée offre l'emblème de la destinée de Millevoye, tombé de la veille. Chatterton, qui s'est tué, n'a qu'un rocher nu. André Chénier, à son tour, se rencontre et tient l'une des places les plus belles. Ainsi Loyson pressentait lui-même sa fin, et peuplait d'avance d'un groupe chéri le bosquet secret de son Élysée (1). Au centre, on remarque un petit édifice d'architecture grecque, avec une colonnade circulaire. Le ruisseau tourne autour, et on y rentre par un pont de bois non travaillé : c'est une bibliothèque. Elle renferme les meilleurs écrits de ceux à qui le lieu est dédié : le choix a été fait sévèrement ; Loyson avoue, et nous devons avouer avec lui, qu'il retranche plus d'une pièce à Chénier (2). Voici l'inscription qu'il place au fronton du temple :

> Dormez sous ce paisible ombrage,
> O vous pour qui le jour finit dès le matin,
> Mes hôtes, mes héros, mes semblables par l'âge,

(1) Il aurait pu y joindre parmi les modernes latins Marius Molsa, dont on a, entre autres vers, une élégie *ad Sodales* dans laquelle le jeune mourant décrit également à l'avance son tombeau :

> Rivulus hæc circum dissectus obambulet unda,
> Clivoso qualis tramite ducta sonat...

(2) En même temps que Loyson regrettait que l'éditeur d'André Chénier eût trop grossi le volume, Étienne Becquet, le même que nous avons vu mourir voisin des Ménades, mais qui, je le crains, n'aura point sa place au bosquet, exprimait dans les *Débats*, et bien plus vivement, les mêmes reproches. Je ne rappelle ces critiques que parce qu'elles font honneur aujourd'hui au goût, si hardi pour lors, de M. de Latouche.

Par les penchants, peut-être aussi par le destin !
Dormez, dormez dans mon bocage...

Les trois articles suivants sont employés à l'examen des poésies de Chénier ; l'admiration y domine, sauf dans le second qui traite du rhythme, de l'enjambement, de la césure, et qui est tout sévère. Le critique, qui sait très-bien se prendre aux vers les plus hasardeux du classique novateur, nous semble pourtant méconnaître le principe et le droit d'une tentative qui reste légitime dans de certaines mesures, mais dont nous-même avons peut-être, hélas ! abusé. « Ce n'est plus un violon qu'a votre Apollon, me disait quelqu'un, c'est un rebec. »

Charles Loyson salua la venue de Lamartine d'un applaudissement sympathique où se mêlèrent tout d'abord les conseils prudents (1) : « *Edera crescentem ornate poetam,* s'écrie-t-il en commençant ; voici quelque chose d'assez rare à annoncer aujourd'hui : ce sont des vers d'un poëte. » Et il insiste sur cette haute qualification si souvent usurpée, puis il ajoute : « C'est là ce qui distingue proprement l'auteur de cet ouvrage : il est poëte, voilà le principe de toutes ses qualités, et une excuse qui manque rarement à ses défauts. Il n'est point littérateur, il n'est point écrivain, il n'est point philosophe, bien qu'il ait beaucoup de ce qu'il faut pour être tout cela ensemble ; mais il est poëte ; il dit ce qu'il éprouve, et l'inspire en le disant. Il possède le secret ou l'instinct de cette puissante sympa-

(1) *Lycée,* tome IV, page 51.

thie, qui est le lien incompréhensible du commerce des âmes. » Parmi les reproches qu'il se permet de lui adresser, il lui trouve un peu trop de ce vague qui plaît dans la poésie, qui en forme un des caractères essentiels, *mais qui doit en être l'âme, et non le corps :* est-il possible de mieux dire (1)?

J'ai noté les mérites, le sens précoce, les vers élevés ou touchants de Loyson : j'omets ce qui chez lui est pure bagatelle, bouts-rimés et madrigaux; car il en a, et la mode le voulait ou du moins le souffrait encore. Son premier recueil de 1817 offre en tête une image du *poëte mourant,* où les assistants portent des bottes à retroussis. C'est un poëte de la Restauration, avons-nous dit, mais des trois ou quatre premières années de la Restauration, ne l'oublions pas. Ses poésies d'essai, dédiées à Louis XVIII, dont la *critique auguste* lui avait fait faire dans la dédicace une grave correction (*faveurs* au lieu de *bienfaits!*), devaient plaire au monarque

---

(1) Outre les articles critiques de Loyson, le *Lycée* publia de lui des vers qui n'ont pas été recueillis ailleurs. La plus remarquable de ces pièces est (tome II, page 51) l'élégie imitée de l'allemand de Grillpanzer, *l'Enfant heureux,* dont l'idée refleurie avec grâce a fait depuis le plus frais bouton d'or de la couronne poétique de Reboul. Loyson commençait ainsi :

>   Un Ange aux plumes argentées,
>   Au chevet d'un berceau qu'ombrageaient à demi
>   Ses ailes dans les airs mollement agitées,
>   Planait d'un vol léger sur l'enfant endormi.
>   L'Immortel incliné vers la douce figure, etc., etc.

Et il finissait par ce vers que tous ceux qui l'ont su alors ont retenu :

>   Sois heureux, lui dit-il, — et l'enfant était mort.

gourmet par plus d'un endroit (1). — Chose singulière ! l'École normale a donné deux poëtes morts de bonne heure, qui ont comme ouvert et fermé la Restauration, l'un la servant, l'autre la combattant, mais modérés tous deux, Loyson et Farcy.

Jean Polonius, à qui nous passons maintenant, n'est pas un précurseur de Lamartine, il l'a suivi et peut servir très-distinctement à représenter la quantité d'esprits distingués, d'âmes nobles et sensibles qui le rappellent avec pureté dans leurs accents. Les premières *Poésies* de Jean Polonius parurent en 1827, les secondes en 1829 (2). Un poëme intitulé *Érostrate* (3), comme celui de M. Auguste Barbier, avec lequel il n'a d'ailleurs que peu de rapports, vient d'apprendre au public le vrai nom de l'auteur, jusqu'ici pseudonyme. Polonius n'est autre que M. X. Labinsky, longtemps attaché à la légation russe à Londres et aujourd'hui à la chancellerie de Saint-Pétersbourg. Ses premières poésies attirèrent l'attention dans le moment; un peu antérieures, par la date de leur publication, à l'éclat de la seconde école romantique de 1828, on les trouva pures, sensibles, élégantes; on ne les jugea pas d'abord trop pâles de style et de couleur. C'est l'amour qui inspire et remplit ces premiers chants de Polonius; ils

---

(1) Ainsi certain quatrain *à M. le duc d'Escars, premier maître d'hôtel du Roi, qui avait envoyé du vin de Bordeaux à l'auteur.* Je suis sûr que ce quatrain-là fut servi au déjeuner du roi.

(2) Sous ce titre : *Empédocle, vision poétique,* suivie d'autres poésies.

(3) Chez Charles Gosselin, 1840.

rentrent presque tous dans l'élégie. Plus de Parny, plus même de Millevoye : les deux ou trois petites et adorables élégies de Lamartine, *Oui, l'Anio murmure encore*, etc., etc.; *Lorsque seul avec toi pensive et recueillie*, etc., etc., semblent ici donner le ton ; mais, si le poëte profite des nouvelles cordes toutes trouvées de cette lyre, il n'y fait entendre, on le sent, que les propres et vraies émotions de son cœur. Ce gracieux recueil se peut relire quand on aime la douce poésie et qu'on est en veine tendre ; mais je cherche vainement à en rien détacher ici pour le faire saillir. Les étrangers qui écrivent dans notre langue, même quand ils y réussissent le mieux, sont dans une position difficile ; le comble de leur gloire, par rapport au style, est de faire oublier qu'ils sont étrangers ; avec M. Labinsky, on l'oublie complétement ; mais, en parlant si bien la langue d'alentour, ont-ils la leur propre, comme il sied aux poëtes et à tous écrivains originaux? Jean Polonius chante, comme un naturel, dans la dernière langue poétique courante, qui était alors celle de Lamartine ; mais il ne la refrappe pas pour son compte, il ne la réinvente pas.

Aux diverses époques, les hommes du Nord ont eu cette facilité merveilleuse à se produire dans notre langue, mais toujours jusqu'à l'originalité exclusivement. Lorsqu'il y a un ou deux ans, le prince Metcherski publia ses ingénieuses poésies, tout empreintes du cachet romantique le plus récent, je ne sais quel critique en tira grand parti contre la façon moderne, et affirma qu'on n'aurait pas si aisément contrefait la muse classique; c'est une sottise. Du temps de Voltaire et de La Harpe, le comte de Schouwaloff était passé maître sur la double colline d'alors, et avait ses brevets signés et datés de Ferney et autres lieux. Ses descendants aujourd'hui ne réussissent pas moins spirituellement dans les genres de M. Hugo ou de M. de Musset.

La langue poétique intermédiaire dans laquelle Jean Polonius se produisit a cela d'avantageux qu'elle est noble, saine, pure, dégagée des pompons de la vieille mythologie, et encore exempte de l'attirail d'images qui a succédé : ses inconvénients, quand le génie de l'inventeur ne la relève pas fréquemment, sont une certaine monotonie et langueur, une lumière peu variée, quelque chose d'assez pareil à ces blancs soleils du Nord, sitôt que l'été rapide a disparu. On aurait tort pourtant de conclure que M. Labinsky, depuis ses premiers essais, n'a pas persévéré par de sérieux efforts, et n'a pas cherché à soutenir, à élargir ses horizons et ses couleurs. Sa vision d'*Empédocle* (1829) était un premier pas vers le poëme philosophique que son *Erostrate* vient nous développer aujourd'hui. Notons la marche : elle est celle de beaucoup. Les poëtes qui ont commencé par le lyrisme intime, par l'expression de leurs plaintes et de leurs douleurs, ces poëtes, s'ils ont chanté vraiment par sensibilité et selon leur émotion sincère, s'arrêtent dans cette voie à un certain moment, et, au lieu de ressasser sans fin des sentiments sans plus de fraîcheur, et de multiplier autour d'eux, comme par gageure, des échos grossis, ces poëtes se taisent, ou cherchent à produire désormais leur talent dans des sujets extérieurs, dans des compositions impersonnelles. M. de Lamartine, le plus lyrique de tous, a lui-même suivi cette direction; elle est surtout très-sensible chez M. Labinsky, lequel, à distance et dans la liberté, me fait l'effet d'un correspondant correct de Lamartine. A un certain moment, la jeunesse s'éloignant déjà et les premiers bonheurs expirés, il s'est dit : *Est-ce donc tout?* Une pièce de lui, *le Luth abandonné,* exprime avec mélodie cette disposition touchante :

. . . .
Réveille-toi, beau luth! entends du pin sauvage
  Frissonner les rameaux;
Et l'écureuil folâtre agiter le feuillage
  De ces jeunes bouleaux.

. . . .
Seul, tu restes muet, et le vent qui s'exhale
  De la cime des ifs
A peine de ton sein tire par intervalle
  Quelques sons fugitifs.

Le lierre chaque jour t'enlace de verdure,
  Et ses nœuds étouffants
Par degrés chaque jour éteignent le murmure
  De tes derniers accents.

Ah! si la main de l'art, si les doigts d'une femme
  Ranimaient tes concerts,
Avant que pour jamais les restes de ton âme
  S'envolent dans les airs!

. . . .
>   Être selon mon cœur, hâte-toi, l'heure presse,
>   Viens, si tu dois venir :
>   Hâte-toi ! chaque jour enlève à ma jeunesse
>   Ce qu'elle a d'avenir.

Les seconds chants d'amour ne vinrent pas ; mais nous avons *Érostrate,* grande composition où l'auteur a mis toutes ses ressources d'art. Commencé depuis bien des années, laissé ou repris plus d'une fois à travers les occupations d'une vie que les affaires réclament, cet *Érostrate* était déjà imprimé, et non publié, quand le poëme de M. Barbier parut : les deux poëtes ont pris d'ailleurs leur sujet différemment, M. Barbier par le côté lyrique, M. Labinsky par l'analyse plutôt et le développement approfondi d'un caractère. Son Érostrate est un grand homme manqué qui, de mécompte en amertume, arrive lentement, par degrés, à son exécrable projet. Six chants sont nécessaires à la conduite et à la conclusion de cette pensée. On suit Érostrate dans le gynécée, dans l'hippodrome, au bois sacré ; les peintures locales que promettent ces divers titres sont exécutées avec étude, conscience, talent. Et pourtant le poëme a-t-il vie ? et tout ce travail est-il venu avec bonheur ? Se peut-il même jamais qu'un long ouvrage de cette sorte, conçu et réalisé loin de la France, y arrive à point, et y paraisse juste dans le rayon ? Quel est l'à-propos d'un tel poëme ? Soit dans le fond, soit pour la forme, en quoi peut-il nous flatter, nous séduire, nous irriter si l'on veut, nous toucher enfin pour le moment, sauf à réunir ensuite les conditions immortelles? Dire qu'un tel poëme, lu attentivement, mérite toute estime, c'est déjà être assez sévère. M. Labinsky restera donc pour nous Jean Polonius, l'auteur des élégies, élégies douces, senties, passagères, qui, avec quelques-unes d'Ulric Guttinguer, ont droit d'être comptées dans le cortége d'Elvire.

Le style, le style, ne l'oublions pas, c'est ce qu'il faut même dans l'élégie, sans quoi elle passe aussi vite que l'objet qu'elle a chanté. Boileau, occupé de ce qui lui manquait surtout, a dit qu'en ce genre

> C'est peu d'être poëte, il faut être amoureux.

Sans doute ; mais c'est peu aussi d'être amoureux en élégie, si l'on n'est poëte par les images et par de certains traits qui fixent la beauté pour tous les temps. Il en est de la poésie amoureuse comme de Vénus quand elle se montre aux yeux d'Énée, naufragé près de Carthage et à la veille de voir Didon : elle prend les traits d'une mortelle, d'une simple chasseresse ; elle ressemble à une jeune fille de Sparte, et s'exprime sans art d'abord, avec un naturel parfait. C'est bien ; mais à un certain moment, le naturel trop simple s'oublie, un tour de tête imprévu a dénoué la chevelure, l'ambroisie se révèle,

> Ambrosiæque comæ divinum vertice odorem
> Spiravere; pedes vestis defluxit ad imos,
> Et vera incessu patuit Dea. . . . . .

Je veux voir, même au milieu des langueurs élégiaques, ce *pedes vestis defluxit ad imos,* cette beauté soudaine du vers qui s'enlève, et ces larges plis déroulés.

Aimé de Loy a eu également plus de sensibilité que de style; il est de cette première génération de poëtes modernes qui n'a pas dépassé la première manière de Lamartine, et sa plus grande gloire, il l'a certainement atteinte le jour où une pièce de vers, signée de ses initiales A. D. L., put être attribuée par quelques-uns à l'illustre poëte. Aimé de Loy, né en 1798, est mort en 1834. Sa vie, la plus errante et la plus diverse qu'on puisse imaginer, n'apparaît que par lambeaux déchirés dans ses vers, que de pieux amis viennent enfin de recueillir (1). Sorti d'un village des Vosges, aux frontières de la Franche-Comté, il se réclama toujours de cette dernière province, par amour sans doute des poëtes qui en sont l'honneur, par souvenir surtout de Nodier et des muses voyageuses. Il fit de bonnes études, je ne sais où ni comment, mais il était plein de grec et de latin, d'Horace et de Philétas, si Philétas il y a; au reste toute sa vie ne semble qu'une longue école buissonnière. M. Marmier, M. Couturier, ses biographes (2), nous en disent là-dessus moins encore qu'ils n'en savent; l'aventure de Goldsmith, qui parcourut une fois la Touraine sans argent, en jouant de la flûte de village en village, n'est qu'un des accidents les plus ordinaires de la destinée de de Loy. Il paraît n'avoir conçu de bonne heure la vie que comme un

---

(1) *Feuilles aux Vents;* imprimé à Lyon, chez M. Boitel, avec une dédicace de Mme Desbordes-Valmore.

(2) M. Couturier en tête du volume, et M. Marmier dans la *Revue de Paris,* 29 mars 1835.

pèlerinage; partout où il sentait un poëte, il y allait; partout où il trouvait un Mécène, il y séjournait. Aussi, dans ses vers, que de Mécènes! Il croyait naïvement que le poëte est un oiseau voyageur qui n'a qu'à becqueter à droite et à gauche, partout où le portent ses ailes. Il a repris et réalisé de nouveau au xixe siècle l'existence du troubadour allant de château en château, et payant son gîte d'une chanson. Rousseau, voyageant à pied, était boudeur encore, un misanthrope altier et réformateur du monde; il y avait pourtant du Jean-Jacques piéton dans de Loy, ce *fantassin de poésie*; mais c'était surtout, et plus simplement, un troubadour décousu (1). Il allait donc sans songer au lendemain, quand un jour, à vingt et un ans, il se maria; comme La Fontaine, il ne semble pas s'en être longtemps souvenu. On s'en ressouvient aujourd'hui pour lui, et ce volume que l'amitié publie est le seul héritage de ses deux filles. Comme il avait commencé jeune ses courses, les grands astres de la littérature présente n'étaient pas encore tous levés : mais de Loy n'était pas si difficile, il allait visiter le Gardon de Florian, en attendant les autres stations, depuis consacrées. L'épisode le plus mémorable de sa vie fut sans contredit son voyage au Brésil : las du ménage et du petit magasin où il avait essayé de se confiner, le voilà tout d'un coup dans la baie de Rio-Janeiro. C'était en 1822; don Pedro, empereur constitutionnel, ac-

(1) On peut dire de lui ce que Rancé écrivait du poëte Santeuil : « *Ce pauvre garçon* s'attachait aux lieux où il passait, quand il lui plaisaient. » (*Lettres de Rancé*, publiées par M. Gonod, page 271.)

cueillit de Loy, et le fit rédacteur officiel de ses projets libéraux. Outre le journal qu'il rédigeait, de Loy chantait l'impératrice ; il devint (ses amis l'assurent et moi je n'en réponds pas) commandeur de l'ordre du Christ ; il était, ajoute-t-on, gentilhomme de la chambre ; mais laissons-le dire, et faisons-nous à sa manière courante, quelque peu négligée, mais bien facile et mélodieuse :

> Me voici dans Rio, mon volontaire exil,
> Rio, fille du Tage et mère du Brésil.
> J'ai trouvé sur ces bords des amitiés parfaites :
> Mécène m'accueillit dans ses belles retraites ;
> Et sous les bananiers, à mes regrets si chers,
> La fille des Césars (1) m'a récité mes vers.
> Hélas ! que de chagrins le rang suprême entraîne !
> Que de pleurs contenus dans les yeux d'une reine !
> J'ai vu les siens noyés, et dans son triste élan
> Elle me dit un jour : « Ce sol est un volcan… »
> Elle n'est plus !… Son nom sur mes lèvres expire ;
> Quel vent a moissonné la rose de l'Empire ?

> Ah ! j'étais jeune alors, plein de sève et d'ardeur ;
> J'aimais ce pays neuf, sa pompe et sa splendeur ;
> J'aimais le bruit des flots, le bruit de la tempête,
> Et les périls étaient mes plaisirs de poëte.
> De l'ancien monde aux bords d'un monde encor nouveau,
> Quelle mer n'a pas vu mon rapide vaisseau
> Rouler au gré des vents et des lames sonores ?
> Et que sont devenus mes hôtes des Açores ?
> Enfants de saint François, sous l'immense oranger,
> Reparlez-vous encor du fils de l'étranger ?

(1) L'impératrice du Brésil était archiduchesse d'Autriche et sœur de Marie-Louise.

Avez-vous souvenance, ô mes belles recluses,
De ces vers lusitains échappés à mes muses ?

Il y a dans les vers de de Loy, souvent redondants, faibles de pensée, vulgaires d'éloges, je ne sais quoi de limpide, de naturel, et de captivant à l'oreille et au cœur, qui fait comprendre qu'on l'ait aimé (1).

Revenu en France dès 1824, on l'aperçoit à quelques années de là en Portugal, y promenant son humeur vagabonde, non plus en gentilhomme de la chambre, mais avec le louable dessein d'y servir la cause de Dona Maria, par reconnaissance pour don Pedro, son bienfaiteur. Il parlait et écrivait, dit-on, le portugais à merveille; l'idiome de Camoëns était devenu sa langue favorite, et il lui fallut quelque temps avant de reprendre sa fluidité française. Je ne pousserai pas plus loin les détails de son odyssée, dont on vient de toucher le point le plus extrême, mais qui fut continuelle jusqu'à son dernier soupir. Ses *Préludes poétiques,* publiés en 1827 comme le ballon d'essai d'une *Académie provinciale* qui protestait contre la centralisation de Paris, n'attirèrent que très-peu l'attention et ne pouvaient la fixer. La province revendique de Loy avec

---

(1) Pline le Jeune, parlant d'un poëte de son temps (Lettres, I, 16), dit qu'il sait mêler avec art, dans ses élégies, à des vers doux et coulants, d'autres vers un peu durs (*duriusculos quosdam*), et qu'en cela il fait comme Calvus ou comme Catulle. Plus d'un de nos modernes poëtes, depuis 1828, a usé du procédé; on a même abusé de ces petits vers durs, qui sont les cailloux du courant. Quant à de Loy, il n'y met pas tant de finesse; il n'a souci de Calvus ni de Ronsard; ses vers coulent et coulent encore.

une sorte d'orgueil que l'on conçoit, mais qu'il serait mieux de réduire. La province, certes, possède mille dons d'étude, de sensibilité, de vertu; mais le goût, il faut le dire, y est chose plus rare et plus cachée qu'à Paris, où, du reste, on le paye si cher. La banalité gâte les vers de de Loy; tout ce qu'il rencontre lui est Pollion et Mécène, chaque gîte qui l'héberge lui est Tibur et Lucrétile : que d'ivraie dans sa gerbe! que de foin dans ses fleurs! cela ressemble avec moins de grâce à cette couronne mélangée d'Ophélie. Que ce soit amitié, reconnaissance, dette acquittée dans la monnaie des poëtes, je ne l'en blâme pas moralement, si tant est que sa dignité n'en ait pas souffert; mais la poésie vit de choix, et la sienne n'y a pas songé. Ce qui ne m'empêche pas de reconnaître, croyez-le bien, tout ce qu'il y a de naturel, de sincère et de bien vite pardonné dans ses perpétuels et affectueux retours à Sattendras ou à Longiron.

Il serait injuste d'environner d'un trop grand appareil de critique l'œuvre posthume et véritablement aimable d'un poëte mort sans rien d'amer et qui a vécu si malheureux. Il était un peu de ces gens dont on dit bien du mal quand ils sont loin, et qu'on embrasse, qu'on se remet à aimer irrésistiblement sitôt qu'on les revoit; de même pour ses vers : la meilleure manière d'adoucir le jugement raisonné qu'on en porte, c'est de les revoir et de les introduire *en personne*. Voici de bien simples stances qui achèveront de plaider pour lui :

LES REGRETS.

Malheur à l'être solitaire
Qui n'a point d'amante à nommer!
S'il est des méchants sur la terre,
C'est qu'ils n'ont pu se faire aimer.

Le cœur est né pour ces échanges,
Notre âme y double son pouvoir :
Et pour nous, comme pour les anges,
L'amour est l'œil; aimer, c'est voir.

Le poëte aimé d'une femme
Compte aussi des jours de douleurs,
Mais les pleurs sont le bain de l'âme;
Les beaux vers naissent de nos pleurs !

Ah ! celui que l'amour délaisse
N'est plus jeune, même à trente ans;
Le malheur est une vieillesse
Qui précède les cheveux blancs.

La terre est un séjour d'épreuve,
L'homme n'est qu'un hôte en ces lieux,
Nous descendons le cours d'un fleuve
Où mille objets frappent nos yeux :

L'endroit plaît, la rive est fleurie,
On ne s'éloigne qu'à regret,
Mais une voix d'en haut nous crie :
Marche! marche! et tout disparaît.

Pardon, au milieu de cette période de l'école de *l'art,* d'avoir osé rappeler et recommander aujourd'hui quelques poésies que l'image triomphante ne couronne pas; mais il nous a semblé que, même sous le règne des talents les plus radieux, il y avait lieu, au moins pour le souvenir, à d'humbles et doux vers comme autrefois, à des vers nés de source; cela rafraîchit.

15 juin 1840.

GLANES

POESIES

PAR MADEMOISELLE LOUISE BERTIN.

1842.

On dit que ce volume de poésies a été jusqu'à la fin un mystère pour ceux qui pouvaient en être le mieux informés, et qui passaient le plus habituellement leur vie auprès de l'auteur. Pour moi, il ne m'a point surpris. Connu déjà par son grand essai de musique sévère et haute, l'auteur, ce me semble, a dû naturellement chercher à ses intimes pensées une expression plus précise et plus voisine encore de l'âme. La plainte, le désir infini, l'espoir, en cette vie humaine toujours gênée, avaient besoin de se raconter au cœur, de s'articuler plus nettement que par de purs sons qui trop vite échappent. Du moment qu'elle avait le choix entre plusieurs muses, Mlle Bertin devait, un jour ou l'autre, aborder celle-ci. Artiste, cette nouvelle forme en crédit autour d'elle avait de quoi la tenter; femme, cette confidence, à demi parlée, à demi murmurée, devait lui sourire.

Ce volume est né aux *Roches,* c'est-à-dire en un lieu riant et champêtre qui a eu son influence sur l'école poétique moderne, et dans lequel cette école à son tour a trouvé des échos aussi : *redituraque Rupibus Echo.* Il y a là, dans la jolie vallée de Bièvre, tout un coin, un foyer d'action, qui mériterait sa place dans la chronique poétique des dernières années. Les *Roches,* telles que je les ai vues, ce n'était pas la campagne du *Journal des Débats* ni d'aucun journal : on n'y parlait point de ces choses. C'était le loisir, les vacances, la liberté pour tous, la gaieté pour les uns, le rêve et l'étude calme pour les autres. Vers 1828, l'école nouvelle perçait avec vivacité, avec ensemble; la politique sous M. de Martignac faisait trêve. On pensa à introduire une part du jeune romantisme aux *Débats.* La quarantaine qu'on fait ainsi subir aux talents nouveaux, avant de les accepter et de les louer, cause des impatiences, comme toutes les quarantaines; elle a son utilité aussi. Les *Débats* l'ont appliquée en général avec prudence ; on songeait, dès 1828, à la lever pour quelques-uns. Les *Roches,* terrain neutre, asile hospitalier, prêtèrent leurs beaux ombrages, leurs allées tournantes, leur gaie rivière et leur *île des Conférences* à ces essais, bientôt désintéressés et plutôt affectueux, qu'on fît des esprits et des personnes. Comme il arrive aisément dans les lieux qui plaisent, on eut le chemin plutôt que le but; et, au lieu de la critique qu'on cherchait d'abord, la poésie naquit.

Elle était née déjà dans plus d'un cœur, dans plus d'un talent qui la cultivait de ce côté en silence. Je me rappelle encore la position bien dessinée du groupe dès ces premiers jours : Mlle Bertin, l'âme du lieu, préludant à ses hymnes élevés; son frère Édouard, qui est devenu le paysagiste sévère; Antony Deschamps, alors en train de passer du dilettantisme de Mozart au commerce de Dante, et qui y portait toutes les nobles ferveurs. Cela formait le côté romantique des *Roches,* si j'ose l'appeler ainsi; mais en face, mais à travers, les classiques, et des plus jeunes, des plus alertes, ne manquaient pas. M. Alfred de Wailly, M. Saint-Marc Girardin, tempéraient souvent l'éloge par un demi-sourire. Une femme d'un talent délicat, Mme de Bawr, ramenait quelquefois, comme conseil bienveillant, les mots de goût et de grâce. Dois-je nommer encore M. Nisard, qui, bien jeune alors, appartenait peut-être plutôt au premier groupe, ou qui du moins, détaché du second comme en éclaireur, promenait de l'un à l'autre ses doutes consciencieux? Au milieu de tous, M. Bertin père, sage et arbitre, intelligent et affectueux, gardait le ton du vieux et vrai bon sens, sans pourtant dire *non* aux nouveautés, sans s'étonner des accents qui montent.

Le projet de conciliation et d'infusion graduelle ne se réalisa pas tout à fait comme on l'avait conçu. La cristallisation régulière fut troublée ; elle l'est toujours dans la vie, dans la grande histoire comme dans la petite. L'orage politique vint à la traverse. Le ministère Polignac ajourna la littérature nouvelle, et, renvoyant les rêveurs à leur rêve, ramena les politiques à leur œuvre. Chacun des conviés, ou de ceux qui allaient l'être, alla où il put. Mais les relations particulières se suivirent. M. Victor Hugo les a, depuis longtemps, consacrées par l'opéra de la *Esméralda,* surtout par les quatre beaux chants qui, dans ses quatre derniers recueils de poésie, à partir des *Feuilles d'Automne,* se sont venus rattacher au nom et à la pensée de mademoiselle Bertin.

Ce volume en fait la réponse naturelle, très en harmonie avec les accords qui l'ont provoquée ; il est, après dix ans, l'expression en poésie de ces saisons déjà anciennes, décorées et embellies encore par le souvenir.

Oui, quoique beaucoup de ces pièces nous arrivent datées depuis 1840, on en peut dire, comme de certaines poésies lentes à s'écrire, qu'elles sont d'une *rédaction* postérieure au sentiment primitif d'où elles sont nées. Le titre modeste les a réunies sous le nom de *Glanes* (j'aimerais mieux *Glanures*) : c'est dire que la moisson est faite ; mais beaucoup de ces épis, tant ils sont mûrs, auraient pu être des premiers moissonnés.

Quoique, certes, la fraîcheur et la grâce n'y manquent pas, ce volume a peu les caractères d'un début. La forme atteste une main habile et presque virile d'artiste ; le fond exprime une âme de femme délicate et ardente, mais qui a beaucoup pensé, et qui ne prend guère l'harmonie des vers comme un jeu. Ainsi dans la pièce au jeune Charles Hugo, pour lui conseiller de rester enfant bien longtemps et de ne pas s'émanciper aux chants trop précoces, l'auteur, livrant son propre secret, nous dit :

> Oh! pour chanter, crois-moi, Charles, il n'est pas l'heure ;
> Le temps n'a pas appris à ton front qu'il effleure
> Ce que son aile apporte et de nuits et d'hivers.
> Enfant, c'est la douleur qui chante dans les vers!
> Il faut souffrir longtemps pour savoir bien redire
> L'hymne mystérieux que notre âme soupire !
> Il faut qu'un long travail éclaire notre esprit,
> Pour deviner l'orage en un ciel qui sourit!

Une pensée religieuse, élevée, sincère, parfois combattue et finalement triomphante, a inspiré un bon nombre de pièces, qui ne sont pas un indigne pendant ni une contre-partie dérogeante de ces graves rêveries que M. Victor Hugo a lui-même adressée à mademoiselle Bertin sous le titre de *Pensar*, *Dudar*, et de *Sagesse*. Une des questions qu'elle se pose le plus habituellement est celle-ci :

> Si la mort est le but, pourquoi donc sur les routes
> Est-il dans les buissons de si charmantes fleurs;
> Et, lorsqu'au vent d'automne elles s'envolent toutes,
> Pourquoi les voir partir d'un œil mouillé de pleurs?

> Si la vie est le but, pourquoi donc sur les routes
> Tant de pierres dans l'herbe et d'épines aux fleurs;
> Que, pendant le voyage, hélas! nous devons toutes
> Tacher de notre sang et mouiller de nos pleurs?

A cette contradiction inévitable ici-bas, et à laquelle se heurte toute sérieuse pensée, le poëte, à ses heures meilleures, répond par *croire, adorer sans comprendre*, et surtout *aimer*. Je voudrais pouvoir citer tout entière la pièce intitulée *Prière*, qui joint à l'essor des plus belles *harmonies* une réalité et une intimité de sentiments tout à fait profondes. En voici du moins le motif et le début :

> O Seigneur! accordez à ceux qui vous blasphèment
> La place à votre droite au sublime séjour;
> Donnez-leur tout, Seigneur, donnez : ceux qui vous aiment
>   Ont bien assez de leur amour!
>
> Quand, aux portes du ciel par l'archange gardées,
> Ils se présenteront, oh! qu'ils entrent, mon Dieu!
> De ces blasphémateurs aux âmes attardées
>   Écartez le glaive de feu !
>
> Nous resterons dehors, souffrant, loin de l'enceinte,
> Et le froid de la nuit et la chaleur du jour;
> Ah! du céleste abri bannissez-nous sans crainte :
>   Il nous suffit de notre amour!
>
> Pour eux n'épargnez rien; mettez à toute branche
> Et l'ombre de la feuille, et la fleur, et le fruit,
> Et l'ivresse à la coupe où leur lèvre se penche,
>   Sans la tristesse qui la suit!
>
> Nous, pour être abreuvés d'ineffables délices,
> Pour sentir sous vos mains nos cœurs se parfumer,
> Nos âmes s'abriter à des ombres propices,
>   Il nous suffit de vous aimer!...

Et tout ce qui suit, et qui de plus en plus monte. Il faut peu de ces pièces pour assigner, je ne dis pas le rang du poëte, mais la qualité et la portée de l'inspiration, et ce qui s'appelle la *région* d'un esprit.

Ce que je préfère pourtant dans le volume, ce que j'y ai cherché d'abord avec une curiosité pleine d'intérêt, c'est ce qui touche à la femme et à ses propres émotions, aux tristesses voilées, si distinctes de tant d'autres aujourd'hui qui s'affectent et vont s'affichant. Dans la pièce *à Mimi,* comme dans celle *à Charles Hugo,* respire une touchante sollicitude et comme un instinct maternel. Faut-il dire à cet enfant qui joue quelque chose de cet avenir qu'on sait pour lui et qu'il ignore? Gray, dans son ode du *Collége d'Éton,* se le demandait; mademoiselle Bertin se le demandait également :

> Chère enfant, tu n'as plus ton aile!
> Du sort s'il faut fuir le courroux,
> Tu peux, hélas! malgré mon zèle,
> En tombant meurtrir tes genoux!
> Ton sourire raconte encore :
> Bientôt il interrogera.
> Ne peut-on cacher à l'aurore
> La nuit qui la dévorera?

Je ne fais qu'indiquer dans cet ordre intime, et à des degrés différents, *les Rayons, Tentation, Fragilité.* Après ces variations du jour, après ces orages, la dernière pièce, intitulée *Nuit,* ramène un peu ce que M. Hugo a qualifié *le sourire triste, ineffable et calmant;* la fin en est très-belle, très-idéale, et offre un mélange de résignation contristée et qui tout d'un coup s'éclaire d'une image antique :

> O Nuit! dans ce beau lieu paré
> De tes plus charmantes étoiles,
> Cache mon âme; elle a pleuré;
> Couvre-la bien de tes longs voiles!

> Et toi, morne Tranquillité,
> Sans douleur, mais aussi sans charme,
> Pose sur ce cœur agité
> Ta main qui sèche toute larme !
>
> Écarte d'un front déjà las
> La pensée aux ardentes ailes,
> Qu'éveillent du bruit de leurs pas
> Les Muses qui dansent entre elles !

Je n'ai rien dit encore des pièces purement d'art et tout à fait désintéressées. Il en est plusieurs remarquables. Je veux moins parler des ballades qui terminent le volume et y font appendice ; elles prouvent de l'habileté et ont même de la grâce, mais l'accent y est moins original. Deux grandes pièces dans le volume donnent une plus haute idée du souffle et de la faculté du poëte dans les sujets extérieurs : le *Fragment*, qui nous montre les chrétiens aux lions, et surtout le morceau intitulé *le Poëte,* c'est-à-dire Homère.

Il était difficile, il pouvait sembler téméraire, après André Chénier, d'aborder dans un même cadre le mendiant sublime ; car, chez mademoiselle Bertin comme chez André, c'est tout simplement l'antique légende, l'Aveugle harmonieux, errant, arrivant dans quelque ville ou bourgade, et payant l'hospitalité par des chants. Cette donnée de la tradition a été surtout empruntée par Chénier à la fabuleuse Vie d'Homère, attribuée à Hérodote, et à l'Hymme d'Apollon, attribué à Homère lui-même. En ce bel hymne, à propos des filles de Délos si gracieuses à charmer, on lit ce ravissant passage : « ... Elles savent imiter les chants et les sons de voix de tous les hommes, et chacun, à les écouter, se croirait entendre lui-même, tant leur voix s'adapte mélodieusement! Mais allons, qu'Apollon avec Diane nous soit propice, et adieu, vous toutes! Et souvenez-vous de moi dorénavant, lorsqu'ici viendra, après bien des travers, quelqu'un des hôtes mortels, et qu'il vous demandera : « O jeunes filles, quel est pour vous le plus « doux des chantres qui fréquentent ce lieu, et auquel « de tous prenez-vous le plus de plaisir? » Et vous toutes ensemble, répondez avec un doux respect : « C'est un « homme aveugle; et il habite dans Chio la pierreuse; « c'est lui dont les chants l'emportent à présent et à ja-« mais! » Et nous, en retour, nous porterons votre renom aussi loin que nous pourrons aller sur la terre à travers les villes populeuses ; et l'on nous croira, parce que c'est vrai. »

Dans *l'Aveugle* de Chénier, le procédé composite, que j'ai tant de fois signalé, se décèle particulièrement. Il se ressouvient donc à la fois de l'arrivée à Chio chez Glaucus (1), il se ressouvient de l'injure des habitants de Cymé. Dès le début ces aboiements des molosses dévorants nous reportent aussi à l'arrivée d'Ulysse chez Eumée; plus loin, *le palmier de Latone,* auquel il compare les gracieux enfants, nous ramène vers Ulysse naufragé, s'adressant en paroles de miel à Nausicaa. Partout, enfin, chez lui, c'est une réminiscence vive, entre-croisée, puissante ; c'est, si je l'ose dire, un riche *regain* en pleine terre antique. Mademoiselle Bertin,

---

(1) *Vie d'Homère,* attribuée à Hérodote.

on le comprend, a serré de moins près les souvenirs classiques, et quelquefois, dans cette plus libre façon, elle ne les a pas moins bien exprimés. Sa petite Chloé surtout est charmante ; cette jolie enfant, pendant qu'Homère chante et que tous se taisent, ne peut s'empêcher d'interrompre et d'interroger, de demander si tous ces grands combats sont vrais, si le vieil aveugle les a vus jadis de ses yeux :

« Connaissais-tu Priam, Pâris, son frère Hector,
« Et le fils de Laërte et le sage Nestor?
« D'Achille au pied léger habitais-tu la tente?
« Quand on a rapporté la dépouille sanglante
« De son ami Patrocle, Homère, étais-tu là?
« Oh! mon père, réponds, as-tu vu tout cela? »

Mais c'est surtout la comparaison suivante qui, pour l'idée du moins et le jet, me semble ressaisir à merveille la grâce homérique :

Parfois, quand un ruisseau, courant dans la prairie,
Sépare encor d'un champ, où croît l'herbe fleurie,
Un troupeau voyageur aux appétits gloutons,
Laissant se consulter entre eux les vieux moutons,
On voit, pour le franchir, quelque agneau moins timide
Choisir en hésitant un caillou qui le ride,
S'avancer, reculer, revenir en tremblant,
Poser un de ses pieds sur ce pont chancelant,
Et s'effrayer d'abord si cette onde bouillonne
En frôlant au passage une fleur qui frissonne,
Si le buisson au vent dispute un fruit vermeil,
Ou si le flot s'empourpre aux adieux du soleil,
Puis reprendre courage et gagner l'autre rive ;
Alors tout le troupeau sur ses traces arrive ;

Dans le gras pâturage il aborde vainqueur,
Il s'y roule en bêlant dans les herbes en fleur,
Tandis que seul au bord le berger le rappelle,
Et trop tard sur ses pas lance son chien fidèle.
De même de Chloé lorsqu'on entend la voix,
En mille questions tous parlent à la fois :
On dirait une ruche où chaque travailleuse
A la tâche du jour mêle sa voix joyeuse.
Un jeune homme s'approche et s'informe au vieillard
Comment en Méonie on attelait le char ;
Tout bas la jeune fille en rougissant demande
Ce qui rendait Vénus favorable à l'offrande ;
Si l'épouse d'Hector portait de longs manteaux ;
Si dans Milet déjà l'on tissait les plus beaux ;
Où Briséis posait l'agrafe de son voile,
Et si de Pénéloppe il avait vu la toile.

Dans le détail de la comparaison, toutefois, je regrette de trouver un peu trop de manière moderne, un peu de mignardise, un *caillou qui le ride,* et ce mot *frôler,* par exemple, que j'aimerais mieux dans quelque ballade à un sylphe lutin, que dans cette largeur de ton homérique.

Mademoiselle Bertin a moins bien réussi, ce me semble, pour le chant même qu'elle prête à Homère : c'est, en strophes régulières, un résumé peu entraînant des événements de *l'Iliade* :

La plaine attristée et déserte
De tentes est bientôt couverte,
Et l'une d'elles, entr'ouverte,
Doit laisser partir Briséis.

Que ce dernier vers est lent, sans un *e* muet final, sans

une voyelle commençante ! Comment une oreille aussi musicale l'a-t-elle pu laisser tomber ! En général, la légèreté de touche fait défaut en plus d'un endroit. La grâce, encore une fois, ne manque pas ; mais, au besoin, c'est plus volontiers la force qui devient sensible.

J'en suis aux critiques ; car moi aussi j'en veux faire, et par là, non moins que par mes éloges, prouver mon sérieux respect pour le talent de mademoiselle Bertin. Je n'essayerai pas, comme un juge très-spirituel et infiniment agréable jusqu'en ses chicanes (1), de faire dans ces vers double part, celle de la manière nouvelle et celle de l'ancienne : la nouvelle ainsi porte le mauvais lot. Tous les vers de ce volume me semblent tenir de cette manière nouvelle ; seulement, les uns ont mieux réussi. Avec les avantages et les richesses de l'école moderne, les défauts s'y marquent. Il y a des mots qui détonnent ; des aspérités sortent de la trame ; toutes les couleurs ne s'y fondent pas. Par exemple :

> Après viennent les pleurs, l'ennui, puis la vieillesse
> Aux désirs *muselés* par la *pâle* faiblesse.

Ce mot *muselés* implique un effort. C'est une main *pesante* qui *musèle*, ce n'est pas une main *faible*, c'est encore moins une *faiblesse pâle*. Et puis cette expression *muselé* est bien forte, bien matérielle ; autrefois on eût dit *enchaîné*. Des *désirs muselés* appartiennent un peu trop à cette langue qui force les choses et les noms,

(1) M. Saint-Marc Girardin.

qui dit un *cœur fêlé* au lieu d'un *cœur brisé*. Je ne comprends pas que la pensée y gagne. On entrevoit le sens de mes critiques.

Il est souvent un grand charme, et inexprimable, résultant d'une image discrète, d'un tour simple, d'un enchaînement facile, d'une cadence coupée à temps, avec un sentiment vrai sous tout cela : c'est l'atticisme de la poésie. On le néglige trop, il semble qu'à présent on l'ignore. Mademoiselle Bertin, artiste et femme, est faite pour le sentir.

Il y a de ces mots que je n'aime pas à la fin des vers, *gloutons, béant, infâme,* mots trop crus, trop bruyants et *claquants,* pour ainsi dire, qui sont faits pour déplaire, à moins qu'il n'y ait nécessité expresse dans le sens de la pensée, et qu'on ne veuille à toute force insister dessus : mais, quand on ne les emploie qu'à titre d'épithète passagère et courante, ou d'utilité de rime, ils me font l'effet d'un cahotement, d'une *détonation.* M. Hugo en abuse dans son orchestre.

Un certain besoin de composition et d'art, une certaine volonté et préoccupation de lyrisme, font quelquefois qu'on prête à l'observation naturelle plus qu'elle ne donne et ne renferme. Après une charmante pièce, et toute vive, toute d'allégresse, sur le *Printemps :*

> Le voilà ! c'est bien lui ; de ses ailes de fleurs
> Tombent sur le gazon de joyeuses couleurs... ;

après ce premier chant, que tout le monde comprend et volontiers répète, en vient un, comme pendant, sur l'*Automne* et sur la mélancolie. Très-bien. L'automne a sa tristesse à coup sûr, et dispose aux langueurs mourantes. Mais cette tristesse de l'automne est voluptueuse encore ; tous ces fruits qui mûrissent et tombent, et cette grappe qui rit, n'ont rien de chastement mystique, ni qui appelle naturellement la séraphique *extase*. C'était le temps des bacchanales et des orgiaques amours de l'antiquité. Le Seigneur (au sens spiritualiste et chrétien) n'est dans l'automne plus que dans le printemps que parce qu'on le veut bien. Il résulte de ces interprétations voulues plutôt que trouvées une impression contestable dans l'esprit du lecteur, ce qu'il ne faut jamais.

Mais c'est assez payer ma dette de critique. Ces vers qui, en somme, rendent plusieurs des qualités éminentes de la poésie moderne et n'en ont que les défauts modérés ; ces vers qui, bien que venus tard, se rattachent au beau moment de l'école, à son berceau même, et nous reportent à bien des années en deçà, nous sont une occasion peut-être assez naturelle d'en repasser d'un coup d'œil toute la carrière.

Dès 1819, l'école nouvelle en poésie éclôt et s'essaye ; de grands noms se dessinent déjà. Mais ce n'est que vers 1828 que cette école (j'emploie souvent ce vilain mot pour abréger) a pleine conscience et science d'elle-même, qu'elle s'organise avec plus d'étude et de sérieux, qu'elle marche en avant d'un air d'ensemble, chacun sur son point, et plusieurs avec originalité. Voilà donc à peu près quinze ans, terme moyen, qu'elle se développe en plein air et vit au soleil. Depuis quelque temps, il devient presque évident qu'elle subsiste et dure, mais ne se renouvelle plus. Les formes sont trouvées; les louables productions, comme celle que nous avons annoncée, y rentrent plus ou moins. Les disciples, les maîtres même qui ont voulu sortir et agrandir en partant du milieu existant, n'ont guère réussi : on peut dire que, pour cette école et son développement, la formule de la courbe est donnée.

Quelle est aujourd'hui l'apparence d'ensemble, la classification des personnes, des individus marquants, telle qu'elle s'observe assez bien au regard? Et quant aux choses, quelle est le produit net, le *bilan* probable que, grâce à Dieu, on n'a pas encore déposé?

Quant aux personnes, je fais trois groupes de poëtes parmi ceux de ce temps, c'est-à-dire parmi ceux des vingt dernières années. J'entends surtout parler en ceci des poëtes lyriques ou du moins non dramatiques; je laisse le théâtre à part; on verra tout à l'heure pourquoi.

Chateaubriand donc régnant au fond et apparaissant dans un demi-lointain majestueux comme notre moderne buste d'Homère, on a :

1° Hors ligne (et je ne prétends constater ici qu'une situation), Lamartine, Hugo, Béranger,— par le talent, la puissance, le renom et le bonheur ;

2° Un groupe assez nombreux, artiste et sensible, dont il serait aisé de dire bien des noms, même plusieurs de femmes; de vrais artistes passionnés, plus ou moins originaux, mais qui n'ont pas complétement réussi, qui n'ont pas été au bout de leurs promesses, et qu'aussi la gloire publique n'a pas consacrés. J'en nommerais bien quelques-uns si je ne craignais (ô vanité humaine! ô susceptibilité poétique!) de fâcher presque autant les nommés que les omis. Mais c'est sur eux, la plupart, que nous vivons dans cette série dès longtemps entreprise; ce sont eux qui formeront en définitive le corps de réserve et d'élite de la poésie du dix-neuvième siècle contre le choc du formidable avenir, et qui montreront que les gloires de quelques-uns n'ont pas été des exceptions ni des accidents. Je dirai d'un seul, M. Alfred de Musset, que s'il jetait souvent à la face du siècle d'étincelantes satires comme la dernière *sur la Paresse,* que s'il livrait plus souvent aux amis de l'idéal et du rêve des méditations comme sa *Nuit de Mai,* il serait peut-être en grande chance de faire infidélité à son groupe, et de passer, lui aussi, le plus jeune des glorieux, à l'auréole pleine et distincte (1).

3° Je fais un troisième groupe, et de poëtes encore : ceux que j'y place, je les nommerais ici bien moins, quoiqu'ils ne soient pas à mépriser. Voici comment je les définis; gracieux et sensibles, mais plus faibles et imitants; ou habiles, mais de pure forme; ou assez élevés, et même ambitieux, mais sans art.

Après cela vient le gros de l'armée, et plus de

(1) Ceci a paru (le croirait-on bien?) une sorte d'injure faite à M. Alfred de Musset; on me crie qu'il est du premier groupe, et qu'il marche désormais, lui quatrième, avec Lamartine, Hugo et Béranger. Je crois avoir rendu ailleurs ample justice au talent de M. de Musset, mais il ne me semble pas, malgré tout, que situation soit telle encore, et j'ajouterai que c'est peut-être parce qu'il ne l'a pas voulu.

groupe ; la foule des rimeurs, parmi lesquels, certes, bien des cœurs sincères, quelques caporaux, et de bons soldats.

Mais vous, dans cette armée, vous vous faites le *commissaire ordonnateur des livres;* et de quel droit? dira un plaisant. — J'accepte le ridicule du rôle, et j'arrive aux choses. A la manière dont le corps de bataille m'apparaît rangé et comme en si bel ordre après la lutte, il est évident que je ne considère point la bataille elle-même comme perdue. N'est-il pas temps en effet que nos vieux adversaires, bon gré mal gré, le reconnaissent? l'école poétique moderne a réussi. Hélas! on peut l'accorder ; assez d'échecs et d'ombres tempèrent son triomphe, et en doivent rendre le *Te Deum* modeste.

Et d'abord elle n'a rien fait en art dramatique qui ajoute à notre glorieux passé littéraire des deux siècles : Corneille, Molière, Racine, sont demeurés debout de toute leur hauteur et hors d'atteinte. Je sais ce que de dignes successeurs, et à la fois novateurs habiles et prudents, ont pratiqué de louable pour soutenir et prolonger l'héritage. Je sais aussi les nobles audaces premières, et les témérités qu'on aimait, et la verve ou l'intention persistante de quelques-uns. Mais la comédie du temps, chacun le dira, s'il fallait la personnifier dans un auteur, ne se trouverait point porter un nom sorti des rangs nouveaux. Quant à la tragédie,… il n'en est qu'une; Romains, montons au Capitole ; retournons à *Polyeucte,* et allons demain applaudir Chimène.

Serait-ce qu'aujourd'hui une certaine élévation d'idées, chez le poëte, se prête moins qu'autrefois à la pratique et aux conditions du drame? Pour y réussir, il ne faut pas tant marchander peut-être, ni avoir d'abord des visées si hautes, si calculées. Un génie naturel décidé se tirerait de là, je le crois bien. Toujours est-il qu'à cet égard les hautes espérances des débuts ont peu donné.

L'école moderne n'a pas non plus résolu cette question de savoir s'il est possible en français de faire un poëme de quelque étendue, un poëme sérieux et qui ne soit pas ennuyeux; malgré *Jocelyn,* qui était si digne et si près de la résoudre, la question demeure pendante (1).

Voilà les échecs que je ne crois pas amoindrir, ni dissimuler. On a réussi pourtant : où donc? On a réussi dans le *lyrique,* c'est-à-dire dans l'ode, dans la méditation, dans l'élégie, dans la fantaisie, dans le roman même, en tant qu'il est lyrique aussi et individuel, je dirai plus, en tant qu'il rend l'âme d'une époque, d'un pays : mais ceci s'éloigne. A ne prendre que l'ensemble, on a véritablement créé le lyrique en France, non plus par accident, mais par une production riche et profonde. On a, en bien des sens, comme redonné la main au xvie siècle, par delà les deux précédents. Le côté par où ces deux derniers avaient fait défaut est précisément celui où l'on a repris l'a-

---

(1) Il faut maintenant ajouter dans la balance le poëme de M. Brizeux, *les Bretons,* qui a paru depuis (1845).

vantage. Une chaîne imprévue s'est renouée. On n'a pas été tout à fait indigne, à son tour, de ces grands contemporains, Goëthe, Byron. Une branche nouvelle et toute fleurie s'est ajoutée à notre vieil arbre régulier qui la promettait peu.

« J'étais sorti le matin pour chasser le sanglier, et je suis rentré le soir ayant pris beaucoup de cigales. »

Mais les cigales sont harmonieuses. — Eh bien, l'école poétique moderne, au pis, peut se dire comme ce chasseur-là. Après tout, le succès humain n'est guère jamais mieux.

Quant à l'avenir littéraire prochain, quel est-il? Il y aurait témérité à le vouloir préjuger. Dans une brochure récente imprimée à Berlin et sur notre propre poésie, M. Paul Ackermann, qui est très-français malgré la tournure germanique de son nom, et qui, à cette distance, s'occupe à fond de l'école et de la question poétique moderne, comme pourrait faire sur une phase accomplie un érudit systématique et ingénieux, M. Ackermann conclut en terminant : « Pour nous,
« nous croyons fermement qu'un nouveau dix-septième
« siècle est réservé à la littérature française ; mais il
« faut le préparer par les idées, par la force morale et
« la science *artiale*. L'époque de transition, le second
« seizième siècle, où nous nous trouvons, a commencé
« par un Ronsard ; il faut prendre garde qu'il ne finisse
« par un Du Bartas et un Malherbe (1). »

(1) *Du Principe de la Poésie et de l'Éducation du Poète* (1841,

Laissons ces noms, ces rapprochements, toujours inexacts, et qui resserrent. Moi aussi, j'aimerais de grand cœur à croire à un dix-septième siècle futur plutôt qu'à un Du Bartas; mais il n'est pas en nous que cela finisse de telle ou telle manière. Le hasard du génie y pourvoira. Et puis l'humble poésie est à bord, après tout, du grand vaisseau de l'État, et telles seront les destinées de l'ensemble, telles aussi un peu les siennes en particulier. Ce que je sais bien, c'est que la renommée finale des poëtes actuels, leur classement définitif dépendra beaucoup de ce qui viendra après. Et ils ont intérêt, chose singulière ! à ce qu'il vienne quelque chose de plus grand, de meilleur qu'eux. Un bel âge littéraire complet, ou du moins une vraie gloire de poëte de premier ordre, serait un bonheur et un coup de fortune pour tous ceux de valeur qui l'auraient précédé. Qu'il vienne donc, qu'il soit né déjà, celui de qui dépendent nos prochaines destinées ! L'originalité, à mon sens, serait qu'il fût épique ou dramatique, c'est-à-dire qu'il portât la main là où on a manqué, là où les grandes moissons se conquièrent.

Paris, Brockhaus, rue Richelieu, 60). — M. Ackermann a publié en 1839 l'*Illustration* de du Bellay, avec une préface où il commençait l'exposé de ses vues littéraires; il les a reprises et poussées depuis dans la préface d'un volume intitulé *Chants d'Amour* (Crozet, 1841). Les objections qu'on peut faire à l'auteur, à chaque pas, sont de toutes sortes et des plus considérables; mais il est instruit, il est ingénieux, il fait penser. Et puis, rien n'est singulier pour l'école moderne comme de se voir dans ce miroir-là, qui est déjà, à certains égards, celui du philologue et du scholiaste opérant sur une langue morte. Cela donne à réfléchir.

A lui ensuite de régler les rangs! S'il est équitable en même temps que vrai génie, s'il est généreux, il dira à qui il doit le plus, et ce qui lui en semble parmi ceux qui lui auront frayé la route, qui lui auront préparé la langue poétique continue; et sa parole fera foi.

Nous voilà bien loin de notre point de départ et des *Glanures* qui nous ont mis en train. Si ce volume avait paru il y a dix ans, il n'y aurait pas de doute sur le rang qui lui devrait être assigné. Aujourd'hui, bien que venu tard et dans une littérature encombrée de pastiches et de contrefaçons spécieuses, il s'en distingue d'abord et se rattache à la franche veine d'inspirations ; sa vraie date reparaît. Suivant une expression de mademoiselle Bertin, elle aussi, elle est arrivée à la onzième heure de poésie; j'espère que de même elle aura sa part (et elle la mérite) à côté de plus d'un qui a devancé.

15 janvier 1842.

M. NISARD.

1836.

La critique est de plus en plus difficile et presque nulle : c'est ce que disent bien des personnes, et celle particulièrement dont nous avons à nous occuper. La principale cause de cette décadence me paraît être que la critique ne s'adresse pas à un public qui ait déjà plus ou moins son avis, qui fasse réellement attention et accorde intérêt au détail du jugement, et qui le contrôle : rien de cela. Le nombre des hommes qui se croient *centre*, et qui se portent pour chefs d'un mouvement, augmente chaque jour. Autour de chacun se meut une petite sphère, un tourbillon. Ceux qui nous servent dans nos prétentions et qui rentrent dans nos systèmes sont tout ; ceux qui les contrarient ne sont que peu ou rien, ou moins que rien, selon le plus ou moins de superbe du prétendant. Quant aux indifférents, aux neutres, peu importe ! Qu'on les loue, qu'on les préconise, pourvu qu'on n'empiète pas trop sur notre empire et qu'on ne fasse pas trop écho dans notre bruit. Voilà la république des lettres telle qu'elle est. Ce public, à la fois désintéressé et portant intérêt, ce public d'audience qui écoutait, discutait et contrôlait, qui savait d'avance toutes les pièces du moindre procès, où est-il? Il est comme les justes dans Israël, çà et là. De la sorte, la critique, se sentant comme en pure perte, sans appui au dehors et sans limite, s'est évanouie. On sert ses amis, ses admirations littéraires, à l'occasion, par une pointe, comme en tactique bien entendue. Mais les tempéraments, les nuances, la discrétion et la restriction dans les louanges ont disparu. Tout ou rien. Et devant un homme qu'on estime, à qui on trouve du mérite, un fonds solide et spirituel, de l'avenir, mais des défauts, mais des idées qui font lieu-commun parfois, mais un ton qui vous a choqué souvent, s'il le faut juger, on ne sait d'abord comment dire, comment lui concéder sa part sans adhérer, fixer ses propres restrictions sans lui faire injure.

C'est un peu notre position à l'égard de M. Nisard, l'un de nos amis, et, s'il nous permet de le dire, notre rival en plus d'une rencontre, qui nous a témoigné souvent dans ses écrits une faveur de louange (ou de clémence après l'attaque) que nous ne lui avons pas assez rendue, que nous craignons de ne pas assez lui rendre aujourd'hui encore. Mais lui, critique de conscience, voudra bien prendre comme un hommage même plusieurs de nos réserves indispensables et de nos explications adverses. Que s'il nous trouve un peu osé de venir rattacher si familièrement ses vues à sa personne et à ses motifs, il se rappellera que nous sommes plutôt pour la littérature *réelle* et particulière que pour la littérature monumentale. Nous ne pouvons nous séparer de notre manière, de nos armes, pour ainsi dire. La critique d'un écrivain sous notre plume court toujours risque de devenir une légère dissection anatomique, et, à l'égard des vivants de notre connaissance, quand ce n'est pas avec un extrême plaisir que nous abordons le portrait, c'est certainement à regret que nous nous y mettons.

M. Nisard a inséré dans le *Dictionnaire de la Conversation*, et a fait tirer à part un *Précis sur l'Histoire de la Littérature française*, qui forme un petit ouvrage. Notre littérature des trois derniers siècles y est tout entière traitée, plusieurs même des grands noms assez en détail. Le point de vue essentiel se rattache à la position que l'auteur a prise depuis plusieurs années, et à un rôle littéraire qui doit avoir de l'avenir en lui, nous le croyons.

M. Nisard, ancien élève et très-fort élève de la Sainte-Barbe-Nicole, et rédacteur encore secondaire aux *Débats*, se montrait fort attentif, vers 1829, au mouvement littéraire et poétique qui s'émancipait de plus belle alors. Beaucoup de ses opinions d'aujourd'hui ont leur origine et leur racine en ce temps : seulement il s'est attaché à contredire depuis et à combattre sous toutes les formes ce qu'il avait à son début trop entendu affirmer. Il n'était pas de ces talents qui doivent réussir, dans leur première poussée, par des essais de création et d'art : il n'a rien fait en *art* (que je connaisse), hormis plus tard une toute petite nouvelle (*la Laitière d'Auteuil*), qu'il a donnée comme échantillon d'histoire simple, et qui est la faiblesse même (1). Mais il arriva assez vite par la réflexion à la seconde phase de l'esprit, à la critique, son vrai talent. Quelle place était alors à prendre dans la critique? La révolution de Juillet, en rompant brusquement le concert poétique, montrait bien ce qu'il ne fallait plus faire, mais non pas ce qu'il fallait. Evidemment, il n'y avait pas à songer, après 1830, à devenir ou à continuer d'être le critique du romantisme poétique. M. Nisard tâtonna quelque temps. Il s'approcha des hommes politiques, de M. Bignon, je crois, dont la phrase d'ailleurs, pleine et nombreuse et vraiment académique, semblait de si bon style à feu Louis XVIII. L'esprit de M. Saint-Marc Girardin et son style beaucoup plus leste préoccupaient aussi vivement M. Nisard (2); il s'en sentait tour à tour attiré ou repoussé, selon qu'il voyait son collaborateur des *Débats*, tantôt comme maître en talent, tantôt comme rival. Mais bientôt l'esprit de Carrel le tenta. Et ce n'était pas l'esprit politique, la passion agressive de Carrel qui l'attirait, c'était l'excellence de l'écrivain, le bon sens qui persistait si juste et si sain au fond de l'humeur belliqueuse et à travers cette noble bile (*splendida,*

---

(1) On raconte que tout alla très-bien pour l'abbé d'Aubignac, ce grand critique *constituant*, ce législateur prépondérant du théâtre, jusqu'à ce qu'il eût composé sa *Zénobie* en prose sur les règles qu'il avait prescrites aux auteurs. Mais cette *Zénobie* donna sa mesure comme poëte, et ce fut un échec au critique.

(2) Un poëte de Lausanne, énumérant nos auteurs, s'est échappé à dire dans une Épître familière :

Monsieur Saint-Marc au style dégagé,
Monsieur Nisard au style rengorgé.

mascula bilis) : en fait de bon sens, celui de M. Nisard prenait vite parti et s'enflait toujours. M. Nisard d'ailleurs n'avait pas de tradition politique directe et fixe, point de passion léguée. Élève de la Sainte-Barbe-Nicole, il n'avait pas été nourri à haïr la Restauration. Après Juillet, il n'avait pas aussitôt haï l'usage qu'on avait fait de cette victoire. Il mêlait dans une admiration, dans une apothéose qui peut paraître même aujourd'hui singulière par l'assemblage, M. Saint-Marc et M. Bertin, et celui-là que, pour ne point irriter ses mânes (qui sait? peut-être encore irritables), je ne nommerai pas tout après eux (1). Mais M. Nisard, dans

(1) Comme je tiens à ne point paraître vouloir flatter même un mort, ni vouloir encore moins blesser, sans raison, des vivants, j'expliquerai toute ma pensée : je n'ai prétendu ici que relever chez M. Nisard une incohérence par trop glorieuse, qui tendait à cumuler, en quelque sorte, les avantages des admirations les plus disparates et les plus affichées, une manière peu discrète de louer qui manquait de convenance envers tous ceux qu'elle associait si bruyamment, mais qui, dans le cas cité, en manquait surtout envers le plus pointilleux et le seul exclusif des trois. M. Nisard, au reste, s'est enfoncé de plus en plus fort dans la même illusion de goût, lorsque, plus tard, il n'a écrit si au long et parlé si haut sur Carrel que pour faire aboutir immédiatement l'éloge à M. le duc d'Orléans. Certes, M. le duc d'Orléans en son lieu, avec tout ce qu'on en voudra écrire ou penser de plus flatteur; M. Saint-Marc Girardin dans sa ligne aussi, avec ses charmants mérites d'esprit sceptique et dégagé; M. Bertin l'aîné, sous ses arbres des *Roches,* où tous ceux qui l'ont approché ont pu apprécier dans son dire un si grand sens des choses de la vie; mais pour Dieu ! n'enflez pas tant votre voix pour mêler tous ces hommes et Carrel ensemble au même moment, pour saluer l'un comme prince, pour parler de l'autre comme d'un père, et proclamer celui-là devant tous comme *votre seconde conscience;* pour Dieu ! graduez et choisissez. — M. Nisard, dans une lettre adressée à la *Revue des Deux Mondes* (15 novembre

ces milieux divers, se disait honnête et il l'était ; mais il avait un sens qui le détournait des fausses espérances et des excessifs désespoirs; mais, par ses goûts classiques mêmes, par son habitude raisonnée de prosateur, par un certain ballottage équitable qui neutralise les écarts, il se tenait, dans ses variations, à des idées moyennes d'expérience et de portée actuelle, que

---

1836), a pris le soin de relever quelques-unes de nos assertions : nous nous sommes d'autant plus aisément abstenu d'y répondre alors, qu'il nous a été impossible d'y voir, de sa part, autre chose qu'une démonstration développée de nos paroles. Cette démonstration, M. Nisard nous semble l'avoir continuée à certains égards dans cet article sur Carrel où de fort bonnes pages et des vues justes sur l'homme sont compromises par une singulière préoccupation de le tirer à soi, et par une dilatation extrême des parties du biographe les moins correspondantes à son modèle. Cet article a soulevé des récriminations diverses et animées : peut-être, en effet, pour qu'on pût en écrire alors, la mémoire de Carrel était trop incandescente; le biographe a eu beau y employer beaucoup de phrases et mêler beaucoup d'eau dans son encre, il n'a pas réussi. Grâce à lui, ce caractère si profond, si creusé, si énergique, si généreux au travers de ses arrière-pensées, et dans ses complications mêmes si précis, est devenu un peu plus qu'auparavant un problème pour ceux qui ne l'ont pas connu; il est devenu matière à récrimination, et, qui pis est, à amplification. Au moment où l'on faisait profession de l'avoir tant connu, c'était surtout le bien méconnaître que de l'aborder par ce côté de phrase sonore qui lui était certes le plus antipathique : car l'épigraphe de l'article, en somme, et malgré ses bonnes parties, ne me semble pas autre que ce vers de Juvénal sur Annibal :

> Ut pueris placeas et declamatio fias!

Qu'au moins un jour arrive où l'œuvre de Carrel recueillie vienne rendre sur lui et sur sa vraie forme de pensée, pour qui la voudra étudier de près, un durable et authentique témoignage ! (Note de 1839.)

l'expression seule grossissait un peu; il n'était du reste nullement fermé à plusieurs des discussions nouvelles qui s'agitaient, et il en retirait, après coup, matière à digression littéraire, sans s'éprendre du fond : autant de garanties contre l'erreur et pour la marche de ce genre de talent. Il a été, en effet, en progrès constant et rapide depuis ce temps-là.

Politiquement, il n'avait pas à se faire jour; c'était par la littérature, objet de sa vocation très-prononcée, qu'il devait se poser avec importance. En même temps qu'il écrivait des articles au *National,* M. Nisard se préparait au rôle qu'il occupe, en terminant son ouvrage sur les poëtes latins, dont autrefois les premiers portraits avaient paru dans la *Revue de Paris.* Mais, à mesure qu'il avançait, l'esprit qui domine dans ce livre augmentait aussi d'influence, et y donnait une couleur qui n'a pas été assez remarquée des critiques : n'y voyant que la lettre, ou faisant semblant, ils l'ont traité comme un pur ouvrage de littérature ancienne. Or, ce livre sur les poëtes latins de la décadence n'est en effet, dans son but principal, j'ose le dire, qu'un manifeste raisonné, assez érudit d'apparence, mais plein d'allusions, qui vont, je le crois bien, jusqu'à compromettre en plus d'un endroit la réalité historique et l'exactitude biographique, un manifeste contre la poésie moderne dite de 1828, et ses prétentions, et même ses principaux personnages.

M. Nisard, que l'absence de passion enthousiaste et d'initiative, soit en politique, soit en art, avait tenu un peu en dehors et au second rang, dans ce premier âge où il est si difficile de ne pas faire de *fausse pointe*, en avait pourtant fait une petite fausse, à ce qu'il lui semblait, en louant d'abord, plus que sa raison modifiée ne l'admettait, certaines œuvres ou de M. Hugo ou de cette école. C'était donc une revanche qu'il prenait dans cette position nouvelle. Le rôle de critique officiel de l'école romantique n'était plus à tenir, nous l'avons dit, l'école, à proprement parler, se trouvant dissoute ; et M. Nisard, d'ailleurs, ne se sentait pas homme à accepter et à subir ainsi une influence prolongée. Le rôle de feuilletoniste spirituel, facile, capricieux, malicieux, folâtre, était pris, et M. Nisard n'y aurait pas aspiré, par ambition grave, quand la nature de son esprit lui eût permis le badinage. Restaient des rôles de critiques consciencieux, sérieux, mais un peu singuliers, *exceptionnels,* comme de loin il les appelle, ou plus adonnés à l'étude des influences étrangères, des origines, ou recherchant les cas rares plutôt que la route générale et frayée. L'ambition toujours, et à la fois le sens plus direct et plus commun d'application de M. Nisard, ne s'y portait guère. Il n'avait donc plus, hors cela, qu'à tâcher d'être le critique sensé, général, de cette tradition qu'on avait tant attaquée, et à laquelle on n'avait rien substitué ; il avait à faire réaction, enfin, pour la littérature française contre les littératures étrangères, pour les grands siècles et les gloires établies contre les usurpations récentes, pour la prose non poétique contre les vers et la *forme* vivement exaltés. Nous ne prêtons pas ici à M. Nisard une pensée gratuite ; ç'a été son dessein délibéré, nous le croyons ;

il l'a embrassé dans son étendue, il le poursuit, non pas seulement par accès d'humeur judicieuse, comme le très-bon écrivain M. Peisse, comme Carrel l'a tenté lui-même dans de trop rares morceaux de littérature au *National;* mais il le poursuit avec instance, sur les divers points, y revenant sans cesse à propos de tout : en un mot, c'est son rôle.

Qu'il y ait lieu maintenant et en tout temps à un tel rôle, nul doute. La tradition et l'innovation sont les deux pieds de l'humanité. L'humanité peut s'appeler, en quelque sorte, une boiteuse intrépide. Le pied boiteux est le plus sûr, c'est la tradition. Avant que l'innovation, cet autre pied aventureux, réussisse à enlever de terre le pied lent et solide, il lui faut piaffer longtemps en vain. On ferait, des prétentions et querelles de ces deux pieds inégaux, un apologue qui vaudrait celui des *Membres et de l'Estomac.* La conclusion serait qu'il ne faut rien se retrancher, surtout quand on est déjà boiteux. La tradition en littérature mérite donc grandement qu'on la défende; mais, dans les termes où M. Nisard la maintient, dans l'extension impérieuse qu'il lui donne au préjudice de toute audace, je crois son idée en partie fausse, et, par conséquent, je n'en suis pas du tout. Ceci soit dit pour les personnes qui, parce qu'on modifie son opinion sincèrement sur quelques points, sont si prêtes, dans leur jeune ardeur, à faire de vous des gens qui abjurent et des *réactionnaires.* Tandis que ces personnes de talent brillant et d'imagination vive nous développent des vues générales et des *synthèses* sur le passé, comment veulent-elles qu'on ne doute pas un peu de la réalité de l'idée, quand on les sait se tromper si à bout portant dans les coalitions qu'elles s'imaginent voir éclore sous leurs propres yeux?

Quoi qu'il en soit, il y a tout un côté vrai et fondé dans le rôle de M. Nisard, et il était homme à en faire valoir les avantages. Les qualités qu'il possède en effet, instruction, dignité, conscience, honnêteté, il sait les mettre en dehors dans ses écrits, et ne les laisse pas à deviner. A l'appui de son livre sur les poëtes latins, qui n'a pas été assez lu dans le sens juste où il l'avait écrit, et comme démonstration accessoire, il a exprimé directement sa pensée sur toute une classe d'écrivains modernes par son manifeste contre ce qu'il a appelé *la littérature facile*. Dans sa polémique avec M. Janin, chacun d'eux a triomphé à sa manière; mais la position de M. Nisard en a été désormais bien dessinée; tous ses travaux, depuis, n'ont fait qu'y ajouter et la rendre plus respectable; il y est assis, il s'y appuie en toutes choses, il s'en prévaut; il le sait, et il le donne à connaître; et lui-même, en tête de je ne sais plus quel article écrit vers le temps de sa polémique, il a naïvement exprimé cette satisfaction intime qu'on éprouve, lorsque, après des tâtonnements, ayant enfin trouvé sa voie, on s'assied sur une borne un moment, et qu'on parcourt du regard, derrière et en avant, sa belle carrière, prêt à repartir.

Le livre sur la littérature latine est un bon livre. On y apprend beaucoup de détails piquants de mœurs, et à connaître en somme (pourvu qu'on le lise avec contradiction) toute cette poésie du second âge. Mais j'eusse mieux aimé un livre plus historique, plus suivi, plus astreint à son sujet, moins conjectural en inductions sur le caractère des poëtes, moins plein de préoccupations très-modernes. Le livre en eût été plus gravé, plus véritablement classique, plus vrai. Il a été au long apprécié par M. Daunou au *Journal des Savants*, et par M. Villemain dans la *Revue de Paris*. Au milieu des éloges fort précieux et fort mérités que ces deux critiques si compétents ont donnés à l'ouvrage de M. Nisard, ils n'ont pu s'empêcher de relever la sévérité extrême de l'auteur à l'égard des poëtes qu'il examine. C'est que M. Nisard, après être entré dans son sujet sans trop de parti-pris peut-être, et avec l'idée de peindre surtout les mœurs romaines par les poëtes, est vite arrivé à concevoir que ce cadre était tout naturellement ouvert à une protestation motivée contre le goût et les prétentions d'une école qu'il craignait d'avoir d'abord servie, et qu'il jugeait sage de répudier. On s'attache d'ordinaire à son sujet, on y prend goût, on y porte amour et indulgence : ici c'est le contraire. L'auteur devient plus sévère à mesure qu'il avance, et plus dégoûté dans son blâme. Je n'en fais pas un reproche à M. Nisard; mais je remarque ce genre d'inspiration, et j'en eusse mieux aimé une autre : la sienne annonce sans doute un esprit qui a plus de tenue, et qui est plus en garde contre l'engouement et la faiblesse. Les rapports qu'en son second volume, et à propos de Lucain, il établit entre les diverses poésies du second et du troisième âge des littératures, me semblent justes et constants. Oui, après la génération grandiose et un peu rude des Lucrèce, des Corneille, arrive d'ordinaire la génération épurée, accomplie, solide et fine, et suave, des Virgile, des Horace et des Racine. De là jusqu'à Ausone ou Delille, il y a bien des degrés que l'ensemble d'une poésie parcourt comme fatalement. Mais sous cette fatalité générale (et toute réserve faite des causes qui peuvent introduire plus d'une différence essentielle dans le parallèle entre les anciens et nous), il y a encore place pour les exceptions, pour les individus qui luttent, pour les hommes de talent qui cherchent à sauver l'œuvre de la dureté des temps et de la difficulté croissante. Venir reprocher outre mesure aux poëtes de la décadence ce qui tient à la date de leur venue, s'en prévaloir exorbitamment contre eux pour les déclarer chétifs et médiocres, non-seulement d'œuvres, mais aussi d'esprit et de talent (et M. Nisard l'a fait pour quelques-uns, pour Perse par exemple), c'est être inexorable comme le hasard et le succès, c'est vouloir même être plus sévère que la plus ingrate fortune, bien loin de profiter de tous les droits bienveillants d'une critique attentive et pénétrante. Il y a dans Stace, que M. Nisard traite fort mal, sans aucun adoucissement, et à propos de qui il fait une description spirituelle et chargée de la *Pléiade* romaine, satire directe de feu ce pauvre *Cénacle* d'ici, il y a, à la fin de *la Thébaïde*, un cri, un vœu à la fois modeste et touchant du poëte sur son livre, au moment où il l'achève :

Vive, precor ; nec tu divinam Æneïda tenta ;
Sed longe sequere, et vestigia semper adora !

Ce *Vive, precor !* adressé à son livre, ou plutôt au critique des âges futurs, m'aurait été au cœur (à la place de M. Nisard) en faveur d'un poëte que Dante n'a pas dédaigné d'admettre dans le groupe sacré. Dante, en lui conférant cet honneur, pensait assurément à ce vers si tendre, si pieux pour leur guide commun, Virgile. Sans me porter ici pour un défenseur de Stace comme l'était Malherbe, sans me donner du tout les airs d'avoir lu jusqu'au bout sa *Thébaïde*, il me semble que, dans les *Sylves*, plus d'une de ces pièces improvisées, non pas à la manière de Sgricci, mais comme le sont beaucoup de pièces de Hugo et de Lamartine, c'est-à-dire en deux matinées, méritait quelque distinction pour de charmants vers qui s'y trouvent. Qu'ai-je dit ? nous autres auteurs de *Sylves*, nous sommes trop de ce bois-là pour en parler (1).

(1) Cependant je veux ajouter quelques mots encore. On ne lit plus Stace, à moins d'être un érudit ; où en prendrait-on une idée sinon dans un livre qui en traite expressément ? L'objet naturel, le devoir d'un tel ouvrage ne serait-il pas d'indiquer dans l'auteur négligé ce qui est à lire par échantillon, ce qui mérite d'en survivre, et ce qu'on en peut sauver d'agréable après des siècles ? M. Nisard se garde bien de le faire : il prétend absolument dégoûter les autres du mets qu'il a touché. Des esprits délicats et solides ont été moins dédaigneux. L'abbé du Guet, je me le rappelle, dans une lettre sur les études classiques, ne craint pas de recommander Stace pour quelques pièces charmantes des *Sylves*. Dans cette *Thébaïde* même si peu attrayante, au livre X, j'aimerais, par exemple, à détacher l'épisode de Dymas et Hopleus, ces deux jeunes amis pieux, surpris et succombant lorsqu'ils vont rendre

M. Nisard, qui se pique en général de suivre les lois de Malherbe et de Boileau, s'est mis, après force pré-

de nuit sur le champ de bataille les devoirs funèbres au corps de leur roi, et auxquels le poëte promet quelque chose de l'immortalité d'Euryale et de Nisus :

> Vos quoque sacrati, quamvis mea carmina surgant
> Inferiore lyra, memores superabitis annos.
> Forsitan et comites non aspernabitur umbras
> Euryalus, Phrygiique admittet gloria Nisi.

Toujours, on le voit, chez Stace l'imitation, la réminiscence modeste et passionnée de Virgile. Dante l'a bien senti, lorsqu'il le place, non pas dans le groupe des poëtes païens au chant IV de l'*Enfer*, mais à titre de chrétien (ce qu'il suppose), dans deux chants à part du *Purgatoire* (XXI et XXII), plus seul alors en face de Virgile, nommant Virgile avec amour, sans savoir que c'est à lui qu'il parle, souhaitant de l'avoir vu au prix même d'une journée de plus dans les limbes, tombant à ses pieds dès qu'il l'entend nommer, et oubliant, dans cet élan d'embrassement, qu'il n'est qu'une ombre devant une ombre! Voilà l'étincelle qu'il eût fallu promener sur son œuvre pour ranimer un peu toute cette poésie mythologique dont on est assez naturellement rebuté sans avoir tant besoin d'être averti. Dans ces *Sylves* trop prolongées de détail, infiniment trop curieuses, sans doute, de descriptions matérielles, il y a des traits d'amitié sensible et d'amour des lettres qui méritaient de racheter bien des fautes. En même temps qu'il célèbre les maisons de campagne de ses amis, il parle de leurs mœurs, de leurs goûts, de leur âme. Cette rivière, ailleurs rapide, mais qui se ralentit et coule si doucement à travers le Tibur de Manlius Vopiscus, semble craindre de troubler des jours et des nuits où les songes mêmes sont aux Muses :

> Pieriosque dies et amantes carmina somnos.

Cette villa de Sorrente, où vivent deux heureux, a des étangs paisibles où se mire leur bonheur :

> . . . . nulloque tumultu
> Stagna modesta jacent, dominique imitantia mores.

cautions ingénieuses, en contradiction avec ce dernier à propos de Perse ; et j'avoue que, de tous les jugements de son livre instructif, celui qu'il porte sur ce satirique latin m'a le plus étonné, et, pour parler franc, m'a tout à fait révolté par l'injustice criante et la latitude de la conjecture. En lisant et relisant cet article,

Je ne vois rien à redire à l'agréable fiction intitulée l'*Arbre d'Atedius Melior*, à ce badinage ingénieux pour lequel le poëte n'invoque pas Apollon, mais seulement les Faunes et les Naïades faciles. Le petit envoi qui termine, et qui nous apprend que la pièce a été composée pour le jour de naissance de son ami, nous rend de véritables accents de cœur :

> Hæc tibi, parva quidem, genitali luce paramus
> Dona, sed ingenti forsan victura sub ævo,
> Tu cujus placido posuere in pectore sedem
> Blandus honos, hilarisque (tamen cum pondere) virtus :
> Cui nec pigra quies, nec iniqua potentia, nec spes
> Improba, sed medius per honesta et dulcia limes :
> Incorrupte fidem, nullosque experte tumultus,
> Et secrete palam : qui digeris ordine vitam ;
> Idem auri facilis contemptor, et optimus idem
> Comere divitias, opibusque immitter e lucem...

Si Stace a eu tant de vogue en son temps, si l'on a trouvé à sa voix de la douceur, c'est aussi, apparemment, pour quelques-unes de ces notes aimables : il y avait lieu de le dire. Mais que serait devenue la caricature ? Quoiqu'il doive sembler bien téméraire à présent, et d'après tout ce qu'on a entendu gronder, de passer, à bord du *Stace*, avec des vers français à pleines voiles sous le canon même de M. Nisard, je me hasarderai à donner, en la traduisant, une pièce entière des *Sylves*, que j'ai choisie comme étant la plus courte et peut-être la plus simple :

AU SOMMEIL.

> Par quel crime, si jeune, ô des Dieux le plus doux,
> Par quel sort, ai-je pu perdre tes dons jaloux ?
> O Sommeil ! tu me fuis... etc., etc.
> (Voir la pièce tout entière dans mes *Poésies complètes*.)

je le conçois si peu en lui-même, que je cherche de tous côtés autour de nous quel pauvre diable de poëte de vingt-huit ans est mort et a mérité, par sa précocité de production et à la fois par sa maigreur d'esprit, toutes les sentences écrasantes qu'endosse, en son lieu et place, le malheureux Perse. S'emparant d'une imitation que Boileau a faite d'un passage de Perse : *Mane piger stertis....* Debout! dit l'Avarice, il est temps de marcher, M. Nisard donne tout l'avantage à Boileau, et parce que Perse oppose à l'Avarice qui pousse le marchand en Asie, *Luxuria,* la Volupté, ou plutôt ici l'amour du luxe et des aises et du bien-être, le critique chicane Perse sur cette Volupté qui empêche le marchand de partir : « Est-ce bien *le plaisir*, dit-il, qui
« fait hésiter le marchand anglais qui va s'embarquer
« pour Canton?... La Volupté de Perse est vulgaire ; elle
« débite deux ou trois maximes épicuriennes qui traî-
« nent dans les rues, depuis à peu près mille ans avant
« Perse. » Or ces banalités de Perse, ce sont ces beaux vers :

> Indulge genio, carpamus dulcia, nostrum est
> Quod vivis : cinis, et manes, et fabula fies.
> Vive memor lethi ; fugit hora ; hoc quod loquor inde est!
>
> . . . .
> Le moment où je parle est déjà loin de moi !

ce que lui-même, en d'autres occasions, appellerait des vérités éternelles que l'expression rajeunit.

A tout moment, à propos de Perse et des autres,

M. Nisard use de cette méthode d'un avocat qui amoindrit et altère insensiblement les raisons de l'adversaire pour enfler les siennes. Un de mes amis, fort bon latiniste, a marqué, sur un exemplaire que j'ai sous les yeux, quelques contre-sens réels que M. Nisard s'est efforcé de faire, en traduisant Perse, afin d'aggraver les torts de goût du poëte. Il le compare à Horace sur quelques passages, et est décidé d'avance à le mettre au-dessous ; résultat, certes, assez juste ; mais encore faudrait-il bien prendre ses points.

Horace dit :

. . . . . . Si vis me flere, dolendum est
Primum ipsi tibi. . . . .

Perse dit :

Plorabit qui me volet incurvasse querela.

« Il faut, traduit M. Nisard, que celui-là pleure, *qui* « *veut me courber sous le poids de la tristesse,* » et il ajoute : *Quel fatras !* » Mais il paraît bien, d'après mon ami, que le sens véritable est : « Il faut que celui-là pleure, *qui* « *veut me fléchir par sa plainte ;* » ce qui est beaucoup moins ridicule.

Horace a dit :

. . . . . . Totus teres atque rotundus
Externi ne quid valeat per læve morari.

Perse dit :

. . . . Ut per læve severos
Effundat junctura ungues. . . . . .

M. Nisard traduit : « (Vos vers sont si coulants et si « harmonieux) que sur leur surface polie les soudures « rejettent le doigt le plus sévère; » et il ajoute : « *Effundat ungues.....* Quelle expression lourde et fatiguée ! » et il redouble et triomphe dans sa supposition : « Que dirait-on de plus pour un abîme *qui revomit sa proie?* pour un volcan *qui rejette la lave de ses entrailles,* etc., etc.? » Or, si *effundere* ne veut pas dire ici *rejeter, revomir,* mais seulement *laisser courir,* que signifie toute cette indignation? Il y a un vers charmant du vieux dramaturge Hardy, le seul bon, je crois, qu'il ait fait ; je demande pardon (en matière aussi classique) de ce qu'il y a d'un peu léger dans la citation :

Couler une main libre autour d'un sein neigeux...

Voilà le vers. Retournez la phrase : au lieu de *la main qui coule,* vous avez le *sein neigeux et poli qui la laisse couler* ; et c'est juste *effundere.* Il n'y a pas là de vomissement.

Mon ami, qui est sagace et quinteux, et plus porté à saisir le mal que le bien, a couvert les marges de son exemplaire de petites notes pareilles sur les faux sens, les traductions infidèles et onéreuses au pauvre auteur traduit : Un silence *âcre* (*silentium acre*), un royaume *bien portant* (*regnum salubre*), etc., etc. ; méthode d'avocat pour faire rire aux dépens de la partie adverse. Au nombre des torts de langue imputés à Lucain, M. Nisard l'accuse de donner des sens indéterminés et divers à certains mots qui, dans la latinité classique, sont, au contraire, dit-il, *parfaitement déterminés et précis*; et il allègue le mot *fides* qui, bien loin de là, comme me l'assure mon ami, et comme mon propre instinct de simple amateur me le confirme, a naturellement tous ces sens divers, et est un de ces mots de magnifique latitude chez les meilleurs écrivains, comme *laus*, comme *honos*. La philologie de M. Nisard, juste en résultat général, a ainsi beaucoup d'arbitraire et de parole vaine dans le détail. J'y trouve, sous le rajeunissement d'une forme plus piquante, trop de cette tradition factice de M. Nicolas-Éloy Lemaire, tant vanté, s'il m'en souvient, par M. Nisard. Il blâme à tout moment dans Lucain ce qu'il trouverait moyen d'admirer comme des audaces dans Virgile. Pour revenir à Perse, le critique, après l'avoir accusé d'avoir trop tôt produit, et avoir pris de là occasion de s'emporter contre les gens sans génie qui écrivent trop jeunes ; après l'avoir de plus accusé (par une singulière contradiction) d'avoir peu produit et de manquer de qualité abondante et fécondante, déclare qu'*il ne se serait jamais élevé bien haut*, et qu'*il était né sans génie*. Il voit en lui le *type* de ce qu'on appelle l'*homme de talent*, ce qui veut dire l'homme de peu de talent, qui a la prétention d'en avoir ; et là-dessus il fait sur ce caractère de l'*homme de talent* quatre à cinq longues pages spirituelles, mais d'une déclamation comme j'en chercherais vainement dans Sénèque le père ; un morceau à effet, à allusions, tout en hors-d'œuvre, un *développement*, comme on dit dans l'école. Oh ! si Perse avait vécu, s'il avait songé à critiquer les auteurs plutôt qu'à être stoïcien, comme il aurait noté, dans sa vengeance, d'un vers un peu obscur mais pressant, le critique de sa connaissance, Papirius Enisus, qui, après avoir quelque temps écouté, chez Labéon ou autre, les lectures de vers d'après Accius et Pacuvius, et s'être efforcé tant bien que mal de les célébrer, s'aperçoit un matin que toutes les places sont prises, qu'il n'aura jamais de ce côté celle qui lui est due, que cette Rome turbulente et volage veut tout à l'heure autre chose, que surtout les rhéteurs de cour, les arbitres du goût officiel, ne favorisent pas ce genre-là, et qui...? mais j'oublie que Perse n'a pas écrit sa satire ou qu'elle s'est perdue.

En ce livre des *Poëtes latins* comme en ses autres écrits, M. Nisard n'évite donc pas plus d'un défaut de l'école, tout en s'élevant contre les écoles. Il parle au nom du sens et du goût avec instruction, esprit et talent, mais avec une certaine emphase; avec conviction, mais avec la conviction d'un avocat qui plaide sans doute sa cause parce qu'il la croit juste, mais qui la plaide sur un plus haut ton parce qu'elle est sa cause. Tous les défauts de goût ne consistent pas (tant s'en faut!) dans telle ou telle expression plus ou moins métaphysique ou métaphorique : ce qui me choque presque toujours en le lisant, c'est un ton de supériorité dans l'allure, qui perce au moment même des plus extrêmes modesties ; c'est cette outrecuidance de plume, comme me le disait un de mes amis et même des admirateurs de M. Nisard, à laquelle n'échappent guère ceux qui ont fait quelque temps le *premier Paris* (1) dans les *Débats*. Il s'est si bien créé l'avocat des grands siècles et si fermement posé *sur le terrain de la tradition*, qu'il vous convie à lui et à ses clients illustres d'un seul et même appel. Si vos opinions lui semblent se rapprocher des siennes, il vous en félicite ; si vous avez parlé avec chaleur du bon goût, il vous en remercie. De grandes et réelles qualités sont compatibles avec ce défaut qui n'est pas si nuisible au succès, quand il est surtout appuyé du fond. On a dit de quelqu'un : Il a toutes les vertus qu'il affecte. M. Nisard, après tout, ne met en dehors et sur sa devanture que beaucoup des qualités qu'il a. Une des choses qu'on apprend le mieux en profitant de l'expérience, c'est le mélange en tout, le faux et le vrai, le bon et le mauvais, se rencontrant, se contredisant, et pourtant... *étant*, comme dirait La Fontaine : dans un individu, un défaut radical n'empêchant pas de grandes qualités et de vrais talents en lui, à côté, au sein de ce défaut, et ces grands talents ou ce génie n'empêchant pas le défaut de revenir les gâter et y faire tache : c'est là l'homme et la vie. Pour nous en

---

(1) Nous dirons, pour ceux qui l'ignorent, que ce qu'on appelle le *premier Paris* dans les journaux politiques est l'article du commencement non signé, et dans lequel, quand le journal est au pouvoir, l'écrivain anonyme parle tout naturellement au nom de la pensée d'État. — Ce ne serait que justice d'ajouter, pourtant, que, parmi ceux qui ont écrit ou qui écrivent le *premier Paris* aux *Débats*, une exception est à faire, depuis déjà longtemps, pour un publiciste modeste des plus consommés et des plus sensés dans sa cause : n'est-ce pas nommer M. de Sacy ?

tenir à M. Nisard, il a de plus en plus, en effet, accru ses qualités sérieuses, ses connaissances diverses; il prend intérêt à toutes sortes de choses, peinture, machines, histoire, etc., et y porte une expression abondante, redondante quelquefois, mais facile, claire, sensée, une foule d'observations morales qui plaisent à beaucoup d'esprits modérés et distingués, qui enchantent beaucoup d'esprits solides, qui ne satisfont peut-être pas toujours au même degré quelques délicats, subtils et dédaigneux. Mais il passe outre et s'en inquiète peu, à bon droit. Un académicien lui a trouvé du nerf; les savants lui trouvent de la grâce. Grâce à part, au milieu de toute son apparence et de sa réalité de sens et de raison, il a bien, il est vrai, du convenu, des opinions qui ne sont pas nées en lui dans leur originalité; il a, dans ses développements, des habitudes littéraires qui font que la phrase domine un peu et amplifie et achève parfois l'idée. Lui qui s'élève contre le vernis poétique, il en a plus d'une fausse veine colorée dans ses descriptions. Chez lui, non plus, tout n'est pas fleur de froment dans sa mouture. Dans le milieu de son style, il y a de ces phrases, de ces paragraphes entiers qui me font l'effet des compagnies du centre au complet, défilant dans une revue, bonnes troupes, si l'on veut, mais peu distinctes, un peu lourdes, et qui passent assez longtemps devant vous sans qu'il y manque et sans qu'on y remarque un seul homme. Mais tout cela, plus loin, se rachète par des traits d'esprit vifs, des souvenirs bien placés, quelque prise à partie intéressante, beaucoup d'acquis bien mis en œuvre. Les ennemis de M. Nisard lui refusent la facilité de travail ; il en a au contraire une extrême, j'imagine ; et, si quelque reproche était à lui faire sur son plus ou moins de facilité, ce serait plutôt de jouir d'une plume trop abondante. Comme critique *praticien*, il vaut moins que quand il raisonne sur le passé, et il est loin d'avoir le premier diagnostic sûr. S'il lui est arrivé plus d'une fois de déprécier des livres d'un mérite fin, il en a souvent préconisé d'insignifiants. On ferait une vraie académie de province des auteurs médiocres qu'il a loués en faveur de leurs qualités négatives et de leur abstinence de métaphores. Même quand il loue en lieu excellent et de bon cœur, il ne sait pas toujours les mesures : en dissertant tout au long de la santé chétive, des afflictions corporelles ou de la pauvreté des auteurs qu'il admire, il a, en trois ou quatre rencontres, manqué notablement de tact, ce qui est une manière encore de n'avoir pas assez de goût. Tel qu'il est, avec la position importante qu'il occupe et la noble ambition dont il s'y pousse, il est en voie de se faire une grande existence de critique, que subiront sans doute et appuieront, comme il arrive d'ordinaire, beaucoup de ceux qui auraient été d'abord tentés de la dédaigner.

En expliquant comment, selon nous, M. Nisard est venu aux idées et au système qu'il professe, nous croyons avoir mieux fait que de discuter ce système. Ce qu'il y a de personnel à la position du critique, dans ses doctrines, nous en indique les côtés plus infirmes. Il n'y a pas d'*originalité* réelle, selon nous, dans son système; mais il y a le contre-pied des positions prises par d'autres, contre-pied soutenu avec fermeté, suite et habileté.

Le *Précis de l'Histoire de la Littérature française*, son meilleur écrit avec *Érasme*, est un très-bon travail et très-distingué d'exécution, plus modéré, plus conciliant, plus historique et moins contestable dans son milieu que d'autres exposés de doctrine précédents. C'est là l'effet naturel d'une situation mieux établie. La réaction s'apaise et en partie désarme. Il n'y a plus qu'un certain dédain demi-clément, à la rencontre, pour les exceptionnels et les chercheurs d'origines. Ainsi, dès l'abord, M. Nisard se sépare de ceux qui tentent, avec une érudition originale, de voir, au début, et dans sa génération exacte et suivie, la littérature française. Il a raison dans l'objet qu'il se propose, qui est de ranimer le sentiment littéraire en ne s'occupant que des principaux monuments. Aussi ne faut-il pas lui demander du neuf ou même du juste avant les trois derniers siècles. Ce qui précède est fort léger, et son article du *Roman de la Rose* sera à refaire, quand ceux qui s'occupent, dit-il, des cycles carlovingiens auront passé par là. La prose lui apparaît d'abord considérable et déjà formée dans Froissart, dans Comines, et cette prédilection pour la prose, qui est chez M. Nisard une partie de son système *français,* et une partie très-justifiable, cette prédilection qu'il couronnera plus tard avec solennité dans la personne de Buffon, se marque nettement au premier pas. Villon trouve grâce aussi devant sa plume; il lui fait une grande part; il en revient aux vers de Boileau et les commente ; il compare et préfère Villon à Charles d'Orléans que M. Villemain avait relevé; il donne là-dessus des raisons de *France, pays de démocratie,* de *Poésie, fille du peuple,* qui me semblent toujours un peu vaines et acquises, dans la bouche de M. Nisard; il rappelle le mot de Chaulieu à Voltaire *successeur de Villon,* qui vaut mieux et prouve plus, dans sa légèreté. Tout ce morceau sur Villon est spirituel et juste, quoique un peu d'apparat, et sauf l'importance de novateur donnée à Villon. Si Villon est un premier aïeul connu des Marot, La Fontaine, Voltaire, Béranger, etc., il est le dernier lui-même, à d'autres égards, d'une race très-ancienne en France; il n'a fait que ce que mille autres auteurs de fabliaux ou de ballades avaient fait avant lui. Le seizième siècle, qui ne savait pas très-bien son moyen âge, a pris en poésie la queue de l'arrière-garde et l'escarmouche finale pour le gros de la bataille : nous avons tous longtemps vécu là-dessus. M. Ampère, nous y comptons, rétablira cela un jour. Quant à l'importance donnée aux deux vers de Boileau, qui ne savait pas et avait peu de souci de savoir ces choses plus que gauloises, c'est une pure superstition que M. Nisard ne feint d'avoir sans doute que pour rajeunir un point de son sujet qui n'est plus nouveau. Les opinions de M. Nisard sur le seizième siècle, poésie et prose, ne diffèrent pas autant des nôtres qu'il paraît le croire, et que le premier aspect de ses jugements semble le signifier. M. Nisard, qui veut bien nous mentionner sur Ronsard, et qui nous prête à ce sujet plus de prétention admirative que n'en contiennent nos conclusions, déclare que les réhabilitations sont choses chimériques, et que *c'est surtout dans l'histoire des littératures que les morts ne reviennent pas.* Mais d'abord je lui ferai remarquer que c'est déjà une grande réhabilitation obtenue, que cette part d'importance faite par lui-même au poëte jadis étranglé dans six vers de Boileau. Quant à l'axiome sur les réhabilitations, j'avoue ne pas en saisir le sens, et n'y voir qu'une phrase. Pourquoi, dans les littératures surtout, n'y aurait-il pas des livres, des hommes, un moment glorieux et surfaits, ensuite dépréciés outre mesure et rejetés, qu'une plus juste et tardive appréciation remettrait en une place inférieure à la première, mais honorable encore? Ce Balzac, par exemple, qui, selon l'expression de M. Nisard, *a constitué la prose*, a été surfait de cette sorte, puis mis presque à l'oubli; et le premier qui ait rappelé et fait de nouveau valoir ses vrais titres à cette *constitution* de la prose française, c'est... qui ?... l'abbé Trublet en personne ; oui, l'abbé Trublet, que je ne veux pas réhabiliter, lui, pour cela, rassurez-vous !

Je ne suivrai pas M. Nisard dans ses divers jugements sur Montaigne, sur tout le dix-septième siècle, sur les prosateurs du dix-huitième siècle, Montesquieu, Buffon, qu'il traite avec une vraie supériorité. Le pinacle, en quelque sorte, de sa construction théorique, est Buffon et son Discours sur le style. Au milieu de toute l'adhésion due aux principes et à la majesté de ton de l'illustre modèle, et aussi à la noblesse de propos de son admirateur, je n'ai pu m'empêcher, je l'avoue, de sourire de cette affinité élective si déclarée, de ce choix de M. de Buffon; et je me suis rappelé que si M. de Buffon avait demandé sa voiture au plus beau de la lecture de *Paul et Virginie,* M. Nisard avait (toutes proportions gardées) étouffé autant qu'il avait pu le charmant recueil de *Marie,* où brille en vers heureux plus d'une idylle, sœur d'enfance de *Paul et Virginie.* Il y a, dans le livre sur les poëtes latins, une longue page de colère ou de pitié contre les enfances décrites en vers, laquelle n'existerait pas si M. Brizeux n'avait pas fait *Marie.*

On doit cette justice à M. Nisard que, dans ses jugements sur le passé, il ne s'amuse pas au menu de la littérature, qu'il vise à l'essentiel, qu'il s'attaque à l'important et au solide, qu'il a de l'étendue et prend de l'haleine. Mais il s'en autorise pour rapetisser étrangement ce qui ne va pas à sa marche et à son dessein. André Chénier, à qui il accorde *le miel de l'Hymette,* n'est pour lui *qu'un jeune poëte, auquel on a fait le tort de le mal admirer;* répétition encore (en diminutif) du rôle de M. de Buffon, de l'homme de la prose, qui s'applaudit de pouvoir dire : *Cela est beau comme de la belle prose !* (1).

(1) Dans ce que dit d'excellent M. Nisard sur Buffon au point de vue du style et de la rhétorique, je ne trouve point qu'il ait touché sérieusement au philosophe; il y a même, à mon sens, quelque méprise de sa part là-dessus. Opposant la religion sentimentale de Bernardin-de-Saint-Pierre, qui voit partout les causes finales et la Providence, à la sobriété solennelle de Buffon sur ces points, M. Nisard admire cette manière auguste de reculer le *trône inté-*

Les articles sur Bernardin de Saint-Pierre et sur M. de Chateaubriand sont développés, et celui de Bernardin me semble excellent. Quant à M. de Chateaubriand, le critique le confisque, en quelque sorte, dans son idée, dans son système de style traditionnel; il dissimule le plus qu'il peut toute la part de l'innovation chez l'auteur d'*Atala*, et enveloppe deux ou trois remarques, qu'il faut bien faire, dans un triple cercle de circonvolutions oratoires. Il oublie que les *Mémoires d'Outre-Tombe*, ce monument d'ordre composite, où tous les styles se fondent (quand ils ne se heurtent pas), où il y a innovation et rénovation de langage en même temps sans doute que tradition, et dont le titre seul est déjà une audace, donneront un complet démenti à cette théorie qui tend à nous renfermer dans une charte de style légitime, et à échafauder, à partir de M. de Chateaubriand, une barrière infranchissable, comme, avant lui, on en posait après Jean-Jacques et Bernardin. Nous avions cru toujours que c'était rendre plus d'hommage au grand style de Chactas, que de l'admirer plus librement.

Si quelque chose pouvait nous faire apporter quelque

---

rieur de la majesté divine assez loin des regards de l'homme pour que celui-ci ne s'en exagère pas le voisinage. Mais il faudrait prendre garde, peut-être, que Buffon, parlant de Dieu, ne le relègue si haut que faute d'oser le reléguer plus loin encore. Ses belles phrases, qu'accepte trop sincèrement le critique littérateur, pourraient bien n'être qu'une magnifique tenture dérobant le vide. Si cette approbation complaisamment développée par M. Nisard était aussi bien de Bayle, j'y verrais une très-grande malice.

réserve à l'admiration, à l'estime que nous inspirent certains écrivains de nos jours, énergiques et simples (1), ce serait la manière, j'oserai dire fastueuse, avec laquelle M. Nisard a coutume de les louer. Toujours adjudication expresse à sa cause, et ajustement à son système !

Pour faire à la théorie de M. Nisard toute la part qui est due, je dirai : Il est hors de doute que, comme conseil littéraire général à donner à des individus quelconques bien élevés, de bon esprit, de bonnes études, il faut leur dire : Écrivez en prose plutôt qu'en vers ; écrivez, tâchez d'écrire dans la forme sévère de Buffon, de Jean-Jacques, plutôt que de vous hasarder à l'imitation de Saint-Simon, ou de madame de Sévigné même, ou de Montaigne, plutôt surtout que de vous jeter dans le style métaphorique, métaphysique, etc., etc. Au point de vue de l'enseignement, cela est vrai ; pour ceux qui n'ont pas un talent d'écrire spécial, une inspiration originale de poëte ou de prosateur, ces préceptes sont justes : c'est là un fonds solide, où le plus ou le moins de succès n'amène pas de chute. Mais ne posez pas les limites, ne criez pas contre l'exception, car de l'exception seule naîtra le talent, le génie. L'écrivain original se formera en dehors de vos préceptes, et il est probable qu'il commencera par les violer. Son début sera loin de votre centre ; ces littératures étrangères, que vous proscrivez si strictement, l'auront peut-être tout d'abord sollicité et nourri, il en reviendra avec le ra-

---

(1) Par exemple, M. Augustin Thierry.

meau en main, que bientôt il saura greffer. L'exception a presque toujours été, et, dans des temps mêlés comme les nôtres, elle est plus que jamais la ressource des littératures, en ce qu'elles offriront d'éminent. En prêchant votre tradition stricte, en l'appuyant surtout d'exemples et de détails plus féconds, vous empêcherez quelques défauts dans d'estimables esprits; vous les empêcherez, s'il se peut, de porter dans des genres sérieux et sobres, philosophie, histoire, etc., la recherche de qualités étrangères au genre et à leur esprit même. C'est bien, et cela vaut la peine d'être pratiqué. Mais ce sera toujours malgré vous, indépendamment de vous, que l'homme de talent nouveau, ce rebelle longtemps hors des murs, se formera. Quand il aura triomphé, les critiques expliqueront comme quoi en effet, dans son imprévu même, il avait des points communs avec ses grands prédécesseurs ; mais les critiques réguliers et restrictifs auront surtout vu, à son début, les différences.

Novembre 1836.

(M. Nisard, depuis que cet article est écrit, n'a fait que justifier de plus en plus ce que nous lui accordions d'éloges en finissant. Sa position est allée s'étendant de jour en jour : député, directeur au ministère de l'Instruction publique, maître de conférences à l'École normale et, en dernier lieu, professeur au Collége de France, il a pu suffire à tant d'emplois divers. On lui doit une collection des *Classiques latins;* mais surtout il a publié son *Histoire de la Littérature française* (1844), à laquelle son *Précis* d'autrefois n'a servi que comme d'un premier canevas. L'esprit est le même ; mais on peut dire que les meilleures qualités de l'auteur se sont donné carrière dans ce dernier ouvrage.)

M. J.-J. AMPÈRE.

1840.

Il y a déjà dix ans que M. Ampère professe la littérature. Depuis le premier essai qu'il fit de la parole publique à Marseille en 1829, il n'a pas cessé, soit dans les conférences de l'École normale, soit au sein de la Faculté comme suppléant tour à tour de M. Villemain et de M. Fauriel, soit enfin en son propre lieu, dans la chaire du Collége de France, d'appliquer à l'histoire littéraire moderne les résultats de ses instincts divers, de ses études variées, et il a fini par les concentrer exclusivement sur l'histoire de la littérature française, dont il publie une introduction développée et approfondie pour les temps qui précèdent le douzième siècle (1) ; dans le moment actuel de son enseignement oral, il en est arrivé au seizième.

L'influence de tels travaux, il faut tout d'abord le reconnaître, est bien antérieure d'ordinaire à la publication qui s'en faite sous forme de livres ; et, pour ce

---

(1) *Histoire littéraire de la France avant le* xiie *siècle*, chez Hachette.

qui est de M. Ampère en particulier, voilà sept années au moins que cette influence existe, qu'elle féconde les directions des jeunes esprits laborieux, qu'elle stimule, qu'elle éclaire les travaux collatéraux des autres critiques, qu'elle réagit même sur les talents des maîtres plus mûrs, pour les avertir à quelques égards d'un certain progrès nouveau. Mais ce que savaient les auditeurs assidus, les témoins et les juges les plus rapprochés de l'enseignement de M. Ampère, le gros du public sérieux s'en peut faire une idée aujourd'hui par les excellents volumes qui divulguent, aux yeux de tous, les fruits de sa méthode et de ses recherches; une entreprise ainsi produite fonde à l'instant ou confirme un nom.

On ne s'étonnera donc pas qu'à propos du livre, et pour le mieux expliquer à notre gré, nous parlions aussi de l'homme même, des origines et des accroissements intérieurs de cet esprit si original et si vif. Derrière le livre et avant lui, il y a dans M. Ampère un personnage littéraire très-caractérisé, un maître très à part en critique, et, pour ainsi dire, une méthode en action. Au milieu de tant d'influences à fracas et de méthodes plutôt subversives, il nous paraît bon d'insister sur une manière neuve et sobre, ingénieuse et judicieuse, fertile en vues, vérifiable toujours, qui, entre mille avantages, a ses imperfections et quelques défauts sans doute, mais aucun de ceux qui égarent. — Il ne nous restera, tout cela démontré, qu'à supplier l'amitié elle-même de nous pardonner d'avoir pu être si *analyseur* à son égard, et d'avoir tant osé distinguer ici et là. Plus heureux ceux qui se contentent de profiter, de reconnaître et de jouir !

Fils d'un père illustre, nourri au foyer le plus central des sciences, M. Jean-Jacques Ampère, qui les goûtait dès l'abord et les entendait avec cette native curiosité avide du savoir universel, se déclara toutefois d'une préférence irrésistible pour les lettres. Il ne faisait en cela que choisir encore dans les diverses parts et, pour ainsi dire, les diverses muses de l'héritage paternel. Mais ce qui, chez son père, n'avait été qu'une distraction de jeunesse et un goût délassant, devint chez le fils une passion principale, entraînante, une verve durable et continuelle. Chose remarquable ! lorsque, après bien des efforts et des détours qui purement souvent lui sembler bien pénibles et lointains, M. J.-J. Ampère en vint à s'établir définitivement au cœur de l'histoire littéraire comme en son domaine propre, il se trouva y apporter précisément cette faculté d'enchaînement, ce besoin instinctif des rapports et des lois, cette sagacité investigatrice des origines et des causes, dont son noble père avait fourni de si hautes preuves dans un autre ordre de vérités. L'originalité de M. Ampère en critique consiste à donner à certaines vastes proportions du champ littéraire une sorte de constitution véritablement scientifique. C'est là, du fils au père, avec une heureuse variété d'application, un trait frappant de ressemblance, une reproduction à la fois intime et imprévue.

Deux tendances principales semblent s'être partagé de bonne heure l'esprit et l'imagination de M. Ampère :

la tendance purement poétique et l'historique. Par la première, il se sentait excité à prendre rang dans le groupe des poëtes qui, dès 1819, faisaient ouïr les sons d'une lyre nouvelle. Par l'autre voix secrète, il n'était pas moins excité à se marquer une place entre les jeunes et hardis investigateurs qui, dans les dix dernières années de la Restauration, allaient demander aux littératures étrangères des vues plus larges, des précédents et des points d'appui pour l'émancipation de l'art, et des termes nombreux de comparaison pour l'histoire de l'humaine pensée. Dans l'une et dans l'autre voie, M. Ampère se jeta avec tout le feu de ces années d'assaut et d'avant-garde ; mais, par la forme même de ses projets et de ses ébauches, il dénota tout d'abord son instinct des grands ouvrages et des longues entreprises.

Entre ces deux tendances, il n'y avait pas seulement émulation chez lui ; il dut y avoir quelquefois tiraillement. L'une, seule, a prévalu au dehors, et, à dater de ses spirituels articles au *Globe* sur Goëthe (1827), M. Ampère s'est classé dans l'opinion uniquement à titre de critique. L'autre tendance est donc demeurée comme étouffée et rentrée ; mais, le dirai-je ? (et les amis de M. Ampère le savent), elle n'a jamais péri. Sous cette continuité de travaux plus ou moins sévères, l'esprit de poésie n'a cessé de courir comme un ruisseau qui, pour être caché, n'en donne pas moins, aux endroits même les plus graves d'aspect, une sorte de fraîcheur et de vie (1).

(1) Toute la veine, chez M. Ampère, n'est pourtant pas restée

C'est une erreur de croire que la poésie ne doive se produire que directement. On l'a dit, dans sa délicatesse première, elle est presque une qualité de l'âme et une vertu. Laissée entière sur sa tige, elle est comme la fleur virginale du devoir ; à demi cueillie et contenue, elle embaume souvent toute une vie et la pénètre, comme ferait un aromate secret. Produite, au contraire, elle s'évapore, s'altère plus ou moins dans cette atmosphère publique de vanité, et, quand d'autres la respirent à l'envi, le cœur même d'où elle est sortie peut demeurer aigri ou désert. Tandis qu'au moral cela se passe d'ordinaire ainsi, littérairement la poésie rentrée a d'autres détours encore. Qu'est-ce, par exemple, que cet esprit de poésie appliqué en dessous à la critique, à l'histoire littéraire ? Est-ce par des fleurs qu'il va se produire ? Est-ce par une certaine sentimentalité extérieure ? par des élancements hors de propos ? Oh ! non pas ; tout cela est de la fausse rhétorique et de la pure phrase. Sera-ce du moins par une certaine forme d'art, par une certaine lumière vive et juste d'expression qu'il se fera jour et resplendira à travers l'analyse ? Oh ! à la bonne heure ! ce serait davantage cela. La critique ainsi faite, l'histoire littéraire ainsi arrosée par des sources secrètes reparues à temps et largement brillantes au soleil, ressemblerait dans ses plus heureuses perspectives à ces fertiles contrées merveilleusement touchées par le poëte :

---

cachée ; on a lu de lui son mâle récit en vers des aventures du héros Sigour, sa haute et grave contemplation dédiée à son père, et intitulée *Uranie*.

A l'horizon déjà, par leurs eaux signalées,
De Luze et d'Argelès se montraient les vallées [1].

Mais ce serait trop beau ; et, quand on le pourrait à force de talent, la disposition même des sujets, et, pour ainsi dire, l'ingratitude des lieux, ne répondraient pas. Tant de richesse riante n'est pas nécessaire pour que l'esprit poétique dont je parle, et qui s'est refoulé, se refasse son emploi. L'expression même de son éclat étant absente, et la surface se conformant avant tout aux ressources du fond, il y a lieu à quelque chose de plus secret. Le poëte, sous le critique, se retrouve, et ne fait qu'un avec lui par l'esprit et la vie, et le *sens propre* qu'il découvre et rend aux choses à chaque moment. Cette intelligence secrète et sentie que n'ont pas eue tant d'estimables historiens, pourtant réputés à bon droit critiques, ce don, cet art particulier dont la sobre magie se dissimule à chaque pas, qui ne convertit pas tout en or, mais qui rend à tout ce qu'il touche la qualité propre et la vraie valeur, tient de très-près à l'esprit poétique, modéré et corrigé comme je l'entends. On a dit quelque part que le poëte, c'est celui qui ne sait pas, mais qui devine, qui sent et qui rend. Eh bien ! chez M. Ampère, on retrouve à tous moments celui qui devine sous celui qui sait.

On arriverait naturellement à cette conséquence assez singulière, que, sous une telle forme sobre et dissimulée, l'esprit poétique, intime, précis, et en tant qu'il touche aux racines mêmes, existe plus peut-être

(1) Alfred de Vigny, *le Cor*.

que dans d'autres manières bien autrement brillantes et spécieuses, où le critique écrivain se rapproche et s'inspire davantage de l'orateur et du peintre.

Cette verve, cette saillie courante et vive qui est le jet de la poésie, M. Ampère en a gardé comme l'impulsion originelle, et il en porte quelque chose au fond jusqu'aux endroits même arides de l'histoire littéraire. Elle est devenue pour lui, à l'état d'étude, un entraînement successif, un sentiment continu et attachant, un voyage ému. Le bon goût spirituel règle l'exécution ; mais ce n'est qu'ardeur et feu dans la recherche.

Je me plais à insister, parce que M. Ampère est un des plus beaux exemples de la combinaison utile des deux vocations après une lutte laborieuse; il en est sorti une seconde vocation composée, plus vraie, plus ferme et bien assise. Il est bon d'avoir ainsi deux qualités opposées, et comme deux points de départ distants; cela fait *l'entredeux* qu'exige Pascal, et donne une base certaine pour prendre la haute mesure des choses.

Un autre bel exemple encore à proposer d'une forte combinaison semblable au sein d'un talent, est celui de M. de Tocqueville, lequel, avec le regret natif des anciens jours, est arrivé, comme malgré lui, à l'idée et à l'initiation de la démocratie grandissante. En le lisant je me suis surpris plus d'une fois à penser que rien n'est beau comme le bon sens, lorsqu'il triomphe de la passion qu'on y sent subsister, qu'on y voit s'abaisser et frémir d'un air de noble coursier sous le frein. Nommer M. de Tocqueville près de l'ami qui nous occupe, c'est parler d'un talent de même portée, et comme d'essor fraternel. Tous les deux travaillent à leur manière philosophiquement ou historiquement, par les prévisions ou par les souvenirs, à orner sur de larges surfaces et à de grandes hauteurs le monument de la société présente qu'ils acceptent, qu'ils saluent non sans réserve, mais qu'ils sont surtout faits eux-mêmes pour honorer.

En ce qui est de M. Ampère, il ne m'appartient pas de raconter en détail la diversité et la multiplicité des influences, ou, pour mieux dire, des aimantations successives que reçut ce noble esprit avant d'arriver à sa formation entière et à sa constitution actuelle. Chateaubriand, Goëthe, Lamartine, Cousin, Fauriel, ont tour à tour ou à la fois agi. De tous ces courants parallèles ou rivaux, de toutes ces lames redoublées (cette image physique et presque domestique est ici permise) il est résulté vraiment une manière de pile de Volta, un appareil littéraire considérable. — Je parlerai encore moins de ces autres influences incomparables qui ne se mesurent pas, et pour lesquelles il faudrait demander un nom aux muses.

Parmi les actions les plus directes qui ont de bonne heure pénétré dans le talent et la méthode critique de M. Ampère, il est juste pourtant de distinguer singulièrement et d'indiquer la part expresse de M. Fauriel. Ce docte et original esprit, dont les idées historiques et littéraires, sans guère franchir encore le cercle de l'intimité, eurent tant d'effet autour de lui dès 1820, peut ici revendiquer un droit que s'est toujours empressé à proclamer, dans sa reconnaissance, le disciple émancipé, devenu maître à son tour. M. Fauriel contribua plus qu'aucun à développer en M. Ampère le goût des origines, à lui faire envisager, hors des enceintes murées des littératures toutes définies, la poésie libre et naïve, s'échappant çà et là par des chants, par des romances populaires, se déroulant par des légendes, et y réfléchissant la vie et l'imagination des diverses races aux âges primitifs ou intermédiaires de la civilisation. Mais M. Ampère, en se livrant même éperdument à ces excursions lointaines et parfois presque sauvages, dut à l'espèce d'idéal poétique que caressa toujours son imagination, de ne jamais renoncer aux monuments des grands siècles, d'en garder le goût, et d'en maintenir le culte en lui avec une religion très-tolérante sans doute, pourtant très-sincère. Par ce dernier côté, il se rattache à M. Villemain, à ce devancier heureux, dont il diffère d'ailleurs avec originalité, et qu'il a pu même continuer d'autant mieux pour sa part qu'il le rappelle moins.

Les voyages ont été un des plus fréquents et des plus actifs moyens d'acquisition intellectuelle pour M. Ampère. Il est l'un des premiers en France qui aient à ce point voyagé dans un simple but de littérature et pour aller étudier sur place, sous toutes les zones, les diverses productions de la pensée. N'y allait-il d'abord que dans ce but d'information curieuse? Dans ses courses, dès 1826, à travers l'Allemagne, dans ses stations près de Gœthe à Weimar, en cette petite cour illustre toute remplie alors des rayons de l'astre couchant, et qui en conserve aujourd'hui un culte si sacré; dans ses pointes aventureuses en Scandinavie dont il ouvrait si bien l'investigation reprise et poussée par d'autres; dans ses fuites et refuites, auparavant et depuis, à des rivages plus doux et aux traces du chantre de Béatrice; dans cette longue parenthèse enfin de Drontheim à Agrigente, n'allait-il que pour amasser des idées précises, des matériaux de première main à une histoire littéraire comparée? N'était-il qu'un Childe-Harold de la critique? N'y eut-il pas d'autres projets plus spécieux, plus vagues, les rêves grandioses de première jeunesse, ce que les aurores boréales ou la fée Morgane nous peignent dans des mirages trop tôt évanouis (1)? Eh!

(1) C'est ce qui semble, en effet, respirer et soupirer dans une délicieuse pièce de lui que notre indiscrétion dérobe à un *Album*; et qui révèle tout un coin charmant et attristé de cette âme. Combien la sensibilité du poëte s'y trahit sous l'esprit! combien l'ironie douloureuse sous la gaieté scintillante!

LE BONHEUR.

Mes amis ont raison, j'aurais tort, en effet,
De me plaindre; en tous points mon bonheur est parfait :
J'ai trente ans, je suis libre, on m'aime assez; personne
Ne me hait; ma santé, grâce au ciel, est fort bonne;
L'étude, chaque jour, m'offre un plaisir nouveau,
Et justement le temps est aujourd'hui très-beau.

Quand j'étais malheureux, j'étais triste et maussade,
J'allais au fond des bois rêveur, le cœur malade,
Pleurer. — C'était pitié! j'aimais voir l'eau couler
Et briller ces flots purs, et mes pleurs les troubler.

Mais maintenant je suis heureux, gai, sociable :
J'ai l'œil vif et le front serein; — je suis aimable;
Le ruisseau peut courir à l'aise et murmurer,
Dans son onde à l'écart je n'irai point pleurer.

qu'importe que sous cette forme peut-être tout cela n'ait pas donné? il n'y a pas de naufrage là où se retrouvent justifiées et couronnées toutes les plus nobles espérances; ou bien alors, pour parler avec le poëte, c'est un *naufrage victorieux*. De retards en retards, M. Ampère nous est revenu un historien littéraire de plus en plus consommé et enrichi; dans ce genre élevé et combiné tel qu'il l'embrasse, il nous a rendu et nous rend incessamment ce que lui seul pouvait faire.

Il en est exactement de l'ordre littéraire comme de l'ordre naturel d'organisation, et de l'esprit comme de la vie. La vie est jusqu'à un certain point indépendante de la forme de l'organe; mais, une fois l'organe donné dans sa forme générale, elle s'en sert comme d'un

>   Quand j'étais malheureux, souvent, lassé du monde,
>   Je m'abîmais au sein d'une extase profonde;
>   Dans un ciel de mon choix mes sens étaient ravis;
>   Indicibles plaisirs de longs regrets suivis!
>
>   Maintenant j'ai quitté les folles rêveries;
>   C'est pour herboriser que j'aime les prairies.
>
>   A rêver quelquefois si je semble occupé,
>   C'est qu'un passage obscur, en lisant, m'a frappé.
>
>   Quand j'étais malheureux, je voulais aimer, vivre;
>   Maintenant je n'ai plus le temps, je fais un livre.
>
>   Vous qui savez des chants pour calmer la douleur,
>   Pour calmer la douleur ou lui prêter des charmes,
>   Quand vos chants du malheur auront tari les larmes,
>   Consolez-moi de mon bonheur!

Dans un temps où il y aurait encore une Anthologie française, une seule pièce pareille suffirait pour y marquer un nom.

point d'appui, elle l'élabore, l'organise au dedans et se l'approprie pour ainsi dire. De même, avant l'œuvre tout à fait entamée et avancée, il y a plus d'une forme, je le crois, plus d'une issue possible à un vif esprit pour se produire et donner tout ce qu'il contient ; mais une fois la forme de l'œuvre prise ou imposée, pour peu qu'elle convienne, l'esprit s'y loge à fond et y passe tout entier. Béranger d'abord ne se croyait pas fait pour la chanson ; il cherchait la grande poésie dans les genres réputés nobles ; s'il s'essayait dans le refrain, c'était sans but et par délassement. Mais, un beau jour, il s'aperçoit que la chanson peut tout tenir d'essentiel, même le grand, et le voilà qui s'y porte en entier et y triomphe. — Arrivons donc à cette histoire littéraire dans laquelle le talent, l'imagination, la sagacité et le savoir de M. Ampère se sont croisés et concentrés, et où la greffe savante a multiplié de si fructueux résultats.

Il a pensé avec les Bénédictins, et par des raisons que j'ose dire plus profondes, que l'histoire littéraire de la France ne se pouvait circonscrire aux siècles où l'on a commencé d'écrire en français. Comme il voit, avant tout, dans la littérature l'histoire du développement intellectuel et moral de la nation, il a pris cette nation à ses origines et jusque dans les éléments les plus anciens qu'on retrouve épars sur le sol. A ce titre, les vestiges ibériens, celtiques, phocéens, l'ont d'abord occupé ; mais il s'est considéré surtout en plein sujet, aussitôt après la conquête latine, dans l'époque dite gallo-romaine, qui s'étend depuis César jusqu'à l'inva-

21.

sion des Francs. Durant ces quatre ou cinq siècles, il a pu disposer, à travers son histoire, ses lignes ingénieuses de perspective, dont plusieurs viennent déjà aboutir, avec un imprévu piquant, à des extrémités visibles de notre histoire littéraire bien connue.

J'en pourrais glaner des exemples, montrer, après lui, l'indépendance gallicane se marquant du premier jour dès saint Irénée, l'éloquence girondine bien célèbre dès avant Ausone, l'itinéraire pittoresque et mélancolique s'essayant avec Rutilius; mais, pour mieux faire apprécier le motif profond de M. Ampère dans cette étude détaillée de la Gaule romaine, et pour le justifier, s'il en était besoin, par une large ouverture toute littéraire, je poserai en thèse que, sans avoir étudié à fond, comme il l'a fait, le ive siècle et ses environs, on ne peut bien entendre toute une période très-importante de nos derniers âges littéraires, l'époque *Louis XIII*. En effet, un grand nombre des vrais précédents de l'époque et du goût Louis XIII en littérature sont aux iiie et ive siècles de la Gaule romaine, comme les précédents naturels du goût et du genre Louis XIV sont plutôt à l'époque d'Auguste.

Il y a une raison historique et logique pour que ç'ait été ainsi. La renaissance classique du xvie siècle avait comme supprimé le moyen âge et remis juste ce commencement du xviie à la suite des grands siècles de la gloire latine. En quittant le xvie, on sortait d'une époque encore gallo-romaine véritablement ; de là, en bien des points, cette sorte de singulier rapport de *récurrence*. Les gens de parlement, les théologiens, les doctes, écrivaient la veille en latin ; leur style, en passant au français, était tout gorgé de latinismes. Le Panégyrique de Trajan, cette grande gloire littéraire si chère aux âges de décadence, offrait au palais, pour les avocats Arnauld et Le Maître, le sublime du genre démonstratif, tout comme, pour les rhéteurs gaulois, Pacatus, Eumène ou Nazaire ; dans les harangues de *présentation* au parlement, on ne s'attachait à rien tant qu'à reproduire emphatiquement ce modèle oratoire. M. Ampère a très-bien rapproché les louanges sans mesure prodiguées par Ausone aux vers de saint Paulin, et les ridicules compliments que Balzac adresse au Père Josset : « Oserai-je, écrivait Balzac, hasarder une pensée qui vient de me tomber dans l'esprit ? Vous chantez si hautement les triomphes de l'Église et les fêtes de l'État, la mort des martyrs et la naissance des princes, qu'il semble que vos vers ajoutent de la gloire à celle du ciel et des ornements à ceux du Louvre ; les saints semblent recevoir de vous une nouvelle félicité, et M. le Dauphin une seconde noblesse. » Une étude particulière sur Balzac démontrerait à fond cette identité de nature qu'il a avec les rhéteurs des siècles inférieurs retracés par M. Ampère. Et ce n'est pas un pur accident et chez un seul personnage ; toute la forme de mauvais goût autour de lui reproduit, comme dans un pendant, les bizarreries courantes d'Ausone à Sidoine. Qu'on ouvre les livres du Père Garasse, ceux de Pierre Mathieu, si étrangement réhabilité de nos jours ; la pensée n'y va qu'à travers toutes sortes d'allusions érudites et sous une marqueterie de métaphores, toutes plus raffinées les unes que les autres, et qui ne permettent presque jamais de saisir le fil direct et simple. M. Ampère a rappelé la Chine à propos d'Ausone et de ses périphrases : « Il existe entre les lettrés, a-t-il dit, surtout quand ils écrivent en vers, une langue convenue comme celle des précieuses, et dans laquelle rien ne s'appelle par son nom. » Le Père Garasse sent si bien qu'il est sujet à cette espèce de chinoiserie de style, qu'en tête de sa *Somme théologique*, voulant être grave, il avertit qu'il tâchera d'écrire nettement et *sans déguisement de métaphores*; ce qui n'est pas chose aisée, ajoute-t-il, « car il en est des métaphores comme des femmes, c'est un mal nécessaire. » Le Père Lemoyne de *la Dévotion aisée* n'est pas moins ridicule (et dans le même sens) que le plus mauvais des rimeurs allégoriques du IVe siècle. M. de Saci, tout de Port-Royal qu'il était, dans ses *Enluminures de l'Almanach des Jésuites*, n'échappe pas à cette veine persistante; c'est ainsi que ses vers des *Racines grecques* iraient mieux à quelque grammairien des bas temps qu'à un contemporain de Pascal. Je ne multiplierai pas les échantillons de détail; mais l'influence espagnole elle-même, qui se fait sentir à cette époque Louis XIII, comme elle se prolongeait dans la littérature gallo-romaine, est une ressemblance de plus; il y eut beaucoup d'auteurs gascons des deux parts.

Et ce n'est pas sous les aspects légers et bizarres seulement que se prononce cette ressemblance des deux époques; elle est plus sérieuse que dans le goût, et elle éclate surtout dans la partie religieuse et profonde. L'espèce de renaissance chrétienne, qui eut lieu au commencement du xviie siècle, refit comme un contraste frappant et primitif de la pensée monastique austère avec la littérature mondaine. Port-Royal, étudié de près, m'a appris combien les inductions de M. Ampère sont justes, et combien elles établissent les vrais fonds du tableau qui se redéploiera plus tard à douze cents ans de distance. La conversion de M. Le Maître ne se comprend bien que lorsqu'on a assisté avec M. Ampère à celle de saint Paulin. Les amis du célèbre avocat converti, lorsqu'ils avaient à le défendre contre les Ausones du temps, n'invoquaient pas d'autre exemple que celui de saint Paulin même ; c'est ce que fit dans un petit écrit particulier M. Singlin, lequel, à son tour, rappelait dans ses prédications saint Césaire. Pour apprécier toute l'originalité de Racine, il est besoin de remonter à Euripide ; pour embrasser celle de Port-Royal, il n'est pas nécessaire de sortir de la Gaule ; on a l'île de Lérins. D'Andilly, dans ses *Vies des Pères des Déserts*, allait traduire Cassien et l'avait même déjà annoncé, lorsqu'il en fut empêché par les scrupules qu'on lui donna sans doute sur le semi-pélagianisme du solitaire trop indulgent. Mais on peut dire de Cassien, dans l'enceinte de Port-Royal, qu'il y brille par son absence, et que le plus fidèle de son esprit s'y reproduit.

La grande différence entre le ive siècle et cette première moitié du xviie, c'est que, dans ce dernier, si, à un certain moment, le cercle correspond, cela dure peu et qu'aussitôt l'on remonte, tandis que dans l'autre on descendait. On se traînait, tout allait finir; ici tout est rapide, on se dégage; on est à la veille du Louis XIV, tandis que là on était à la veille des barbares. Au lieu de Salvien qui fait l'oraison funèbre de la société et de saint Hilaire qui tonne aussi, on touche à Pascal et à Bossuet : on a déjà *Polyeucte* dans l'art. — Mais c'en est assez pour démontrer aux incrédules (s'il y en avait) le lien étroit que l'introduction de M. Ampère nous offre avec les siècles littéraires proprement dits, et combien, même en pleine étude des temps gallo-romains, il vise au cœur des époques toutes françaises.

La méthode de M. Ampère, qui reprend les choses dès l'origine et les embrasse dans tout leur cours selon chacune des branches de leur développement, a cet avantage de n'omettre aucune des influences et aucun des précédents que les autres critiques n'ont saisis jusqu'ici que par un heureux hasard de coup-d'œil ou de réminiscence, et comme *à la volée*. Pour lui, sa méthode est sûre; elle est lente, mais inévitable; il dispose ses lignes, il mesure ses bases, il croise ses opérations : on dirait d'un ingénieur sur le terrain faisant la carte de France. Le résultat, c'est qu'il n'oublie rien; il serre si bien son réseau géographique qu'il prend tous les faits et que tout ce qui a nom y passe. Il y aura bien quelques redites; il y aura même quelques points plus ou moins excentriques, ou trop sinueux, qui ne seront pas représentés; mais, après lui, s'il parcourt le reste de la carrière comme il a commencé, il faudra marcher par les chaussées qu'il aura faites : heureux si l'on trouve encore à glaner par quelques sentiers !

C'est surtout pour le moyen âge que cela est sensible. Cette portion capitale de son enseignement n'est pas publiée encore ; mais nous qui l'avons entendu dans sa chaire, il nous est permis d'en juger. En gravissant avec effort et courage, en mesurant à chaque pas ces hauteurs qui séparent les temps, et où l'on peut dire au sens propre qu'a lieu le partage des eaux (*divortia aquarum*), M. Ampère est arrivé à dominer avec étendue et certitude les siècles plus connus qui suivent et qui ne font plus que collines ou plaines ; il faut voir comme, sans hasarder, sans faire d'irruption fougueuse, et toujours avec sa hardiesse régulière, il y porte des directions neuves et longues, ou les prend à la descente par des revers justes, mais inattendus. Ce qu'en partant communément de Louis XIV et en remontant aussi haut qu'on le pouvait, on proclamait çà et là, dans les divers genres, comme des points extrêmes et des limites littéraires, n'est plus, dans la vraie perspective où il se place, qu'une suite, un rameau plus ou moins renaissant des mêmes branches, un chaînon plus ou moins brillant d'une même loi. Quelques inconvénients achètent tant d'avantages ; du moment qu'on ne choisit plus une seule route rapide et déjà ouverte, mais qu'on veut occuper l'ensemble du pays et se conformer à l'entière réalité du sujet, on a des intervalles pénibles et qui ne se peuvent supprimer. Je compare ces marches étroites, dans certaines gorges littéraires du moyen âge, à ces défilés où l'on ne va que pied à pied ; la science ne passe plus qu'à dos de mulet son bagage; on est bien loin des carrousels à la Louis XIV, et le char d'Olympie s'y briserait. Plusieurs de ces difficultés se rencontraient dès les chapitres préliminaires de l'Introduction sur les Ibères, les Celtes et les Phocéens; malgré tout l'esprit de détail et les finesses d'interprétation que l'auteur y a semés, il n'a pu éviter de laisser ce portique de son œuvre assez semblable aux époques incertaines et coupées qu'il y représente, quelques pierres druidiques éparses ou superposées, quelques inscriptions à demi comprises, quelques noms roulés comme des cailloux dans le torrent. En général, on pourrait demander à certains chapitres un peu plus de refonte et une sorte de bouillonnement, si cela était conciliable avec la précise exactitude. La méthode d'exécution reste subordonnée chez M. Ampère à celle d'investigation ; il y manque par moments un peu plus de *plastique*, comme les Allemands diraient. Mais prenons garde en même temps de méconnaître une qualité essentielle, la *qualité* même, j'entends le sobre et le fin. N'est-ce pas un rare mérite d'exécution aussi, que, chez lui, le fait se présente sous une prise mince, nette, détachée, par le coupant plutôt que par le plat de la lame, si aisément sonore et brillant ?

Une autre critique que j'indique seulement, sans prétendre y insister, est celle-ci : Toute méthode, même la plus naturelle et la plus vraie, n'est qu'une méthode, et elle a ses bornes. On rencontre dans l'histoire des opinions humaines une quantité d'accidents où il ne faudrait peut-être apporter que le rire de Voltaire et le branlement de tête de Montaigne. En cherchant partout la loi, ne court-on pas risque quelquefois de la forcer et comme de la faire ?

On pourrait aller plus loin que les accidents, et dire : Si une certaine folie n'est pas étrangère à l'homme, même à l'homme pris en masse, en vain on tirerait argument, pour la vérité nécessaire d'une idée, de son triomphe en de certains siècles. Comme il faut bien, en définitive, que quelque chose triomphe, il y a aussi chance pour que ce soit quelque folie. Or, tandis que l'historien en quête des lois s'occupe surtout à distinguer et introduit parfois la raison sous les erreurs, la partie folle se dissimule sous sa plume et diminue.

Mais, je le sens, ce ne sont là que des réflexions à garder tout bas, et qui, fussent-elles vraies, demeurent peu fécondes. Ces tristes résidus de l'expérience ironique ne méritent pas même le nom de résultats ; ce sont encore moins des matières à enseignement et des aiguillons. Les monuments humains ne s'élèvent jamais que moyennant de certaines perspectives où la grandeur et l'ordre l'emportent, et où l'esprit de l'architecte s'impose sur bien des points.

Combien donc j'aime mieux me reporter et convier le lecteur vers tant d'admirables et incontestables chapitres de M. Ampère, dans lesquels il a su ressaisir la vie même des idées et des personnages qu'il exprime, Ausone, saint Paulin, Rutilius, la confession de l'autre Paulin, petit-fils d'Ausone, Sidoine Apollinaire, toutes pages à la fois graves et charmantes, qui suffiraient à caractériser dans la critique française cette manière sobre, délicate, profonde et sûre! Non content d'avoir si bien rendu en ses détails appréciables le mouvement confus des IVe et Ve siècles, M. Ampère, dans une petite composition à part, non encore publiée, mais que plusieurs amis ont entendue, a essayé d'en recomposer une scène entière, un coin de tableau, au moment de l'incendie de Trèves par les Francs. Son *Hilda* (c'est le titre de cette nouvelle gallo-germanique (1)) serait comme une barque plus légère voguant à côté de l'escadre imposante, et allant toucher à des points du rivage où le gros vaisseau de l'histoire n'atteint pas. Mais la poésie, la grâce de son sujet, M. Ampère ne l'a pas toute détachée et mise à part dans son *Hilda*; cette fleur respire avec discrétion et sentiment en d'aimables passages, comme, par exemple, en ces endroits si bien touchés des chastes mariages chrétiens, où les époux convertis n'étaient plus que frère et sœur, où l'épouse rougissante revenait à la virginité (2).

En procédant toujours par des faits précis plutôt que par développement rationnel ou effusion oratoire, et plutôt en traits qu'en couleurs, l'historien s'élève avec son sujet, et, à l'heure de l'immense catastrophe où la société s'abîme, il atteint à une véritable éloquence dans la forte étude qu'il nous ouvre de Grégoire de Tours, *cet Hérodote de la barbarie*. Il en compare fidèlement l'histoire, dans son continuel antagonisme du

---

(1) Elle se rattacherait en commentaire vivant à la fin du VIe chapitre du livre premier, tome I, page 270.

(2) Tome I, pages 277, 348; et dans le choix de certains exemples, tome I, page 441.

barbare et du chrétien, à ces vitraux de la cathédrale de Reims qui représentent constamment un roi et un évêque, et l'évêque toujours au-dessus du roi (1). Au sortir de Grégoire de Tours, avec le rhéteur et rimeur Fortunat, il garde tout son piquant, et sait être neuf dans ce curieux portrait, même après Augustin Thierry.

Il avait su l'être également, après M. Guizot, dans l'examen des grandes hérésies chétiennes, le gnosticisme, l'arianisme, le pélagianisme. Il ajoute dans l'explication de ces doctrines quelque chose aux simples et hautes traductions philosophiques qu'en avait posées ce grand devancier. La loi de décroissance dans l'ordre des hérésies et de progrès dans l'affermissement du christianisme est lumineusement aperçue. A mesure que le christianisme s'étend et se définit, le chant du combat se circonscrit de plus en plus. Les luttes du gnosticisme se passaient au sein du *Père* en quelque sorte et remettaient en question Jéhovah ; celles de l'arianisme, qui viennent ensuite, s'agitent entre le *Père* mis hors de cause et le *Fils*, et comme au sein du *Fils*. Les querelles du pélagianisme et du semi-pélagianisme enfin n'ont plus guère leur point principal que dans l'homme.

(1) M. Ampère est fertile en pareilles images appropriées, mais qui se dissimulent plutôt chez lui sous un tour d'ingénieuse exactitude, et qui surtout ne s'affichent jamais en s'étalant. Je note seulement encore sa grande image sur le gnosticisme, tome I, page 187, et celle sur les médailles d'argent des Grecs opposées aux médailles de bronze des Romains, I, 128. On a tant abusé de l'imagination en ce temps-ci, qu'on a besoin de la signaler du doigt là où elle ne brille que dans sa justesse.

Au milieu de tant de rapprochements heureux, variés et souvent lointains, que lui fournit son érudition si en éveil, j'ai ouï quelques personnes reprocher à M. Ampère d'avoir un peu trop négligé la part directe de l'antiquité classique et païenne jusque dans le christianisme, de n'avoir pas assez suivi les coutumes, la légende, parfois les divinités même se glissant d'un monde à l'autre, à peine transformées. D'ordinaire, en effet, il se pose le christianisme comme une limite absolue, comme un horizon au delà duquel il ne remonte pas, pénétré surtout qu'il est, avec raison, de sa haute grandeur, de son caractère sans pareil dans l'ensemble, de son opposition essentielle au paganisme enfin, plutôt que de quelques rapports secondaires.

Mais j'ai hâte d'en venir à un autre rapprochement que les érudits n'ont pas manqué de soulever, et que M. Ampère ne doit pas craindre : dans quel rapport est son histoire littéraire avec la portion de celle des vénérables Bénédictins qui embrasse les mêmes sujets dans les mêmes âges ?

Et d'abord ses trois volumes d'Introduction ne forment pas le moins du monde un extrait abrégé, résumé et coordonné des huit tomes in-4° de l'histoire littéraire bénédictine antérieure au XIIe siècle. Son ouvrage est tout original, puisé aux sources, d'une méthode et de résultats qui ne sont qu'à lui. Il suffit, pour s'en convaincre, de considérer la forme et le but des travaux entrepris par ses doctes prédécesseurs. C'est bien le cas d'appliquer et de conseiller ici le beau mot de Sidoine : *Legebat cum reverentia antiquos et sine invidia recentes.*

Dom Rivet qui, aidé de dom Duclou, de dom Poncet, de dom Colomb, de dom Tennes, ces humbles inconnus, est le principal auteur des neuf premiers volumes de l'*Histoire littéraire de la France,* avait en vue, au point de départ, les travaux de La Croix du Maine et de Du Verdier, dans leurs *Bibliothèques françoises* qui s'arrêtent au XVIe siècle. Mais ce n'était là qu'un premier essai bien incomplet, bien arriéré et nullement méthodique ; dans sa modestie laborieuse et à la fois dans *sa pleine confiance en Celui qui est la force des faibles,* le pieux bénédictin osa embrasser un plan immense qu'un autre bénédictin, dom Roussel, avait déjà également conçu : rassembler dès les origines toutes les parties éparses de notre histoire littéraire, en composer un corps méthodique et régulier. Suspect de jansénisme à bon droit, comme auteur du Nécrologe de Port-Royal (1723), dom Rivet ne put obtenir une place dans la communauté de Saint-Germain-des-Prés dont la bibliothèque lui eût été si nécessaire ; c'est au fond de l'abbaye de Saint-Vincent du Mans qu'il se mit à l'œuvre sans jamais s'interrompre. Après plus de dix ans de préparation, le premier volume parut en 1733. Un discours préliminaire expose l'état des sciences et des lettres dans les Gaules avant Jésus-Christ ; suivent par ordre de date, à partir de Pythéas, les divers savants et littérateurs ; on donne la biographie d'abord, puis la liste, l'analyse et la discussion des écrits. Lorsqu'on en est au Ier siècle de l'Église, un discours préliminaire encore sur l'état des lettres en ce siècle précède la série particulière des écrivains; même ordre pour les âges suivants. Ce tome premier allait jusqu'au IVe siècle inclusivement. Le tome second, qui parut en 1735, c'est-à-dire deux ans seulement après le premier, était tout rempli par le Ve siècle. L'abbé Prévost, dans le vingtième *nombre* du *Pour et Contre,* adressa aux auteurs sur leur premier volume, parmi de vrais éloges, assez de critiques qui lui attirèrent une réponse dans la préface du second tome : « C'est une plume agréable, disait-on, qui cherche à badiner... S'étant familiarisé avec le brillant, le nouveau, le magnifique, il voudrait ne voir paraître de livres que dans le même goût. » L'abbé Prévost leur reprochait, en effet, d'une manière assez peu indirecte, le manque d'agrément, de choix et de proportion dans la série des auteurs. Après s'être un peu légèrement égayé sur tant de noms bizarres d'écrivains exhumés pour la première fois, Gnyfon, Télon, Gyarée, Ursulus, Crinas et Charmis..., il ajoutait : « Mais je me trompe : les auteurs de cette *Histoire littéraire* n'ont pas eu l'intention de ne parler que de ceux qui le méritaient : ce choix les eût trop embarrassés. Tous les écrivains y ont leur place, parce qu'ils ont été des écrivains : ainsi l'on fait revivre, quinze ou seize siècles après leur mort, bien des auteurs qui étaient peut-être morts de leur vivant. Mais c'est la méthode de tous les bibliothécaires (1). Il suffit même qu'il soit dit quelque part que

---

(1) *Bibliothécaires,* dans le sens d'*auteurs de Bibliothèques.*

tel Gaulois ou tel Français a écrit quelque chose pour qu'on lui accorde un rang dans la liste et qu'on en fasse mention dans le corps de l'ouvrage ; avoir été simplement homme de lettres, ou même avoir haï et persécuté les sciences (comme l'empereur Caracalla), est un titre pour avoir un article à part, et un digne éloge ou un juste blâme. » Osons le redire à notre tour ; oui, Prévost avait raison ; échappé lui-même des Bénédictins et de leur méthode, il en parlait pertinemment. Ces religieux estimables ont la critique des textes, celle des dates et des noms ; mais la critique des idées ou du goût, ils ne s'en doutent que peu ou s'en abstiennent. Aussi, leur œuvre patiente est illisible pour les gens du monde, je dirai même qu'elle l'est pour les savants, surtout d'une manière continue et dans le détail ; il faut en avoir besoin absolument sur un point pour s'y plonger. Ces volumes sont comme des sacs pleins de toute marchandise, bien rangés et étiquetés par ordre de débarquement ; il ne reste qu'à les ouvrir et à y tailler, s'il se peut, l'étoffe aux justes endroits. Les discours préliminaires, du moins, qui sembleraient devoir contenir des idées générales et philosophiques, rassemblent certainement et résument avec utilité les principaux faits extérieurs du siècle et les vues les plus immédiates, mais rien au delà. Il est juste pourtant d'excepter le tout premier discours sur l'état des lettres dans les Gaules, avant le christianisme ; dom Rivet, dans ce tableau général, aussi complet que le permettait l'archéologie de son temps, a échappé à l'inconvénient où est tombé M. Ampère, d'entamer l'œuvre par un début morcelé. Les continuateurs estimables de dom Rivet ont à leur tour vérifié et subi ce que Prévost appelait dès l'abord *le malheur d'une si vaste entreprise*, à savoir l'indiscrétion, l'infinité des matériaux, l'asservissement de l'idée et du goût sous la lettre. Pour que l'esprit le plus éminent qui y ait participé, M. Daunou, pût y écrire son beau discours sur le xiiie siècle, il a fallu que la révolution française et le xviiie siècle entier vinssent déposer leur définitive expérience au sein du plus prudent successeur de Voltaire, d'un écrivain consommé et sûr, qui s'est mis à introduire la philosophie d'un air de bénédictin et sous le couvert des faits. Mais, de dom Rivet à dom Brial, ne cherchez que des matériaux ; ne demandez ni une vue rare ni un éclair. L'esprit de communauté interdit l'esprit personnel. Dans leurs cellules rigoureuses, dans ces chambres sans feu, même l'hiver (1), les doctes religieux, le front baissé, s'appliquaient sans art à une besogne excellente : se seraient-ils permis même une fleur ? Ce rayon rapide qui se reflète et correspond parfois, comme un fanal, d'un siècle à l'autre, leur eût paru une dissipation profane. Dom Rivet, le digne janséniste, très-peu philosophe, *extrêmement attaché*, nous dit-on, *aux convulsions* en faveur desquelles il alla jusqu'à écrire, ne se doutait pas, en vérité, que cette histoire, qui débutait à Pythéas, venait finir à M. de Voltaire. M. Ampère (est-il besoin de le dire ?) n'oublie jamais qu'elle

---

(1) Détail touchant! on raconte que dom Rivet, dans les derniers mois de sa vie, fut atteint d'une toux qui *le força de prendre une chambre à feu* : ce fut le seul adoucissement qu'il s'accorda.

va aujourd'hui de Pythéas jusqu'à M. de Chateaubriand, et il s'en souvient avec bonheur pour éclairer tout d'abord, chemin faisant, Rutilius, par exemple, ou Lactance.

Il faut glisser une réserve dans cette comparaison, où M. Ampère garde tant de flatteurs avantages. La discussion des points de détail, sur lesquels s'appesantissent si essentiellement les Bénédictins, est quelquefois un peu rapide chez lui; ses indications en notes sont plus incomplètes et plus empressées qu'on ne le voudrait dans un ouvrage fait pour guider les études et ouvrir les sources; il y a des inadvertances. Une seconde édition réparera aisément ces imperfections premières. Je veux lui faire une petite chicane théologique. Dans son chapitre sur le semi-pélagianisme, il s'autorise, contre les augustiniens outrés, du livre intitulé *Prædestinatus,* « et qu'un semi-pélagien, dit-il, a publié en l'accompagnant d'une réfutation. » Mais je trouve, dans les querelles jansénistes du dix-septième siècle, que ce fut le Père Sirmond, docte jésuite, qui eut de Rome une copie de ce manuscrit et la publia. Or, plusieurs théologiens prétendirent que le Père Sirmond s'était fort mépris sur la valeur du manuscrit, et qu'il avait lu au sérieux un pur libelle, forgé, il y avait plus de douze cents ans, par quelque semi-pélagien qui s'était donné à plaisir un adversaire absurde et odieux pour le mieux réfuter, comme il arrive quelquefois (1). Il en résultait que le

(1) On peut voir en particulier l'écrit intitulé *Censure d'un livre que le P. Jac. Sirmond a fait imprimer sur un vieil manuscrit,* par le sieur Auvray, docteur en théologie; 1644, in-4°.

Père Sirmond, plus érudit que critique, aurait été dupe, et que la secte des Prédestinatiens ne serait qu'un fantôme. Là-dessus le Père Sirmond, loin de se tenir pour battu, publia au long l'histoire de cette secte que les contradicteurs ne continuèrent pas moins d'appeler fabuleuse. On en croira ce qu'on voudra ; mais j'aurais voulu que M. Ampère touchât un mot du doute soulevé et de la querelle. Il est vrai que ces éternelles discussions entre parenthèses ralentissent un récit, et que, lui, il porte volontiers dans le maniement son érudition, si vaste et si bien acquise, quelque chose de la façon courante et preste de Voltaire ; ce qui est un dernier éloge ; car ce nous serait une honte de finir par une chicane janséniste avec un si beau livre, qui n'a qu'à se poursuivre sur ces bases et dans cette ordonnance pour être un monument.

15 février 1840.

(Le livre a été interrompu : M. Ampère a voyagé depuis lors en Grèce, d'où il nous a rapporté un *itinéraire* charmant; il vient de voyager en Egypte à la recherche des hiéroglyphes auxquels il ne désespère pas d'arracher plus d'un secret. On reconnaît là cet infatigable instinct de curiosité érudite qui l'entraîne. Nous comptons bien pourtant que, ces verves une fois épuisées et satisfaites, il reviendra à son beau livre commencé; il nous doit surtout le moyen age et la Renaissance, deux parties si neuves encore).

M. CHARLES MAGNIN.

1843.

(Causeries et Méditations historiques et littéraires.)

Les critiques de nos jours, ceux qui, depuis une vingtaine d'années déjà, ont commencé de se produire et de battre le pays, songent tous plus ou moins à se recueillir, à ramasser ce qu'ils avaient lancé d'abord à l'aventure, à se refaire, pour le reste de la marche, un gros assez imposant de ces troupes légères qui n'avaient donné dès le matin qu'en éclaireurs et comme en enfants perdus. C'est signe que la journée avance et qu'une pensée prévoyante succède insensiblement chez presque tous à l'audace et à la témérité première. Tantôt même ce sont des ouvrages à part, et vraiment considérables, dans lesquels le critique essaye de reprendre et de résumer avec étendue, de fixer et d'approfondir sur un point les études jusque-là plus vagues, qui l'ont pourtant occupé de préférence; tantôt, ce sont tout simplement d'anciens morceaux, déjà publiés en divers lieux, qu'on rassemble avec ordre, avec suite, en les revoyant pour la correction, mais en leur conservant leur premier caractère. En un mot, chaque critique de cette génération lie sa gerbe et fait son livre. Hier c'était M. Ampère, M. Patin; demain ce sera M. Saint-Marc Girardin. Aujourd'hui, nous retrouvons M. Magnin, qui a dès longtemps entrepris dans ses *Origines du théâtre moderne* un ouvrage d'importance et de longue haleine; mais il s'est accordé comme diversion et intermède et il nous fait le plaisir de publier un recueil d'anciens articles très-goûtés en temps et lieu lorsqu'ils parurent, et très-dignes de réclamer cette seconde lecture qui, seule, vérifie les bonnes pages. Pour les gens du métier qui savent combien ces jugements portés sur les livres du jour par les critiques compétents sont utiles à l'histoire littéraire, et combien, à une certaine distance, il devient difficile de se les procurer dans des feuilles si vite disparues, il semblera tout naturel qu'un homme qui connaît autant les circonstances et les destinées des livres que M. Magnin ait songé à sauver ce qui, intéressant et toujours agréable aujourd'hui, sera piquant et curieux pour l'avenir.

Il y aurait une manière bien simple, bien commode, et à la fois bien juste, de recommander ces volumes; nous nous hâterions de dire qu'à une grande variété de sujets sur lesquels le critique a répandu tous les assortiments d'une érudition exacte et fine, se joint le mérite d'un style constamment net, rapide, élégant; que la nouveauté des points de vue n'exclut en rien les habitudes et les souvenirs de la plus excellente et de la plus classique littérature; que l'ancienne critique s'y trouve toute rajeunie, en ayant l'air de n'être que continuée. Mais ces éloges qui, à les serrer de près, ont leur entière justesse, n'offrent rien qui se grave assez au vif et qui caractérise assez distinctement l'auteur. On pourrait, à peu de chose près, les appliquer à d'autres écrivains distingués ; on en dit tous les jours à peu près autant des ouvrages du même genre qui paraissent. L'avouerons-nous ? cette façon de louer nous paraît fade ; nous voulons mieux quand nous parlons d'un écrivain : malgré la difficulté de juger plus à fond et de percer plus avant quand il s'agit d'un contemporain, d'un ami, notre plaisir est d'y viser, de nous jouer même autour de la difficulté :

. . . . . . Et admissus circum præcordia ludit.

Ce serait notre plus grand honneur que de pouvoir quelquefois réussir à ce jeu, qui d'ailleurs, dans le cas présent, ne peut nous mener qu'à trahir des délicatesses d'esprit et des traits ingénieux de caractère.

Chez la plupart de ceux qui se livrent à la critique et qui même s'y font un nom, il y a, ou du moins il y a eu une arrière-pensée première, un dessein d'un autre ordre et d'une autre portée. La critique est pour eux un prélude ou une fin, une manière d'essai ou un pis-aller. Jeune, on rêve la gloire littéraire sous une forme plus brillante, plus idéale, plus poétique ; on tente l'arène lyrique ou la scène, on se propose tout bas ce qui donne le triomphe au Capitole et le vrai laurier. Ou bien c'est le roman qui nous séduit et nous appelle ; on veut se loger dans les plus tendres cœurs et être lu des plus beaux yeux. Mais viennent les mécomptes, les embarras de la carrière, les défaillances du talent, les refus sourds et obstinés. On se lasse, et si l'on aime véritablement les lettres, si une instruction solide n'a cessé de s'accroître et de se raffiner au milieu et au moyen même des épreuves, on est en mesure alors d'aborder ce que j'appelle, en un sens très-général, la critique, c'est-à-dire quelque branche de l'histoire littéraire ou de l'appréciation des œuvres. C'est presque toujours là que j'attends les jeunes arrivants si empressés au début et si superbes. Qu'ils réussissent dans l'art et dans la poésie, s'ils le peuvent ; tous nos vœux les accompagnent ; mais il y a sur ce point peu de conseils à donner. Ces palmes-là se ravissent et ne se discutent pas. Que s'ils manquent le premier objet de leur ambition, s'ils sont mal venus en ce premier amour, et si d'ailleurs, avec un esprit bien fait, ils chérissent sincèrement l'étude, il y a de la ressource et de la consolation. Le retour, même sans triomphe, peut avoir des charmes ; le salut se retrouve dans le naufrage.

Ce qui est ainsi vrai de plusieurs ne paraît pas l'être pour M. Magnin, et c'est un point par lequel il se distingue de plus d'un de ses confrères en critique. Lui, il est critique, en quelque sorte, d'emblée et essentiellement ; on ne voit pas que ce goût se soit substitué chez lui à une vocation première, à une ardeur autre part déterminée. Sa carrière se dessine d'une ligne toute simple. Né à Paris d'un père franc-comtois, et qui fut d'abord attaché comme secrétaire et bibliothécaire à M. de Paulmy d'Argenson, M. Charles Magnin a été nourri au milieu des livres et comme au sein de cette grande bibliothèque dont son père avait contribué, pour sa part, à extraire et à rédiger les *Mélanges* (1). Placé dès 1813 à la bibliothèque du Roi, dont il est, depuis 1832, l'un des conservateurs, il ne cessa de vivre à la source de l'érudition et de la connaissance littéraire la plus variée et la plus abondante. Qu'on ne croie pourtant pas que ce fut, dès l'enfance, un de ces liseurs avides et infatigables, un de ces *helluo librorum* comme il sied à tout bibliothécaire poudreux de l'être ; son goût témoigna de bonne heure discrétion et choix, une certaine friandise. Ses études universitaires avaient été brillantes (2) ; il s'essaya au sortir de là dans quelques concours académiques (3). Une pointe de bel esprit, la pointe d'une plume qui allait être si fine et si bien taillée, se faisait sentir. La plus vive tentative qu'il se permit hors du cercle où nous le connaissons, est une petite comédie en un acte et en prose, représentée à l'Odéon le 16 mars 1826 : *Racine ou la troisième Représentation des Plaideurs.* — *Les Plaideurs* ont été sifflés aux deux premières représentations par la basoche conjurée ; les procureurs sont en émeute, les conseillers aux enquêtes commencent à s'émouvoir ; Racine, dé-

---

(1) M. de Paulmy se fit aider pour ses *Mélanges tirés d'une grande Bibliothèque*, par Contant d'Orville et par M. Magnin, de Salins, père du nôtre.

(2) Il les fit à la maison de Sainte-Barbe-Delanneau et au lycée Napoléon. Il remportait en 1812 le prix de discours français au concours général.

(3) Sa pièce de vers sur *les derniers moments de Bayard* eut un accessit à l'Académie en 1815. Son *Entretien sur l'Éloquence* obtint une mention dans le concours de 1820.

solé, reçoit la visite de la Champmêlé et de Despréaux,
qui le réconfortent et le consolent chacun à sa manière.
Sur ce, madame de Crissé, vieille plaideuse qui se prétend outragée dans la comtesse de Pimbêche, et le conseiller Dandinard qui se croit joué dans Perrin Dandin,
forcent successivement la porte et font au poëte une
scène de menaces dont il se tire assez bien ; tout ce
jeu est assez plaisant. Pourtant l'orage augmente, et
l'on parle d'un ordre supérieur obtenu contre le poëte,
lorsque tout à coup on apprend que la Champmêlé qui
devait, ce soir même, jouer Ariane devant le roi, a feint
une indisposition ; que, grâce à ce tour d'adresse, *les
Plaideurs,* représentés pour la troisième fois, ont subitement trouvé faveur et gagné leur cause ; on n'a plus
osé siffler, et le roi a ri. C'est la Champmêlé elle-même, puis bientôt Despréaux en tête de la troupe comique, tenant flambeau à la main, qui viennent annoncer sa revanche et son triomphe au poëte. La vieille
plaideuse madame de Crissé et le conseiller Dandinard
sont toujours là, et font vis-à-vis au Dandin de la pièce
et à la comtesse de Pimbêche encore en costume ; c'est
à s'y méprendre :

TOINETTE (la servante de Racine).

« Ah çà ! ai-je la berlue, moi?—Quoi? deux Dandins...
deux comtesses de Pimbêche ? »—Et le conseiller offrant
la main à madame de Crissé: « Venez, venez, madame:
(*se retournant*) le roi a ri.... ce n'est pas ce qu'il a fait
de mieux ! mais nous avons le droit de remontrance ! »
Et Racine, à qui tout son courage est revenu et qui va

lire demain à la Comédie *Britannicus,* salue, en finissant, la Champmêlé du nom de *Junie*. — On le voit, c'est là une de ces petites pièces-anecdotes dont le *Souper d'Auteuil* d'Andrieux représente le chef-d'œuvre, et qui sont comme un bouquet pour les anniversaires de naissance de nos grands poëtes. En leur présentant cette légère offrande, M. Magnin ne faisait que marquer son goût pour leurs ouvrages, sa familiarité dans leur commerce, et témoigner agréablement qu'il avait qualité comme critique des choses de théâtre. Il ne prétendait pas s'ouvrir de ce côté une autre veine.

Dès ce temps-là, il prenait une part active à la collaboration du *Globe* ; il allait surtout s'y faire une position spéciale par ses articles sur les représentations théâtrales, et d'abord sur les pièces anglaises principalement. M. Magnin n'a pas recueilli, dans les deux volumes qu'il nous donne, ses articles concernant les nouveautés de la scène française ; il les réserve pour un volume séparé, qui aura tout l'intérêt d'un bulletin suivi et d'une chronique très-animée. Mais, dans le second des deux présents volumes, il a réuni tout ce qui se rapporte à la tentative si brillante et si dramatique qui se fit à Paris en 1827-1828, et qui mit en jeu devant nous le théâtre de Shakspeare, de Rowe, d'Otway. Les meilleurs acteurs anglais y figurèrent successivement ; on eut Kean, on eut Macready. Une ravissante actrice, miss Smithson, apportait et confondait, pour nous séduire, sa jeunesse, son talent, sa grâce idéale, et le charme de toutes ces beautés dramatiques si neuves qu'elle interprétait à nos yeux pour la première fois.

Cet épisode intéressant de l'histoire litttéraire de la Restauration se trouve raconté dans le livre de M. Magnin avec toutes ses péripéties, ses accidents, ses ivresses même ; on croit y respirer, par moments, comme l'odeur de la poudre, et tel article, écrit le soir dans la chaleur de l'applaudissement, est intitulé *Bulletin d'une victoire.* C'est qu'alors on croyait, on espérait avec enthousiasme et ferveur. Indépendamment du plaisir direct et tout désintéressé que pouvaient procurer ces admirables créations d'un génie terrible, pathétique ou gracieux, et toujours puissant, il y avait, au fond de tout cela, un désir de marcher à son tour, il y avait un mobile présent, contemporain, une émulation qui semblait aussi promettre des œuvres. Le critique ne sonnait si haut de la trompette que parce qu'il se sentait suivi, entouré, devancé même en plus d'un endroit par de généreuses ambitions qui n'attendaient que le signal pour se produire. Ce drame de Shakspeare n'était pas seulement un noble spectacle ; c'était une machine de guerre. On tiraillait sur l'ennemi, sur l'absolutiste littéraire, jusque du haut du balcon de Juliette, et on espérait bien avec Roméo escalader, en dépit des unités, cet asile, ce sanctuaire trop interdit d'émotions et d'enchantements. Pourquoi faut-il que, le jour où toutes les barrières sont brusquement tombées, quand la brèche a été plus qu'entr'ouverte, personne, presque personne, ne se soit plus trouvé là pour entrer ?

Douze ans après, on a subi la revanche, et bien légitime, convenons-en. On a eu l'accès inverse de cette ivresse première. L'ancien répertoire, Racine en tête, a fait sa rentrée par mademoiselle Rachel : ç'a été toute une restauration. Elle ne paraît pas près de finir. Mais, comme les belles œuvres ne sauraient jamais s'exclure, soyons et demeurons heureux de les embrasser. M. Magnin n'a pas cessé un moment de penser ainsi, et, comme critique, il a donné la main aux deux triomphes (1).

Cependant, pour nous en tenir à lui, un contraste a dû frapper d'abord. Nous l'avions laissé offrant son bouquet à Racine, à Despréaux, et, un an après, il était l'un des plus actifs à l'avant-garde des novateurs. Il n'avait pas changé son culte, il l'avait agrandi. L'impulsion dont tout esprit a besoin, et qui arrive à son heure, lui était venue. Pour le critique, c'est-à-dire pour l'écrivain de comparaison et d'expérience, cette impulsion doit surtout venir du dehors en se combinant avec le train habituel et avec les forces acquises. Ayant peu écrit dans sa première jeunesse, nourri d'études

(1) Malgré tout, je l'avouerai, j'en veux un peu à nos auteurs dramatiques de la moderne école ; ils ont poussé en avant les critiques et ne les ont pas suivis ; ils se sont comportés comme les chefs d'une armée feraient avec le corps du génie, en lui disant : « Nous voulons passer là, il nous faut une route. » Les critiques se sont mis à l'œuvre hardiment, sous le feu ; il fallait passer jusqu'au travers de l'ancien théâtre, qui barrait et offusquait. Tout en respectant du mieux possible les portions sacrées, on a fait sauter plus d'un degré du temple, plus d'une colonne du vestibule. La mine a joué jusque dans des quartiers du marbre blanc de Racine. Et puis la place faite, le passage ouvert, les critiques mis en avant ont été laissés là. On n'a fait que les plus gauches mouvements, ou l'on n'a rien fait. Il leur a fallu opérer leur retraite comme ils l'ont pu, et même en revenant s'abriter plus d'une fois aux autels qu'ils avaient pu ébranler.

classiques, élevé au nid de la littérature française,
M. Magnin se trouvait avoir un grand fonds en réserve,
des habitudes sûres, une circonspection qui n'excluait
pas la vivacité et qui allait la diriger. Il porta tout
aussitôt et ne cessa de garder les qualités antiques
dans l'adoption des œuvres et des doctrines nouvelles.
C'est là son trait original. L'ancienne critique, à voir
paraître cet adversaire inattendu, ne pouvait méconnaître ni son propre costume, ni ses formes mêmes,
en ce qu'elles avaient de net, de judicieux et d'excellent ; elle s'étonnait d'autant plus des conséquences :

Miraturque novas frondes et non sua poma.

Quand il s'agissait des tentatives modernes, M. Magnin,
sans se révolter ou s'engouer, sans parti pris, mais avec
curiosité, ouvrait le livre, le lisait plume en main, l'analysait, citait ce qu'il trouvait de neuf et d'acceptable
sans taire ce qui lui semblait un peu fort et outré. Il
faisait tout cela par voie d'exposition, presque de concession, d'un air d'ignorer toutes les hardiesses qu'il
commettait et qu'il appuyait. On y pouvait voir, sous
la candeur du critique, un peu de cette malice ingénieuse et couverte qui fait la dose requise, et que Bayle,
le premier, a si bien su mélanger. Mais quand il s'attaquait au faux classique, aux vieilleries modernes, à
ces usurpations de succès qui tranchaient du légitime,
oh ! alors M. Magnin y allait moins doucement : il savait
le fort et le faible de la place, il ne frappait pas à côté.
Sa plume acérée a donné à ce qu'on appelle la litté-

rature de l'*Empire,* bon nombre de ses plus cruelles blessures. S'il a eu un grain de passion en excès, ç'a été sur ce point-là.

Mais, en général, M. Magnin a une qualité à lui, quand il traite d'un sujet et d'un livre, une qualité que possèdent bien peu de critiques, et qui est bien nécessaire pourtant à l'impartialité : c'est l'indifférence. Je vais me hâter de définir cette espèce d'indifférence qui n'exclut pas du tout la curiosité et la conscience, ces deux vertus du critique, et qui même leur laisse un plus libre jeu. Voltaire l'a très-bien remarqué : « Un excellent critique serait un *artiste* qui aurait beaucoup de science et de goût, sans préjugés et sans envie. Cela est difficile à trouver (1). » Il ajoute encore : « Les artistes sont les juges compétents de l'art, il est vrai ; mais ces juges compétents sont presque tous corrompus... Il y a environ trois mille ans qu'Hésiode a dit : Le potier porte envie au potier, le forgeron au forgeron, le musicien au musicien. » Sans doute un artiste, sur l'objet qui l'occupe et qu'il possède, aura des vues perçantes, des remarques précises et décisives, et avec une autorité égale à son talent ; mais cette envie, qui est un bien vilain mot à prononcer, et que chacun à l'instant repousse du geste loin de soi comme le plus bas des vices, il l'évitera difficilement s'il juge ses rivaux ; sa noble jalousie (appelons ainsi la chose) le tiendra éveillé aux moindres défauts, et il sera prompt à voir et à noter ce qu'involontairement il désire ; ou

(1) *Dictionnaire philosophique,* article *Critique.*

bien, si la générosité du cœur s'en mêle, il ira au-devant du défaut, il passera outre et tombera alors dans des indulgences extrêmes, dans des libéralités qui ne sont plus d'un juge. Je l'ai toujours pensé, pour être un grand critique ou historien littéraire complet, le plus sûr serait de n'avoir concouru en aucune branche, sur aucune partie de l'art (à moins d'avoir excellé dans toutes) ; car autrement on porte dans l'examen du passé ou, à plus forte raison, du présent, une prédilection, une exclusion, nées de cette concurrence (1), une susceptibilité d'impatience et d'ennui, qui est le contraire de l'esprit d'eclectisme et d'impartialité exigé dans une telle œuvre. Il y a plus : comme, dans les critiques que nous faisons, nous jugeons encore moins les autres que nous ne nous jugeons nous-mêmes, il est assez bon que le critique, tout en n'étant que cela, tout en ne portant aucun trésor personnel, aucun bagage apparent, n'ait pas à être au dedans trop préoccupé de soi, qu'il ne se sente pas un goût secret trop marqué, qu'il ne caresse pas tout bas un idéal trop cher. Qu'arrive-t-il, en effet, alors ? Si je pouvais prendre des noms contemporains, l'éclaircissement me serait trop facile. Tel,

---

(1) En veut-on un très-gros exemple? Un jeune homme soumettait à La Harpe le manuscrit d'une tragédie de *Marie Stuart*; La Harpe lut la pièce et répondit : « Votre pièce est assez bien écrite, « mais le sujet n'est nullement propre au théâtre; s'il l'était, « Voltaire ou moi nous nous en serions emparés. » *Voltaire ou moi!* voilà bien du La Harpe tout pur, lorsqu'il causait en se laissant aller à sa morgue. Mais combien d'autres, dans sa position, sans lâcher le mot, auraient pensé la chose, et, à l'occasion, se seraient efforcés indirectement de la démontrer!

dans les portraits qu'il trace, se mire toujours un peu ; sous prétexte de peindre quelqu'un, c'est souvent un profil de lui-même qu'il cherche à saisir. Dans les figures historiques ou littéraires que tel autre déprime, dans celles qu'il exalte, je le retrouve au fond ; c'est lui encore qu'il préfère et qu'il célèbre sous ces noms divers ; dans les types favoris qu'à tout propos il ramène, il ne fait que sa propre apothéose.

M. Magnin n'est pas du tout ainsi : à vouloir conclure ce qu'il est intimement et par nature d'après ses écrits, il serait difficile de le deviner, sinon que c'est un homme d'esprit, de fine et excellente littérature. Il est tout à fait *impersonnel,* grande qualité pour le genre. Lorsque tant d'autres oracles prêchent pour leur saint, lui, il n'a pas de saint ; il n'accuse aucune préférence naturelle qui vienne traverser ou commander son examen. Cette indifférence philosophique que Descartes réclamait comme première condition à la recherche de la vérité, il la réalise dans la pratique de la littérature ; et comme en même temps il a l'humeur vive et curieuse, la plume facile et prompte, une telle disposition neutre l'a conduit très-loin. Sur une foule de points et de sujets, lui, sorti primitivement du giron classique et fidèle à bien des préceptes d'autrefois, il s'est trouvé l'un des plus avancés et des plus osés, l'un des moins prévenus contre l'idée ou la forme survenante, un des plus accueillants et des plus patients des chercheurs. Tel il s'est montré dans tout son rôle, depuis miss Smithson jusqu'à Mlle Rachel, depuis *Hernani* jusqu'à *Lucrèce ;* sur Homère, sur l'abbesse Hrosvitha, sur la reine Nantechild, sur *Ahasvérus,* il a émis, accepté et soutenu des doctrines, des vues, qui témoignent de l'ouverture de sa pensée et de sa flexibilité ingénieuse presque indéfinie ; ce qui me fait dire et répéter de plus en plus : « Le critique n'est jamais chez lui, il va, il voyage ; il prend le ton et l'air des divers milieux : c'est l'hôte perpétuel (1). »

Chez beaucoup de ceux qui avaient épousé très-vivement la cause nouvelle au début et qui avaient entonné à haute voix le Chant du départ, le mécompte a suivi et s'est fait amèrement sentir. Le reflux de l'âme, à l'âge du retour, est en raison le plus souvent de ce qu'a été la marée montante aux heures de la jeunesse : plus l'on s'était avancé, et plus on se retire. On a été des plus enthousiastes, et l'on se trouve d'autant plus chagrin. Rien de tel chez M. Magnin : son enthousiasme, tout vif qu'il était, vint assez tard et se tempéra de ses autres qualités, de façon à moins craindre le retour. Esprit consciencieux, attentif jusqu'au scrupule, des plus constants et des mieux en règle avec lui-même, s'il semble un peu plus lent à partir, il ne recule jamais et ne revient guère sur ses pas. Lorsqu'il lui arrive, par suite d'obstacles extérieurs, d'être obligé de s'arrêter, d'interrompre sur un point, il n'oublie rien, il amarre sa barque à l'endroit précis, et, s'il reprend ensuite sa marche, c'est sans avoir dérivé. Il se trouve ainsi, après

---

(1) Ses études sur Hrosvitha ont conduit M. Magnin à donner une traduction complète du *Théâtre* de cette abbesse, avec texte, introduction, notes, le tout d'un soin et d'un goût accomplis (1845).

des années, plus en avant et plus en train que de plus ardents au départ, mais qui ont dès longtemps rebroussé. Cela s'est vu surtout lorsqu'il a eu à parler, en ces derniers temps, de certaines représentations dramatiques, et, en général, dans ce qu'il a écrit sur les œuvres de l'école poétique moderne depuis 1830. La question dite romantique n'est restée aussi parfaitement présente à aucun autre critique, et nul ne continue d'y porter un coup d'œil plus vigilant, plus scrutateur et moins désespéré. Mais ceci nous mène à soumettre quelques remarques au talent si distingué et si sagace que nous essayons en ce moment de bien démêler.

Je reprocherais précisément à M. Magnin de se trop souvenir peut-être dans quelques occasions, et de reprendre trop juste les choses où elles étaient hier. Il a mis le signet en fermant le livre, et il le rouvre juste à la même page; n'était-ce pas le cas de sauter quelques feuillets ? Les esprits et les choses sont allés tellement depuis quelques années, et se comportent tellement chaque matin, que, pour se remettre au pas avec eux et avec elles, rien n'est mieux, rien n'est plus court et plus juste qu'une certaine inconséquence. Rien ne va par continuité, surtout aujourd'hui ; les époques historiques se succèdent à vue d'œil, les manières diverses chez les mêmes écrivains se prononcent et se déplacent avec une confondante rapidité. Dans de telles conjonctures, la critique a souvent, ce me semble, à marquer les temps, à battre les changements de mesure, à dénoncer les revirements. Chaque œuvre, chaque écrivain, en définitive, lorsqu'on les a suffisamment approfondis et retournés, peuvent être qualifiés d'un *nom* ; il faut que ce nom essentiel échappe au critique, ou du moins que le lecteur arrive de lui-même à l'articuler. M. Magnin ne l'y aide pas toujours assez dans l'agrément de ses dissertations instructives. Comme un homme qui a beaucoup vu de livres et qui sait mieux que personne à combien peu tiennent en ce genre les destinées, et quelle infiniment petite différence il y a bien souvent entre un livre qui vit, dit-on, et tel autre livre qui passe pour mort, M. Magnin ne se montre pas trop empressé de dire : *Ceci est bon, et ceci est mauvais.* On l'a tant fait, et à la légère, qu'on a été guéri pour longtemps de ce rôle sentencieux.

Quoi qu'il en soit, pour insister sur un point capital de l'histoire littéraire de ces dernières années, je suis de ceux qui estiment que l'école dite romantique a été dissoute par le fait même de la révolution de Juillet. Dès le lendemain, je crois m'en être ouvert en ce sens avec le plus illustre des chefs d'alors. Ce jour-là, une nouvelle question littéraire était posée, ou du moins la précédente ne l'était plus. Je ne trouve pas que l'ingénieux critique se soit rendu compte ainsi de la différence des situations, et cela a pu jeter quelque indécision sur des aperçus toujours piquants de détails et si heureux d'expression.

Puisque j'en suis avec lui à des observations de ce genre, il en est une qu'il me permettra encore ; ce n'est guère que la même un peu autrement retournée. Cette qualité d'indifférence que nous avons notée chez

M. Magnin, en ayant bien soin de la définir, a naturellement des conséquences qui influent sur l'ensemble de sa manière. Il est des critiques qui entrent et tombent, pour ainsi dire, dans un sujet comme un fleuve qui descend des montagnes : les masses, les points de vue, les horizons, distinguent, encadrent et accentuent de toutes parts le paysage. Ainsi fait, par exemple, dans son cours de *Littérature dramatique,* le grand critique Guillaume Schlegel, exclusif et majestueux. Mais quand le fleuve n'a pas reçu une pente aussi décidée, quand il coule plutôt entre des digues et par des bras habilement et activement ménagés, l'aspect du paysage ne peut être que très-différent. En d'aures termes, on ne rencontre pas d'ordinaire chez M. Magnin de points de vue bien dominants ni de masses bien détachées ; on a plutôt la richesse, la fertilité et le détail infini d'une Hollande ; la Hollande, ç'a été la patrie et le berceau de cette critique moderne, de celle qui fait les bons journaux.

Il en possède toutes les qualités primitives, fines et saines, menues et solides, l'intégrité qu'il faut bien louer, tant elle devient chose rare ! cette attention à tenir la balance et à peser vingt fois le même objet (c'est la probité du genre), une bienveillance ferme et qui sait les limites, l'absence de toute envie, une sorte de simplicité qui a pourtant beaucoup vu, et qui est plus portée à regarder qu'à s'étonner. Son érudition très-complète et très-déliée nous rappelle qu'il est aussi le critique-bibliothécaire. Sur chaque question, il se plaît à savoir, et il s'inquiète d'abord de trouver ce qui a été écrit. Cette première recherche a déjà de quoi apaiser et amortir la curiosité, de quoi remettre à sa place le présent. Rien n'est capable d'ôter l'ivresse de la nouveauté comme la vue d'une grande bibliothèque; c'est proprement le cimetière des esprits. Le grand bibliothécaire par excellence, Gabriel Naudé, en parle étrangement en son style plus énergique qu'élégant : « Les bibliothèques, dit-il, ne peuvent mieux être comparées qu'au pré de Sénèque, où chaque animal trouve ce qui lui est propre : *Bos herbam, canis leporem, ciconia lacertam* (1). » Et arrivant à la connaissance des livres des novateurs, il la conseille en temps et lieu, comme fournissant à l'esprit une *milliasse* d'ouvertures et de conceptions, le faisant parler à propos de toutes choses, et *lui ôtant l'admiration, qui est le vrai signe de notre faiblesse.* Gabriel Naudé nous dit là son goût de penseur hardi et sceptique, il nous trahit son gibier favori et ce qu'il aime, sans préjudice des autres pièces : philosophe vorace, il lit tout, il y attrape des *milliasses* de pensées, et les enveloppe à son tour dans quelqu'un de ces écrits indigestes et copieux, vrai *farrago,* mais qui font encore aujourd'hui les délices de qui sait en tirer le suc et l'esprit. M. Magnin, bien que très-bibliothécaire aussi, n'est pas de cette classe, et son *lièvre* plus rare a, si j'ose dire, la patte plus blanche. A travers ce vaste champ de connaissances où sa condition l'a jeté, il s'est orienté de bonne heure; furet et gourmet, il suit ses lignes sans en sortir, sans s'égarer; il

---

(1) *Avis pour dresser une bibliothèque.*

choisit et range à bonne fin le grain et la perle. Il lit, plume en main, et dans un but. Ceci revient à dire que M. Magnin est *écrivain,* qu'il en a les qualités, le goût, un peu l'entraînement ; il aime à étudier, à connaître, mais pour écrire, pour déduire ce qu'il sait, pour le mettre en belle et juste lumière. On a cité ce mot de M. Daunou sur lui : *C'est une excellente plume.* Il y a mieux : pour lui, si je ne me trompe, cette grâce, cette aisance de rédaction qui le distiguent, doivent quelquefois déterminer, inspirer, guider la recherche par l'idée d'en faire usage. La plume, c'est son organe.

Rien n'est plus agréable, comme lecture purement littéraire, que ces assortiments bien faits de mélanges. Ceux que M. Magnin vient de publier présentent toute espèce de choix et de variété : Grèce, romantisme, Portugal et Chine, nul échantillon n'y manque ; cette qualité de style dont nous parlons en fait l'harmonie. C'est plaisir et douce surprise que de retrouver ces théories et ces œuvres nouvelles analysées, exposées, justifiées parfois, dans un langage courant et pur, avec accompagnement des réminiscences, des citations classiques que le critique y entremêle, et par lesquelles il les rattache sans effort à ce que souvent elles oubliaient. Le rôle piquant et utile en ce genre est ainsi de maintenir, de prolonger et d'asseoir la tradition là même où elle semblerait faire faute. Ce travail de pilotis, humble en apparence, suffit souvent, comme en Hollande, pour contenir l'orgueil du flot. Parmi les morceaux d'une histoire littéraire plus lointaine et plus désintéressée, il faut mettre au premier rang la notice sur Camoëns, vrai petit chef-d'œuvre où la curiosité de l'étude et l'exquis de l'érudition viennent se fondre dans un sentiment bien délicat de cette chevaleresque poésie. Les essais de traduction que M. Magnin insère, chemin faisant, dans son récit, peuvent, je crois, être considérés comme des modèles, et montrent dans quelle mesure on doit se faire littéral avec un poëte étranger, tout en se conservant français, lisible, et même élégant. Parmi les morceaux d'un autre genre, un des plus délicieux et des plus fins est l'article sur Paul-Louis Courrier à propos de ses mémoires et de sa correspondance, publiés en 1829. M. Magnin dégage chez Courier, au travers de l'homme de parti et du champion libéral, l'homme véritable, naturel, l'indépendant épicurien et moqueur, l'artiste amoureux du beau, l'*humoriste* vraiment attique, au *rictus* de satyre : « On n'a point la bouche fendue comme il l'avait, d'une oreille à l'autre, sans être prédestiné à être rieur, et rieur du rire inextinguible d'Homère ou de Rabelais. »

Ces pages si légères et si bien touchées, à propos du plus docte et du plus lettré de nos pamphlétaires politiques, nous ont rappelé involontairement la différence des temps et le contraste de deux périodes pourtant si rapprochées. Je disais tout à l'heure que, pour la question littéraire, la révolution de 1830 avait coupé court et changé les conditions de succès ; je ne me suis pas assez expliqué peut-être. Sans doute le beau reste toujours beau, et il ne varie pas d'hier à demain ; mais il y a aussi dans les œuvres la forme, le cadre, l'art, l'artificiel même, si vous voulez. Or cette part, on le sait, était grande dans l'école littéraire d'alors, et j'ajouterai qu'elle avait assez droit de l'être, en raison des loisirs plus cultivés et des idées en vogue durant la seconde moitié de la Restauration. C'est cette portion mobile qui a été ruinée du coup en juillet 1830 ; le je ne sais quoi de nouveau se cherche et ne s'est pas trouvé jusqu'ici.

Mais, dans la littérature politique, le contraste naturellement se tranche d'une façon plus directe encore. Les écrivains polémiques et les pamphlétaires l'ont bien senti : ceux qui ont eu du succès en dernier lieu l'ont pris sur un autre ton, et ce ton, en général, était plus aisé en ce qu'il a plutôt grossi. Le nom de Courier provoque le rapprochement avec un pamphlétaire d'esprit et même de talent(1), qu'on lui a comparé souvent en ces dernières années et que quelques-uns n'ont pas craint de lui préférer. L'homme d'esprit dont je parle sait bien à quoi s'en tenir. Je laisse de côté le fond politique et aussi le résultat matériel. J'ai là sous les yeux la onzième édition du *Livre des Orateurs* de Timon, et ce n'est sans doute pas la dernière. Ce Timon se dit d'Athènes ; mais qu'il y a loin de son quartier à la métairie de cet autre misanthrope tempéré de gaieté, duquel M. Magnin a dit en nous le montrant au bivouac avec son Homère : « Son esprit s'empreignit d'atticisme. Il
« reçut de la Grèce sa façon de sentir, de juger, de
« s'exprimer ; il fut Athénien par ses idées sur l'art,
« sur le beau. Après le génie grec, ce fut ce qui s'en

---

(1) M. le vicomte de Cormenin.

« rapproche le plus, le goût italien, le soleil d'Italie,
« l'art de Venise, de Florence, de Rome, qui l'enchan-
« tèrent le plus. La pureté du goût antique passa dans
« sa manière et produisit, en se mêlant à son cynisme
« de caserne et à ses mœurs quelque peu hussardes,
« un contraste des plus singuliers et des plus piquants.
« Dans ce Huron devenu artilleur, il y eut de l'Alci-
« biade. » — Au sortir de Longus et entre deux pages
d'Hérodote, il lui parut plaisant de prendre à partie un
régime tracassier et hypocrite qui l'avait piqué; la
difficulté de tout dire et de bien dire était l'amorce
tout à fait propre à tenter cet esprit rompu aux grâces.
Le Timon d'aujourd'hui, qui avait dès lors l'âge de la
raison et même celui de la misanthropie, se serait
bien gardé de se mettre du jeu; s'il avait plus de
motif, je l'ignore, je n'imagine que le motif littéraire
très-suffisant : il attendait patiemment l'heure d'aborder les choses par le plus gros bout, de jeter à l'aise
et crûment sa parole saccadée et cassante; il se sentait
le *croc,* non pas l'*aiguillon.* Je ne saurais rendre l'effet
désagréable que produit sur moi, par instants, ce style
bizarre, baroque, bariolé de métaphores et de termes
abstraits, à phrases courtes, à paragraphes secs, dé-
charnés, qui sentent encore le résumé du contentieux,
et qui poussent par soubresauts l'éloquence du factum
jusqu'à une sorte d'élancement lyrique. Dans l'article
sur Henri Fonfrède, qu'il apprécie d'ailleurs avec justesse et indulgence, Timon a le bon goût de citer une
sortie violente de ce même Fonfrède contre lui Timon,
et il ajoute : « Par Jupiter! lecteur, j'aurais pu affiler

« ma bonne lame, donner de la pointe à ce Scythe, à ce
« barbare, et lui rendre blessure pour blessure. —
« Mais nous autres, Grecs d'Athènes, si nous avons du
« sel aux lèvres, nous n'avons pas de fiel dans le cœur,
« etc., etc. » J'abrége la parodie : il ne manque à ce
choc, à ce cahotage de tous les styles, que d'y avoir
fait entrer plus au long *ma bonne lame de Tolède;* l'a-
malgame eût été complet. Laissons l'Hymette et son
miel à ceux-là seuls qui en savent les sentiers, à ceux
qui, même au sein des passions et des paroles acérées,
ne perdent jamais une certaine légèreté de ton, et
comme une certaine saveur du berceau : *Musæo con-
tingens cuncta lepore.* Tel fut Courier ; lors même qu'il
obtint des succès de parti, c'étaient encore des succès
de muse.

Nous ne disons rien ici, d'ailleurs, pour protester
contre un succès plus populaire et qui a voulu l'être.
Les portraits de Timon ont du relief et du trait, nous
en convenons ; ils sautent aux yeux à travers la vitre.
Il nous a semblé seulement, en relisant d'excellentes
pages écrites, il y a quatorze ans, par M. Magnin, que
la critique elle-même s'était fort désorganisée depuis
lors : voilà un livre arrivé à plus de onze éditions ; les
partis l'ont loué ou blâmé, selon l'intérêt de leur
cause ; la valeur littéraire n'a pas encore été extraite
et réduite à son poids.

Plus d'analyse conviendrait peu, à propos des deux
volumes que nous annonçons ; et puis il nous serait
impossible, en continuant de les feuilleter, de ne pas
nous rencontrer nous-même face à face sous la plume

de M. Magnin, et de ne pas reconnaître avec émotion et sourire tout ce que lui doivent de gratitude d'anciens essais pris d'abord en main par lui et proposés du premier jour à l'indulgence. En parcourant les articles qui composent son premier volume, on pourra être un peu étonné d'en trouver un tout politique vraiment, de quelques pages à peine : *Comment une dynastie se fonde,* et daté du 16 mars 1831. Est-ce donc par inadvertance que cet article, un peu disparate, s'est glissé là? M. Magnin commet rarement des inadvertances, et il faut bien noter ici une intention. En introduisant ce brin de politique entre des pages plus fraîches et restées plus neuves, en y oubliant, comme par mégarde, ce coin de cocarde, le critique littéraire a voulu sans doute témoigner qu'il avait sur certains points des opinions, des principes, rappeler qu'il les avait soutenus, et faire entendre qu'il s'en souvenait comme de tout le reste. C'est encore là un trait qui rentre dans ce que nous avons dit du caractère de M. Magnin, de cette nature des plus fidèles à elle-même et à ce qu'elle a une fois accepté ; il tient beaucoup en cela de ces personnages de la fin du xviiie siècle, qu'il connaît si bien, qu'il a pratiqués de bonne heure, et dont il a gardé plus d'une doctrine et plus d'un pli, tout en se séparant d'eux si complétement sur la question littéraire.

Dans cette diminution et ce désarroi général de la critique que nous déplorons, il est à souhaiter que des plumes comme celle de M. Magnin, si aguerries et si bien conservées, ne cessent pas de longtemps leur emploi, dussent-elles n'intervenir qu'avec choix et discrétion, en prenant leur moment. Qu'il achève sans doute et couronne son important ouvrage commencé sur les *Origines du Théâtre moderne*. Il y a déjà longtemps que, voyant s'accumuler les matériaux et les documents sur ces origines que chaque découverte faisait reculer sans cesse, M. Raynouard exprimait le vœu qu'un homme d'instruction et d'esprit intervînt et mît ordre à la question éparse et confuse. M. Magnin est désigné aujourd'hui pour cette tâche à laquelle il s'est préparé de longue main. Que si nous osions mêler un conseil au travers d'un travail si médité, et auprès d'un esprit par lui-même si averti, ce serait de borner à un certain moment la recherche, de clore son siége, et de se jeter à l'œuvre avec toute la richesse amassée et en s'occupant surtout à la dominer par l'idée, à la classer d'une volonté un peu impérieuse. En parlant de la sorte à un critique aussi prudent, nous savons bien que l'inconvénient possible serait vite corrigé. Une fois d'ailleurs le livre fait et paru, le peu qui a échappé en particularités et en minces détails arrive de toutes parts et rentre le plus souvent dans les cadres déjà exposés. Enfin de tels ouvrages ont toujours la seconde édition pour s'amender et se compléter ; visons d'abord à la première et à l'architecture de l'ensemble. Mais que ces lents et difficiles travaux, que les arcanes de l'Académie des inscriptions elle-même et les exercices philologiques du *Journal des Savants* n'éloignent jamais M. Magnin de ce qui a fait son premier plaisir et son plus franc succès, de cette critique instructive et accessible à tous, judicieuse et hardie, qui ne craint pas de se commettre en parlant de ce qui occupe tout le monde et de ce que tout le monde comprend. La publication de ces deux volumes et le soin qu'il y a donné nous sont garants de ce que nous espérons. Ce n'est pas au nom de la gloire et de la renommée qu'il convient de s'adresser aux critiques, à ceux qui, vraiment dignes de ce nom, voient les choses littéraires avec sang-froid, étendue, et par tous les sens. Ils savent trop ce que c'est que renommée, comment elle se fait, combien elle dure; ils y mettent tous les jours la main, et plus d'un aussi pourrait dire à quelque roi du jour que la chute attend :

J'ai fait des souverains, et n'ai point voulu l'être.

Il y a pourtant à ajouter, et ils le savent, que, sans viser à aucune gloire ni même à ce sceptre du genre qui a toujours plus ou moins l'air d'une férule, il est aussi un degré d'estime très-sûr qu'on parvient peu à peu à obtenir, et qui se perpétue. Tandis que les poëtes et les écrivains qui se croient créateurs passent très-vite et meurent tout entiers, s'ils ne sont excellents, le critique accrédité et fidèle vit, c'est-à-dire (oh ! ne nous exagérons rien) on le cite quelquefois, on feuillette au besoin son recueil pour le consulter comme un témoin véridique, on rappelle son jugement sur ces livres, un moment fameux, qu'on ne lit plus et qu'on ne juge en abrégé que par quelques mots tirés de lui. Bayle est un trop grand nom et qu'on pourrait récuser comme exemple ; pour en prendre un qui n'ait rien d'éblouissant, Le Clerc vit plus que tous les Campistrons. Et si le style s'en mêle, si l'agrément a touché ces humbles pages d'autrefois, elles ont aussi pour qui les rouvre après des années, un certain parfum. Marmontel n'est compromis aujourd'hui, dans sa renommée littéraire, que par ses ouvrages de poésie, de théâtre, par ses contes et ses romans ; s'il n'avait laissé que sa critique, il serait un nom des plus respectés. C'est pour avoir visé au sceptre-férule dont nous parlions et pour en avoir trop joué, qu'il en a coûté cher à La Harpe ; mais quand on a borné son ambition à n'être que des meilleurs, comme Guinguené, Suard, on n'est pas tout à fait déçu dans ses vœux, et ces destinées-là, telles que nous les voyons se dessiner dans un horizon déjà lointain, ont quelque chose qui continue de s'éclairer doucement aux yeux du sage. Pourtant, encore une fois, c'est moins au nom de cette perspective, toujours si pâle et si mêlée d'ombres, qu'il faut s'adresser au vrai critique et le convier à ne pas cesser ; la vérité voilà ce qui l'inspire, la vérité littéraire, le plaisir de la dire avec piquant ou avec détour, l'amour d'une étude courante et animée. Lors même que le feu des premières illusions est passé, lorsqu'on n'épouse plus ardemment une cause et qu'il n'y a plus de cause, la jouissance de la curiosité et de l'expression critique reste tout entière. On prend un livre, on s'y enfonce, on s'y oublie ; on médite alentour, on y muse et s'y amuse, *desipere in libro* ; puis insensiblement la pensée se prend, une idée sourit, on veut l'étendre, l'achever :

déjà la plume court, la déduction ingénieuse et industrieuse se poursuit, et, quand on s'y entend aussi aisément que M. Magnin sait le faire, si désintéressée que soit d'ailleurs cette douce passion, il est difficile d'y résister.

15 octobre 1843.

QUELQUES VÉRITÉS

SUR

LA SITUATION EN LITTÉRATURE.

1843.

Il y a quelques années, il a été fait dans cette *Revue* une sorte d'appel à tous les talents qui, nés à peu près en même temps que le siècle, se trouvaient approcher de l'âge toujours redoutable de la maturité (1). Depuis lors le jeune siècle, comme on disait autrefois, s'est fait de plus en plus mûr, ou, si l'on aime mieux, de moins en moins jeune. Les années à tout âge vont vite, mais surtout celles du milieu. De plus en plus donc, chaque jour, on perd sensiblement de vue le port, le rivage, l'amphithéâtre du golfe bien-aimé, ces contours dont chaque point pour chacun sont marqués d'un regret, d'un souvenir. On a franchi la rade, on est en

(1) *Dix Ans après en littérature*, 1ᵉʳ mars 1840 (voir précédemment tome II, page 472). — Ce sont des articles écrits plus particulièrement pour la *Revue des Deux Mondes*.

pleine mer, sur l'espace *où l'on ne vendange pas ;* le vaisseau file ses nœuds avec une rapidité monotone, et l'on ne compte plus. Qu'aperçoit-on, qu'espère-t-on à l'horizon, dans un prochain ou lointain avenir? Aucune terre n'apparaît, aucune pointe d'île ne perce, aussi loin que la vue s'étend. Ce n'est point d'ailleurs le rôle de la critique de prédire sans cesse le lendemain, d'outrepasser les horizons ; elle l'a voulu trop faire jusqu'ici. Qu'elle se borne à relever les hauteurs, à reconnaître les signes, et à constater.

Certes, bien que quarante-trois ans soient beaucoup dans la vie d'un siècle, il serait téméraire de prétendre décider de sa physionomie générale à cet âge de son existence. A prendre en effet les trois derniers siècles à leur année 43, on n'aurait guère pu deviner, en littérature (pour ne parler que de cela), tout ce qu'ils ont enfanté de plus original et de plus grand.

Au XVIe siècle, en 1543, le brillant mouvement de renaissance imprimé par François Ier était sans doute en plein développement, mais il n'avait pas produit sa floraison ni ses fruits dans toutes les branches. On avait Marot, Calvin, on avait surtout Rabelais ; mais le grand réveil poétique de la pléiade n'était pas encore sonné ; on n'avait pas Montaigne ni même les douceurs prochaines d'Amyot, ni tout ce qui remplit si bien, en érudition, en doctrine parlementaire, en histoire, en poésie, en style, la seconde moitié de cette riche et confuse époque.

Au XVIIe siècle, en 1643, on avait Corneille, et c'était l'année de Rocroy ; mais comment deviner alors, malgré de tels augures, les destinées merveilleuses du règne-enfant et les splendeurs de Louis XIV?

Au xviiie siècle, bien qu'il fût plus facile, à pareille date, de prévoir ce qui ne devait être, à proprement parler, qu'une suite, une continuation, cette continuation allait dépasser les prémisses et les couronner dans des proportions tout à fait surprenantes et glorieuses. On n'avait, en 1743, presque aucun des grands monuments de l'époque, pas encore l'*Esprit des Lois* (1748), pas encore l'*Histoire naturelle* (1749), pas l'*Encyclopédie* (1751), rien de Jean-Jacques; et Voltaire, déjà si brillant, n'était pas encore arrivé, par les années et par l'exil, à cette sorte de dictature universelle dont ses licences et ses ricanements purent à peine atténuer la majesté.

Ainsi donc, en constatant aujourd'hui ce que nous autres, xixe siècle, nous sommes à cet âge qui est censé celui de la maturité, nous ne prétendons aucunement engager l'avenir littéraire ni préjuger le lendemain. A conjecturer pourtant, comme il est permis, d'après l'ensemble et le terrain courant des générations survenantes, l'imagination pourrait sembler dorénavant avoir moins de chances pour les grandes œuvres, que l'érudition et la critique pour les travaux historiques dans tous les sens, et que l'esprit pour les charmants gaspillages de tous genres. Mais ceci n'est qu'un aspect immédiat, et il suffirait de deux ou trois de ces nobles esprits qui sont toujours une exception, et qui peuvent toujours sortir de la grande loterie providentielle, pour donner à la conjecture d'heureux démentis.

Ce qui est, ce qui s'est déjà accompli et parcouru, ce que nous possédons, voilà une matière plus sûre; tenons-nous à en toucher, à en presser quelques points essentiels et à les caractériser. La critique ne peut guère prétendre à plus pour éclairer et pour avertir. Que s'est-il passé littérairement de saillant, de sensible à tous, depuis quelques années?

Et quelle disette d'abord, ou du moins quelle stérile abondance! Signaler la halte, le ralentissement graduel et continu, c'est proclamer ce que chacun s'est déjà dit. Pendant que les hommes en possession de la vogue et de la faveur publique continuaient plus ou moins heureusement d'en user ou d'en abuser, que trop souvent ils traînaient sans relâche, sans discrétion, qu'ils appesantissaient leur genre, ou qu'ils le bouleversaient brusquement un beau matin plutôt que de le renouveler, quelles œuvres vraiment nouvelles, quelles apparitions inattendues sont venues varier et rafraîchir le tableau?

Deux faits notables, deux phénomènes littéraires, sont venus, l'un pas plus tard qu'hier, l'autre depuis quelques années déjà, fournir à l'attention avide un sujet, un aliment tant désiré, sur lequel on a vécu à satiété et qui, par bonheur (cela reste vrai du moins pour l'un des deux), n'est pas près de s'épuiser encore. Je ne prétends pas du tout évaluer ici ces deux faits en eux-mêmes, et je ne les atteste que comme symptômes. On a eu au théâtre Mlle Rachel, qui nous a rendu toute une veine dramatique de chefs-d'œuvre, lesquels avaient naguère semblé moins actuels, moins nouveaux ; on a eu hier une tragédie qui a attiré la foule, et qui, par des qualités diverses et sérieuses, a mérité de faire bruit.

Qu'il ait pu y avoir, durant ces derniers temps, en d'autres branches d'étude et de culture, d'autres productions qui fassent honneur à l'époque et qui lui seront comptées un jour, je suis loin de le vouloir contester ; mais, à ne consulter que l'époque elle-même et son impression purement présente, ces deux accidents sont les seuls qui, dans l'ordre de poésie, aient mis les imaginations en émoi et qui aient vivement piqué l'attention publique.

Or, pour qui sait voir et observer, ces deux faits (que je n'entends encore une fois ni égaler ni juger en eux-mêmes) sont un grand enseignement, une mesure très-sensible de l'état du goût, du degré de température, et du *niveau* d'aujourd'hui. Tous les deux se rapportent à ce qu'on appelle la *réaction*, et ils en marquent comme deux temps, coup sur coup, dans leur applaudissement sonore.

Tandis que, sous la Restauration, on aimait surtout dans Talma finissant et grandissant un novateur, une espèce d'auteur et de poëte dramatique (et non, certes, le moindre), qui rendait ou prêtait aux rôles un peu conventionnels et refroidis de la scène française une vie historique, une réalité à demi shakspearienne, — il arrive que ce qu'on a surtout aimé dans notre jeune et grande actrice, ç'a été un retour à l'antique, à la pose majestueuse, à la diction pure, à la passion décente et à la nature ennoblie, à ce genre de beauté enfin qui rappelle les lignes de la statuaire.

Dans la pièce de M. Ponsard (je ne prends qu'un point), on a également applaudi quelque chose de calme et d'élevé avant tout; on a été jusqu'à oublier, jusqu'à méconnaître (et l'auteur a paru l'oublier lui-même un moment) (1) les détails et les procédés d'exécution qui rattachent le plus cette œuvre aux innovations modernes, pour y voir une sorte d'hommage rétrospectif à des formes abolies.

Ces deux événements, ces deux succès, très-sensibles parce qu'ils ont éclaté au théâtre, et dans les circonstances les plus propres à les faire ressortir, ne sont au reste qu'une indication de ce qui se passe ailleurs et à côté dans toute l'étendue d'une certaine couche sociale : en religion, politique, arts, modes et costumes, réaction sur toute la ligne.

Réaction, après tout, superficielle et à grand fond, secousse et agitation légère d'esprits blasés, ennuyés, qui se retournent par dégoût, et qui essayent aujourd'hui de ce qu'ils ont rebuté hier, pour ressentir quelque chose! — Réaction légitime à certains égards, en tant qu'elle est provoquée par les excès, les abus violents, les pesanteurs ou les fatuités de l'école régnante, de celle du moins qui était faite pour régner !

Toutes les grandes et vraies réactions ont leurs causes profondes. Il y a eu, en 1800, une réaction sociale

(1) Dans le courant de la polémique qui s'engagea au sujet de la pièce et à laquelle il prit part, le jeune auteur parut un moment se replier vers des rangs qui n'étaient pas les siens.

complète, et elle était, si l'on s'en souvient, assez motivée. Il s'agissait, après des désastres inouïs et des ruines de tout genre, de tout recomposer, de retrouver sous les sanglants décombres la statue de la Loi, la pierre et le calice de l'autel, le trône lui-même avec ses degrés. On a retrouvé alors, ou, au besoin, on a réinventé tout cela : il y a eu, dans la grande reconstruction, du vrai, du solide et de l'authentique; il y est aussi entré bien du mensonger, de l'apocryphe et du postiche. Un excès, dans ces grands revirements des nations, en amène et en favorise toujours un autre contraire : le flux est égal au reflux. Mais de nos jours, au milieu des respects et des hommages individuels et publics volontiers décernés à la religion, après le triomphe encore plus complet qu'espéré d'une politique conservatrice, venir réagir au delà dans le même sens et en passant outre, pousser par système et par mode à l'aristocratie, au despotisme, à l'ultramontanisme, c'est ne prouver autre chose que l'ennui de l'âme qui s'agite à vide et la vanité de l'esprit qui se monte à froid. En littérature seulement, c'est-à-dire roman, poëme et théâtre, on a pu trouver avec plus de fondement, en effet, que les promesses avaient quelque peu menti, que les saturnales duraient et s'étendaient avec insolence, que la boue des rues et l'ordure des bornes remontaient trop souvent jusqu'au balcon, que les grands talents à leur tour donnaient le pire signal et manquaient à leur vocation première, qu'ils s'égaraient, qu'ils gauchissaient à plaisir dans des systèmes monstrueux ou creux, en tout cas infertiles ; en un mot, qu'ils n'amusaient plus et qu'ils avaient cessé de charmer. Dès lors, en un tel état de choses, tout ce qui est et sera un peu naturel et élevé, un peu simple et moral, un peu neuf par là même, a retrouvé de grandes chances de plaire, d'intéresser et presque de saisir. Ce qu'on appelle réaction en littérature n'a aucun sens raisonnable, ou n'a que celui-là.

Depuis les cinq ou six dernières années, cette disposition est manifeste dans le monde, et n'a fait que se confirmer à chaque occasion, en maint exemple grand ou petit ; mais, si elle a ses motifs que je viens de dire, ses avantages relatifs, son bon sens rapide et ses délicatesses, la disposition d'esprit que nous reconnaissons ici et que nous saluons à son heure manque pourtant trop essentiellement de doctrine, d'inspiration à soi, d'originalité et de fécondité, pour devenir le ton d'un siècle, à moins que ce siècle ne soit prédestiné avant le temps aux douces vertus négatives et au régime du déclin.

On ne saurait assez admirer vraiment le train singulier des esprits et le va-et-vient des opinions en ce capricieux et toujours gai pays de France. Il y a treize ans, une révolution s'accomplissait après une lutte prolongée, régulière, d'idées et de convictions, qui semblaient ardentes et profondes. La solution mixte improvisée à cette révolution pouvait déplaire à une portion notable des esprits et des cœurs : on pouvait désirer, concevoir du moins une autre issue, un autre cours donné aux choses, un autre lit au torrent ; mais tous, et ceux même qui se prononçaient pour la solution mixte, étaient très-persuadés qu'il allait y avoir pour bien des années dans le corps social une plénitude de séve, une provision, une infusion d'ardeurs et de doctrines, une matière enfin plus que suffisante aux prises de l'esprit. Et voilà que, dès 1837, le calme presque universel s'établissait ; et, pour réduire la question aux limites de notre sujet, voilà que littérairement, ce calme social d'apparence propice n'enfantait rien et ne faisait que mettre à nu le peu de courant ; que de guerre lasse, et à force de tourner sur soi-même, on se reportait d'un zèle oiseux vers le passé, non pas seulement le haut et grand passé, mais celui de toute espèce et de toute qualité, et l'on déjeunait des restes épicés de Crébillon fils comme pour mieux goûter le Racine ; voilà que les générations survenantes, d'ordinaire enthousiastes de quelque nouvelle et grande chimère et en quête d'un héroïque fantôme, entraient bonnement dans la file à l'endroit le plus proche sans s'informer ; que sans tradition ni suite, avec la facilité de l'indifférence, elles se prenaient à je ne sais quelles vieilles cocardes reblanchies, et, en morale comme dans l'art, aux premiers lambeaux de rubans ou de doctrines, aux us et coutumes de carnaval ou de carême.

Et quasi cursores vitaï lampada tradunt,

a dit l'antique poëte dans une magnifique image : c'est comme un flambeau qu'il faut recevoir et saisir, en entrant, — l'héritage de la vie ; quelques-uns l'ont pris comme un cierge, et beaucoup comme un cigare. Et la jeunesse a pu être trompée en cela par bon nombre de ceux qui précédaient ; il a passé dans tous les rangs comme un souffle de relâchement et de confusion. Tandis que la portion positive du siècle suivait résolûment, tête baissée, sa marche dans l'industrie et le progrès matériel, la partie dite spirituelle se dissipait en frivolités et ne savait faire à l'autre ni contre-poids ni accompagnement.

Ce que les anciens moralistes nommaient tout crûment la sottise humaine, est sans doute à peu près la même en tout temps, en tout pays ; mais en ce temps-ci et en France, comme nous sommes plus rapides, cette sottise en personne se produit avec des airs d'esprit, de légèreté, avec des vernis d'élégance qui déconcertent. On est *mouton* comme sous Panurge, mais on l'est avec des airs de *lion*.

Un semblable résultat pourtant (si c'était là un résultat) aurait trop de quoi surprendre et déjouer ; il ressemblerait à une attrape. Ce ne peut pas être, ce semble, pour un tel avortement, pour un tel jeu d'actions et de réactions sans cause suffisante, pour de tels engouements successifs et contraires, que tant d'efforts, tant d'essais distingués, tant d'idées enfin ont été dépensées depuis plus de cinquante ans, et que, sans remonter plus haut, les hommes consciencieux et laborieux ont semé une foule de germes aux saisons dernières de la Restauration, en ces années de combat et de culture.

Vous tombiez satisfaits dans une autre espérance,

s'écriait Marie-Joseph Chénier, vers 1800. Mais ces générations, dont nous parlons ici, et desquelles nous nous glorifions d'être, ne sont pas tombées ; elles vivent encore, elles n'ont pas tout à fait abdiqué et peuvent dire un dernier mot. Puis, ce pays-ci, ne l'oublions pas, est très-élastique ; l'opinion, sous sa mobilité, a peut-être ses lois, elle a certainement ses ressorts imprévus. Aujourd'hui ressemble si peu à avant-hier, que demain ne ressemblera peut-être pas à aujourd'hui. Sans donc la faire pire qu'elle n'est, continuons de presser la situation, d'en rechercher les causes, d'en noter du moins à vue de pays quelques circonstances.

Une des premières sources du mal, nous l'avons plus d'une fois signalé, ç'a été, à un certain moment, la retraite brusque et en masse de toute la portion la plus distinguée et la plus solide des générations déjà mûries, des chefs de l'école critique, qui ont déserté la littérature pour la politique pratique et les affaires. Les services que ces hommes éclairés ont rendus en politique peuvent être reconnus, mais sont incontestablement moindres que ceux qu'ils auraient rendus à la société en restant maîtres du poste des idées, et en y ralliant par la presse ceux qui survenaient à l'aventure. Leur absence dans la critique littéraire n'a pas peu contribué à rompre toute tradition, à laisser le champ libre à l'industrialisme et à tous les genres de cupidités et de prétentions. Leur retraite, pour tout dire, a fait *trouée* au centre.

Livrés à eux-mêmes, sans surveillance immédiate

exercée par des pairs en intelligence, les hommes d'imagination, sentant de plus le cadre qui les contenait brisé à l'entour, ont exagéré leurs défauts, ont pris leurs licences et leurs aises. Rien de plus difficile, de plus impossible, on le croira, que de régler les hommes d'imagination, de les discipliner et de les classer, de les diriger aux œuvres qui les appellent et qui leur siéraient; mais il faut convenir, à leur décharge, que jamais, à aucun moment, on ne s'est moins occupé de ce soin qu'aujourd'hui. L'époque est bien riche en talent, en esprit, en monnaie d'œuvres; quelques connaisseurs des mieux informés pensent même que si on rassemblait tout ce numéraire en circulation, aucun temps peut-être n'aurait à se vanter d'être aussi riche que nous. Je pencherais volontiers au fond pour cet avis, mais je crains fort que le relevé ne se fasse pas et que l'héritage ne reste un jour en voie de liquidation. Le fait est que l'ensemble, la composition, a manqué à d'admirables éléments; le chef de l'orchestre a surtout fait défaut, et par le tort des circonstances, n'a jamais pu se rencontrer. Nous sommes nés dans des entre-deux sans cesse coupés, non pas sous un seul astre continu, et force nous a été de croître à travers toutes sortes de régimes vacillants et recommençants. Rendons, rendons enfin admiration et justice à ces hommes qui ont imposé leur nom à leur siècle, Périclès, Auguste, Léon X et Louis XIV; oui, ils ont été pour beaucoup dans la grandeur et la majesté de l'âge qu'on les a trop accusés d'accaparer; leur absence totale et prolongée est bien capable aujourd'hui de faire apprécier leur rôle : ils ont empêché les génies et les talents de s'égarer, de se dissiper, les médiocres de passer sur le corps des plus grands ; ils ont maintenu les proportions, les rangs, les vocations, la balance des arts. Boileau ne put être tout Boileau que du jour où Louis XIV dit tout haut en plein Versailles : « M. Des Préaux s'y connaît en vers mieux que moi. » Aujourd'hui que ce genre de déférence et de patronage va peu à nos idées, que dans les conditions actuelles il courrait risque d'être peu accepté des hommes de talent, que tout poëte dirait volontiers tout d'abord au maître, s'il y en avait un : « Je m'y connais en matière d'État mieux que toi ; » et que, de leur côté, des gouvernants illustres, et en général capables sur tout sujet, vaquent à beaucoup de choses qu'ils croient plus essentielles que le soin des phrases, lesquelles ils manient eux-mêmes à merveille, qu'arrive-t-il et que voit-on ? L'anarchie entre les hommes de talent est complète ; chacun se fait centre, chacun se nomme roi ; Mævius comme Virgile, Vadius comme Molière (si Molière et Virgile il y a) ; mais le Vadius et le Mævius, c'est-à-dire un peu de sottise, se glissent même sous la pourpre et la soie des plus grands et de ceux qui se croient le plus gentilshommes.

Une des plaies les plus inhérentes à la littérature actuelle, c'est assurément la fatuité ; Byron, qui en recélait une bonne dose dans son génie, l'a inoculée ici chez beaucoup, et d'autres en avaient déjà cultivé le germe. Depuis lors, la plupart des gens de talent en vers et en prose sont fats plus ou moins, c'est-à-dire affichent ce qu'ils n'ont pas, affectent ce qu'ils ne sont pas, même les critiques, ce qui devrait sembler assurément de moindre nécessité. Prenez des noms, je ne m'en charge pas, mais essayez. C'est d'un pompeux, ou d'un pimpant, ou d'un négligé, ou d'un discret, ou d'un libertin affectés. Oh! qu'on me rende la race de ces honnêtes gens de talent qui faisaient tout bonnement de leur mieux, avec naturel, travail et sincérité.

Une petite histoire de la fatuité en littérature serait celle du goût lui-même. Sous Louis XIII on était fat, sous Louis XIV on ne l'était pas. En ce judicieux et glorieux règne littéraire, je ne vois guère de fats parmi les écrivains de renom que Saint-Évremond, Bussy, c'est-à-dire des restes de la précédente régence, — un peu Bouhours. Fontenelle, décidément, commence; c'est *le pédant le plus joli du monde*. La fatuité, qu'on le sache bien, n'est qu'une variété, qu'on a tort de croire élégante, du pédantisme.

La fatuité combinée à la cupidité, à l'industrialisme, au besoin d'exploiter fructueusement les mauvais penchants du public, a produit, dans les œuvres d'imagination et dans le roman, un raffinement d'immoralité et de dépravation qui devient un fait de plus en plus quotidien et caractéristique, une plaie ignoble et livide qui chaque matin s'étend. Il y a un fond de De Sade masqué, mais non point méconnaissable, dans les inspirations de deux ou trois de nos romanciers les plus accrédités : cela gagne et chatouille bien des simples. Pour les femmes, même honnêtes, c'est un ragoût;

elles vont, elles courent dès le réveil, sans le savoir, à l'attrait illicite et voilé. Comme je ne me pique pas le moins du monde d'être agréable aujourd'hui, je dirai, même aux dames, toute ma pensée : « Tout le monde « (c'est La Bruyère qui parle) (1) connoît cette longue « levée qui borne et qui resserre le lit de la Seine, du « côté où elle entre à Paris avec la Marne qu'elle vient « de recevoir : les hommes s'y baignent au pied pen- « dant les chaleurs de la canicule; on les voit de fort « près se jeter dans l'eau, on les en voit sortir, c'est « un amusement. Quand cette saison n'est pas venue, « les femmes de la ville ne s'y promènent pas en- « core, et, quand elle est passée, elles ne s'y pro- « mènent plus. » Certes, sur cette levée où se prome- naient les bourgeoises du temps de La Bruyère, il y avait plus d'honnêtes femmes que de celles qui ne l'étaient pas, et pourtant elles s'y promenaient et y fai- saient foule — innocemment. De même, pour les belles lectrices, il y a je ne sais quelle attraction, mais ici

---

(1) Chapitre *de la Ville*. — Cette citation aurait très-bien pu trouver place précédemment, dans le post-scriptum qui termine l'article *Eugène Sue*, tome II, page 91. — Il y a une jolie épi- gramme de Paul le Silentiaire, qui confine d'assez près à la pensée de La Bruyère, la voici : c'est sur un bain public où il y avait séparément le côté des hommes et le côté des femmes : « Tout proche est l'espérance de l'amour, mais il n'y a pas moyen de le satisfaire : une toute petite porte suffit pour arrêter la grande Vénus. Et pourtant cela ne laisse pas d'être agréable; car, en ces choses d'amoureux désir, l'espérance a plus de douceur encore que la réalité. »

Mais comme ces Grecs, dans leur malice même, s'arrêtent natu- rellement à la grâce!

moins naïve et plus perfide, sous ces combinaisons qu'elles pressent avec anxiété sans les bien démêler.— Reprenant donc ma pensée première, j'oserai affirmer, sans crainte d'être démenti, que Byron et De Sade (je demande pardon du rapprochement) ont peut-être été les deux plus grands inspirateurs de nos modernes, l'un affiché et visible, l'autre clandestin, — pas trop clandestin. En lisant certains de nos romanciers en vogue, si vous voulez le fond du coffre, l'escalier secret de l'alcôve, ne perdez jamais cette dernière clef.

L'improbité est un mot bien dur à articuler : il ne demeure que trop constant néanmoins que cette qualification flétrissante pourrait, sans trop d'impropriété, s'appliquer à bien des actes et des relations où des gens de talent obérés s'engagent et se dégagent tour à tour. Les vrais rapports de l'éditeur et de l'auteur sont rompus, et il semble trop souvent que c'est à qui des deux exploitera l'autre. L'influence de cet ordre de causes secrètes et intestines sur les idées et sur les œuvres est incalculable.

Le vers se sent toujours des bassesses du cœur;

le vers plus que la prose, mais la prose elle-même aussi. On a dit d'un philosophe moderne qui ne pouvait s'accommoder de la petite morale à laquelle il manquait, et qui cherchait à en inventer une toute nouvelle, tout emphatique, à l'usage du genre humain, « que chez lui le creux du système était précisément *adéquat* au creux du gousset. » Mais ce genre de considérations va trop au vif et passerait le ressort de la juridiction critique.

L'argent, l'argent, on ne saurait dire combien il est vraiment le nerf et le dieu de la littérature d'aujourd'hui. On suivrait le filon et ses retours jusqu'en de singuliers détails. Si tel écrivain habile a, par places, le style vide, enflé, intarissable, chargé tout d'un coup de grandes expressions néologiques ou scientifiques venues on ne sait d'où, c'est qu'il s'est accoutumé de bonne heure à battre sa phrase, à la tripler et quadrupler (*pro nummis*), en y mettant le moins de pensée possible : on a beau se surveiller ensuite, il en reste toujours quelque chose. Un homme d'esprit, qui avait trempé autrefois dans le métier, disait en plaisantant que le mot *révolutionnairement,* par sa longueur, lui avait beaucoup rapporté. Si tel romancier à la mode résiste bien rarement à gâter ses romans encore naissants après le premier demi-volume, c'est que, voyant que le début donne et réussit, il pense à tirer l'étoffe au double, et à faire rendre au sujet deux tomes, que dis-je? six tomes au lieu d'un (1). Au théâtre, ce qui décidera un spirituel dramaturge à lâcher cinq actes assez flasques au lieu de trois bien vifs, c'est qu'il y a plus forte *prime* pour les cinq. Toujours et au fond de tout l'argent, le dieu caché, *cæsus*.

(1) Quand on fait la contrebande à l'étranger, on expédie des pièces de soie, mais dont les premiers *lés* seulement sont en soie; le reste est en calicot ou autre étoffe commune : « Ainsi des romans du jour, dit la spirituelle Mme de V....., quand je les lis, je dis à un certain endroit : Ah! voilà mon calicot qui commence. »

Une plaie moins matérielle, et en même temps plus saisissable, plus ostensible, qui tient de près à l'ambition personnelle des hommes de talent et à leur prétention d'être chacun un roi absolu, c'est la façon dont ils s'entourent, dont ils se laissent entourer. Tous les scrupules à cet égard ont disparu, toute répulsion a cessé. Autour des noms les plus honorés, il n'est pas rare de trouver, comme des clients sous le patron, les plumes les plus abjectes et les plus viles, flattant ici et blessant là, célébrant qui les accepte et insultant qui les méprise : c'est à ce double emploi qu'elles doivent leur faveur et leur *sportule*. J'entends par *sportule* la protection banale et à la fois empressée, le pied d'égalité avec les meilleurs.

En ce XVIIIe siècle qu'on ne donne pas d'ordinaire pour une époque de grande pureté morale (tant s'en faut !) ni d'harmonie idéale comme les grands siècles tant cités, les choses pourtant étaient loin de se passer de la sorte. C'était une époque de partis, soit ; mais les partis y nourrissaient des doctrines ardentes, fécondes, et à beaucoup d'égards généreuses. On ne refusait pas les soldats qui s'offraient, mais les soldats, une fois engagés, restaient en général fidèles et servaient à leur rang. On n'y compte guère de *condottieri* ni de *coupe-jarrets* littéraires. Voltaire avait son armée, et toute armée traîne ses goujats : ceux-ci étaient rejetés à l'arrière-garde du moins, toutes les premières lignes restaient imposantes, honorables. Le folliculaire surtout était mis à sa place ; les honnêtes gens gardaient le devant et le dessus. Mais quand les grandes doctrines sont taries, qu'on ne peut plus que les simuler encore par simple gageure et jeu, quand les questions d'ambition personnelle et d'amour-propre débordent, que la popularité à tout prix est la conseillère, on devient facile et de bonne composition ; les acceptions distinctes s'effacent ; tous les efforts de l'Académie, bien loin de pouvoir rétablir les nuances entre les synonymes, ne sauraient maintenir leur sens moyen au commun des mots ; les termes d'*homme de talent,* d'*écrivain consciencieux,* se prodiguent pêle-mêle à chaque heure, comme de la grosse monnaie effacée. De nos jours, je le crains, Voltaire aurait dû héberger à Ferney Fréron.

Le déclassement est complet. Des écrivains d'un talent réel, mais secondaire, et qui ne visent pas à le perfectionner ni à le mûrir, le poussent de vitesse, pour toute conduite, et le montent comme en une orgie. Désespérant de la postérité, n'y croyant pas, sentant bien, si jamais ils y pensent, qu'elle ne réserve son attention calme qu'à des efforts constants, élevés, désintéressés, ils convoitent le présent pour y vivre et en jouir, et ils le convoitent si bien, avec tant d'ardeur et de fougue, qu'ils semblent parfois l'avoir conquis tout entier d'un seul bond, d'un seul assaut. Mais, comme la conscience de leur usurpation les tient, pareils à ces empereurs nés d'une émeute, c'est à qui *dévorera son règne d'un moment.* En quatre ou cinq années (terme moyen), ils ont usé une réputation qui a eu des airs de gloire, et avec elle un talent qui finit presque par se confondre dans une certaine pétulance physique. Ils se sont mis tout d'abord sur le pied de ces chanteurs que la grosse musique fatigue et qui se cassent la voix.

L'épicuréisme, mais un épicuréisme ardent, passionné, inconséquent, telle est trop souvent la religion pratique des écrivains d'aujourd'hui, et presque chacun de nous, hélas! a sa part dans l'aveu. Comment, après cela, s'étonner que l'arbre porte ses fruits? Dante inscrivait à la fin de chaque livre de son poëme sa devise immortelle, son vœu sublime : *Stelle..... alle stelle!* La devise de bien des nôtres serait en franc gaulois : *Courte et bonne!*

Ce hasard et cette fougue dans les impulsions, cette absence de direction et de conviction dans les idées, jointe au besoin de produire sans cesse, amènent de singulières alternatives de disette et de concurrence, des revirements bizarres dans les entreprises, un mélange d'indifférence pour les sujets à choisir et d'acharnement inouï à les épuiser. Par exemple, n'en est-il pas aujourd'hui de certaines époques historiques comme du parc de Maisons? on les découpe, on les met en lots. Ainsi le xviiie siècle, ainsi les deux régences qu'exploite à l'envi une escouade d'écrivains, dont quelques-uns d'ailleurs bien spirituels. Demain ce sera les Pères de l'Église; avant-hier, c'était le moyen âge. On traite ces époques comme des terrains vides où la spéculation se porte et où l'on bâtit.

On pourrait pousser longtemps cette suite de remarques; mais, en réunissant des traits que je crois vrais de toute vérité, je ne prétends pas former un ta-

bleau. Il y a surtout à dire, à répéter, à la décharge
des hommes de talent de nos jours, qu'il circule dans
l'atmosphère quelque chose de dissolvant, et que là
où se tient le gouvernail on n'a rien fait, ni sans doute
pu faire, pour y obvier. Napoléon était de ceux qui
sentent tout ce qu'une grande époque littéraire ajoute
à la gloire d'un règne ; il essaya de classer, d'échelon-
ner sur les degrés du trône les gens de lettres de son
temps, de dire à l'un : *Tu es ceci;* et à l'autre : *Tu
feras cela.* Par malheur, il n'admettait à aucun degré
l'indépendance de la pensée, et il oubliait que le talent
n'est pas un vernis qu'on commande sur la toile à volonté; il faut que tout le tableau ressorte du même fond.
La Restauration, qui avait des traditions banales de
protection des arts et des lettres, n'a presque jamais
su les appliquer avec quelque discernement et quelque
élévation ; elle demandait avant tout qu'on fût d'un
parti, et ce parti rétrécissait tout ce qu'il touchait.
Depuis lors le pouvoir a perdu son prestige ; il a paru,
sur bien des points, demander grâce pour lui, bien
loin d'être en mesure de rien décerner. L'habileté,
d'abord, et la haute prudence ont dû être employées aux
choses urgentes ; quand on travaille à la pompe durant
l'orage, on songe peu à ce qui semble uniquement le
jeu des passagers. Et depuis que l'orage est loin, on
peut croire que les passagers sauront bien organiser
leurs délassements eux-mêmes. Mais il s'agit ici de
plus que d'un délassement de l'esprit ; il s'agit de la
vie morale et intellectuelle d'un temps et d'un peuple.
Je me permets tout bas de penser que ce laisser-aller

est une erreur; rarement les moindres choses (à plus forte raison les grandes) s'organisent d'elles-mêmes. Il faut une main, un œil vigilant et haut placé. Le public, le monde, qui, dans nos idées, semble depuis longtemps le juge naturel et l'arbitre des talents et des œuvres, ne remplit cette fonction que très-imparfaitement. Et d'abord, on peut demander toujours de quel monde il s'agit. Est-ce celui de la presse, des journaux, de la publicité proprement dite? On sait ce qu'il est devenu au sein de son triomphe, depuis la désorganisation des partis. Le vrai y est sans cesse à côté et à la merci du faux ; à un très-petit nombre d'exceptions près, l'éloge s'y achète, l'insulte y court le trottoir, l'industrie y trône en souveraine. Quiconque voudrait se régler sur les décisions de ce juge banal ou vénal se trouverait posséder un joli code de bon goût Heureusement, il y a hors de cela une opinion qui se fait et qui compte, le *monde* proprement dit. Or, ce monde-là est avant tout un curieux aimable, il ne craint rien tant que l'ennui ; il a son goût vif, mobile, ses délicatesses. Aux œuvres, aux hommes qui se produisent et qui ont le don de l'amuser, de le fixer un instant, il est empressé, accueillant, facile ; il offre d'abord tout ce qu'il peut offrir, une sorte d'égalité distinguée : il vous accepte, vous êtes en circulation et reconnu auprès de lui, après quoi il ne demande guère plus rien. La vie du talent a d'autres conditions; l'égalité, s'il est permis de le dire, l'égalité toute flatteuse en si bon lieu, est peu son fait et son but définitif : il aspire à plus, à autre chose, à être discerné et apprécié en lui-même. Ce qu'il gagne en goût dans le monde, il le perd en originalité, en audace, en fécondité. Massillon disait, à propos de son *Petit Carême,* que, lorsqu'il entrait dans cette grande avenue de Versailles, il sentait *comme un air amollissant.* Le monde, moins solennel, plus attirant que la royale avenue, a également la tiédeur de son milieu. Loin d'enflammer, comme il devrait, ceux qu'il récompense, il les intimide plutôt et leur ôte de leur veine. On craint de compromettre désormais une fortune qu'on sent tenir un peu du caprice et du hasard : on en vient, si l'on n'y prend pas garde, au *silence prudent.* Les engouements, les banalités, les injustices dont est bientôt témoin le talent arrivé, et qui sont inévitables dans toute foule, même choisie, lui inoculent l'ironie et le découragent. C'est presque là le contraire du foyer qui échauffe et qui tend à élever. La solitude, la réflexion, le silence, et un juge clairvoyant et bienveillant dans une haute sphère, un de ces juges investis par la société ou la naissance, qui aident un peu par avance à la lettre de la postérité, et, qui au lieu d'attendre l'écho de l'opinion courante, la préviennent et y donnent le ton, ce sont là de ces bonheurs qui sont accordés à peu d'époques, et dont aucune (sans qu'on puisse trop en faire reproche à personne) n'a été, il faut en convenir, plus déshéritée que celle-ci.

Combien de fois n'avons-nous pas rêvé par l'association libre une institution qui, jusqu'à un certain point, y suppléerait! Un journal, une *revue* dont l'établissement porterait sur des principes, et dont le cadre comprendrait une élite honnête, est un idéal auquel dès l'origine il a été bien de viser, et auquel ici même (1) on n'a pas désespéré d'atteindre. La critique, en causant de ces choses, ne peut avoir d'autre prétention que de proposer ses doutes et de faire naître dans les esprits élevés de généreux désirs. En attendant, jalouse d'entamer du moins ce qui est possible immédiatement, la critique n'a qu'à s'appliquer de plus près et avec plus de rigueur à ce qui est, pour en tirer enseignement et lumière. Trop longtemps, jeune encore, elle a mêlé quelque peu de son vœu, de son espérance, à ce qu'elle voulait encore moins juger qu'expliquer et exciter. Cette *Revue* a publié, de la plupart des poëtes et romanciers du temps, des portraits qui, eu égard au peintre comme aux modèles, ne peuvent être considérés en général que comme des portraits de jeunesse : *Juvenis juvenem pinxit.* Le temps est venu de refaire ce qui a vieilli, de reprendre ce qui a changé, de montrer décidément la grimace et la ride là où l'on n'aurait voulu voir que le sourire, de juger cette fois sans flatter, sans dénigrer non plus, et après l'expérience décisive d'une seconde phase. Je me suis dit souvent qu'on ne connaissait bien un homme d'autrefois que lorsqu'on en possédait au moins deux portraits. Celui de jeunesse, bien qu'il passe plus vite et qu'il cesse en quelques printemps de ressembler, est pourtant très-essentiel. Voyons un peu par nous-mêmes ce

---

(1) Il s'agit de la *Revue des Deux Mondes* et de ce qu'on y fondait.

qui en est de nos contemporains et comme ils se transforment plus ou moins complétement sous nos yeux. Quand on ne connaît les gens, surtout ceux de sensibilité et d'imagination, qu'à partir d'un certain âge, et durant la seconde moitié de leur vie, on est loin de les connaître du tout comme les avait faits la nature : les doux tournent à l'aigre, les tendres deviennent bourrus ; on n'y comprendrait plus rien si l'on n'avait pas le premier souvenir. Le portrait y supplée. Quel curieux, quel aimable portrait de Dante jeune on a retrouvé, il y a environ deux ans, à Florence ! C'est pur, doux, uni, presque souriant ; le dédain y perce, y percera bientôt, mais voilé d'abord sous la grâce sévère :

> Tu dell' ira maestro e del sorriso
> Divo Alighier. . . . . . .

avait dit Manzoni (1). Quand on ne connaissait Dante que par son vieux masque chagrin, on avait peine à y reconnaître ce maître du sourire. J'ai vu à Ferney un portrait de Voltaire, qui avait alors à peu près quarante ans, mais dont l'œil velouté et encore tendre montrait tout ce qu'il avait dû avoir de charmant, tout ce qui allait disparaître et s'aiguiser, faute de mieux, dans le petit regard malicieux du vieillard. Les portraits de jeunesse, pour les écrivains, ont donc avec raison leur moment, leur charme unique et leur éclair même de vérité : ne nous en repentons pas, mais osons passer franchement aux seconds.

(1) Dans le petit poëme d'*Urania*.

La première règle à se poser, dans cette série recommençante, serait de se garder de cette sorte de sévérité qui naît moins du fond des choses que du contraste et du désaccord entre les espérances exagérées et le résultat obtenu. Il faudrait souvent s'oublier soi-même et sa part d'illusions d'autrefois; ne pas en vouloir aux autres d'avoir, en mainte occasion, déçu nos rêves, desquels, après tout, ils ne répondaient pas; tâcher de les considérer, non plus avec un rayon de soleil dans le regard, non pas tout à fait avec le sourcil trop gris d'un Johnson; ne jamais substituer l'humeur au coloris; voir enfin, s'il est possible, les œuvres et les hommes sous le jour où nous les offre ce moment présent, déjà prolongé. La carrière des écrivains dont la naissance date environ de celle du siècle, se prête tout à fait à ce second point de vue. L'espèce de halte qui dure depuis plusieurs années met naturellement un intervalle, une distance commode, entre les premiers groupes et ce que l'avenir réserve. L'époque a l'air de se trancher par son milieu; on peut embrasser la marche de la première moitié avec quelque certitude. A cet âge qu'accuse le chiffre moyen du cadran commun, artistes et poëtes, on est entré généralement dans la manière définitive. Le temps des essais, des escarmouches brillantes est dès longtemps passé; on a déjà dû livrer sa grande bataille. Combien en est-il qui l'aient gagnée? combien même qui aient osé et pu se recueillir assez pour la livrer sérieusement? Ce sont des questions qui ne sauraient se décider avec quelque fruit et avec tout leur piquant, qu'en reprenant un à un les noms les plus autorisés de nos jours. Ce projet d'une série nouvelle des *Poëtes et romanciers (seconde phase)* est une veine féconde : nous-même ou d'autres, plus tard, la perceront.

1er juillet 1843.

(On a essayé dans cette réimpression, moyennant les notes et post-scriptum ajoutés en plus d'un cas au premier portrait, de donner un aperçu de ce que deviendrait le se...)

LES JOURNAUX

CHEZ LES ROMAINS

PAR M. JOSEPH-VICTOR LE CLERC (1).

1839.

L'érudition a bien peu de juges au soleil. Pour l'estimer à son prix, il faudrait la posséder de près et la regarder de loin. Or, quand on s'en est approché et qu'on s'est donné toute cette peine du détail, on est du métier, on y est englué, on ne s'en éloigne plus. On en a le pli, les habitudes, la morgue trop souvent, les précautions et les dédains d'aruspice contre les profanes et les amateurs, les rivalités, les préventions aussi et les *entremangeries* intestines, comme dit Bayle. Pour juger l'érudition, il ne serait pas mal d'être érudit d'abord, puis, par là-dessus, d'être quelque peu bel-esprit et philosophe, pour ne pas négliger tout à fait, en la jugeant, l'agrément et l'idée, ce que l'érudition

(1) Dans les trois morceaux suivants, où le critique aborde des ouvrages plus ou moins historiques, il se disposait insensiblement à en venir aux portraits de quelques historiens contemporains.

se retranche si volontiers. Mais les beaux-esprits s'arrêtent le plus souvent en chemin et se rebutent avant d'acquérir le droit d'être juges. Les philosophes sautent à pieds joints et aiment mieux inventer. Les érudits restent entre eux, se dénigrant, se combattant, se louant et se citant. Le public, même éclairé, ne sait trop sur eux à quoi s'en tenir.

L'érudition, en ce qu'elle a de réputé exact et rigoureux, est devenue quelque chose d'aussi spécial que la chimie. Dans la discussion d'un point même d'histoire et de littérature, un digne savant ne se permettra pas plus une idée collatérale qu'un bon chimiste une métaphore dans un narré d'analyse. On ne doit pas trop s'en plaindre : il arrive ainsi que des documents, peut-être utiles, s'amassent sans être compromis par les idées de personne.

Il y a pourtant en érudition, comme partout ailleurs, l'invention, le goût, l'esprit, et, sous l'appareil des doctes mémoires et l'enchâssement des textes, c'est là qu'il faut aller d'abord pour savoir *à quoi bon?* et si quelque chose de véritablement essentiel ou de piquant, d'original en un mot, est en jeu ; c'est à ce fond qu'il faut venir pour classer les œuvres et surtout les hommes.

En érudition, l'œuvre vaut souvent mieux que l'homme. Des esprits sensés, laborieux et patients peuvent aller loin. M. Joubert, dans une de ses plus vraies et de ses plus ingénieuses pensées, a dit : « Les savants *fabriqués* sont les eaux de Baréges faites à Tivoli. Tout y est, excepté le naturel. Elles ont quelque utilité, mais leurs qualités factices s'évaporent très-promptement. Elles ne valent que par l'emploi et non par l'essence. » Combien, dans une académie, de ces savants par *art*, qui ne valent que par l'emploi, qui ne sont ni originaux, ni inventeurs, qui ont tout appris, même l'esprit ! Et plût à Dieu qu'il y en eût beaucoup encore qui eussent appris cela !

Dégager de notre Académie des Inscriptions les savants par essence des savants par art et même sans art, serait chose plus amusante qu'on ne croit. La témérité semblerait grande, mais on est dans le siècle des témérités. Les savants y ont encore échappé toutefois ; on les respecte. Un certain cercle d'ennui les protége et fait brouillard du côté de la foule. La folle insolence de la critique journalière s'est portée ailleurs ; ils sont protégés par notre légèreté même. Pour quelques épigrammes banales qui s'attachent de plus en plus à tort, je le crois, au nom de l'honorable M. Raoul-Rochette, pour quelques bons mots de Courier qui sont piqués comme des étiquettes à quelques noms, et que la politique, dans le temps, a fait retenir, on laisse en paix les estimables travailleurs et les rares inventeurs, les gens d'esprit et les manœuvres ; la méthode apparente est la même ; on les confond ensemble et l'on passe.

Depuis quelque temps, un membre tout novice de l'Académie des inscriptions, M. Berger de Xivrey, s'emble s'être fait le trucheman de ses doctes confrères près du public : il faut se méfier pourtant. Il pourrait bien ne pas être avoué de tous. A quelle classe le faut-il rapporter lui-même? Je ne serais pas embarrassé de le dire, si j'osais me montrer aussi sévère envers M. Berger que M. Berger n'a pas craint d'être injuste récemment envers M. Varin, auteur d'un intéressant travail sur Reims. L'érudition a ses coteries encore; l'Académie des inscriptions conserve un reste de parti royaliste. M. Berger est arrivé par là et loue tout ce qui vient de là. Le travail de M. Varin était en concurrence avec un livre que pousse la coterie dont est M. Berger : voilà l'histoire de cette grande colère. Oh! si l'on retournait la lance de M. Berger contre ses collègues les plus intimes!... mais ce ne serait pas assez plaisant.

Il y aurait bien plus de profit à découvrir, à dénoncer au public les gens *à idées* dans l'érudition : ils sont rares. M. Letronne, pour prendre parmi les plus en vue, en est un. Il a de l'invention en critique, une invention très-inquisitive et très-destructive. S'il a pu dire un *non* bien net à quelque opinion vague et reçue, s'il a pu déconcerter une chronologie sacro-sainte ou prendre en flagrant délit de fabrication quelque juif hellénisant, s'il a pu mettre à sec un déluge ou faire taire à propos la statue de Memnon, il est content.

M. Fauriel aussi a de l'invention; il en a trop peut-être pour les doctes habitudes académiques, et il a dû y déroger plus d'une fois. Il ne s'est jamais mis aux champs, soit en histoire, soit en littérature, que pour rapporter quelque chose de neuf, d'imprévu, et non-seulement quant aux faits, mais quant aux idées qui s'y cachent. Ceci est trop, je le crois, pour être tout à fait apprécié de ses pairs.

Le livre de M. Le Clerc, né au sein de l'Académie des Inscriptions, en est presque aussitôt sorti, et a fait beaucoup d'honneur à l'érudition dans le public. Le choix du sujet, ce titre *Des Journaux chez les Romains*, avait de quoi piquer ; les journaux ont accueilli à l'envi le d'Hozier qui leur donnait des aïeux. En fait de généalogie, on n'est jamais difficile ; on ne s'est pas trop inquiété de voir à quoi répondait précisément et ce que signifiait en importance ce nom de journaux appliqué à l'ancienne Rome ; on n'a pas assez remarqué que ce n'était là d'ailleurs que la seconde partie et comme l'assaisonnement du savant travail de M. Le Clerc.

La première partie de son livre, le premier mémoire, qui traite des *Annales des Pontifes ou grandes Annales*, a véritablement pour objet de rendre aux premiers siècles de Rome et à son histoire au temps des rois et des premiers consuls une authenticité que les travaux de Niebuhr et de cette école audacieuse avaient pu ébranler dans beaucoup d'esprits. Si en effet l'on parvient à démontrer que, dès les premiers siècles de Rome, le grand pontife traçait chaque année dans sa maison, sur une table blanchie, les faits mémorables ; que ces tables sur bois ou sur pierre ne furent jamais complétement détruites, qu'elles échappèrent à l'invasion des Gaulois, et qu'elles purent être consultées par les historiens à qui l'on doit le récit de ces premiers âges, il en résulte qu'il n'y a pas lieu de tant douter sur les origines, ni de tant attribuer que l'a fait Niebuhr à l'imagination populaire, aux chants nationaux et aux légendes épiques. De ce qu'il y a des fables, ce n'est pas raison de tout rejeter.

Tite-Live, le parrain le plus brillant de cette histoire demi-fabuleuse de Rome au berceau, a été aussi le principal auteur du doute, lorsqu'en commençant son vi° livre, il a dit : « Jusqu'ici notre histoire est assez obscure. D'abord on écrivait peu ; ensuite les souvenirs qu'avaient pu conserver les mémoires des pontifes et les autres monuments publics ou particuliers, ont presque tous péri dans l'incendie de Rome..., *ple-raque interiere.* » Voilà le passage formel par où le doute s'est introduit ; M. Le Clerc, à l'aide d'une multitude de textes de Polybe, de Denys d'Halicarnasse, de Caton, de Cicéron, de Varron..., de Tite-Live lui-même, s'efforce habilement de le combler et de réparer la brèche où se sont précipités sceptiques germains et gaulois, comme à la suite de leurs aïeux barbares.

On commence d'ordinaire par opposer aux novateurs que ce qu'ils disent est inouï ; puis, au second moment, on s'avise de leur répondre que ce qu'ils croient inventer n'est pas nouveau. Pourquoi donc, peuvent-ils répliquer, se tant effaroucher d'abord ? C'est qu'il y a des choses qu'on n'aperçoit et qui ne prennent au vif que du jour où elles sont dites d'une certaine manière.

En France, d'ailleurs, on aime assez que les idées, comme les vins, nous reviennent de l'étranger. Un petit voyage d'outre-mer ou d'outre-Rhin ne fait pas mal pour mettre en vogue. C'est ainsi depuis longtemps dans les plus petites comme dans les grandes choses : Dufreny, avant Wathely, avait déjà tenté le genre des jardins dits *anglais*, qu'on a repris ensuite de l'Angleterre, tout comme Beaufort ou Pouilly nous est revenu par Niebuhr, comme le rationalisme de Richard Simon nous revient par Strauss.

Les idées, sinon les individus, gagnent à ces évolutions. Pour me tenir à l'exemple présent de Niebuhr, je suis singulièrement frappé (à ne juger qu'en ignorant et en simple amateur) du résultat final de toute cette guerre sur la première Rome. Niebuhr passe pour battu, et il ne l'est pas autant qu'on veut bien dire. Sa Rome étrusque a peu réussi chez nous, et l'on raille même agréablement ses grandes épopées latines ; mais, tout à côté, on raille aussi ces vieilles fables qu'on n'adoptait pas sans doute, mais qu'on relevait peu jusque-là ; on parle très-lestement de Tite-Live ; on va même un peu loin peut-être en disant de son *pleraque interiere* que c'est la facile excuse d'un *rhéteur ingénieux* qui voulait se soustraire au long travail de l'historien. Dirait-on cela de Tite-Live, si Niebuhr, ce téméraire provocateur, n'était pas venu ?

Un Allemand de beaucoup de savoir et d'esprit, le docteur Hermann Reuchlin, le même qui fait en ce moment là-bas une histoire de Port-Royal, comme moi ici, et qui me devancera, je le crains bien, me disait un jour : « Vous autres catholiques, quand vous allez à la recherche et à la discussion des faits, vous êtes toujours plus ou moins comme une troupe qui fait sa sortie sous le canon d'une place et qui n'ose s'en écarter. Nous autres protestants, nous osons charger à fond à la baïonnette. » J'aurais pu lui répondre : « Oui, mais prenez garde qu'en devenant victorieux, et l'ennemi chassé, vous ne vous trouviez tout juste à la place qu'il occupait auparavant. » M. Quinet a très-bien démontré cela pour les théologiens qui, à leur insu, ont préparé Strauss. Or, en ce siècle, et dans toutes les questions, on est chacun plus ou moins protestant, je veux dire qu'après bien des débats avec l'adversaire, on court fortement risque d'être amené tout proche du camp que l'autre occupait. Les critiques à idées poussent trop loin ; en attendant, les critiques judicieux et sages font du chemin : le juste milieu se déplace. Le succès le plus grand de la plupart des révolutions, en littérature comme en politique, n'est guère peut-être que cela : faire tenir compte aux autres de certains résultats, en passant soi-même pour battu. Niebuhr, dans sa défaite sur le mont Aventin, me fait un peu l'effet d'être battu comme La Fayette en 1830, non sans avoir obtenu bien des choses. Grâce à lui, l'histoire des premiers siècles de Rome est à refaire, ou mieux il demeure prouvé, je pense, qu'on ne saurait la refaire. Le docte et habile M. Le Clerc, en rétablissant l'authenticité de cette histoire en général, ne nous dit pas en détail ce qu'il continue d'en croire. Là est l'embarras vraiment. Niebuhr, dans sa tentative de reconstruction, a erré, dites-vous, et rêvé; mais, à ne prendre ses hypothèses que *philosophiquement* et comme *manière de concevoir* une première Rome autre que celle de Rollin, elles demeureront précieuses et méritoires aux yeux de tous les libres esprits (1).

(1) M. Le Clerc rappelle très-bien et cite l'agréable plaisanterie

Ces écoles audacieuses sont d'abord comme un torrent qui passe ; les gens établis dans l'ancienne idée se révoltent et se garent. Attendez! le torrent à passé ; on l'enjambe bientôt, non sans ramasser les débris et les troncs d'arbres charriés. Esprits riverains, ne méprisons pas les torrents : le premier ravage passé, ils font alluvion sur nos rivages.

M. Le Clerc nous pardonnera d'être un peu plus in-

de l'abbé Barthélemy, où, sous le titre d'*Essai d'une nouvelle Histoire romaine*, il montre qu'il ne croit à peu près rien des premiers siècles de l'ancienne. Bayle, dans l'article *Tanaquil* de son Dictionnaire, après avoir soigneusement déroulé le tissus de contes qui se rattachent à cette princesse, ajoute que, si l'on avait fait faire à de jeunes écoliers des amplifications sur des noms de personnages héroïques, et qu'on eût introduit ensuite toutes ces broderies dans le corps de l'histoire, on n'aurait guère obtenu un résultat plus fabuleux. « Cela eût produit de très-grands abus, « dit-il avec son air de maligne bonhomie, si les plus jolies pièces « de ces jeunes gens eussent été conservées dans les archives, et « si, au bout de quelques siècles, on les eût prises pour des rela- « tions. Que sait-on si la plupart des anciennes fables ne doivent « pas leur origine à quelque coutume de faire louer les anciens « héros le jour de leur fête et de conserver les pièces qui avaient « paru les meilleures ? » Ces bonnes pièces, ces bonnes *copies*, comme on dit dans les classes, c'est une manière plus prosaïque d'exprimer la même chose qu'on a depuis appelée magnifiquement du nom d'épopées. Mais tout ce scepticisme, avant Niebuhr, n'était pas sorti d'un cercle restreint ; il souriait silencieusement au bas d'une note de Bayle, où se jouait avec l'abbé Barthélemy dans le salon de Mme de Choiseul ; il s'enfermait avec Pouilly et Levesque au sein de l'Académie des Inscriptions ; maintenant il s'est produit en plein jour et a passé à l'état vulgaire. Cette vaste tentative d'incendie par les Germains l'a tout d'un coup trahi de toutes parts et éclairé. — (Sur cette importance de Niebuhr, un peu trop méconnue par M. Le Clerc, voir un article de M. Dübner dans la *Revue de Philologie*, tome I, n° 2, 1845.)

dulgent que lui pour Niebuhr, à qui nous sommes redevables d'un service qu'il n'est pas en mesure de reconnaître aussi bien que nous : je veux parler de l'ouvrage même de M. Le Clerc. Les critiques comme Niebuhr, ces provocateurs d'idées et de génie, servent à faire produire en définitive aux doctes judicieux et ingénieux ces écrits qui, sans eux et leur assaut téméraire, ne seraient peut-être jamais sortis. C'est comme le produit net du débat : après quoi la clôture.

Il est impossible, ce nous semble, d'apporter une érudition plus complète, mieux munie de tous les textes, de les mieux colliger, épuiser et discuter, de les passer à un creuset plus sévère que M. Le Clerc ne l'a fait. En quelques rares endroits, si je l'osais remarquer, son raisonnement, en faveur de l'authenticité historique qu'il soutient, m'a paru plus spécieux que fondé, comme quand il dit par exemple : « Les pre« miers siècles de Rome vous sont suspects à cause de « la louve de Romulus, des boucliers de Numa, du « rasoir de l'augure, de l'apparition de Castor et Pol« lux...; effacez donc alors de l'histoire romaine toute « l'histoire de César, à cause de l'astre qui parut à sa « mort, dont Auguste avait fait placer l'image au-des« sus de la statue de son père adoptif, dans le temple « de Vénus (1). » Une fable qu'on aura accueillie dans une époque tout avérée et historique ne saurait en aucune façon la mettre au niveau des siècles sans histoire et où l'on ne fait point un pas sans rencontrer

---

(1) Page 166.

une merveille. Ailleurs (1), il lui arrive de parler de la *candeur* des récits consignés dans les Annales pontificales, avant les luttes passionnées du sénat et du peuple; il m'est impossible vraiment, en songeant à toutes les fables qu'y affichaient les pontifes, et qui entraient dans l'intérêt aussi de leur politique, de me figurer de quelle *candeur* particulière il s'agit, si ce n'est que ces Annales étaient tracées sur une table blanchie, *in albo*. Comme goût, même dans ce genre spécial, j'aimerais parfois un peu moins de luxe d'érudition en certaines parenthèses, qui font trop souvenir l'irrévérencieux lecteur de ce joli mot de Bonaventure Des Periers : « Que, comme les ans ne sont que pour payer les rentes, aussi les noms ne sont que pour faire débattre les hommes. » Enfin on se passerait très-bien çà et là de quelques petits mouvements comme oratoires, qui sortent de l'excellent ton critique, et qui semblent dire avec Scipion : Montons au Capitole! Mais, je le répète, et après tout le monde, l'érudition positive de M. Le Clerc a épuisé les pièces restantes du procès, en a tiré tout le parti possible; si l'on doute encore après cela, c'est que le doute est dans le fond même et qu'il ne se peut éviter.

Qu'on se demande un peu, toutefois, ce qu'on atteindrait chez nous de vrai et de positif si l'on essayait de reconstruire quelques vieilles annales contemporaines de Grégoire de Tours, ou les grandes Chroniques de Saint-Denys, que M. Le Clerc compare ingénieusement

---

(1) Page 115.

aux Annales des pontifes, si l'on essayait de leur rendre crédit moyennant quelque ligne en l'air, quelque *à-peu-près* échappé à Voltaire ou à Anquetil. On disait *les Annales* chez les Romains comme on dit chez nous *les vieilles Chroniques*; on s'en moquait, on les invoquait, sans les avoir lues. Denys d'Halicarnasse, qui s'y appuie, ne paraît pas les avoir directement consultées. On ne peut d'ailleurs rendre compte du moment ni du comment de la transformation de ces Annales, d'abord tracées sur bois ou sur pierre, et plus tard rédigées en livres. Il était naturel et nécessaire que, tôt ou tard, ce changement eût lieu. Car que faire de toutes ces tables de bois ou de marbre, de tous ces albums sur mur, où s'écrivait l'histoire de chaque année, durant les siècles où il n'y avait pas d'autre histoire? Elles étaient fort sommaires, je le crois; mais elles ne laissaient pas de devoir occuper à la longue une étendue fort respectable, si elles tenaient tout ce qu'on a depuis raconté des premiers siècles. Il y eut là de bonne heure de quoi encombrer le vestibule et toute la maison du grand-prêtre. Qui donc fut chargé de rédiger en livres ce qui était d'abord en inscriptions? Quelle garantie de fidélité dans cette révision? A quelle époque? C'est ce qu'aucun texte n'a permis à M. Le Clerc de conjecturer. J'ai dit qu'après lui, sur cette question, il fallait crier à la clôture; mais voilà l'endroit faible de la place, par où le doute pourrait encore faire brèche de nouveau.

M. Le Clerc a exprimé une vue historique très-séduisante et très-ingénieuse; c'est que, sous Vespasien, il y eût un renouvellement d'études, et, pour tout dire, une véritable *rénovation des travaux historiques* : « Cet empereur, renonçant le premier aux traditions patriciennes de la famille des Césars qui venait de finir dans Néron, lorsqu'il reconstruisit le Capitole incendié par les soldats de Vitellius ou par les siens, ne craignit point d'en faire un musée historique où se dévoileraient, aux yeux de tous, les mystères de l'antiquité romaine..... Depuis Vespasien et son nouveau Capitole, on connaît mieux la vérité, et le patriciat déchu ne défend plus de la dire. » Ainsi on consulta plus librement alors les vieux titres, les inscriptions sur bronze, et selon M. Le Clerc les *Annales pontificales*, qui durent être pour beaucoup dans cette rénovation. Enfin ce fut un peu comme aujourd'hui, où, grâce à la passion des recherches historiques, on revient à mieux savoir le moyen âge et l'époque mérovingienne que durant les trois derniers siècles.

Ceci est vrai en partie, en partie exagéré. Je soupçonne qu'il y a quelque illusion à penser qu'on sache jamais mieux les choses en s'en éloignant beaucoup. On en saisit mieux certaines masses et certains points isolés, et l'on croit d'autant mieux les tenir que le reste se dérobe davantage. Pour dire toute ma pensée, a-t-on raison de prétendre savoir mieux le moyen âge aujourd'hui qu'avant la révolution ? Oui et non. Cette quantité de détails sur le clergé, les couvents, les parlements, les charges de cour, qui formaient la trame sociale, et qui étaient un reste de la vie du moyen âge, on ne les connaît plus. Tout le monde en était informé alors, on vivait au milieu. Les érudits en retrouvent aujourd'hui et en embrassent des parties ; mais personne n'a plus dans la tête cet ensemble d'organisation. On y gagne, quand on juge le moyen âge, de le faire dans un esprit plus détaché de toutes les analogies contemporaines ; mais on y perd aussi quelque chose en notions continues. C'est une flatterie à l'homme de croire que du moins tous les résultats positifs restent, et que dans la science on n'oublie pas. A chaque génération, il se fait un naufrage d'idées vives ; une sorte d'ignorance recommence ; une bonne partie du savoir et de l'esprit de chaque année périt avec elle ; une autre portion s'entasse en de savants dépôts, et ne s'en tire qu'en se dispersant dans quelques têtes de plus en plus singulières. C'est bien moins encore, on le conçoit, à la rénovation historique du temps de Vespasien qu'à la nôtre même, en sa légère exagération, que je me permets d'opposer ce sous-amendement respectueux. En face des érudits et des philosophes également ardents de nos jours et emportés à toutes sortes d'espérances, il est bon de ne pas laisser tout à fait tomber ce droit de *rappel à l'homme* qui semble relégué chez les défunts moralistes.

La seconde partie du livre de M. Le Clerc, et de beaucoup la plus agréable, traite des journaux chez les Romains. Le sagace dissertateur essaye de les rattacher directement aux Annales des pontifes, et de montrer que, vers le temps même où l'on cessa de rédiger celles-ci, on commence à voir apparaître une publication ou journalière ou assez fréquente, qui les remplaça avec avantage. D'après cette conjecture, les journaux seraient comme une bouture sortie du vieux tronc pontifical : ils n'en seraient que la prolongation et l'émancipation au dehors ; ils auraient eu, comme le théâtre, comme la statuaire en bien des pays, leur période *hiératique* avant d'avoir leur existence populaire. Les Annales pontificales, c'était, si vous voulez, un journal *annuel* à un seul exemplaire, sur bois ou sur marbre, affiché dans le vestibule du grand prêtre; c'était un essai informe de Moniteur, très-mélangé de Mathieu Laensberg. Les journaux, dès l'année 626 environ, y auraient suppléé et auraient rendu compte des affaires publiques, des édits, des procès scandaleux, des orages, pluies de sang et autres phénomènes atmosphériques, etc. ; les actes de l'assemblée du peuple, selon la conjecture très-avenante de M. Le Clerc, auraient été l'objet principal de ces journaux, environ soixante-huit ans avant les actes du sénat, lesquels (on le sait positivement) ne commencèrent à être publiés qu'en l'an de Rome 694, sous le premier consulat de César : ce fut un tour que cet ennemi de l'aristocratie joua au sénat, un peu comme lorsque notre révolution de Juillet introduisit la publicité dans notre Chambre des pairs. Mais gardons-nous de trop pousser ces sortes d'analogies. Ni sur la fin de la république, ni sous l'empire, les journaux à Rome ne furent jamais rien qui ressemblât à une puissance ; ils étaient réduits à leur plus simple expression ; on ne saurait moins imaginer, en vérité, dans un grand État qui ne pouvait absolument se passer de toute information sur les affaires et les bruits du forum. M. Le Clerc a très-bien indiqué le moyen de se figurer ce que renfermaient les journaux de Rome entre le premier consulat et la dictature de César. On a dix-sept lettres de Célius à Cicéron, alors proconsul en Cilicie, et qui lui demandait de le tenir au courant; Célius fait ramasser de toutes mains des nouvelles, il paye des gens pour cela, et Cicéron n'est pas trop content toujours des sots propos qui s'y mêlent. Mais ce serait se faire un trop bel idéal, je le crois, des journaux de Rome que de se les représenter par les lettres de Célius; c'est précisément parce que les journaux, qui y sont à peine indiqués en passant, ne disent pas l'indispensable, qu'il y supplée si activement près de Cicéron. Il va jusqu'à lui copier au long un sénatus-consulte, faute du Moniteur du jour apparemment. Quand on lit cette suite de lettres, on en reçoit une impression qui dément plutôt l'idée d'un service officiel et régulier par les journaux. Après tout, aux diverses époques de la république expirante ou de l'empire, dans les rares intervalles de liberté comme sous la censure des maîtres, il n'y avait à Rome que le journal en quelque sorte rudimentaire, un extrait de moniteur, de petites affiches et de gazette de tribunaux; le vestige de l'organe, plutôt que l'organe puissant et vivant. M. Le Clerc a fait comme ces curieux anatomistes qui retrouvent dans une classe d'animaux ou dans l'embryon la trace, jusque-là imperceptible, de ce qui plus tard dominera. Si M. Magnin a su montrer la persistance et faire comme l'histoire de la faculté dramatique aux époques même où il n'y a plus de théâtre ni de drame à proprement parler, M. Le Clerc à son tour a pu trouver preuve de la faculté du journal chez les Romains. Cette faculté humaine, curieuse, bavarde, médisante, ironique, n'a pas dû cesser dès avant Martial jusqu'à Pasquin. Mais qu'on n'en attende alors rien de tel (M. Le Clerc est le premier à le reconnaître) que cette puissance de publicité devenue une fonction sociale; ceci est aussi essentiellement moderne que le bateau à vapeur (1). Le véritable Moniteur des Romains se doit chercher dans les innombrables pages de marbre et de bronze où ils ont gravé leurs lois et leurs victoires; les journaux littéraires du temps de César sont dans les lettres de Cicéron, et les petits journaux dans les épigrammes de Catulle : ce n'était pas trop mal pour commencer. S'il y avait eu des journaux dans ce sens moderne qui nous flatte, au moment où se préparait la rupture entre César et Pompée, on aurait vu Curion soudoyer, courtiser des rédacteurs, César envoyer des articles tout faits : il y aurait eu escarmouche de plume avant Pharsale. Mais rien : le journal à Rome manqua toujours de *premier-Paris* aussi bien que de feuilleton; est-ce là un aïeul ?

Et sous les empereurs, après Néron et dans les interrègnes, s'il y avait eu de vrais journaux à Rome, chaque prétendant y serait allé en même temps qu'aux pré-

---

(1) La faculté du journal sans l'imprimerie est une *curiosité* non servie par un *organe*.

toriens, pour se les assurer. Et Trimalcion et Apicius, dans leurs digestions épicuriennes, auraient songé à en acheter un, pour être quelque chose.

C'est à nous, bien à nous, notre gloire et notre plaie que le journal : prenons garde! c'est la grande conquête, disions-nous hier ; nous le redisons aujourd'hui, et, plus mûr, nous ajoutons : c'est le grand problème de la civilisation moderne.

En attendant, une histoire des journaux est à faire ; les doctes travaux de M. Le Clerc en rendent facile la préface pour ce qui concerne l'antiquité. Il lui resterait à parler des Grecs et à y rechercher, comme il l'a fait pour les Romains, le vestige de l'organe. Il paraît peu disposé à le croire très-développé : « La vie politique « des Grecs, dit-il en un endroit (1), non moins active « que celle de Rome, mais resserrée dans leurs petits « États, n'appelait point un aussi rapide et énergique « instrument de publicité que cet immense empire « dont les armées conquérantes détruisirent en peu « d'années Carthage, Corinthe et Numance. » On a vu que cet *énergique instrument* de publicité ne joua jamais que très-peu à Rome ; et, puisqu'il s'agit de la faculté plutôt encore que de l'usage, j'ai peine à croire qu'Athènes, par exemple, n'en ait pas fait preuve, même dans son cercle très-resserré. Il serait piquant d'éclairer cela avec précision. On a voulu voir le premier exemple des journaux littéraires dans la Bibliothèque de Photius, et faire de lui l'inventeur des

---

(1) Page 224.

Éphémérides. M. Le Clerc indique, en passant, une quantité d'éphémérides historiques des Grecs qui ne sont pas plus des journaux proprement dits, destinés aux nouvelles publiques, que la Bibliothèque de Photius n'est un journal littéraire. Il paraît pourtant qu'un des premiers journaux des Romains fut rédigé par un Grec appelé Chrestus : il n'a dû importer à Rome que ce qui était déjà dans son pays. *A priori,* on peut affirmer que le journal, à l'état primitif au moins, n'a pas dû manquer à la Grèce.

Encouragé dans cette voie de recherches par le prompt succès de son livre, M. Le Clerc, nous assure-t-on, s'occupe activement de suivre au moyen âge la trace du journal. Des journaux privés, il n'en manqua jamais même alors : on écrivait à la dernière page de sa Bible ses bons ou mauvais jours ; le moine ou le bourgeois de Paris notaient dans l'ombre les événements monotones ou singuliers. Mais lorsqu'on entend par journal une feuille plus ou moins régulière périodiquement publiée, on a plus de peine à en découvrir, et c'est à M. Le Clerc que revient le soin d'en dépister. On a cru volontiers jusqu'ici que les gazettes étaient nées au XVIe siècle seulement, et les journaux littéraires au XVIIe. « C'est une des plus heureuses inventions du règne de Louis le Grand, » dit solennellement Camusat en tête de son ébauche d'histoire. Les véritables précédents des journaux littéraires sont dans la correspondance des savants du XVIe siècle et de leurs successeurs de Hollande. Quoi qu'il en soit, toutes ces investigations préalables ne serviraient qu'à fournir une bonne introduction à l'histoire des journaux, et c'est à ce dernier travail que je voudrais voir quelque académie ou quelque librairie (si librairie il y a) provoquer deux ou trois travailleurs consciencieux et pas trop pesants, spirituels et pas trop légers. Il est temps que cette histoire se fasse ; il est déjà tard ; bientôt on ne pourrait plus. On est déjà à la décadence et au bas-empire des journaux. Bayle nous en marque l'âge d'or si court, le vrai siècle de Louis XIV. Il réclamait déjà lui-même une histoire des gazettes. L'essentiel d'abord serait de former un bon corps d'histoire, d'établir les grandes lignes de la chaussée ; les perfectionnements viendraient ensuite. Il y aurait danger, si l'on n'y faisait attention, de demeurer attardé dans les préparatifs de l'entreprise et perdu dans les notes : je sais un estimable érudit qu'on trouva de la sorte dans son cabinet, assis par terre, à la lettre, et tout en pleurs, au milieu de mille petits papiers entre lesquels il se sentait plus indécis que le héros de Buridan : *Sedet æternumque sedebit infelix Theseus.* Camusat lui-même n'a laissé qu'un ramas de notes. Malgré tout le soin possible, il faudrait se résigner dans un tel travail à bien des ignorances, à bien des inexactitudes : on saura de moins en moins les vrais auteurs, je ne dis pas des articles principaux, mais même des recueils. Quelqu'un a trouvé l'autre jour très-spirituellement que les journaux sont nos Iliades, et qui ont des myriades d'Homères ; en remontant toutefois, le nombre des Homères se simplifie. Par malheur, ceux qui seraient en état d'éclairer, de contrôler pertinemment

26.

ces origines de journaux, manqueront de plus en plus. C'est là un des préjugés et une des morgues de l'érudition que d'attendre, pour attacher du prix à certains travaux, qu'il ne soit presque plus temps de les bien faire. Le beau moment académique pour reconstruire une civilisation, c'est lorsqu'il n'en reste plus qu'une écriture indéchiffrable où des pots cassés.

La grande division qui séparerait naturellement cette histoire des journaux français en deux tomberait à 89 : histoire des journaux avant la révolution, et depuis. Cette dernière partie, pour être plus rapprochée et pour n'embrasser que cinquante ans, ne serait pas, on le conçoit, la moins immense. Mais même pour la première, on ne s'imagine pas, si l'on n'y a sondé directement par places, l'immensité et la multiplicité de ce qu'elle aurait à embrasser dans l'intervalle de cent vingt-quatre ans, depuis 1665, date de la fondation du *Journal des Savants*, jusqu'en 89. L'utilité et le jour qui en rejailliraient pour l'appréciation littéraire des époques qui semblent épuisées, ne paraissent point avoir été sentis. Dans l'histoire qu'on a tracée jusqu'à présent de la littérature des deux derniers siècles, on ne s'est pris qu'à des œuvres éminentes, à des monuments en vue, à de plus ou moins grands noms : les intervalles de ces noms, on les a comblés avec des aperçus rapides, spirituels, mais vagues et souvent inexacts. On a trop fait avec ces deux siècles comme le touriste de qualité qui, dans un voyage en Suisse, va droit au Mont-Blanc, puis dans l'Oberland, puis au Righi, et qui ne décrit et ne veut connaître le pays que par ces glorieux sommets. Le plain-pied moyen des intervalles n'a pas été exactement relevé, et on ne l'atteint ici que par cette immense et variée surface que présente la littérature des journaux. Il y a en ce sens une carte du pays à faire, qui, à l'exemple de ces bonnes cartes géographiques, marquerait la hauteur relative et le degré de relèvement des monts par rapport à ce terrain intermédiaire et continu. Jusqu'ici encore, on a, par-ci par-là, rencontré et coupé des veines au passage ; il y a à suivre ces veines elles-mêmes dans leur longueur, et bien des rapports constitutifs et des lois de formation ne s'aperçoivent qu'ainsi. Ce sont des enfilades de galeries qu'on ne se figure que si l'on y a pénétré. On aurait beau dire d'un ton léger : « Que voulez-vous tant fouiller, « et pourquoi s'embarrasser de la sorte ? Ces morts « sont morts et ont bien mérité de mourir ; qu'ils « dorment à jamais en leurs corridors noirs. Cette « littérature oubliée était juste à terre en son vivant ; « elle est aujourd'hui sous terre ; elle n'a fait que des- « cendre d'un étage. Allez aux grands noms, aux pics « éclatants ; laissez ces bas-fonds et ces marnières. » Mais il ne s'agirait pas ici de réhabiliter des noms ; les noms en ce genre sont peu ; les hommes y sont médiocrement intéressants d'ordinaire, et même les personnes morales s'y trouvent le plus souvent gâtées et assez viles ; il s'agirait de relever des idées et de prendre les justes mesures des choses autour des œuvres qu'on admire. Quand on a vécu très au centre et au foyer de la littérature de son temps, on comprend combien, en ce genre d'histoire aussi (quoiqu'il semble que là du moins les œuvres restent), la mesure qui ne se prend que du dehors est inexacte et, jusqu'à un certain point, mensongère et convenue ; combien on surfait d'un côté en supprimant de l'autre, et comme de loin l'on a vite dérangé les vraies proportions dans l'estime. Eh bien, au XVIIIe siècle c'était déjà ainsi ; tout ce qu'on trouve de bonne heure dans les journaux d'alors est une source fréquente d'agréable surprise. Le *Mercure,* le plus connu, n'en représente guère que la partie la plus fade et la moins originale (1). Quand on aura parcouru la longue série qui va de Desfontaines, par Fréron à Geoffroy, on saura sur toute la littérature voltairienne et philosophique un complet revers qu'on ne devine pas, à moins d'en traverser l'étendue. Quand on aura feuilleté le *Pour et Contre* de l'abbé Prévost, et plus tard les journaux de Suard et de l'abbé Arnaud, on en tirera, sur l'introduction des littératures étrangères en France, sur l'influence croissante de la littérature anglaise particulièrement, des notions bien précises et graduées, que Voltaire, certes, résume avec éclat, mais qu'il faut chercher ailleurs dans leur diffusion. Si les *Nouvelles ecclésiastiques* (jansénistes), qui commencent à l'année 1728 et qui n'expirent qu'après 1800, ne donnent que la triste histoire d'une opinion, ou

---

(1) Il faut excepter pourtant la suite très-sérieuse et très-savante qu'offrit le *Mercure* sous La Roque, directeur. Les rédacteurs ordinaires étaient l'abbé Lebeuf, Dreux du Radier, dom Toussaint Duplessis, etc. A la mort de La Roque, Fuzelier lui succéda, et le *Mercure* revint au galant.

plutôt, à cette époque, d'une maladie opiniâtre, étroite, fanatique, et comme d'un nerf convulsif de l'esprit humain, les Mémoires de Trévoux, dont les portions qui confinent le plus au xvııe siècle offrent un fonds mélangé d'instruction et de goût, le vrai monument de la littérature des jésuites en français, et qui, ainsi qu'il sied à ce corps obéissant et dévoué à son seul esprit, n'a porté à la renommée le nom singulier d'aucun membre (1). Il serait fastidieux d'énumérer, et moi-même je n'ai jamais traversé ces pays qu'en courant ; mais un jour il m'est arrivé aux champs, dans la bibliothèque d'un agréable manoir, de rencontrer et de pouvoir dépouiller à loisir plusieurs années de cette considérable et excellente collection intitulée *l'Esprit des Journaux,* laquelle, commencée à Liége en 1772, s'est poursuivie jusque vers 1813. Je ne revenais pas de tout ce que j'y surprenais, à chaque pas, d'intéressant, d'imprévu, de neuf et de vieux à la fois, d'inventé par nous-mêmes hier. Cet *Esprit des Journaux* était une espèce de journal (disons-le sans injure) voleur et compilateur, qui prenait leurs bons articles aux divers journaux français, qui en traduisait à son tour des principaux journaux anglais et allemands, et qui en donnait aussi quelques-uns de son cru, de sa rédaction propre. Voilà un assez bel idéal de plan, ce semble. *L'Esprit des Journaux* le remplissait très-bien.

(1) Je suis tenté vainement de citer le nom de Tournemine comme se rattachant le plus en tête à la rédaction des Mémoires de Trévoux ; Tournemine a-t-il obtenu ou gardé quelque chose qui ressemble à de la gloire ?

Que n'y ai-je pas retrouvé dans le petit nombre d'années que j'en ai parcourues! Nous allons oubliant et refaisant incessamment les mêmes choses. Cette toile de Pénélope, dans la science et la philosophie, amuse les amants de l'humanité, qui s'imaginent toujours que le soleil ne s'est jamais levé si beau que ce matin-là, et que ce sera pour ce soir à coup sûr le triomphe de leur rêve. Savez-vous qu'on était fort en train de connaître l'Allemagne en France avant 89 ? Bonneville et d'autres nous en traduisaient le théâtre. Cette Hrosvitha, si à propos ressuscitée par M. Magnin, était nommée et mentionnée déjà en plus d'un endroit; sans l'interruption de 89, on allait graduellement tout embrasser de l'Allemagne, depuis Hrosvitha jusqu'à Goëthe. Les poésies anglaises nous arrivaient en droite ligne ; les premiers poëmes de Crabbe étaient à l'instant analysés, traduits. Savoir en détail ces petits faits cela donne un corps vraiment à bien des colères de La Harpe, aux épigrammes de Fontanes. *L'Allemagne* de M*me* de Staël n'en est pas moins un brillant assaut, pour avoir été précédé, avant 89, de toutes ces fascines jetées dans le fossé. Mon *Esprit des Journaux* me rendait sur Buffon (1) des dépositions originales qui ajouteraient un ou deux traits, je pense, aux complètes leçons de M. Villemain. Dans une préface de Mélanges tirés de l'allemand, Bonneville (et qui s'aviserait d'aller lire Bonneville si on ne le rencontrait là ?) introduisait dès lors cette manière de crier tout haut famine et de

---

(1) Juin et juillet 1788.

se poser en mendiant glorieux, rôle que je n'avais cru que du jour même chez nos grands auteurs. Jusqu'à plus ample recherche, c'est Bonneville qui a droit à l'invention. Mais on était encore en ces années dans l'âge d'or de la maladie, et un honnête homme, Sabatier de Cavaillon, répondant d'avance au vœu de Bonneville, adressait, en avril 1786, comme conseils au gouvernement, des observations très-sérieuses *sur la nécessité de créer des espions du mérite* (1). « Épier le « mérite, le chercher dans la solitude où il médite, « percer le voile de la modestie dont il se couvre, et « le forcer de se placer dans le rang où il pourrait « servir les hommes, serait, à mon avis, un emploi « utile à la patrie et digne des meilleurs citoyens. Ce « serait une branche de police qui produirait des « fruits innombrables... » Voilà l'idée première et toute grossière, me disais-je ; celle de se dénoncer soi-même et de s'octroyer le bâton n'est venue qu'après (2).

En somme, pourtant, cette histoire des journaux français avant 89 ne serait pas infinie. Les Beuchot, les Brunet, les Quérard, doivent en posséder par devers eux la plupart des éléments positifs. Je sais dans la bibliothèque de Besançon une chambre pas très-grande et qui n'est garnie que des collections de ces vieux jour-

(1) *Esprit des Journaux*, avril 1786 (extrait du *Journal encyclopédique*.

(2) On se rappelle peut-être que M. de Balzac s'avisa, un beau matin, de faire en littérature une promotion de *maréchaux de France*.

naux littéraires; en s'enfermant là pendant quelques mois, et non sans le docte Weiss (*genius loci*), on ferait beaucoup.

Mais c'est à dater de 89 surtout que les difficultés et les exigences du sujet se multiplieraient, et que le complet (littéraire et politique) deviendrait plus indispensable et plus insaisissable à la fois. Hélas! ne nous exagérons rien; si la tâche s'allonge, elle se simplifie aussi avec le temps : combien peu de gens, d'ici à quelques années, seront encore à même de contrôler et de contredire en ce genre l'approximatif de nos travaux! Les Rœderer, les Fiévée, les Michaud, ont déjà emporté le plus vif de cette histoire dans la tombe (1).

Et l'entreprise que je propose en ce moment et que je suppose, cette espèce de rêve *au pot au lait* que j'achève en face de mon écritoire, cette histoire de journaux donc, dans son incomplet même et son inexact inévitable, se fera-t-elle? J'en doute un peu. On est entraîné, le vent chasse, le courant pousse, le rivage se perd de vue. L'incomplet est le propre de l'homme; il laisse tout monument voisin de la ruine. A côté d'une aile qui finit, l'autre demeure en suspens; les plus beaux siècles ne sont que des Louvres inachevés. Et quand il achèverait, le temps y met bon ordre en détruisant. Que ce débris vienne du temps ou de l'homme même, c'est bientôt de loin la seule marque qui reste de lui. Ce qui n'empêche pas qu'il ne nous

---

(1) Et depuis, M. Bertin l'aîné, des *Débats*.

faille travailler chacun à son jour, et faire vaillamment à son poste comme si tout devait durer et se finir. La vie humaine, il y a longtemps qu'on l'a dit, ressemble à la guerre : chacun n'a qu'à tenir son rang avec honneur et qu'à faire sa fonction, comme si la mort n'était pas là dans tous les sens, qui sillonne.

Qu'on nous pardonne ces graves rêveries qu'ont amenées insensiblement et que justifient peut-être ces idées si contrastantes de Rome et de journaux, ce bruyant passé d'hier et cet antique et auguste passé tous les deux à leur manière presque sans histoire ; la Ville éternelle en partie douteuse et ses cinq (1) siècles de grandes ombres, la société moderne avec sa marche accélérée, conquérante, ses mille cris assourdissants de triomphe, et son bruit perpétuel de naufrage !

(1) Ou du moins trois siècles.

15 décembre 1839.

M. PROSPER MÉRIMÉE.

1841.

(*Essai sur la Guerre sociale.* — *Colomba.*)

Ces deux écrits, l'un d'histoire érudite et sévère, l'autre d'observation pittoresque et d'imagination, composés presque en même temps, montrent, chez l'auteur à qui on les doit, une alliance et comme un faisceau aussi brillant que serré de qualités diverses et rares. A titre de romancier, d'écrivain original de nouvelles et de petits drames, M. Mérimée a depuis longtemps fait ses preuves et marqué sa place. Venu dans les premiers moments de l'innovation romantique en France, il semble n'avoir voulu, pour son compte, en accepter et en aider que la part vigoureuse, énergique, toute réelle et observée : à d'autres la théorie ou le chant, la vapeur et le nuage; lui, ennemi du convenu, se méfiant de la phrase, pratiquant à la fois le positif et le distingué, il s'attacha tout d'abord à circonscrire ses essais pour mieux les creuser et les asseoir. Soit qu'il fît choix d'époques encore neuves à l'étude, soit qu'il se jetât sur des pays à mœurs franches et sauvages, soit même qu'il se tînt à des cas singuliers du cœur, toujours, en tout sujet, il se retranchait, pour ainsi dire, au début ; il mettait une portion de sa vigueur à ne pas sortir du cercle tracé ; il faisait comme le soldat romain qui, à chaque halte, avant toute chose, traçait le fossé et posait le camp. C'est ainsi qu'au sein de chaque sujet, de chaque situation donnée, il a opéré avec une sorte de détermination certaine et suivie, qui ne perdait aucun de ses coups. Son audace inexorable poussait droit devant elle, et n'avait pas l'air de se douter d'elle-même. J'ai dit qu'il n'y avait nulle vapeur, rien de vague qui circulât ; pourtant, au fond et à travers la discrétion extrême de l'idée, le long de la ligne arrêtée du fait, je ne sais quoi d'une ironie un peu amère se glissait insensiblement et gravait comme à l'eau-forte le trait simple (1).

On a tant abusé de nos jours du mot *imagination*, on l'a tellement transportée tout entière dans le détail, dans la trame du style, dans un éclat redoublé d'*images* et de métaphores, qu'on pourrait ne pas voir ce qu'il y a d'imagination véritable et d'invention dans cette suite de compositions de moyenne étendue, qui n'ont l'air de prétendre, la plupart, qu'à être d'exactes copies et des récits fidèles. Se figurer et nous représenter si au net les choses comme elles sont, comme elles ont pu être, c'est faire oublier qu'on les crée ou qu'on les combine. Pourtant, je ne crains pas de le dire, chez

(1) Nous rappelons une note où il a déjà été question de M. Mérimée et de sa manière avec assez de développement au tome II, page 196 du présent ouvrage.

aucun peut-être des écrivains de ce temps-ci, la faculté impersonnelle, dramatique, narrative, cette qualité que nous avons appris à goûter et à révérer dans Shakspeare, dans Walter Scott, comme dans ses représentants suprêmes, et de laquelle, à l'origine du mouvement romantique, on se promettait ici tant de miracles encore à naître, — nulle part, je le crois, chez nous, cette qualité-là ne s'est produite par des échantillons plus complets et plus purs, plus exempts de faux mélange, que chez l'écrivain réputé si sobre. Le propre de cette faculté, d'ordinaire, en ceux qui la possèdent à quelque degré, est de ne pas se limiter, comme la faculté lyrique, aux années de la jeunesse, et de récidiver bien avant, moyennant les acquisitions variées de l'expérience. *Colomba*, certainement, a prouvé que M. Mérimée, bien qu'il se prodigue peu, n'a pas épuisé ses plus beaux contes, et qu'il est pour longtemps en fonds de fertilité à cet égard. Toutefois, un certain besoin de perfection et de beauté concentrée, une vérité et une justesse de plus en plus soigneusement recherchée, la difficulté croissante du goût à l'égard de soi-même, l'absence du théâtre aussi et d'un cadre qui incessamment sollicite, bien des causes peuvent faire, en avançant, que les produits de ce genre d'imagination ne remplissent pas toute une vie et y laissent vacantes bien des heures. C'est alors qu'il est bon de se partager, de se faire à temps un goût, une étude durable, ce que j'appellerai un cabinet de curiosités ou un cloître pour la seconde moitié de la vie, la partie de whist ou d'échecs des longues heures paisibles. A mesure que l'esprit juge mieux de l'étendue des choses, de la richesse du passé, de l'incomparable beauté des anciens et premiers modèles, il entre dans une sorte de sérénité un peu calme et refroidie, qui tempère la veine féconde. Cette jouissance de réflexion, si douce et légèrement attristée, élève davantage peut-être, mais n'a plus rien qui encourage. Par respect pour le beau même, mieux envisagé et pleinement senti, à quoi bon le tenter encore, l'aller offenser peut-être, à moins de quelques retours irrésistibles? L'étude alors est là, l'érudition dans toutes ses branches et avec ses ingénieux travaux, plus longs, à coup sûr, que la vie : elles ont pour objet d'occuper, d'animer, s'il se peut, les saisons sur lesquelles d'abord on ne comptait guère, et qui ont déconcerté plus d'un.

M. Mérimée s'y est pris à l'avance, en homme très-prudent; voilà près de dix ans qu'il s'est fait antiquaire. J'oserai penser que ses fonctions d'inspecteur général des monuments n'ont été que le prétexte : la science elle-même l'attirait. De tout temps et jusque dans le premier entrain de l'imagination, on a pu remarquer sa vocation d'étudier de près les choses, de les bien savoir, de les savoir avec précision seulement. Ce qui ne peut être su de cette sorte, ce qui ne peut être saisi et déterminé d'après des caractères positifs et des particularités sensibles, volontiers il l'ignore, ou du moins il fait tout comme, et l'abandonne, sans paraître s'y mêler, aux controverses et aux échos d'alentour. Une fois entré dans l'érudition, il a dû redoubler ce soin rigoureux; célèbre dans le roman et dans le conte, il fallait avant tout, qu'on ne pût jamais l'accuser de confondre les genres. Ceux qui s'attendaient d'abord à trouver dans ses *Notes* archéologiques une seule trace d'*impressions* de voyages, ont été bien surpris; c'est qu'ils le connaissaient peu. Chose plus piquante, irritante même, cette méthode exclusive avait l'air de tomber d'un air de rapidité et d'aisance. Ils n'y comprenaient plus rien.

L'auteur put sourire tout bas : ce n'était pas, en effet, pour ce public ordinaire qu'il prétendait faire ses preuves dans le moment. Il avait les gens du métier à édifier, à convaincre ; et ils sont difficiles, ils sont en armes, on le sait, contre tout nouveau-venu, surtout quand celui-ci se présente avec des titres brillants, acquis ailleurs. Il doit au préalable les faire oublier. Et moi aussi, dira-t-il au besoin pour être admis parmi eux, *anch'io*...; et moi aussi, je ne suis pas peintre. Au fait, chaque genre, chaque branche de l'érudition particulièrement est gardée par des dogues tant soit peu hargneux ; on les apaise, non pas en leur jetant des gâteaux de miel (gardez-vous du miel !) mais en leur offrant d'abord quelques petites pierres sèches. Quand ils ont digéré quelques-unes de ces pierres, ils disent que c'est bien, et vous laissent passer, même avec vos idées, avec votre trésor. Une fois passé, on n'a plus à s'occuper d'eux, et l'on va rejoindre les gens d'esprit d'au delà.

Aujourd'hui donc que les preuves sont fournies, M. Mérimée n'a rien à dissimuler ; son esprit des mieux faits et sa plume des plus sûres restent libres ;

il lui suffit d'observer, dans ses travaux d'érudit, la ligne sévère qui est de son goût et du bon goût propre au genre même. Les nouveaux sujets qui l'occupent désormais promettent, non pas un mélange, mais bien un emploi uni et concerté de ses facultés les plus belles. Il prépare une histoire de Jules César. L'*Essai sur la Guerre sociale*, dont nous avons à donner idée ici, n'est qu'une espèce d'introduction par laquelle il a cru nécessaire de préluder.

Il est impossible, en effet, de se rendre compte du rôle et des desseins de César sans retracer à fond l'état de la république, telle que l'avaient faite les dernières luttes de Marius et de Sylla. Or, ces grands ambitieux avaient rencontré sur leur chemin des auxiliaires ou des adversaires dans les alliés latins et italiotes ; la lutte que ceux-ci avaient entreprise contre Rome, la guerre *sociale*, comme on l'appelle, était venue traverser et compliquer le duel flagrant des deux précurseurs de Pompée et de César. On a bientôt fait de dire que Marius représentait le principe populaire, et Sylla l'élément patricien ; que le plébéianisme, depuis les Gracques, était généralement favorable à l'émancipation de l'Italie tout entière et à une égalité de droits à laquelle s'opposait le sénat ; que les Italiens s'armèrent pour conquérir par la force ce qu'on leur déniait avec iniquité ; que la guerre fut atroce et Rome plus d'une fois en danger ; que le patriciat, en triomphant même, en se relevant un moment par l'épée de Sylla, ne put guère faire autre chose que ce qu'aurait fait également l'autre parti s'il eût été victorieux, c'est-à-dire proclamer les concessions devenues inévitables et qui ne s'arrêtèrent pas là. Voilà le gros de l'événement ; mais toute l'originalité, toute la vérité gît dans le détail. En se servant de ces termes abstraits sous lesquels se glissent si aisément des idées toutes modernes, on n'arrive à rien de véritablement satisfaisant pour les esprits investigateurs ; on ne fait qu'irriter leur curiosité, comme en leur posant le problème. M. Mérimée s'y est attaché et nous semble l'avoir résolu autant qu'il pouvait l'être. Bien des pièces de conviction manquent, en effet : les livres de Tite-Live offrent une lacune à cet endroit, les commentaires de Sylla ont péri. Et puis Rome rougissait de cette plaie au sein qui lui fut faite au plus fort de sa puissance, et ses historiens ont l'air de s'être entendus pour l'embrouiller et pour la couvrir. S'emparant de tous les témoignages qui leur sont échappés, les contrôlant réciproquement, les complétant, lorsqu'il le faut, par des inductions brèves, M. Mérimée, sans phrases, sans système, avec ce sentiment continu de la réalité et ce besoin qu'il a en tout de s'expliquer les choses comme elles se sont passées, nous a donné un récit instructif, enchaîné, attachant, et qui jette, chemin faisant, la plus grande clarté sur l'ensemble de l'organisation romaine.

Quand je dis qu'il nous l'a *donné*, je vais un peu loin pourtant : l'ouvrage (lit-on dans un avis qui précède), tiré à un petit nombre d'exemplaires, n'est pas destiné au public. L'auteur n'aurait voulu véritablement que faire épreuve de son application historique, et la soumettre aux personnes compétentes. Je conçois cela pour le mémoire sur les médailles italiotes qui forme appendice ; il y a là matière toute spéciale et demi-grimoire ; mais pour le récit, pour le corps même du volume, dussé-je parler par anticipation d'une seconde édition, je persiste à en juger d'après l'effet éprouvé, c'est à tout le public que l'excellent Essai s'adresse, c'est à travers tout ce public qu'il ira çà et là découvrir son juge entre cent lecteurs (1).

Nous n'en pouvons parler qu'à titre de lecteur que ces questions, et la façon dont elles sont ici traitées, intéressent. Dès le début, l'historien analyse et expose la condition diverse des divers peuples d'Italie soumis à la domination romaine, les Latins les plus favorisés, les Italiotes ; quelque différence de régime qui parût d'abord entre ces peuples de la péninsule et les étrangers proprement dits ou *barbares*, leur liberté se réduisait au fond à une satisfaction d'amour-propre accordée à des vaincus, tandis que la toute-puissance restait en réalité au peuple conquérant. Les causes complexes, qui, après les grandes guerres d'Annibal, rendaient la situation de l'Italiote de plus en plus précaire et pénible, à mesure qu'au contraire celle du citoyen romain s'élevait et visait au roi, sont très-bien démêlées et viennent se traduire en un tableau général d'oppression et de dépopulation tout à fait effrayant. C'est alors, vers l'an de Rome 617, qu'un jeune homme d'une famille plébéienne, mais illustre, un élève formé de la

(1) Le volume a été en effet publié depuis (1844).

main des philosophes grecs, Tibérius Sempronius Gracchus, « dont le caractère bon et humain n'avait pu être corrompu par l'orgueil exclusif de sa nation, » comme il traversait l'Étrurie pour aller servir en qualité de questeur dans l'armée qui s'assemblait contre Numance, fut frappé de l'aspect désolé de ce pays, célèbre autrefois par sa richesse ; il s'en demanda les causes, il songea aux grands remèdes : de là plus tard ses tentatives de tribun et sa catastrophe. Mais, sans m'engager ici dans les obscurités, même éclaircies, de la loi Sempronia ou de la loi Licinia, je n'ai voulu que faire remarquer en passant le ton naturel et *humain* avec lequel l'historien caractérise le premier mouvement de Tibérius Gracchus. Au rebours en effet de tant d'écrivains de nos jours qui, dès qu'ils abordent l'histoire, se font tout farouches, fatalistes et terroristes à froid, M. Mérimée ne recule pas devant les bons sentiments quand il les rencontre, et ne rougit pas de les exprimer simplement. Il observe le sens moral dans ses récits. Les Samnites révoltés, sous le commandement de Marius Egnatius, ont-ils taillé en pièces, dans la Campanie, une armée nombreuse de Lucius Cæsar, forcé de chercher abri sous les murs de Téanum ? « L'histoire se tait, dit-il sur l'origine du vainqueur de Cæsar; mais, d'après la conformité des noms, j'éprouve quelque plaisir à supposer que ce Marius Egnatius était un fils du préteur de Téanum, battu de verges trente ans auparavant sous les yeux de ses concitoyens. La Providence permet quelquefois ces tardives et terribles réparations. »

Maintenant voici le récit du préteur battu de verges : la condition des Italiens, c'est-à-dire des plus favorisés des sujets de Rome, de ceux qu'on appelait alliés, en va cruellement ressortir.

« Un consul romain passait à Téanum, ville de la Campanie, dans le pays des Sidicins. Il voyageait avec sa femme, ses officiers, ses affranchis, ses esclaves, en un mot ce que l'on appelait sa *cohorte*. Dans de semblables occasions, il devait être défrayé par la république ; mais, comme la plupart des magistrats romains, il vivait partout aux dépens de ses hôtes. Un consul à Téanum ! voilà toute la ville émue. Les magistrats s'empressent autour de lui. On le loge dans la meilleure maison, on l'héberge magnifiquement, lui et son monde. Maint affranchi reçoit des présents ; peut-être le consul lui-même daigne-t-il en accepter, soit pour épargner à Téanum le fardeau des logements militaires, soit pour se souvenir des Sidicins dans le sénat, où les pauvres alliés ont tant besoin de protecteurs. La femme du consul veut se baigner. Le bain des femmes est mal orné, il ne lui convient pas. — « Je veux le bain des hommes, » dit-elle. Aussitôt M. Marius, principal magistrat de Téanum, envoie son questeur pour que la foule des baigneurs cède la place à l'illustre voyageuse. Mais il leur faut du temps pour se rhabiller, et la femme du consul attend un instant à la porte des thermes. Elle se plaint; grande colère de son mari. Par son ordre ses licteurs saisissent M. Marius, et le battent de verges dans le forum. Cela se passait vers 630, » c'est-à-dire un peu plus de trente ans avant les représailles à main armée d'un autre Marius sous ces murs de Téanum. Mais on voit que M. Mérimée, dans ce nouveau cadre de l'histoire critique, ne s'est pas interdit son parfait talent de raconter (1).

Les vexations croissantes, tous les genres de griefs sourdement accumulés, les tâtonnements législatifs impuissants, et les tentatives tribunitiennes coupées de tragique, remplissent quarante années préliminaires, durant lesquelles les guerres contre les Cimbres viennent jeter une puissante diversion, mais aussi de nouveaux ferments pour l'avenir. Les Gracques, Saturninus, Drusus, périssent tour à tour à la tâche, laissant des renommées plus ou moins équivoques après des destinées inaccomplies. Caïus Gracchus, je l'avoue, ne m'est pas suffisamment expliqué encore par les alternatives perpétuelles de témérité et d'indécision que dénonce en lui l'historien. C'est un caractère dont la clef ne me paraît pas retrouvée : elle est comme tombée à jamais dans ce gouffre du Forum rouvert sous ses pas. En terminant cette esquisse de la période qui précède la prise d'armes, et durant laquelle l'explosion put sembler à chaque instant imminente, M. Mérimée s'étonne à la fois et de la patience prolongée de l'Italie et de l'aveuglement de Rome ; il en retrouve plusieurs causes

---

(1) Le trait est tiré des *Nuits attiques* (liv. X, chap. III); Aulu-Gelle lui-même n'a fait que citer textuellement les courtes paroles de C. Gracchus. En comparant, j'ai mieux apprécié le soin achevé du narrateur et son art de mettre en scène sans en avoir l'air.

dans l'organisation politique, bien différente des deux côtés. Les gouvernements d'Italie, tous plus ou moins aristocratiques, avaient peu changé de forme sous la domination romaine, et s'étaient comme *pétrifiés* au point où la conquête les avait saisis. La noblesse italiote, devenue cliente de Rome, ne fit longtemps de ses réclamations qu'une question personnelle, une affaire de faveur qui se menait par la corruption et l'intrigue. Avant qu'elle songeât à généraliser les griefs, et à y intéresser la plèbe domestique qu'elle continuait d'opprimer, il fallut qu'elle se fût bien assurée du peu de succès de son moyen; il fallut du temps aussi pour que cette plèbe italiote comprît et s'émût. A Rome, enfin, le parti démocratique n'était pas un allié très-fidèle et très-chaud de la cause italienne, bien que des tribuns essayassent parfois de donner le change et de confondre. Entre la plèbe romaine et les nations italiotes, il y avait, dit M. Mérimée, une barrière aussi haute qu'entre le maître et l'esclave. Céder aux alliés une partie de ses droits, c'eût été aux yeux du dernier plébéien de Rome s'avouer vaincu par des ennemis dont on lui redisait chaque jour la défaite; c'eût été comme renoncer à une propriété qui, pour n'être qu'une satisfaction d'amour-propre, ne lui en était pas moins précieuse. De telles considérations, si judicieuses et lumineuses, appartiennent à cette véritable et, j'ose dire, unique philosophie de l'histoire, comme Machiavel et Montesquieu l'entendaient, qui ne procède qu'appuyée sur l'observation humaine et sur les faits.

Enfin la guerre éclate; le meurtre de Drusus, patron

des Italiotes à Rome, donne le signal, et le complot, depuis quelque temps tramé, se déchire à nu. Bien des lieutenants et des soldats de Marius ressaisissent l'épée, mais cette fois contre Rome. C'est le glaive romain, c'est le pilum, ces terribles armes des légions, qui vont faire de part et d'autre les blessures. Rome recule aux années de son berceau où l'ennemi n'était jamais qu'à quelques journées, et où la fumée des camps montait aux collines de l'horizon. Il lui faut compter comme aux premiers jours avec ces noms redoutés, les Marses, les Samnites. Il faut, après que ses aigles victorieuses ont rempli le monde, se retrancher au-devant du gîte et redevenir louve.

Nous n'avons pas à suivre M. Mériméé à travers les détails de cette stratégie savante, difficile, à tout moment coupée ; il la rend pour la première fois claire, vraisemblable, et se complaît dès lors, on le conçoit, à la faire saisir. Mais ce dont nous ne lui savons pas moins de gré, c'est d'avoir, avec quelques traits simples, authentiques, et sans rien prêter à l'histoire, retrouvé et comme restauré les caractères de ces chefs vaillants, un Vettius Scaton, un Pompædius Silon, un Papius Mutilus, un Pontius Télésinus. Souvent dans les débris de statues tronquées, quand elles sont de grande façon, un seul reste du torse ou du masque donne à juger de l'ensemble : de même pour quelques-uns des hommes dont il s'agit. Le profil lui-même apparaît, l'attitude grandiose se dessine du moins : l'injure des temps et de la fortune est en quelque sorte réparée. Dirai-je qu'on reconnaît ici, sous la marche couverte et le procédé rigoureux de l'historien, un indice de cette sympathie qui l'a porté, en ses œuvres d'imagination, à suivre de près, à reproduire tour à tour le Corse, l'Illyrien, l'Espagnol en Fionie, les résistances héroïques et sauvages?

La mort surtout de chacun de ces chefs indomptables a de quoi se graver dans la mémoire, par la manière dont l'historien nous l'a fixée. Le Marse Vettius Scaton est fait prisonnier dans une retraite : déjà on le conduit au consul. Un de ses esclaves, auquel personne ne faisait attention, marchait à ses côtés. Tout à coup cet homme, arrachant l'épée à l'un des soldats de l'escorte, en frappe Scaton et le tue sur la place : « J'ai affranchi mon maître ! s'écrie-t-il avec triomphe ; à mon tour maintenant ! » Et il se passe l'épée à travers le corps. — Un autre chef, Judacilius, s'étant jeté dans Asculum aux abois, voit d'abord qu'il ne peut s'y défendre, et que les habitants sont à bout. Il n'hésite pas ; il fait massacrer tous ceux de la faction favorable aux Romains, et à la suite d'un grand festin donné sous le vestibule du temple, lui-même s'étendant sur le lit funèbre, il boit le poison ; ses soldats allument le bûcher tout préparé, qui dévore en un instant, dit l'historien, le plus brave des Asculans et les dieux de sa patrie. Le vainqueur frustré n'aura rien des trophées du triomphe.

Mais c'est quand on est à la seconde ou plutôt troisième guerre sociale, à celle qui complique le retour de Sylla, et dans laquelle les seuls Samnites et Lucaniens indomptés tiennent tête jusqu'à la fin avec l'énergie du désespoir, c'est alors que l'intérêt grandit, et que le sujet, comme dans une dernière scène, se fait égal vraiment au cadre de l'empire. La pointe hardie de Télésinus sur Rome, sa victoire tout d'un coup arrachée, Sylla qui se croit perdu et qui est vainqueur par l'aile opposée, ces jeux sanglants, bizarres, du courage et du destin, fournissent un chapitre d'une haute beauté. Cinquante mille morts des deux partis étaient étendus sur le champ de bataille. « Longtemps, dit l'historien, on chercha Télésinus. On le trouva enfin percé de coups, mais respirant encore, entouré de cadavres ennemis. L'orgueil du triomphe se lisait dans ses yeux éteints, qu'il tournait encore menaçants vers Rome. Heureux si la mort le surprit tandis qu'il se croyait vainqueur! »

Le frère de Télésinus et Marius, fils du grand, étaient enfermés dans Préneste. Ils tentèrent de s'échapper par un souterrain; mais, ne l'ayant pu, ils ne voulurent pas laisser à leurs ennemis la joie de les voir mourir. « A cette époque, dit l'historien, la fureur des combats de gladiateurs avait fait inventer une espèce de suicide à deux. Déterminés à périr, deux amis se battaient l'un contre l'autre; acteurs et spectateurs à la fois, c'était un dernier plaisir qu'ils se donnaient. Tel fut le genre de mort que choisirent Marius et Télésinus. Le Romain, plus adroit escrimeur, tua le Samnite, et, blessé lui-même, se fit achever par un esclave. Eux morts, la ville ouvrit ses portes. »

Et après avoir exposé les conséquences de cette bataille de Rome, où la nationalité italienne périt, et où

Rome en même temps épuisa son reste de vigueur et de défense, comme patrie distincte, l'historien résume le tout en cette forte image : « Le duel de Marius et de Télésinus fut comme un présage des destinées de l'Italie. Le Romain tua le Samnite, puis tomba expirant sur le cadavre du guerrier qu'il venait d'abattre. Ainsi l'Italie est morte ; mais Rome, frappée au cœur, ne devait pas lui survivre longtemps. »

Parmi les figures qu'il rencontrait au premier plan, il en est deux que M. Mérimée n'a pu négliger : Marius et Sylla, en effet, ressortent de maint passage dans tout leur relief et toute leur empreinte. Énergie, grandeur, grossièreté, vices et bassesses, ces traits en eux de la nature romaine corrompue sont envisagés d'un coup-d'œil ferme et recueillis dans une parole en quelque sorte latine elle-même, sobre, positive, et qui n'ajoute rien de moderne aux choses. Je ne répondrais pas pourtant que, dans la dernière vue sur Sylla abdiquant et mourant, il n'y ait un coin de perspective à travers lord Byron. Quoi qu'il en soit, cette fin éloquente, et majestueuse de ton, aspire dignement à rejoindre le dialogue de Montesquieu (1).

(1) Dans le volume d'*Études sur l'Histoire romaine* qu'il a depuis publié (1844), et qui traite de *la Conjuration de Catilina*, M. Mérimée a retrouvé, dans le personnage principal, une de ces figures qu'il excelle à dessiner. Nous n'oserions dire qu'il a également saisi et rendu au vrai celle de Cicéron. En général, il s'entend mieux dans un caractère à faire la part des intérêts et des passions que celle des *idées* proprement dites. Il est aussi une certaine atmosphère intellectuelle, soit pour les sociétés, soit pour les individus ; notre auteur en tient trop peu de compte et,

Elle est immédiatement précédée d'une digression approfondie sur la réforme politique du dictateur, et sur l'état probable où il trouva les comices ou assemblées du peuple. Dans un récit destiné au public, on pourrait désirer que quelques-unes de ces pages fussent détachées du texte qu'elles ralentissent, et allassent former une note ou supplément. Nul doute que les érudits n'y trouvent plus d'un point à discuter. Mais notre objet n'a pu être ici que de donner un *extrait*, humble expression très en usage dans l'ancienne critique, dans celle qui se borne à rendre compte et à exposer.

Nous n'avons rien de tel à faire à propos de *Colomba*, si récente ou plutôt si présente, et que tout le monde a lue. Un jugement même semblera bien superflu après le succès universel. Prétendre expliquer à chacun pourquoi il y a pris plaisir, c'est trancher du docteur en agrément. *Colomba*, dans sa nouveauté, a tenu tête au fameux traité du 15 juillet; elle y a fait une diversion charmante, et, si on a tant parlé du traité, ce n'est pas assurément sa faute à elle, car on ne parlait que

dans les traits précis où il est maître, il s'en passe volontiers. Cicéron ne s'en passait pas; si corrompu qu'on fût à Rome à cette date, il y avait encore dans quelques âmes de beaux restes de ce ce qu'on peut appeler la religion romaine *(jus)*, des fantômes, si vous voulez, mais de beaux fantômes. Je ne vois pas que M. Mérimée en admette la moindre trace au sein de cette vaste intelligence de Cicéron; il en fait un pur avocat sans franchise : par contradiction, l'avouerai-je ? cela me rejette dans le *de Officiis*. — En tout, cet ingénieux volume sur *la Conjuration de Catilina* soulève plus de questions qu'il n'en résout, et il apprend à douter de ce qu'on croyait savoir.

d'elle en même temps. Le monde, si léger et si indifférent qu'il soit, ne se trompe guère à ce qui est très-bien. Lorsqu'une œuvre puissante, marquée de beautés fortes, poétiques, chargée aussi de bizarrerie et d'excès, se pose devant lui, il peut la méconnaître ; mais dès qu'une production parfaite se présente, il dit du premier coup : *C'est cela!* Très-peu de gens sont allés en Corse ; les mœurs de ce pays diffèrent des nôtres autant qu'il se peut ; elles sont souvent atroces, sanglantes, et le monde n'aime guère en soi l'atroce et le sanglant. Quand on lui en sert au théâtre ou en roman d'un air d'ogre, il hausse les épaules et tourne la tête de dégoût. Mais ici on ne s'y est pas mépris, on a senti au début que c'était vrai, que c'était amusant, que ces singularités énergiques jouaient dans leur cadre, qu'un guide aisé et sûr, et pas dupe le moins du monde, tenait la main. C'est alors qu'il y a plaisir à se laisser aller et à tenter l'aventure. Plus ce qu'on lit sort du cercle des habitudes, et plus on est charmé. L'audace vous gagne, le goût s'aguerrit. Le matin on a suivi Rob-Roy en son Écosse ; on se fait Klepte tout un soir, et l'on se jette dans le *maquis* du fond de son fauteuil.

Est-il bien que Colomba, pour exciter son frère, aille couper de nuit l'oreille au cheval qu'il doit monter le lendemain, lui laissant croire que ce coup vient des Barricini ? Je me rappelle toute une discussion très-vive et en fort bon lieu là-dessus. Quelqu'un avait dit que c'était inutile, que l'effet sur Orso était manqué : on se récria. Quoi, inutile ! Mais c'est le trait de caractère, la singularité la plus naïve, la plus empreinte de vraie couleur. Dans sa superstition de vengeance, Colomba n'imagine rien de plus odieux, de plus ulcérant, que cette oreille fendue à la pauvre bête. Et puis, pour accomplir son stratagème, qu'elle est belle et féroce, se glissant sans bruit dans l'ombre le long de l'enclos ! telle la Simétha de Théocrite opérant sous la lune ses enchantements.

Les voyages sont très-beaux à faire, mais on ne les fait pas toujours, et il en est qu'on n'exécute bien que dans la jeunesse. Irez-vous jamais en Corse et dans le cœur du pays? C'est douteux; il y a mieux, aujourd'hui c'est presque inutile. Quelques heures d'aimable lecture vous en dispensent : vous avez *Colomba*. Lisez, et avec la fatigue de moins, avec les coups de fusil en idée, vous êtes revenu.

Le début est tout gracieux et légèrement ironique, une causerie spirituelle, assaisonnée de plaisant. On n'approche du sujet que par degrés, à travers un prélude ménagé; on s'y apprivoise. Avec Colomba, le génie corse en personne apparaît et ne quitte plus. Au moment où cette belle jeune femme au regard sombre emmène avec elle son frère à cheval, fusil sur l'épaule, et sourit d'une joie maligne, on est comme miss Nevil, et un frisson vous prend : il semble qu'Orso soit ressaisi par la voix fanatique du sang, et qu'il entre sous l'influence barbare. On sent qu'à moins de quelque intervention qui rompe le charme, le voilà enlacé, tôt ou tard perdu; il a le pied dans le cercle de l'enchanteur. Il eût été plus logique, plus hardi peut-être, de l'engager encore davantage, de le faire céder plus directement qu'il ne fait. Nul doute qu'un narrateur vraiment primitif ne l'eût pris de la sorte et ne fût allé au bout ; mais, pour nous, lecteurs modernes, qui, après tout, ne sommes pas Corses, qui nous intéressons à Orso et qui tenons fort à ce qu'il ne finisse ni par le mâquis ni par les galères, nous sommes heureux de la dextérité du romancier qui nous l'a montré cédant tout autant qu'il faut et s'en tirant toutefois, ne commençant pas le premier, mais, du moment qu'il s'en mêle, faisant *coup double*. L'action du roman, l'honneur d'Orso, et l'agrément du lecteur qui pense en ceci comme miss Nevil, sont parfaitement conciliés.

Cette miss Nevil, avec sa grâce de jeune fille pourtant audacieuse, adoucit à point la couleur sans l'amollir ; un air de décence et de pureté virginale circule. C'est un beau moment que celui de l'aveu, quand elle soigne Orso blessé dans le mâquis, et lorsqu'au retour, à la simple question de son père, « Vous êtes donc engagée avec Della Rebbia ? » elle répond par un *oui* simple en rougissant. « Puis elle leva les yeux, et, n'apercevant sur la physionomie de son père aucun signe de courroux, elle se jeta dans ses bras et l'embrassa comme les demoiselles bien élevées font en pareille occasion. » Toujours un peu d'ironie, on le voit, mais qui ne fait que mieux valoir les sentiments choisis et naturels.

Le dernier chapitre, dans lequel Colomba rencontre à Pise le vieux Barricini mourant, et lui verse à l'oreille un dernier mot de vengeance, a paru à quelques-uns exagéré et tomber dans le roman. Mais il fallait finir; le but était atteint, la Corse était peinte; l'auteur n'a pas craint de se trahir dans le dernier trait et de laisser voir le jeu. C'est comme au théâtre dans la scène finale; tous les acteurs font la ronde, et le poëte ne se cache plus.

M. Mérimée, même en préparant son histoire de Jules César, ne saurait demeurer sourd à ce cri universel du public : « Donnez-nous encore des *Colomba!* » Il voyage dans ce moment en Grèce, et visite ce pays des souvenirs redevenu nouveau. Je ne sais trop ce qu'il en rapportera, mais j'ai confiance. En attendant, il me semble à la réflexion que, dans ce fond de l'antiquité immortelle, rien ne représente mieux Colomba qu'Électre; oui, l'Électre de Sophocle pleurant tout le jour son père et attendant Oreste. Oreste, il est vrai, a moins de peine à se décider qu'Orso, et arrive tout enflammé, ne respirant que meurtre. Le chœur aussi, cet excellent chœur débonnaire, est plutôt disposé à apaiser Électre, et il ne joue pas le rôle de provocateur, il ne donne pas le *rimbecco* à la manière corse. Voilà des différences (1). Pourtant, dans la pièce grecque également, tout parle de vengeance, d'immolation : l'oracle d'Apollon, consulté par Oreste, l'a ordonnée. Némésis ou *vendetta*, qu'importent les noms? c'est la même inspiration fatale et comme la même muse. Électre, sous le vestibule du palais de Micènes, erre

---

(1) Dans *les Coéphores* d'Eschyle, qui sont le même sujet, le chœur se montre plus excitant.

depuis des années, criant et hurlant sa douleur ; c'est un *voceratrice* sublime d'attente et d'attitude. Elle se compare dans sa plainte au rossignol qui a perdu ses petits ; elle s'écrie à qui la veut consoler : « Insensé qui peut oublier ses parents morts de la *male mort !* Ce qui convient à mon cœur, c'est l'oiseau gémissant qui pleure Itys, toujours Itys. Hélas ! hélas ! ô Niobé, qui as tant souffert, tu es pour moi comme un dieu, ô toi qui, dans ton sépulcre de pierre, toujours pleures ! » Eh bien ! qu'est-ce là autre chose que l'inspiration constante et même les images familières de l'orpheline Colomba, plus calme d'ailleurs dans sa triste sérénité ? Écoutons-la : « — Un jour, un jour de printemps, — une palombe se posa sur un arbre voisin, — et entendit le chant de la jeune fille : — Jeune fille, dit-elle, tu ne pleures pas seule : — un cruel épervier m'a ravi ma compagne... » Qu'on relise le reste de la *ballata* ; on a précisément l'histoire du rossignol d'Électre. Et cet autre refrain, qu'à l'oreille d'Orso tous les échos murmurent, ne le cède à rien en opiniâtre et fixe clameur : « A mon fils, mon fils en lointain pays, — gardez ma croix et ma chemise sanglante... — Il me faut la main qui a tiré, — l'œil qui a visé, — le cœur qui a pensé... » La scène avec les Barricini autour de la bière du pauvre Pietri ne ferait pas un indigne pendant, pour le tragique, à ce qui se passe là-bas au pied du tombeau d'Agamemnon.

On se rappelle la joie fière, le rayonnement orgueilleux de Colomba emmenant et comme reconquérant son frère ; on le comparerait au délire, aux transports éperdus d'Électre reconnaissant le sien : « O chère lumière !... ô voix, est-ce bien toi qui arrives à mon oreille ?... » Mais, encore une fois, Oreste ne résiste pas, il n'y a pas lutte; le sérieux antique va jusqu'au bout; au lieu des nuances, on a le sublime et le sacré. Cela ne finit pas, pour tout dire, par un *coup double* et par un mariage.

Une réflexion consolante ressort toutefois : c'est donc ainsi que le talent vrai peut encore, par les retours imprévus, atteindre à quelques accents des Anciens. Au moment où, par le sujet et par la manière, il a l'air de se ressouvenir le moins des modèles enseignés, tout d'un coup il les rejoint et les touche au vif sur un point, parce que, ainsi qu'eux, il a visé droit à la nature. Toutes les Électres de théâtre, les Orestes à la suite, les Clytemnestres de seconde et de troisième main (et combien n'y en a-t-il pas!) sont à mes yeux plus loin mille et mille fois de l'Électre première que cette fille des montagnes, cette petite *sauvagesse* qui ne sait que son *Pater*. — *Colomba* est plus classique au vrai sens du mot : voilà ma conclusion.

1er octobre 1841.

FIN DU TOME TROISIÈME.

APPENDICE.

M. SCRIBE, page 118.

Voici ce que nous disions de sa comédie *la Calomnie* (mars 1840) : on y trouvera quelques traits qui complètent l'appréciation de son talent.

Le Théâtre-Français a eu son succès brillant dans la nouvelle comédie de M. Scribe. L'idée de *la Calomnie* est aussi courageuse que spirituelle ; on doit remercier l'auteur d'avoir osé dire et su faire accepter au public, si esclave des journaux, bon nombre de vérités assez neuves sur la scène. Il faut convenir pourtant que ceux même qui rient ne se corrigent pas ; un de mes voisins qui applaudissait le plus, avait le journal *le Siècle* dans son chapeau. Il y a deux manières de juger cette comédie : ou bien l'on veut, même sur les planches, de la vérité fine, de l'observation fidèle et non outrée des caractères, une vraisemblance continue de ton et de circonstances ; ou bien on se contente d'une certaine vérité scénique, approximative, et à laquelle on accorde beaucoup, moyennant un effet obtenu. Dans le premier cas, on sera assez sévère pour la pièce de M. Scribe ; on adressera à l'auteur plusieurs questions auxquelles il lui serait difficile de répondre. Où a-t-on vu une nigauderie matoise si complète que celle de Coqueney? Ce n'est, comme le rôle de la marquise, qu'une amusante caricature. Où a-t-on vu, même aux bains de Dieppe, une telle facilité d'aborder le ministre, une telle ouverture à causer, chacun de ses affaires privées, dans la salle commune, une telle crédulité bruyante pour compromettre une jeune fille? Je pourrais pousser l'interrogatoire bien loin... Et cette importance des propos du garçon de bain? Et ce ton de vrai commis-voyageur, ce dandinement détestable du vicomte de Saint-André? Mais il faut prendre garde de paraître pédant, surtout quand on s'amuse. Or, à prendre les choses de ce bon côté, on redevient très-indulgent à la pièce. Le second acte a des parties énergiques dans le rôle du ministre; il en est partout de délicates et de fines dans le rôle de Cécile, surtout au moment où, forcée par la calomnie, elle ose regarder en elle-même et s'avouer son amour pour son tuteur : ce revirement de cœur est traité à merveille. Mais le chef-d'œuvre de la pièce est au quatrième acte, dans la scène où le vicomte de Saint-André, pressé par le ministre et par M. de Guilbert, essaye de justifier Cécile sans compromettre en rien Mme de Guilbert, laquelle, survenant à l'improviste, se trahit d'un mot, sans s'en douter, aux yeux de son mari et de son frère. Cela est d'un franc comique, et dont l'auteur a tiré tout le parti en le prolongeant. C'est là ce qu'on appelle une *situation* par excellence. Je m'imagine que M. Scribe, dans beaucoup de ses pièces, n'a trouvé d'abord qu'une situation, à peu près comme le chansonnier qui trouve, avant tout, son refrain ; le reste vient après et s'arrange en conséquence. Pour cette pièce en particulier, le procédé pourrait bien s'être passé ainsi. Une telle situation étant trouvée, il ne s'est plus agi que de l'encadrer, de l'amener : les quatre actes qui précèdent peuvent sembler un peu longs pour cette fin. Quand M. Scribe, dans sa première manière du Gymnase, procédait par deux actes, l'action courait plus vite, et les préparatifs se voyaient moins. A la première représentation, j'ai entendu comparer la pièce à un bonbon exquis (cette scène du quatrième acte) qui serait enveloppé dans quatre boîtes de carton, et tout au fond de la quatrième. C'est un compliment sévère. Cette pièce de *la Calomnie* est très-commode, par cette dilatation en cinq actes, qui ne sont pas tous également remplis, pour étudier très à nu le procédé et, en propres termes, le mécanisme dramatique de M. Scribe, qui se dérobe dans des œuvres plus rapides. Les ménagements d'entrée et de sortie, les adresses de ralentissement pour économiser l'action, se peuvent admirer au point de vue du métier : il y a une scène surtout, à la fin du second acte, une préparation de musique vocale qu'on voit venir et qui ne doit pas avoir lieu ; c'est le plus charmant escamotage.

L'observation de la société se retrouve dans des traits spirituels et dans des détails heureux bien plutôt que dans l'ensemble de l'action et dans les caractères des personnages. M. Scribe ressemble en un sens aux poëtes dits *de la forme* qui s'inquiètent, avant tout, des circonstances de l'art et négligent souvent l'inspiration toute naturelle. Lui, il s'inquiète beaucoup des habiletés et des ruses de métier, et sa raillerie ingénieuse ne puise pas *à même* de la société pour ainsi dire; Picard, pour ne prendre qu'un exemple proportionné, le Picard du bon temps était bien autrement que lui en pleine et vraie nature humaine. Mais n'allons pas nous montrer trop exigeants, et à propos d'un légitime succès, envers notre seul auteur comique d'aujourd'hui. Cela ne fera peut-être pas beaucoup d'honneur à notre époque d'avoir eu M. Scribe pour seul auteur comique; mais cela fera beaucoup d'honneur à M. Scribe assurément, et il faut l'en applaudir. Je ne veux plus que lui adresser une simple observation au sujet d'un personnage de *la Calomnie.* Depuis longtemps il est reçu que la *marquise* est ridicule; c'est un personnage sacrifié. Mais cette marquise de *la Calomnie* passe toutes les bornes; elle réussit pourtant, elle fait rire ; le parterre s'écrie que *c'est bien cela*, comme si le parterre avait rencontré de telles marquises. M. Scribe, en flattant par là les instincts de la classe moyenne et les préventions démocratiques, méconnaît les qualités les plus essentielles d'un monde qui disparaît graduellement et qui n'aura plus sa revanche, même à la scène. Allons! cette marquise de *la Calomnie* n'est-elle pas elle-même un petit échantillon de calomnie? Tant il est vrai qu'elle se glisse partout, là même où elle est si hardiment d'ailleurs et si spirituellement moquée.

TABLE.

	Pages.
M. Vinet	1
Le comte Xavier de Maistre	33
Jasmin	64
M. Eugène Sue	87
M. Eugène Scribe	118
M. Lebrun	146
M. le comte Molé	190
M. Töpffer	211
M. Brizeux	256
Loyson. — Polonius. — De Loy	276
Les Glanes, par Mlle Bertin	307
M. Nisard	328
M. J.-J. Ampère	358
M. Charles Magnin	387
Quelques vérités sur la situation en littérature	415
Les Journaux chez les Romains, par M. J.-V. Le Clerc	442
M. Mérimée	470